위기관리의 관점에서 본
고종시대의 리더십

위기관리의 관점에서 본
고종시대의 리더십

오인환 지음

이 책은 실로 꿰매어 제본하는 정통적인 사철 방식으로 만들어졌습니다.
사철 방식으로 제본된 양장본은 오랫동안 보관해도 손상되지 않습니다.

아내 김남희(金南熙)에게

일러두기

1. 이 책을 쓰면서 〈조선〉과 〈한국〉을 동의어로 병행해서 썼다. 예컨대 미국과 맺은 조약을 조미 조약 또는 한미 조약이라 표기했고 조선 정부를 한국 정부로 쓰기도 했으며 조선 반도, 조선인은 모두 한반도, 한국인이라고 썼다.

2. 외국어 표기에 있어서 일본 인명이나 지명을 일본어 발음대로 이토 히로부미(伊藤博文), 도쿄(東京)라고 표기했다. 반면 중국의 인명이나 지명은 중국어 발음과 전통적인 한국어식 발음을 겸용했다. 베이징(北京), 이홍장(李鴻章) 등이 그 예인데, 젊은층과 중·장년층 독자들의 이해를 두루 돕기 위해 적절하게 양자를 배분해 쓴 것이다.

머리말

넓게 보아 〈고종 시대〉라고 부를 수 있는 한국의 근세기(近世期)는 따지고 보면 한반도의 역사에서 대내외 위기(對內外危機)가 가장 심화되었던 시기였다.

한반도가 930여 회에 걸친 크고 작은 외침(外侵)을 받은 역사 속에 임진왜란, 병자호란 같은 큰 전쟁의 참화를 겪는 등 대외 위기를 겪기도 했지만, 근세기의 수십 년 기간만큼 세계의 여러 강대국으로부터 통상 압력과 내정 간섭에서 침략 행위에 이르기까지 가지가지 형태의 압박을 받은 때가 없었다.

제국주의 열강의 식민지 쟁탈전이 막바지 단계에 들어간 19세기 후반 한반도는 열강의 마지막 각축장이 되었고, 두 차례에 걸친 큰 전쟁(청일, 러일)에서 승리한 일본이 본격적인 한반도 침략 수순에 들어갔다.

대외 위기에 맞물려 대내 위기도 심각한 국면이었다.

국정 문란(세정, 환정, 군역 제도)으로 민생이 피폐해진 데다 부패—착취 구조도 더욱 심해지고 권력 투쟁까지 겹쳐 국가의 위기관리 기능이 마비되고 있었다.

조선 왕조는 외부 침략 세력과 내부로부터의 붕괴 위기를 동시에 맞아 대응해야 하는 전형적인 내우외환(內憂外患)의 총체적 위기를 맞고 있었던 것이다.

그 총체적 위기는 국망(國亡)으로 이어졌지만, 그 위기에 대응해 갔던 과정의 의미까지 사라진 것은 아니다. 백 년 뒤인 지금의 우리 후세에게도 매우 중요한 교훈을 남겨 주고 있기 때문이다.

고종 시대는 한국 현대사의 뿌리이다. 조선 왕조가 현재의 한국과 단일(單一) 민족으로서의 핏줄로 이어지고 있다는 점에서뿐 아니라 상하이 임시 정부를 거쳐 국가의 법통(法統)까지 승계되고 있기 때문이다.

35년간에 걸친 일제의 식민 통치기라는 단절(斷絶)이 있었음에도 불구하고 강력한 민족주의, 민족성이 승계되고 있고 유교 전통이 전수되고 있으며 언어, 문화, 풍속 등 여러 분야에서 그 맥이 이어지고 있다. 심지어는 대내 위기의 패턴까지도 닮은꼴을 반복하는 것이 전통처럼 되었다.

대외적으로 볼 때도 백여 년 전의 한반도 상황과 유사한 상황이 전개되고 있다는 소리가 들린다. 지정학적(地政學的) 특성으로 볼 때 근세기는 현재의 대한민국이 겪어야 할 위기(잠재)의 원형(原型)을 여러 가지 형태로 보여 주는 과거의 역사이기도 한 것이다. 위기의 총량이 커지면 그에 대응하는 노력의 총량도 커진다. 살아남으려는 생존의 본능이 그만큼 강하게 작동하기 때문이다.

고종 시대의 위기가 유사 이래 최대 규모였다면 이에 대한 응전의 규모도 당연히 그에 비례했을 것이다. 말하자면 위기관리의 경험이나 시행착오의 사례와 교훈이 많이 축적되었을 것으로 보는 것이 상식일 듯하다.

역사에서 교훈을 구하고자 한다면 자국(自國)의 역사보다 더 나은 스승이 없고 핏줄을 이어받은 선조(先祖)의 시행착오보다 더 효율적인 반면교사가 없다. 따라서 21세기의 한국이 위기에 보다 유연하고 신축적으로 대응하려면 19세기 고종 시대의 경험을 철저하게 벤치마킹할 필요가 있다.

그러나 역사서들을 보면 당시의 위기 대응에 관한 기록이 부실하고 논평이 부정적이고 평면적인 경우가 많다. 위기의 실상(實相)에 관한 서술도 조선 왕조의 입장을 반영하는 데 인색하다.

왜 그와 같은 경향이나 현상이 생긴 것일까.

조선 왕조가 총체적 위기관리에 실패해 나라를 일본에 빼앗기게 되었다는 치욕의 결과 때문에 근대사를 부정적 또는 패배주의적 관점으로 인식한 나머지 보다 균형 있게 접근해 볼 흥미와 의욕을 잃고 〈역사 바로 알기〉를 소홀히 한 때문이 아닐까 싶다.

좀 더 엄밀히 따져 보면 우리 사회가 아직도 일제 식민 사관의 터널에서 충분하게 벗어나지 못했기 때문이라는 생각도 갖게 된다.

한반도 침략을 시도하면서 일본의 역사학자들은 식민 지배를 정당화하기 위해 한민족은 게으르고 무능하며 자립 능력이 없기 때문에 일본의 도움이 불가피했다는 요지의 식민 사관을 정립했다.

그들은 그 같은 식민사관을 토대로 서양의 역사 논리를 빌려 한국사의 틀을 잡고 줄거리와 가지까지 체계화하는 작업을 폈다. 지금 우리가 배우는 한국사의 프레임은 그들의 작품이다.

해방 이후 한국 사학계의 끊임없는 연구에 힘입어 식민 사관은 많이 불식되었다. 특히 일제가 조선 왕조의 자립 능력을 부정하기 위해 집중적으로 고종의 무능을 강조하는 폄하 작업을 폈다는 점을 고려할 때 일본의 식민 지배가 없었더라도 한국은 자력으로 근대화를 이룩할 수 있다고 본 내재적 발전론 등 사학계의 연구 성과는 괄목할 만한 것이다.

그럼에도 불구하고 미흡하게 느껴지는 것은 총론이나 일부 관점의 수정만으로는 식민 사관을 충분히 벗어나기 어렵다는 점 때문일 듯하다.

역사를 세분(細分)해서 미시적(微視的)으로 조명, 분석하는 과정과 거시적(巨視的) 접근을 통해 객관성을 살림으로써 구석구석까지 끼어든 왜곡이나 편향된 시각을 바로잡아 가야 할 필요가 있을 것이다.

필자는 근세사를 위기관리의 관점에서 보면서 이 책을 썼다.

위기관리의 개념은 시공(時空)을 초월하는 보편적이고 가치 중립적인 데다가 탈(脫) 이념적이기도 해서 역사를 객관적으로 접근, 심층 분석할 수 있을 것으로 기대하며 기존의 관점들을 수용하기도 하고 참고하기도 했으나 원칙적으로 구애받지 않고 역사적 객관성을 확보해 보려고 노력했다.

자국사(自國史) 위주가 아니라 한·중·일 동양 삼국의 동시대사적 관점에서 대외 위기를 입체적으로 접근해 보았고, 그에 관련된 열강과의 이해관계, 역사관계 등도 균형감을 가지고 다가가려 했다. 또한 현재의 역사 감각으로 위기 전개 과정을 뒤쫓으면서도 가급적이면 당시의 잣대를 가지고 판단 기준을 삼아 보려 했다.

언론의 심층 취재 방식을 원용해 사건(위기를 불러온)의 배경, 원인과 근인, 관련국과의 상관관계 등을 입체적, 복합적으로 두루 살피면서 깊이 있게 분석해 보려고 노력했다.

이 책을 쓰는 동안 위기관리의 관점에서 심도(深度) 있게 조명해 보고 싶었던 과제가 몇 가지 있다.

첫째는 왜 고종 시대가 한·중·일 등 동양 삼국 중 근대화 추진의 지각생이 되었는가 하는 점이다. 그것이 본격적인 총체적 위기(한국 근대기)의 시작이었기 때문이다. 뿐만 아니라 왜 강병책을 부르짖으면서도 성공하지 못했나 하는 점도 궁금했다. 조선 왕조가 일본을 극복할 수 없었던 결정적 요인은 군사력의 열세였기 때문이다.

동양 삼국의 위기관리력의 차이는 어떤 것인가, 대원군만이 쇄국 정책에 책임이 있는 것인가, 중국은 과연 한국의 우방(友邦)인가 아니면 적대국일 수 있는가, 일본이 한국에 가한 진정한 해악(害惡)은 과연 어떤 것인가, 미국은 한반도에서 어떤 위상이었고 앞으로 어떤 관계일 수 있는가, 고종은 유약하고 무능한 국왕인가 아니면 노련한 외유내강의 국가 지도자였는가 하는 점 등이다.

필자는 미흡하고 부족한 역사 지식, 통찰력, 역사적 상상력, 분석력, 추리력 때문에 호랑이를 그리려다 조그만 고양이를 그린 격이 되었음을 부끄럽게 여기고 있다. 그러나 위기관리의 실체를 추적하는 과정에서 고종 등 지도층의 리더십 또는 국민의 저력이나 가능성 등 근대기 한국의 잠재력을 나름대로 확인할 수 있었던 점은 보람이자 성과였다고 생각한다. 그것은 상당 부분 기존 사관(특히 식민 사관)이 부정하거나 경시하는 대목들이었다.

여러모로 완성도가 떨어지지만 앞으로 이 나라의 지도자가 될 젊은이들이 관심을 가지고 이 책을 읽어 주었으면 한다. 지정학적 특성이나 역사의 흐름으로 볼 때 대한민국에서 유능한 지도자가 되기 위해 가장 필요한 덕목(德目)은 위기관리의 지도력이라고 보기 때문이다. 더구나 올해(2008)는 건국 60주년을 맞아 20세기 세계의 역사에서 가장 성공적인 근대화를 이룩한 대한민국의 현대사를 긍정적으로 평가하는 작업이 활발하게 진행되고 있다. 젊은이들이 특정 사관을 떠나 현대사를 균형 있게 바라보는 모처럼의 기회가 왔다. 그런 의미에서 한국 현대사의 원형인 〈고종 시대〉가 한국 근대화의 시원(始原)이기도 한 점에 대해 관심을 가질 만하다.

사학자들의 기존 연구를 토대로 이 글을 쓸 수 있었다는 점을 감사하게 생각한다. 이 책에서 사실(史實)을 잘못 인용했거나 해석을 잘못한 점이 있다면 그것은 필자의 책임이다.

5년 전 출판한 필자의 『조선왕조에서 배우는 위기관리의 리더십』에 이어 그 후편이며 결론이라 할 수 있는 이번 책의 출판도 흔쾌하게 맡아 준 도서출판 〈열린책들〉의 홍지웅 사장에게 거듭 감사의 말을 드린다.

2008년 5월
오인환

1 위기관리에 강한 풍운아, 대원군

흥선군의 세도 정권 눈 속이기

흥선(興宣) 대원군(大院君)은 시대의 풍운아였다.

뛰어난 정치 감각과 계산된 처신으로 아들의 국왕 만들기(26대 高宗)에 성공한 뒤, 스스로 섭정 자리에 올라 10년간 철권통치를 했다.

조선 왕조 최대의 개혁가였는가 하면 그때까지 세계에서 유일하게 개방이 안 된 은둔 국가 조선의 개방을 막는 쇄국(鎖國) 정책을 펴는 바람에 개화 시기를 놓치게 했다는 비난과 비판을 온몸으로 받아야 했다. 며느리 민비(閔妃)와의 피비린내 나는 권력 투쟁에 몰두했다가 모진 정치 탄압을 받았고, 복수극을 펼치려다가 일본 제국주의가 내세운 동북아 최초의 꼭두각시 노릇을 하게 되는 비운도 겪었다.

당시 조선에 나와 있던 외국 사절들은 대원군을 중국의 이홍장(李鴻章), 일본의 이토 히로부미(伊藤博文)와 더불어 동양 3걸이라 평했다.

드라마같이 파란만장한 대원군의 일대기가 펼쳐지는 본격적인 무대의 시작이 바로 위기관리의 시발점이다.

1849년 24대 헌종(憲宗)은 후계자가 될 아들을 두지 못하고 세상을 떠났다. 영·정조(英正祖)에서 이어 내려온 적통(嫡統)이 헌종에서 대가 끊긴 것인데, 관례에 따라 방계 왕족 중에서 후계자를 고르게 되었다. 당시 왕족 중 기개 있고 똑똑한 이하전(李夏銓)이 후계자로 내정됐으나 안동 김씨 세도 정권이 정적(政敵)인 벽파(僻派) 계열이라 안 된다면서 반대하고 나서는 바람에 탈락하고, 강화도에서 교육도 제대로 받지 못하고 농사를 지으며 살던 〈강화 도령〉 원범(元範)이 낙점을 받아 왕위에 오르니 25대 철종(哲宗)이다. 헌종이 죽은 뒤 방계 중에서 남은 영조(英祖)의 유일한 핏줄인 원범은 전계(全溪) 대원군의 3남으로, 형 회평군 때문에 강화도에서 유배 생활 중이었다.

그 과정에서 안동 김씨는 자존심 강하고 세도 정권에 강한 불만과 반감을 품고 있던 이하전에 대한 감시를 게을리 하지 않고 있다가 역모 혐의를 뒤집어씌워 죽였다. 후환의 싹을 아예 도려내는 자위의 칼질이었다.

다른 왕족인 경평군(慶平君) 이세보(李世輔)도 경솔하게 세도 정권의 수장인 김좌근(金佐根)을 비난했다가 작호를 빼앗기고 먼 섬으로 귀양 가는 수난을 겪었다.

홍선군의 아버지 남연군(南延君)은 원래 인조(仁祖, 16대)의 셋째 아들인 인평대군의 6대손 이병원(李秉源)의 아들이었으나, 정조의 배다른 동생 은신군(恩信君)이 역적 누명을 쓰고 죽는 바람에 대가 끊기자 그 집에 양자로 가게 되었다. 따라서 홍선군은 영조의 핏줄인 헌종에게 7촌 아저씨, 철종과는 6촌 간이 된다.

때문에 철종 이후에도 후계 구도와 관련해서 안동 김씨들이 주목할 만한 가문이었다. 당시 30세 안팎이던 홍선군은 정권 안보에 혈안이 되어 있는 안동 김씨들의 의중을 정확히 읽고 은인자중하는 자세를 취하고 있었다. 김문근(金汶根)의 딸이 철종 비가 되면서 안동 김씨의 권력이 절정기를 맞고 있을 때였다.

홍선군은 성품이 경솔하고 방탕한 것처럼 꾸민 뒤 시중의 건달들과 어울려

술집에 다니고 투전판에서 사기도박을 하는 등 일부러 타락한 생활을 함으로써 세상의 눈을 속이고 있었다.

초청하지 않았는데도 대감 집 잔치에 끼어들어 음식과 술을 얻어먹다가 망신당하기 일쑤였다. 안동 김씨의 수장인 김좌근과 그의 아들 김병기(金炳基)가 주로 많이 조롱했고 김씨들의 심복인 판서 남병철(南秉哲)이나 심의면(沈宜冕) 등은 「궁 도령이 궁이나 지킬 것이지 왜 재상 집을 기웃거리느냐」고 놀려 댔다. 〈막걸리 대감〉, 〈상갓집 개〉(김동인의 『운현궁의 봄』에만 나온다)라는 소리까지 들었다.

같은 안동 김씨라고 해도 김병학(金炳學)·김병국(金炳國) 형제는 생활이 어려운 흥선군을 때때로 도와주어 대조를 이뤘다.

흥선군의 세도 정권 눈 속이기 처신은 공식 기록에 남아 있는 것이 별로 없다. 한 세대 뒤 구한말의 역사가 황현(黃玹)이 쓴 『매천야록(梅泉野錄)』과 『근세조선정감』 등에 구전(口傳)된 이야기들이 실려 있다.

대원군은 그 같은 이중생활을 통해 감시망을 벗어난 후 철종의 사후에 대비해 신정 왕후(神貞王后) 조 대비(趙大妃)의 친정 조카인 조성하(趙成夏) 등을 통해 조 대비와 은밀히 선을 대고 있었다. 젊은 나이에 죽은 효명(孝明) 세자의 비였던 조 대비는 생존해 있는 왕후 중 최고령의 궁궐 어른으로서 후사 결정권을 가지고 있었다. 조 대비 입장에서도 안동 김씨 시대를 끝내려면 풍양(豊壤) 조씨의 미미한 세력으로는 정국 주도가 어렵기 때문에 장년의 나이인 대원군이 정치 파트너로 필요했다. 그래서 양자 간에 핫라인이 생겼다.

철종이 승하하자 조 대비는 재빨리 왕권의 상징인 옥새를 챙겨 기선을 잡고 대원군의 둘째 아들 재황(載晃)으로 하여금 왕위를 계승하게 한다고 발표한다. 흥선군의 뛰어난 처세술이 없었다면 둘째 아들 재황은 세도 정권에 찍혀 살아남기 어려웠을뿐더러, 국왕이 되기는커녕 낙척한 왕족으로 가난하고 고달픈 일생을 보냈을 것이다.

홍선군이 모자라는 사람처럼 처신한 것은 상대방의 허(虛)를 찌르는 계략(計略)이었고, 멸시와 천대 등 갖은 수모를 당하면서도 인내심과 유연성을 잃지 않은 것은 강한 의지력 덕분이었다. 또 철종이 오래 살지 못할 것이 예상되는 시점에서 치밀한 공작을 벌여 조 대비의 묵계를 얻어 낸 것은 어려움 속에서 결정적인 때를 노려 반전(反轉) 카드를 마련한 음모가의 기질이 돋보였음을 말해 주고 있다.

홍선군의 위기관리 역할을 축소 해석하는 역사학자들의 시각도 있다. 고종의 즉위는 노론의 원로들과 조 대비가 합의해서 도출해 낸 합작품이라는 해석이다. 철종이 술과 여자 때문에 일찍이 병약해 가고 있던 만큼 세도 정권이 당연히 사후 준비를 해두었을 것이라는 전제를 놓고 볼 때 가능성 높은 추리라 할 수 있다.

그러나 이 해석은 위아래의 아귀가 맞지 않은 논리적 결함을 안고 있다. 당시 노론의 수령은 김좌근이었고, 아들 김병기(양자였다)가 실세로서 뒷받침하고 있었다. 이들 부자를 배제하거나 무시하곤 중요 국사가 논의될 수 없었다. 후계자 논의 자리에서 제외되는 것은 상상하기도 어렵다. 이들 부자가 자신들에게 원한을 품었을 홍선군 가문을 후계자로 선뜻 동의할 수 있었을까? 권력자가 자신을 살생부 영순위에 둘 인물을 후계자로 낙점하는 예는 없을 것이다.

실제로 홍선군이 집권한 뒤 제일 먼저 거세된 것은 김좌근 부자였다.

대원군, 준비된 집권자

대원군의 본명은 이하응(李昰應)이고, 자는 시백(時伯), 호는 석파(石坡)로 유명했다. 1820년에 태어나 1898년 만 78세 나이로 죽었다. 여흥(驪興) 민씨인 부인과의 사이에 재면(載冕)과 고종 등 2남과 2녀가 있고, 첩과의 사이에 재선(載先)과 막내딸을 가져 모두 3남 3녀를 두었다.

어려서부터 재능이 뛰어나고 머리가 매우 명석해 아버지의 사랑을 독차지 했으나, 12세 때 어머니, 17세 때 아버지를 잃고 영락한 왕족으로 생활해야 했다. 18세 때 풍수가들이 길지(吉地)라고 말하는 충남 덕산 대덕사 석탑 밑으로 아버지의 무덤을 옮기면서 가산을 털어 2만 냥을 지불했다. 이때 세 명의 형들이 악몽을 꾸었다면서 반대했으나 강행하는 배짱과 모험심을 보였다고 한다.

어렸을 때 어떻게 자라고 어떻게 공부했는지에 대해서는 알려진 게 별로 없는 모양이다. 기록에 남아 있는 것은 1841년 21세 나이로 흥선정(興宣正)이 되었고, 2년 뒤인 1843년 흥선군에 봉해져 대군의 예우를 받게 되었다는 관직에 관한 내용뿐이다. 동몽교관(童蒙敎官)을 지낸 것으로 보아 선비로서의 교육은 충실히 받은 것 같다.

대원군이 섭정이 되고 나서 당대의 석학으로 알려져 있던 대신인 조두순(趙斗淳)이나 김병학과 나라를 다스리는 경륜을 논하고 치국론을 주고받은 것이나, 인사 제도에 관한 책인 『양전편고(兩銓便攷)』와 사마광(司馬光)의 명저인 『자치통감강목』을 보충하는 책인 『강목집요(綱目輯要)』를 편찬한 것으로 보아 상당 수준의 유학 실력을 갖추었다고 볼 수 있다. 역사서이면서 통치학의 교본이 되는 『자치통감』은 역대 국왕들의 필독서인데, 대원군도 즐겨 읽은 듯하다. 대원군의 준비된 집권자로서의 편린을 엿볼 수 있었다고나 할까.

27세 때인 1847년에는 왕족들을 관리하는 종친부의 유사당상(有司堂上)이 되어 10여 년간 일했고, 40세인 1860년에는 종친부의 위상 강화를 위해 안동 김씨와 교섭까지 벌인 일이 있다. 오위도총부의 도총관이라는 무관 직에 오른 적도 있다.

녹봉이 나오기는 했으나 박봉인 데다 한직이어서 부수입이 없기 때문에 생활은 어려웠다. 당시 관직에서 녹봉은 형식적인 것이었고, 권력이 있거나 요직에 있는 대부분의 관료들은 소작료나 여러 가지 형태의 뇌물 등의 부수입으로 넉넉하게 사는 형편이었다.

대원군은 30세 때 19세기 한국 최고의 명필이었던 64세의 추사(秋史) 김정희(金正喜)에게서 난초 치기, 즉 사란법(寫蘭法)과 서예를 배웠다. 안동 김씨의 눈을 피하기 위해 타락한 것처럼 거칠게 살던 시절의 대원군이 취미 삼아 난초 치기를 배우기 위해 추사를 찾은 것이 스승과 제자가 되는 계기였다.

명문가 출신의 김정희는 실학파의 이론가인 박제가(朴齊家)의 애(愛)제자로 실학을 전수받은 실사구시파(實事求是派)였다. 스승의 소개로 중국 고증학의 대가들을 만나 시야를 넓히면서 우리나라 금석학(金石學)의 시조가 되었고 서예의 높은 경지에 눈을 뜨게 되었다.

김정희는 금석학 실력으로 북한산 정상에 있는 비석과 함경도 성주군의 황조령비가 신라 진흥왕(眞興王)의 순수비임을 판독하는 데 성공, 신라의 국경을 확인하는 역사 연구의 큰 업적을 이루어 냈다.

벼슬이 국립대학 총장 격인 대사성(大司成)에 이르고 이조 참판으로 승진까지 했으나 1840년 안동 김씨와 풍양 조씨 사이에 벌어진 권력 싸움에 말려들면서 억울하게 희생되어 9년간 제주도에 유배되었다. 그 기간 중 김정희는 역대 중국 명필의 서체(書體)를 모방해 쓰던 관행을 과감히 뛰어넘어 우리나라 선비로서는 최초로 자신의 서체인 추사체(秋史體)를 완성하게 되었고, 수묵화(水墨畵) 그리기에 있어서도 당대 최고의 경지에 올라 있었다.

유배가 끝난 뒤 서울에 와서 대원군을 만났던 것이다.

대원군이 한창 사란법과 서예를 배우고 있는 사이 김정희는 우인이었던 영의정 권돈인(權敦仁)이 실각할 때 그의 심복이었다는 이유로 다시 함경도 북청으로 유배를 가게 되었다.

대원군은 열심히 난을 그렸고 글씨를 썼으며 북청에 있는 스승과 편지로 왕래했다. 대원군이 품평해 달라면서 보낸 작품을 보고 김정희는 〈압록강 동쪽(조선)에는 이만 한 작품이 없습니다. 이는 내가 좋아하는 이의 면전에서 아첨

하는 말이 아닙니다〉고 극찬했다.

김정희는 중국 회화사와 서예사를 꿰뚫고 있었고 낱낱 작품의 진짜 가짜를 실수 없이 가려내는 무서운 눈(본인 스스로 그런 수준의 감식안을 금강안이라고 했다)을 가진 인물이었다.(유홍준,『완당 평전』)

안동 김씨들은 대원군의 난초 그림을 괄시했으나 금강안(金剛眼)의 김정희는 그 가치를 단번에 알아보았던 것이다.

미술사가 김정숙은 김정희 이후 묵란화의 정상급 화가로 대원군과 민씨 척족의 중진이었던 민영익(閔泳翊, 201면 〈민영익의 배신(背信)은 개화파의 불운〉 참조) 등 두 사람을 꼽았는데, 특히 대원군의 화풍은 중국과 일본에서 유명했고, 그 화풍을 따르는 추종자가 많아 구한말과 일제 강점기를 거치면서 크게 유행했으며 후세에 영향도 크게 주었다고 설명했다.

대원군은 다른 화가들처럼 꽃이나 새 등 소재를 다양하게 다루지 않고 일생동안 묵란화 한 가지만 고집하는 외길을 걸었다. 괴상하게 생긴 돌〔怪石〕을 한쪽에 그리고 그 위아래에 난을 그리는 것이 유명한 대원군의 석파란(石坡蘭)이다. 대원군은 붓글씨에 있어서도 추사체의 특징을 정확하게 터득해 예서(隷書)를 잘 썼고, 서예 실력도 스승의 칭찬을 받았다. 대원군은 문집을 남긴 것이 없으나 묵란화의 여백에 쓰는 제발(題跋) 등에서 격조 높은 한시(漢詩)를 쓰기도 했다. 조선의 사대부가 갖추어야 할 덕목인 시·서·화(詩書畵)에 모두 통달한 일급 지식인이고 예술가가 되어 있었던 것이다. 그러나 묵란화에 몰두하는 예술가로서의 입장과 삶은 대원군의 한 면에 불과했다. 그의 가슴속에는 정치적 야망과 함께 카리스마 넘치는 정치 지도자로서의 역량이 꿈틀거리고 있었다.

1863년 고종이 등극하고 대원군이 섭정이 된 날은 19세기 최고의 거물 정치가가 탄생한 날이었다.

권력자가 된 이후에는 화가, 시인, 음악인 등을 수시로 운현궁에 불러 어울렸고 그들로부터 존경을 받아 예술을 이해하고 뒷바라지하는 후원자의 이미지를 구축하고 있었다.

대원군은 그런 인물이었다. 당대에서 현대에 이르기까지 그에 대한 내외의 인물평은 다양하다. 내외의 정치 환경이 복합적이고 개인적으로 겪은 정치 생활의 굴곡이 드라마 같기 때문일 것이다.

긍정적 평가를 보면 〈머리가 명석했다, 성격이 쾌활하고 소탈했다, 의지와 신념이 강했다, 과단성, 추진력이 좋았다, 불굴의 투지를 가지고 있었다, 인사에 공정했다, 재물을 탐하지 않았다〉는 등의 좋은 소리를 들었다. 반면 〈오만한 기질에 매사에 반항적이었다, 사치하고 교만했다, 대세 판단에 어두웠다, 대국적인 시야가 좁고 견식이 모자랐다, 모질고 사나웠다, 잔인한 성격이었다〉는 등의 부정적 평가도 받았다.

그러나 수많은 좋고 나쁜 평 중에서 가장 대원군의 실체를 꿰뚫고 있는 인물은 갑신정변의 주역 중 한 사람이었던 박영효(朴泳孝)인 듯하다.

그는 〈잘난 인물이다. 그러나 대세가 유리할 때는 무슨 일이든 감행할 인물이지만 형세가 불리할 때는 매우 약한 인물이었다〉고 평가했다. 예술가로서의 감성과 정치가로서의 야성이라는 이중성(二重性)을 함께 가진 대원군의 깊은 내면을 간파한 예리한 통찰력이다.

유리할 때는 무슨 일이든 해낼 인물로 보이는 것은 행동하는 정치인으로서의 대원군이다. 긍정론에 비친 모습으로, 남자 중의 남자로 보이는 것이다. 그러나 곤경에 빠졌을 때 예술가로서의 민감한 감성에 휘말리면 〈같은 사람이었나?〉 싶게 나약하고 좌절하는 전혀 다른 모습을 보여 주었던 것이다.

마음을 달래기 위해 끊임없이 난을 치면서 한편으론 복수의 칼을 갈고 있는 모습, 그것이 대원군의 진정한 모습이 아니었을까?

조선 왕조 최대의 개혁

대원군이 정계의 실력자로 등장할 무렵, 조선은 여러 가지 내외의 어려움이 겹친 중첩 위기의 시대를 맞고 있었다. 해체기에 들어간 봉건 체제의 모순과 60년 세도 정치의 후유증이 맞물려 정권 말기 증상을 나타내고 있었다.

정부의 부정과 부패, 백성들에 대한 학대와 수탈이 심화되는 가운데, 삼정(三政)의 문란까지 겹쳐 도처에서 조선 왕조 개국 이래 최다(最多) 규모의 민란이 끊이지 않았다.

제국주의 열강 세력이 어제의 세계 중심이던 청나라를 먹이 삼아 공략하는 데 열중하고 있어 그 불꽃이 언제 한반도로 튈지 몰랐고, 이웃 일본도 서양의 무력에 무릎을 꿇고 개국한 상태였다.

대원군은 왕족 출신의 사대부였으나 백성들의 생활상에서부터 지배 세력인 세도 정권의 현안까지 모두 훤히 꿰고 있었다.

우선 조정을 장악할 수 있느냐가 급선무였다. 안동 김씨와 그 추종 세력이 중앙의 요직은 물론 지방 관료 조직도 장악하고 있었기 때문에 김씨 왕국이었다. 국왕은 허수아비에 불과했다. 세력 판도를 뒤엎어야 했기 때문에 과감한 인사와 인사 제도 개혁이 급선무였다.

1864년 1월 13일 대원군은 집권하자마자 세도 정권의 권력 기반인 비변사(備邊司)를 과감하게 해체하고 그동안 의례 담당으로 전락한 의정부(議政府, 영의정, 좌·우의정)의 권력을 되살리게 했다. 원래 조선 전기 때 생긴 비변사 제도는 국방 문제 전담의 위기관리 기구였다. 세도 정권이 비변사를 장악한 뒤 합의 기구의 특성을 악용해 주요 국정을 처리해 나감으로써 사실상 세도 정권의 조정의 본산이 되어 버렸고 그에 따라 의정부는 정국 주도권을 잃게 되었던 것이다. 대원군이 편법으로 운영되는 비변사를 손댄 것은 세도 정권 세력의 기반을 뒤엎기 위한 것이었다.

3개월 뒤 비변사의 수반인 도제조(都提調)이면서 영의정이던 세도 정권의 주역 김좌근(金佐根)을 퇴진시키고 그의 아들이며 실세인 김병기를 광주 유수로 좌천되면서 권력의 핵에서 제거했다.

10개월 뒤에는 국방 담당 기능으로 되돌아간 비변사를 크게 개편해 김세균(金世均), 박규수(朴珪壽) 등 대원군 계열을 기용했고, 대원군과 사이가 좋았던 안동 김씨의 다른 일파인 김병학·김병국 형제와 당대의 군사 이론가 신헌(申櫶) 등은 유임됐다.

다음 해인 1865년 3월에는 비변사를 아예 폐지하고 군사 기구인 삼군부(三軍府)를 설치했다. 민란이 계속 일어나고 있어 강력한 치안 대책이 필요했고, 1860년 영·불(英佛) 연합군이 베이징을 함락시키고 청나라에 굴욕적인 불평등 조약(베이징 조약)을 맺게 한 경위가 조선에도 잘 알려져 있었기 때문에, 외침(外侵)에 대비하는 국방력 강화가 절실했던 만큼 삼군부 설치의 대의명분은 분명했다.

삼군부는 곧 의정부와 대등한 정일품 관청으로 발돋움했고, 대원군 직계 무장들이 진출해 요직을 차지했다. 결국 삼군부의 등장은 소수파인 대원군의 권력을 뒷받침하고 권력 기반을 다질 수 있는 교두보를 확보하는 동시에 기득권 세력을 약화시키는 일석삼조(一石三鳥)의 시너지 효과를 주게 된 셈이다.

대원군은 세도 정권의 노론(老論) 위주의 인사 관행을 깨고 소론(少論), 남인(南人), 북인(北人) 등 사색당파(四色黨派)를 고루 기용하는 인사 탕평책도 썼다. 노론이며 안동 김씨의 한 세력인 김병학 형제를 중용했고, 이재원(李載元, 병조 판서), 이돈영(李敦榮, 호조 판서), 이규철(李圭澈, 병조 판서) 등 전주 이씨 종친 세력을 기용했다. 북인 임백경(任百經)을 우의정, 2년 뒤엔 남인인 이조 참판 유후조(柳厚祚)를 우의정으로 발탁했다. 그 뒤 남인 한계원(韓啓源)이 우의정, 북인 강노(姜㳣)가 좌의정이 되었다. 남인 강시영(姜時永)을 인사 담당인 이조 판서로, 북인 임상준(任商準)을 무관의 최고 요직인 훈련대장까지 승진시켰다. 그런가 하면 세도 정권의 문을 연 김조순(金祖淳) 시절부터 안동 김씨와 밀착해 있던 소론의 원로 정원용(鄭元容)을 영의정으로 기용했고, 그의 아들 정기세(鄭基世)를 판서로 발탁, 포용하는 자세를 보였다.

고종 즉위에 공이 큰 조 대비의 젊은 조카 조성하, 조영하(趙寧夏)를 승지로 발탁했다가 요직인 인사 담당 이조 참의로 돌렸다.

전주 이씨이면서 조 대비의 인척인 이경하(李景夏)를 병조 판서, 금위대장으로 올려 친위 세력을 만들었고, 거짓 방탕 생활을 하던 시절 자신을 골탕 먹였던 포교 이장렴(李章濂)도 발탁했다. 또 함께 지내던 건달들이면서 성(姓)을 따 〈천하장안〉으로 유명한 천희연(千喜然), 하정일(河靖一), 장순규(張淳奎), 안필주(安弼周) 등 네 명도 측근 심복으로 기용했다.

대원군은 고려 이후 대표적 소외 지역인 평안도 등 서북 지역 인사들에게도 등용의 길을 열어 주었고, 아전배라 할지라도 유능하면 발탁하는 개방 성향을 보여 주었다.

대원군은 민생 개혁에도 과감했다.

흐트러진 민심을 수습해야 했기 때문에 당연히 선택해야 할 국정 우선순위였다. 민란이 끊이지 않는 이유가 전정(田政), 군정(軍政), 환곡(還穀) 등 삼정(三政)의 문란 때문이라는 것을 잘 파악하고 있었다.

대원군은 전정 개혁을 통해 농민의 부담을 가중시키는 각종 잡세의 상당수를 폐지시켰다. 당시 농민들은 농지 1결당 논은 쌀 너 말, 밭은 콩 너 말의 토지세를 내고 있었고, 토지세 외에 갖가지 명목으로 43개의 잡세를 뜯기고 있었던 것이다.

대원군은 관행적으로 병역 면제의 혜택을 누리던 양반들에게도 병역세인 군포(軍布)를 내게 해 농민들의 부담을 줄였다. 조선의 군제는 조선 전기 때 국민 개병제적 성격으로 양반과 일반 백성 모두에게 병역 의무가 있었다. 그러나 평화 시기가 오래 지속되자 병역 면제 대상이 아닌 양반들까지 온갖 핑계를 대고

다 빠져나가 가난한 농민들만의 의무가 되었다.

영조가 이를 뜯어고치려 나섰다가 양반 사회의 강력한 반발에 부딪혀 균역법(均役法)이라는 절충안을 마련했던 것이 그간의 유일한 개혁이었다.

그중에서도 환곡이 가장 문제가 심각했다. 농민들에게 춘궁기에 양식을 빌려 주었다가 추수기에 되받아들이는 환곡제는 당초 빈민 구제책이었으나 오랜 세월이 지나면서 부패한 관리들의 이권, 탐학의 도구가 되면서 백성들을 쥐어짜는 고리채로 둔갑해 있었다. 민란의 주원인이었다.

대원군은 환곡제 대신 조선 전기에 있었던 사창제(社倉制)를 복설, 실시케 해 관원이 아니라 동리 지역 유지 중심으로 민간이 운영케 함으로써 부정, 비리 구조를 원천적으로 막게 했다.

대원군은 인사 개혁과 함께 고질적인 조선의 병폐였던 서원 철폐라는 카드도 뽑아 들었다.

1864년 전국 서원과 향사에 대한 실태 조사에 나서게 하는 한편, 1865년 충북 괴산에 있는 만동묘(萬東廟)를 1차로 철폐케 했다. 만동묘는 임진왜란 때 명나라 지원군을 보내 조선을 구한 명 황제 신종(神宗)과 마지막 황제 의종(毅宗)에 대한 제사를 지내기 위해 건립된 향사로, 조선 중·후기 정계를 주름잡던 노론의 영수 우암(尤庵) 송시열(宋時烈)의 유언에 따라 세워졌다. 노론의 상징인 이 만동묘는 송시열의 위패를 모신 화양 서원(華陽書院)과 함께 노론을 대표하는 곳으로 관폐, 민폐가 가장 심했던 곳이다. 젊은 시절 만동묘를 찾은 대원군이 망신을 당한 일이 있어 제일 먼저 손을 본 것이라는 소문이 있었다.

숙종 때 노·소론이 번갈아 집권하면서 경쟁적으로 자기 당파의 서원을 남설하는 바람에 전국에 서원이 천 개소가 넘게 되었다.

서원 문제를 그간 정면으로 다룬 국왕은 양반 세력을 견제해 균역법을 끌어냈던 영조뿐으로, 170여 개소를 철폐시켰던 것이다.

백 년 뒤 대원군이 천여 개 중 47개소만 남기고 모두 철폐시켰다. 병인양요를 치르고 유림의 줄기찬 반대를 거치는 등 시간이 지연되어 7년 만에 이루어진 개혁이었다.

개혁 첫해가 지난 뒤인 1865년 대원군은 임진왜란 때 불타 버린 정궁(正宮)인 경복궁(景福宮) 중건에 나선다. 태조(太祖) 이성계(李成桂) 때 창건한 경복궁을 재건함으로써 땅에 떨어진 왕권을 다시 세우기 위한 것이었다.

영건도감이 서고 대원군이 진두지휘에 나서면서 찬반 양론이 있었으나 내놓고 반대하는 재조 세력이 없었다. 국왕이 내탕금 10만 냥을 내고 정부 관리와 종친들이 앞장서서 중건비를 냈다. 재력 있는 양반이나 상민 부호들로부터 원납전(願納錢)을 받기 시작했다. 하루에 수천 명씩 부역 농민들이 현장에 와 일하게 되었다.

다음 해 3월, 재목장에서 원인 모를 큰불이 나 그동안 다듬어 놓았던 재목과 가가(假家)가 모두 불타 버리는 곤경에 빠졌으나 대원군은 공사를 강행했다.

원납전은 원하는 사람만 낸다는 당초의 취지와는 어긋나게 전국 곳곳에서 강제로 징수되어 모두 780만 냥을 거두어들였다.

국방 강화비로 거액의 예산이 전용되는 바람에 공사비가 모자라게 되자 세금인 결두전(結頭錢)도 올렸고, 도성 문을 출입하는 사람에게 문세(門稅)도 받았다.

그럼에도 불구하고 재정이 여전히 달리자 엽전의 백 배에 해당하는 당백전(當百錢)을 발행했다. 당백전은 짧은 기간 재정 수요에 충당할 수 있었지만 시가(時價)가 엽전보다 4분의 1 혹은 5분의 1에서 20분의 1에 불과한 악화(惡貨)여서 극심한 물가 앙등을 유발하게 된다.

경복궁은 공사 4년 만에 완공되어 고종이 이어(移御)했다.

공사를 완공시킨 공로로 대원군은 국태공(國太公, 국왕의 아버지)이라는 공식 칭호를 얻게 되었다.

_서원(書院)의 횡포

서원은 중국에서 처음 생겼다. 당(唐)나라 말기 시골에 묻혀 살거나 관직을 떠난 학자들이 향리에 세운 사학(私學)이 그 시초이다. 유학 경전 등을 가르치는 학술, 사상의 요람지가 되었고, 그 전통이 송(宋)에 이어져 과거 제도가 등장하고 선비들의 관계 진출이 활발해지면서 과거 시험을 위한 학습 장소로도 활용되었다. 공자 등 유교의 선현(先賢)에 대한 제향도 지냈다.

조선에는 16세기 주세붕(周世鵬)이 중국의 서원 제도를 도입해 창설한 백운동(白雲洞) 서원이 처음이다.

초창기에는 중국 서원과 비슷한 기능이었으나 18세기에 들어와 그 성격이 변질되었다. 강학, 강론 기능이 약해졌고 제향 기능도 정치적 입장을 강화하는 수단이 되었다. 각종 세금이나 부역이 면제되었고, 군역(軍役)을 피하려는 기피자를 대거 학생으로 받아들였다.

사론(士論)을 형성한다면서 당론(黨論)을 좌지우지하다가 당쟁의 중심에 서게 되었고, 당쟁을 심화시키는 연결 고리가 되었다. 관가 이상으로 백성을 탐학하는 지방의 권력자가 되면서 조선 사회의 암적 존재가 되어 있었다.

경복궁 중건이 민심 이반 불러

조선 왕조를 통틀어 큰 개혁은 개국 초기 조준(趙浚)이 주도한 토지 개혁인 과전법(科田法)과 광해군(光海君) 이후 백 년 만에 전국적으로 실시에 들어간 김육(金堉) 주도의 대동법(大同法)이 대표적이다. 과전법은 대토지 개혁이고, 대동법은 파격적인 조세 제도의 개혁이었다.

대원군이 추진한 삼정 개혁, 국방 강화, 서원 철폐, 경복궁 중건 등 역점 사업은 내용과 질에 있어 위에서 열거한 어느 대개혁에 못지않다. 짧은 시간대에 여러 사업을 추진한 과단성, 역동성에 있어서는 단연 타의 추종을 불허한다.

대원군의 개혁은 과거 지향성이 특징이었다. 조선 왕조는 왕권이 강했던 초기(태조~세조)에 국방력도 좋았고 민생도 튼튼했으며 나라가 번성한 시기였다. 중기 이후 사대부 출신 신하들의 권력이 국왕을 능가하게 됨에 따라 군약신강(君弱臣强)의 나라가 되었다. 신권(臣權)의 강화는 절대 왕권에 대한 감시와 견제의 필요성에서 출발했으나 강해진 신권이 왕권을 좌지우지하는 사태로 변질되었고, 이에 따라 권력 투쟁(鬪爭)이 심화되었다. 그 당쟁 끝이 세도 정권의 출현이었다. 대원군은 그 같은 구조적인 정치 위기를 해소하는 길은 조선 초기로 돌아가는 것이라고 보았을 것이다.

그의 주요 개혁들을 따져 보면 조선 초기로 연결되는 과거 지향성이 공통점이라는 것을 알 수 있다. 삼군부의 복설은 조선 초기의 국방 제도를 되살린 것이다. 대원군의 권력 기반을 강화시킨 측면은 부수입이라 할 수 있다. 삼정 개혁을 통해 세제(稅制)와 군역(軍役)에서 양반의 권리를 축소하고 일반 백성의 부담을 줄여 준 것도 국민 개병제적 원칙이 살아 있던 초기를 개혁 모델로 한 것이다. 서원 철폐를 통해 양반들의 횡포와 백성에 대한 침탈을 막으려 한 것도 서원이 극소수여서 부작용이 없던 왕조 초기를 닮고자 한 것이라 할 수 있다.

그중에서도 경복궁 중건은 대원군의 개혁 철학이 집약된 상징이었다.

경복궁은 태조 이성계(李成桂)가 조선을 건국한 뒤 나라의 기틀이 잡히고 강력한 왕권 중심의 체제를 확립하고 나서 건립한 왕궁이다. 임진왜란 때 불타 버린 그 경복궁을 270여 년 만에 재건한다 하는 것은 왕실의 권위를 다시 살리고 왕권이 국정을 주도하는 나라를 만드는 길이었다.

대원군의 위와 같은 일련의 개혁들은 기득층이자 사회의 지배층인 양반들의 수백 년 이래 관행화되고 특권화된 기득권을 깨려는 것이어서 반발이 거셀 수밖에 없었다.

삼군부를 복설한 뒤 대원군은 경상도, 전라도, 충청도 등 곡창 지대에서 거두는 세수미(稅收米)인 통영곡을 삼군부 산하 무장들이 관리케 함으로써 군부의 재정까지 강화시켜 주려 했다. 그러나 문인 출신 관찰사들이 집단 반발하는 사태가 이어져 계획은 원점으로 되돌아갔다. 이는 무인 중시 정책에 대한 문관들의 저항이 기회 있을 때마다 표출되고 있었음을 보여 준 것이다.

삼정 개혁에서 그동안 내지 않던 호포세를 내게 되어 수백 년간의 특전이 없어지자 양반들은 〈양반과 일반 백성(班庶)의 차별이 없어졌다〉면서 불만이 높았다.

환정 제도를 고쳐 새로운 사회 세력으로 부상한 돈 많은 중인, 양민들에게 운영권을 주려 하자 그동안 향리를 지배하고 있던 양반 세력이 주도권을 빼앗으려 한다면서 강력히 반발, 원점으로 되돌아갈 수밖에 없었다. 이 같은 반발은 민방위 제도인 민보(民堡)를 만들려 할 때도 나타나 정책 추진을 포기케 했다.

사색당파를 고루 기용하는 대원군의 인사 탕평책도 구색 맞추기에 불과하다는 비난을 피하지 못했다. 1863년부터 1873년까지의 의정부 당상(堂上) 취임자는 모두 162명이었다. 이 중 노론이 90명으로 55.6퍼센트이고 노론이 38명으로 23.5퍼센트, 합해서 79.1퍼센트였다. 남인이 15명으로 9.2퍼센트, 북인 14명으로 8.6퍼센트, 종실이 3명으로 1.9퍼센트를 차지했을 뿐이다.

결국 노론 주도와 소론 보완 체제의 극복은 이루어지지 못했던 것이다. 세도 정권보다는 남인, 북인이 좀 더 기용됐다는 의의가 있을 정도이다. 그런데도 탕평책을 통해 얻은 이익보다는 반발에 의한 피해가 훨씬 더 컸다고 할 수 있다.

당대 최고의 유학자이자 척사론의 이론가였던 노론의 화서(華西) 이항로(李恒老) 학파는 대원군이 소수파들을 계속 등용하자 그들을 서양 세력과 같은 사(邪)로 규정하고 대처하는 극단론을 폈다. 그리하여 이항로의 수제자들인 김평묵(金平默)이나 유중교(柳重敎)는 남인이 주도하는 정국 개편이 일어날지 모른다는 위기의식을 가지고 있었고, 그 점을 동문인 면암(勉菴) 최익현(崔益鉉)에게 강조해 결국 대원군을 낙마(落馬)시키는 상소가 등장하게 되었던 것이다.

대원군의 서원 철폐는 성리학 체제에 대한 정면 도전으로 받아들여질 쇼크 요법이었다.

고종 2년(1865), 대원군이 서원 철폐에 나서자 전국의 유생들이 들고일어났다. 대원군은 서원 철폐에 미온적인 행정 책임자를 처벌하고 전국에서 반대 집회에 참석하기 위해 서울에 모인 유생들을 포졸을 동원해 강제 해산시켰다.

「백성을 해치는 자라면 공자(孔子)가 다시 살아난다 하더라도 내가 이를 용서하지 않을 것이다」라고 대원군이 외친 것도 이때였다. 대단한 기백이었고, 어찌 보면 오만이었다. 대원군이 이렇듯 강하게 나가자 유림은 숨을 죽였고 저항과 반발은 일단 잠복한 상태가 되었다.

대원군은 경복궁 공사나 병인양요 등으로 국력을 집중해야 했으므로 7년 뒤인 1871년 철폐 계획을 일단락지었으나 때를 기다리던 유림의 반격도 1873년 최익현의 상소를 통해 결정타(대원군의 하야)를 날리게 되었던 것이다.

대원군의 개혁은 개혁의 수혜층이어야 할 일반 백성들이 등을 돌림으로써 큰 위기 국면을 맞게 되었다. 어차피 양반들의 반발과 저항은 각오하고 있었겠지만 백성들의 원망을 받게 된 것은 의외였을 것이다. 개혁에 착수한 지 2년이 넘은 시점이어서 누적된 개혁 피로가 표출될 때이기도 했으나 백성들의 고달픈 삶을 돕기 위해 강력한 민생 개혁을 추진했던 대원군으로서는 놀랄 일이었다.

부패 관료 처벌, 삼정 문란, 서원 철폐 등에 대한 개혁이 진행되고 있을 때 대원군의 인기는 백성들 사이에서 하늘처럼 높았다. 과도한 세금을 줄여 주고 침학하는 자들의 근거지를 없애 줄 때 통쾌한 성취감을 느꼈을 것이다. 하지만 그 같은 지지는 한때 반짝하고 그만이었다. 왜 그렇게 되었을까?

경복궁 중건이 민심 이반의 원인이었다.

경복궁 중건에 따르는 과도한 경비 염출과 노역 동원, 그리고 군비 강화에 따르는 비용까지 겹쳐 원납전을 전국적으로 강제 징수하고 당백전까지 발행해 경제난까지 일으키는 무리수로 이어지면서 백성들의 외면을 자초한 것이다.

세도 정치 말기 증상 때문에 피폐해진 경제에 당백전 남발 등으로 인플레이션까지 겹쳐 민생고를 심화시킨 것이 결정적이었다.

경복궁을 다시 세운다는 것은 왕실에는 더없이 경사스러운 일이었다. 그러나 경복궁 재건은 양반들에게는 원납전을 끌어가는 부담이었고, 백성들에게는 끊임없이 몰려오는 노역과 새로운 세금일 뿐이었다.

서원의 횡포를 응징한다는 대의명분에는 밀렸으나 성리학 체제의 근간을 흔드는 데는 불만인 거유(巨儒)들까지 경복궁 중건 공사 중단을 주장하고 나섰고, 정적인 안동 김씨와 노론들은 쾌재를 부르면서 사태를 관망하게 되었다.

사실 경복궁 중건 공사는 시급한 현안은 아니었다. 국왕의 정궁(正宮)이 없는 상태가 임진왜란 이후 계속되고 있어 나라의 체통이 서지 않고 있었지만 나라 형편이 어려울 때 국력을 기울여 치러야 할 대역사(大役事)는 아니었다. 잇단 궁궐 짓기를 강행하다가 민심을 잃고 쿠데타로 쫓겨난 광해군의 실패를 대원군이 모를 리 없었을 텐데 왜 초지일관하게 되었을까? 정면 돌파로 반대의 목소리를 제압할 심산이었을까?

위기를 해소시켜 가던 대원군이 새로운 위기를 자초했다는 것은 결과적으로 실책이었다. 대원군의 이러한 실책은 전함 구입비를 거대한 인공 호수와 산이 있는 여름 궁전(167면 〈전함 구입비 삼킨 이화원 건설〉 참조)을 조성하는 데 전용했다가 청일 전쟁의 주요 패인을 제공했던 서태후(西太后)를 연상케 하는 반면 1873년 5월 5일 왕궁 전체가 화재로 모두 불타 버리자 나라 형편이 나아질 때까지는 안 된다면서 거액의 공사비가 드는 왕궁 신축을 11년간 고사했던 메이지 국왕 무쓰히토(睦仁)와는 좋은 대조를 이룬다.

사면초가(四面楚歌)의 위기에 빠진 대원군이 숨을 돌릴 수 있게 구원 투수로 등장한 것은 의외에도 대외 문제였다. 천주교 신자 박해 사건인 병인사옥과 이와 관련해 프랑스 함대가 쳐들어온 병인양요를 맞아 대원군은 대내 위기를 대외 위기로 반전(反轉)시켜 국론을 통일하고 권력을 더욱 강화해 갈 수 있었다.

_정조(正祖), 세도 정치의 씨 뿌려

세도 정권의 말기 증상은 봉건 체제 해체기에 들어서는 역사의 흐름으로 볼 때 피할 수 없는 과정이었으나, 세도 정권 자체의 문제점과 맞물리면서 그 증상을 더욱 악화시켰다. 나라를 제대로 이끌어 간다는 책임 의식은 없고 사리사욕에만 급급해 걷잡을 새 없이 나라가 침체의 늪에 빠져 들고 있었으나 세도 정권은 그에 대처할 위기관리 능력이 없었던 것이다.

세도 정권의 원죄(原罪)는 역설적이게도 철인 군주였던 정조에서 비롯된다. 조선의 얄궂은 운명이다. 정조는 조선 왕조에서 최고로 평가받는 세종대왕(世宗大王)과 비교되는 명군(名君)이었다. 정조는 184권 100책의 방대한 저서(『홍재전서』)까지 발간한 석학이기도 해서, 국왕이면서 나라의 스승이라는 군사(君師)를 실현했다고 자부하고 있었다. 성리학이 국가의 이데올로기인 조선에서 그것은 국왕의 권위 세우기가 성공했음을 말해 주는 것이다.

정조는 그 같은 권위를 뒷받침할 왕권 강화의 방법으로 막강한 군사력까지 마련했다. 그러나 왕권을 지나치게 견제하는 일당 독주의 노론 세력을 구조적으로 약화시키는 위기관리에는 실패했다. 할아버지 대에서 손자 대로, 다시 또 손자 대로 대를 이어가며 지속되는 노론의 철벽이 난공불락이기도 했지만 개혁 시기 또한 너무 늦었기 때문이다. 실기(失機)했던 것이다. 더구나 정조는 49세, 한창 나이에 죽었다. 시간도 정조의 편이 아니었다.

정조는 죽기 전 사돈인 김조순(金祖淳)을 불러 아들 순조(純祖, 23대)의 뒤를 돌봐달라고 부탁했다. 당쟁을 해소시키기 위해 일당 독주를 막는 방법으로 외척의 정치 간여를 강력하게 금지시켰던 인물이 정조 자신이었다. 그런 정조가 이제까지의 소신과 원칙을 버리고 외척이 간여해도 좋으니 왕권만 제대로 유지하게 해달라고 후퇴한 것이다.

그렇게 해서 안동 김씨의 60년 세도 정권의 막이 올랐다.

하지만 막상 순조가 왕위에 오른 뒤 권력을 잡은 쪽은 노론의 시파(時派)인 김조순이 아니라 반대 세력인 벽파(僻派)였다. 15세 나이에 65세의 늙은 영조의 계비로 들어갔던 정순 왕후(貞純王后)가 궁중의 최고 어른인 대비가 되어 수렴청정에 나서면서 친정 세력인 벽파에게 정권을 맡긴 것이다.

시파는 정조의 아버지 사도 세자(思悼世子)가 부친 영조에 의해 뒤주 속에 갇혀 죽게 된 것이 잘못된 결정이라고 보는 노론의 세력이고, 벽파는 불가피했다면서 정당하게 보는 노론의 다른 일파였다.

정조를 싫어했던 정순 왕후는 선왕 체제를 부정하기에 바빴고, 이에 따라 정적(政敵)인 시파를 숙청하기 시작했다. 천주교를 박해(신유사옥)하면서 정조가 총애하던 이가환(李家煥), 정약용(丁若鏞) 등 유능한 남인 세력을 거세해 버렸다.

1804년 16세의 순조가 친정에 나섰으나 국정을 제대로 펴기가 어려웠다. 나이가 어려서 경륜이 모자라기도 했지만 장인 김조순 등 안동 김씨가 통치의 걸림돌이 되었다. 김씨 세력은 합의체인 비변사(備邊司)를 통해 권력을 독점하기 시작했다.

순조가 하는 일은 매사에 비판과 견제가 따랐다. 아버지 정조의 선례를 따라 젊은 관료들과 만나 대화를 나누면 사간원과 사헌부가 나서서 별다른 명분도 없이 하급 관리들과 접촉한다고 비판, 견제했다.

1809년 순조는 민폐의 내용과 해결 방안을 보고하라며 전국 지방 수령에게 지시했으나 제대로 시행되지 않았다. 이재민 구휼 등에 관심을 가졌으나 담당 실무 관리가 하면 될 일이니 나서지 말라는 반발을 불러일으켰을 뿐이다.

한마디로 국왕의 영(令)이 서지 않고 있었다.

1811년 12월 평안도에서 홍경래(洪景來)가 반란을 일으켰을 때, 순조는 중풍을 앓고 있었다. 국정을 포기할 수밖에 없는 상태가 되었고 안동 김씨의 권력은 보다 확고해졌다.

안동 김씨의 전횡에 넌더리가 난 순조는 궁여지책으로 세자의 처가인 풍양 조씨를 내세워 안동 김씨를 견제한다는 발상을 하게 된다.

순조는 1827년 2월 외아들인 19세의 효명 세자(孝明世子, 후에 익종(翼宗)으로 추존됨)에게 대리 청정을 시켰다. 젊고 패기 있는 세자에게 대리전을 시킨 것이다.

세자는 장인인 조만영(趙萬永) 등 조씨 세력의 지원 아래 독자적인 세력을 구축한다. 권력의 핵이 된 비변사의 주도권을 안동 김씨로부터 빼앗아 오면서 왕권을 되살려 나갔다. 그러나 세자는 과로로 쓰러져 3년 3개월의 대리 청정 기간을 끝으로 세상을 떠남으로써 안동 김씨의 독주를 막아 보려던 순조의 위기관리는 일단 없던 일이 되어 버렸다.

할 수 없이 다시 정사에 복귀한 순조는 김조순의 비위를 맞추는 등 머리를 숙여 가며 생존을 위해 안간힘을 써야 하는 처량한 신세가 되었다.

순조 때부터 전국 곳곳에서 민란이 일어나는 등 심상치 않던 나라 형편은 나이 어린 손자 헌종 때 와서는 더욱 나빠져 갔다.

안동 김씨 역시 대를 이어 가는 과정에서 총명이 흐려지고 탐욕스러운 후대들이 등장해 매관매직과 백성에 대한 탐학이 더욱 심해지고 있었다.

병인양요, 궁지에 빠진 대원군을 구해 줘

1866년 가을, 프랑스 극동 함대가 프랑스 신부 처형(丙寅邪獄)에 대한 책임을 묻는다면서 강화도를 공격, 점령한 병인양요(丙寅洋擾)가 일어난다.

병인양요는 개혁 후유증과 경복궁 중건에 대한 반발로 내정 위기에 부딪힌 대원군이 숨을 돌려 정국을 주도할 수 있게 해주었고, 쇄국(鎖國) 정책이 자리 잡는 계기를 가져다주었다. 뿐만 아니라 대원군이 서양 무기를 도입해 방어 전략을 펴는 계기로 삼았다면 조선의 역사가 다르게 흐를 수도 있었던 역사적 고비이기도 했다.

병인사옥은 한국의 천주교 수난사와 궤(軌)가 같다.

1800년 정조가 죽은 후 터진 실학자 등 천주교 신자 3백여 명이 순교한 신유사옥(辛酉邪獄), 1839년 발생한 천주교 신자 2백여 명 처벌의 을해박해, 1846년 김대건(金大建) 신부 등 20여 명이 순교한 병오박해는 조선 정부가 천주교를 사교(邪教)로 보고 이에 대응하기 위해 취한 위기관리의 결과였다.

1846년 이래 프랑스 신부 12명이 다시 몰래 입국해 포교 활동을 펴기 시작하면서 대원군 집권 시기에는 2만 4천여 명의 신자가 있을 정도로 세력을 회복했다.

병인사옥은 러시아가 조선에 통상을 요구하는 사건에서 엉뚱하게 불꽃이 튀어 일어나게 되었다.

1864년 2월, 블라디보스토크에 군항을 건설하는 등 청나라로부터 할양받은 연해주를 개척해 가던 러시아가 조선 정부에 통상을 요구했다. 그동안 서양 함선, 즉 이양선(異樣船)이 근해를 지나는 것은 수십 차례 목격되었으나 통상을 요구하는 서양인이 나타난 것은 처음이었다. 당시 러시아는 영국이나 프랑스보다 더 침략적인 나라로 조선에 알려져 있었다. 함경도 끝에서 국경을 새로 맞게 된 러시아의 그 같은 움직임에 대원군은 긴장했고 대책에 부심하게 되었다. 러시아를 견제하기 위해서는 영국이나 프랑스가 러시아를 지원하는 것을 막아야 한다고 여겨 조선에 와 있던 프랑스 선교사들과의 접촉을 시도했다. 대원군은 부인과 고종의 유모가 천주교 신자였기 때문에 천주교가 낯선 상대는 아니었다.

때마침 러시아의 통상 요구 사실을 알게 된 천주교 신자 남종삼(南鍾三), 홍봉주(洪鳳周) 등이 프랑스, 영국과 조선의 삼국 동맹을 맺어 러시아를 막는 방아책(防俄策)을 대원군에게 건의하게 되었고, 대원군은 프랑스와의 협력을 주선해 주는 대가로 천주교 포교를 허용하겠다고 약속했다.

그러나 책임자인 베르뇌Siméon François Berneux 주교가 지방에 내려가 있었기 때문에 대원군과의 면담은 이루어지지 못했고, 양자의 접촉에 관한 이상한 소문이 나도는 가운데 사태가 역전되어 천주교 탄압 사건이 일어나게 된다. 대원군이 생각을 반대로 바꿔 버린 것이다.

왜 대원군의 정책이 갑자기 표변하게 되었는지에 대해서는 명확하게 밝혀진 것이 없지만, 이에 대한 역사학자 연갑수의 해석이 설득력 있다. 그에 의하면, 남종삼 등의 건의서가 오가는 동안 대원군은 신정 황후 조 대비와 조카 조성하, 조영하 등 풍양 조씨 세력이 프랑스 신부들과 선을 대고 있음을 알게 되었고, 이 사실을 안 척사파 김병학, 김병국 등 안동 김씨가 풍양 조씨를 상대로 정치 공세에 나서게 되자 척사파 쪽의 손을 들어 주게 되었다는 것이다.

천주교에 관한 이상한 소문의 주인공은 운현궁이었다.

천주교 신자인 대원군의 부인이 베르뇌 주교와 밀접한 관계에 있었던 데다 대원군과 접촉한 남종삼 등이 성급하게 프랑스와의 협력을 떠들고 다녀 〈대원군이 천주교 신부를 만난다더라〉, 〈운현궁에 천주학쟁이가 무상출입한다더라〉는 등 온갖 악성 소문이 나돌게 되었던 것이다. 그 같은 소문은 유림과 적대 관계에 있는 대원군에게 치명적인 타격을 줄 수 있는 악재였다. 따라서 은밀하게 프랑스 신부들과 통하고 있던 풍양 조씨 측에 선제공격을 가하게 했다는 해석이다. 김병학 등이 척사론을 일으키며 공격 대상에서 운현궁을 제외한 것을 보면 대원군과 기맥을 통하면서 연출한 정치극이라는 심증을 갖게 한다.

프랑스 신부 8명과 8천여 명의 조선인 천주교 신자가 순교하는 병인사옥은 그러한 과정을 통해 1866년 1월 일어나게 되었다.

병인사옥이 일어난 뒤 신정 왕후는 고종의 결혼(國婚)을 서둘렀고, 왕비 후보들을 상대로 세 차례에 걸친 간택(揀擇) 일자를 잡아 놓았다. 그런데 간택을 끝내기도 전에 갑자기 수렴청정을 끝낸다고 밝혔다. 병인사옥이 있은 지 1개월 뒤의 일이다.

신정 왕후는 고종의 나이 열다섯 살이 되어 성년이 되었으므로 철렴하는 것이라고 했다. 그 말은 맞는 말이지만 철렴 과정이 석연치 않았다. 신정 왕후는 당초 고종을 자신의 부군인 익종(翼宗, 효명 세자)의 대를 이은 양자의 자격으로 왕위에 오르게 했으므로 양어머니였다. 때문에 간택뿐 아니라 국혼의 모든 절차를 주관할 자격과 권리가 있었다. 그런데 이를 포기하고 뒷전으로 물러나며, 대원군이 자신의 결정으로 처가인 민씨 문중에서 고인이 된 민치록(閔致祿)의 딸을 중전으로 택했던 것이다.

이는 신정 왕후가 권력 싸움에서 밀려 제거된 것을 의미한다. 친정 조카인 조성하, 조영하도 그 뒤 요직에서 밀려남으로써 대원군과 권력을 나누던 풍양 조씨는 세력을 잃어버리게 되었다. 반면 대원군과 협조 관계에 있던 김병학 형제가 척사론을 들고 나와 조정의 실세로 군림하게 되었다.

누구보다도 병인사옥 파동에서 득을 본 사람은 대원군이었다.

신정 왕후가 더 이상(고종에 대한) 보정(輔政)이 필요 없다면서 철렴함으로써 자신의 보정 근거까지 약화되었음에도 불구하고 계속 섭정 직에 머무르면서 1인 독주 체제를 오히려 강화해 나가는 계기로 삼았던 것이다.

1866년 가을, 병인사옥에 대한 책임을 물어 프랑스 극동 함대가 쳐들어올 것이라는 청나라 정부의 통보가 전해지자 재야 유림 지도자들이 반침략의 척사론(斥邪論)을 들고 일어났다.

나라가 위급한 시기를 맞았다 해서 동부승지(同副承旨)라는 요직에 기용된 거유(巨儒) 이항로(李恒老, 출사하지는 않았다)는 세 차례에 걸친 상소로 반침략 투쟁을 적극 지지함으로써 대원군에게 힘을 실어 주었다. 이로써 대원군은 유림의 전폭적인 지원 아래 척사론으로 국론 통일을 하는 데 성공할 수 있었고, 이항로의 척사 논리를 반침략의 기본 노선으로 깔았다.

프랑스군의 패퇴로 병인양요의 고비를 넘기게 되자 기세등등해진 대원군은

1. 화친을 허락하는 것은 매국이고,
2. 교역을 허락하는 것은 망국이다.
3. 절대로 도성을 포기하지 않고 결사 항전한다.
4. 요행히 적들이 물러나기를 바라지 않는다.

는 척사 원칙을 대신들에게 제시했다.

이처럼 대원군은 외침(外侵)에 대비한다는 명분으로 자신의 직할 세력인 무장들의 권한을 강화시켜 온 정책을 정당화할 수 있었고 군비 강화가 필요하다는 공감대를 형성시키는 데 성공했다. 무엇보다도 척사파의 위정척사 논리를 등에 업고 강력하게 국론 통일을 이끌면서 위기관리 지도력을 발휘함으로써 서원 철폐, 경복궁 중건에 따르는 무리한 경비 염출 등에 대한 유림과 백성들의

반발과 저항을 잠재우고 정치적 위상을 강화해 갈 수 있었다.

그렇다면 대원군은 대세를 보고 거기에 맞춰 처신하는 기회주의자인가? 물론 변신이 빠른 것을 보면 위기에 대처하는 순발력이 빠르다는 것을 알 수 있다. 그러나 천주교 탄압이 변신의 결과만으로는 보이지 않는다. 대원군 나름의 생각이 없었던 것은 아닐 것이다.

30대의 대원군에게 난(蘭) 그리기와 서예를 가르쳐 준 19세기 초 조선의 천재 추사(秋史) 김정희(金正喜)는 철저한 천주교 배격론자로서, 서양의 군함보다 천주교를 더 두려워해야 한다고 주장했다. 선교사들이 제국주의의 침략에 첨병 역할을 하는 측면을 통찰한 것이다. 부정적인 면만을 강조한 견해였으나 사제 관계였음을 미루어 대원군에게도 적지 않은 영향을 주었을 것으로 볼 수 있기 때문이다.

2 추락하는 대원군

병인양요, 이기고도 진 전쟁

병인양요가 조선이 제국주의 열강의 군사력과 마주친 최초의 충격이었다면, 5년 뒤의 신미양요는 조선이 병인양요에서 얻은 교훈을 제대로 소화해 내지 못했음을 알리는 보다 뼈아픈 충격이랄 수 있었다. 청나라 역시 1840년 아편 전쟁 때, 일본은 1863년 영국 함대의 가고시마(鹿兒島), 1864년 4개국 연합 함대의 시모노세키(下關) 공격 때 가공할 만한 근대식 화력에 엄청난 충격을 받았다.

그러나 그 충격에 대응하는 방식에서 조선은 청나라나 일본과 너무 달랐다.

청나라는 열강의 근대적 군사력에 맞서기 위해 서양의 근대식 소총, 대포, 군함을 사들이고 무기 제조법을 배우는 양무운동(洋務運動)을 폈고, 일본은 한 걸음 더 나아가 군사 대국이 되기 위해서는 먼저 산업 대국이 되어야 한다고 보아 서구의 정치, 경제, 군사 제도를 본격적으로 배우는 부국강병의 길로 들어섰다.

반면 비슷한 시기에 대원군은 조선 초기의 군사 제도로 돌아가고 중세의 무기인 화승총과 불랑기자포(佛狼機子砲)를 축으로 하는 복고적(復古的) 국방 강화에 나섰다.

19세기 제국주의 시대에서 가장 중요한 것은 군사력이었다.

세계 유일의 은둔국이었던 조선이 쇄국주의로 나가게 된 것은 조선이 망하게 되는 원인이 되었다. 그러나 쇄국주의에 앞서 복고적 국방력 강화로 나간 대원군의 정책이 더 뼈아픈 시행착오의 시작이었는지 모른다.

10년 뒤 조선에도 등장했던 동도서기론(東道西器論)에 의하면, 중국이나 일본처럼 서양의 신식 대포와 소총을 사들여 외부의 침략에 대항하는 일은 이상할 것이 없었다. 대원군이 동도서기론적 판단을 내려 경복궁 중건에 든 거액의 비용과 복고적 국방에 낭비할 예산으로 근대식 화기를 도입했다면 조선의 역사는 상당히 다르게 흘러갈 수도 있었다.

그 점에서 병인양요는 위기이면서 기회였다.

프랑스 극동 함대는 강화도 공략에 앞서 1886년 8월 15일 군함 세 척을 보내 공격 지점을 정탐한다. 한강을 거슬러 올라가 마포 서강(西江)까지 진출, 방어에 나선 조선군 선단을 포격과 총격을 가해 단숨에 제압했다. 사령관 로즈 Pierre Gustave Roze 제독은 강화도를 공격해 서울로 가는 뱃길 운송을 차단하는 것이 조선을 굴복시키는 지름길이라고 보았다. 1840년 아편 전쟁 때 소수 병력의 영국 함대가 양쯔 강(揚子江)을 봉쇄해 수도(北京)로 통하는 물자 보급로를 차단함으로써 청나라 정부의 굴복을 끌어낼 수 있었던 사례를 참고했다고 할 수 있다.

9월 3일, 1520명의 해군 병력과 66문의 대포를 갖춘 7척의 군함을 이끌고 다시 나타난 로즈 제독은 강화부를 공격, 점령하고 작전대로 한강 봉쇄에 들어갔다. 강화 유수 이인기는 저항 한번 제대로 해보지 못한 채 달아났고, 서울 방어에 위기를 느낀 대원군은 이경하(李景夏)를 대장에, 이용희(李容熙)를 중군에, 양헌수(梁憲洙)를 천총(千摠, 부대장)으로 삼아 대응케 했다.

프랑스군은 근대적인 총포의 화력으로 조선군을 제압, 문수산성(文殊山城)까지 점령했다. 그러나 11월 6일 있었던 양헌수 지휘의 정족산(鼎足山) 전투에서 조선군이 승리해 프랑스 함대가 철수하는 계기가 만들어진다.

천총 양헌수는 화승총 사냥꾼(호랑이도 사냥하지만 대개 꿩 사냥꾼이었다)인 향포수(鄕砲手) 5백여 명을 이끌고 달빛이 없는 그믐 밤 강화 해협을 건너가 정족산성에 매복했다. 양헌수가 군대가 아닌 향포수를 지휘하게 된 것은 군적(軍籍) 관리가 허술해져 징병 모집이 어렵기 때문에 급한 대로 향포수들을 끌어 모은 궁여지책이었다. 화승총을 쏠 줄은 알지만 정규 군사 훈련을 받은 적이 없으니 오합지졸이었다. 강화 해협을 건너면서 19명이나 도망했다.

화력이 월등 우세한 프랑스군과 정면 대결해서는 승산이 없었다. 매복 기습 작전만이 승산의 열쇠였다. 양헌수는 정족산성에 들어가 부대를 넷으로 분산해 동, 서, 남, 북문에 배치했다. 조선군이 입성했다는 정보를 얻은 프랑스군의 올리비에Olivier 대령은 야포의 지원 없이 150명의 경무장한 분견대를 투입했다.

전투가 벌어지자 근대 소총으로 무장하고 전투 경험이 많은 적을 상대로 향포수 부대는 기대 이상의 선전(善戰)으로 승리했다. 프랑스군은 전사자 6명을 포함해 80여 명의 사상자를 내고 후퇴했고, 조선군은 전사자 1명, 부상자 3명 뿐이었다.

향포수가 결사적으로 싸운 탓도 있으나 정족산성에 매복해 기습 효과를 극대화시킨 양헌수 작전의 승리였다.

정족산성의 전투를 계기로 프랑스 함대는 서울 공격 작전을 포기하고 철수했다. 장기 주둔 준비의 미흡 등으로 철수할 계획이었다고는 하나 조선 정부를 굴복시키겠다는 당초 공격 목적을 달성하지 못하고 전투 지역에서 이탈한 것은 프랑스 함대의 패배를 의미했다.

그것은 척사론으로 정국을 다시 다스리려던 대원군에게 정치적으로 완벽한 승리였다. 적은 서둘러 군함에 올라타고 도망가지 않았는가? 적을 패퇴시키는 데 성공했다고 의기양양해하는 것도 이상할 것이 없었다.

그러나 군사적으로 보면 깊은 통찰이 필요한 전투였다. 양헌수가 승리한 것은 매복 기습 작전의 이점을 최대한 활용한 데 비해, 조선군의 화력이 보잘것없음을 잘 아는 상대 지휘관 올리비에 대령이 상대를 우습게 보고 방심했다가 허(虛)를 찔린 데 힘입은 것이었다. 다음 날 다시 재대전이 벌어지고 프랑스군이 야포까지 동원하는 적극 공격에 나섰다면 이미 탄환까지 다 떨어지고 공포와 불안으로 사기가 떨어진 향포수 부대가 또다시 승리하리라는 보장이 없었던 것이다.

또한 프랑스군이 그런 강공(强攻)을 펼 경우, 그렇지 않아도 성급한 백성들의 피란 행렬을 보면서 피란길에 오를 궁리만 하는 고관들이 수두룩했다던 조선 조정이 대원군의 지휘 아래 일사불란할 수 있었을지도 의문이다. 프랑스군이 물러간 뒤 대원군이 척화 4원칙을 강력하게 부르짖게 된 것도 꽁무니를 빼려는 조야의 분위기에 일격을 가한 것이라 할 수 있었다.

결론적으로 볼 때 앞으로 계속 닥칠 비슷한 형태의 위기에 대한 적절한 학습 효과가 없었던 게 대원군 시대의 한계이자 불운이었다.

_청일은 군(軍) 근대화 서둘러

중국과의 무역을 전담하던 영국의 동인도 회사가 광산물, 면포 등의 수출보다 도자기, 생사, 차 등의 수입이 훨씬 많아지자 무역 역조를 해결하기 위해 생각해 낸 대(對)중국 수출용 상품이 아편이었다. 아편은 청나라 말기의 부패하고 무력해진 사회 분위기 속에 열병처럼 번져 가면서 동양의 역사를 바꾸는 대히트 상품이 되었다. 1816년 5106상자가 수입되던 것이 1830년에는 2만 상자, 1838년에 4만 상자로 눈덩이처럼 불어나고 있었다.

아편 피해의 심각성을 인식한 도광제(道光帝)는 1839년 1월 52세의 임칙서(林則徐)를 양광(廣東-廣西) 총독에 임명하고 아편 수입 문제를 정면으로 다루게 한다. 임칙서는 영국의 무역 감독 엘리엇C. Elliot을 압박, 2만 283상자의 아편을 몰수해 모두 폐기

처분하는 강경 노선으로 갔고, 그 결과로 1840년 아편 전쟁이 일어났다.

조지 엘리엇(George Elliot, C. Elliot의 사촌) 해군 소장이 이끄는 18척의 영국 함대가 5천여 명의 육전대를 싣고 중국 근해에 도착, 저우산(舟山) 열도의 딩하이(定海)를 무혈 점령했고, 청나라 수비대는 달아나 버렸다.

영국 함대가 텐진(天津) 앞바다까지 진출하자 크게 놀란 청나라 정부는 아편 문제로 영국 함대의 개입을 자초한 임칙서를 파면하고 뒷수습에 나섰다.

그럼에도 불구하고 기세가 오른 영국 함대와의 협상은 여의치 않았다. 전투와 협상이 교차하는 가운데 밀리고 밀린 끝에 홍콩을 할양하고 전비 1천2백만 달러, 몰수 아편에 대한 배상금 6백만 달러를 포함해 총 3천2백만 달러라는 천문학적인 액수를 배상키로 하는 굴욕적인 난징(南京) 조약을 맺게 되었다.

나폴레옹이 잠자는 사자라면서 거대한 잠재력을 평가했던 노대륙 국가 중국이 알고 보니 종이호랑이임이 드러난 것이었다. 그것은 동서양 힘의 우위(優位)가 뒤바뀌는 역사적인 순간이기도 했다.

15세기 때 명(明)나라는 세계 최강의 해운국이었다. 조지프 니덤Joseph Needham에 의하면, 〈1420년 전후의 중국 해군은 역사상 아시아 국가의 해군뿐 아니라……동시대 유럽 모든 국가의 해군 총수를 초과했다〉(『중국 과학 기술사』)고 쓸 정도로 조선술과 항해술이 뛰어났다. 영락제(永樂帝) 시대, 아프리카 희망봉까지 진출했던 환관 정화(鄭和)가 이끈 명나라 원양 함대는 인원이 2만여 명인 데다가 2천~3천 톤이 넘는 대형 선박이었다. 그 뒤 세계 일주에 성공한 콜럼버스, 바스코 다가마, 마젤란 등이 탔던 범선이 5백 톤을 넘지 못하고, 수행 인원도 수백 명에 지나지 않았다는 점을 비교해 보면 명나라 해운력의 규모와 높은 기술 수준 등을 알 수 있다. 그러나 명나라가 이후 강력한 해금(海禁) 정책을 펴며 바다를 통한 교역을 억제시키는 바람에 명실 공히 세계 최강이었던 해운력과 해군력은 쇠퇴의 길에 들어서게 되었다. 말하자면 대륙 국가이면서 해양 국가가 될 역사상 최초의 기회가 사라진 것이다.

해운력뿐 아니라 전체적인 국력에서도 중국은 유럽에 앞서 있었다. 산업 혁명이 일어나기 전인 17세기 말에 중국, 인도 등 아시아 지역의 경제 규모는 유럽 전체의 3배 규모였다. 1820년대까지도 아시아는 유럽의 2배 규모를 유지했다. 중국의 세입 규모는 유럽의 선두 주자인 영국의 3배 수준이었다. 그러나 산업 혁명이 일어나 공업력이 급속히 발전하면서 유럽 열강은 성능이 뛰어난 대포와 철갑 군함을 제작하는 등 근대식 무기를 경쟁적으로 개발하게 되었다. 이제 가공할 화력으로 무장한 유럽 함대는 중세의 대포로 대응하는 아시아를 간단히 제압할 수 있었다. 아편 전쟁을 통해 군사력의 우위가 바뀐 것이 전 세계가 지켜보는 가운데 확인되었다.

그렇다 해도 아편 전쟁에서 승패를 쉽게 가른 것은 무기의 우열 차이 때문만은 아니다. 청나라가 적절한 위기관리에 실패했기 때문에 너무나 손쉽게 열강의 먹이로 전락하는 자충수를 두었다는 점을 간과할 수 없다. 아편 전쟁 당시 전투를 수행할 영국군의 병력이 수만 명씩 있었던 것은 아니었다. 영국군은 대부분 인도에 있던 주둔병이었고 총수는 1만 명 수준이어서 전투로 잃을 경우 대체할 수 있는 병력은 기천 명에 불과했다.

더구나 영국군은 보급선(補給線)이 너무 길었다. 탄약과 의약품, 식품 등 군수 물자를 인도에서 수송선으로 실어 오는 데 있어 가장 빠른 배편을 쓴다 해도 4개월이나 걸리는 악조건이었다. 전투가 치열하게 지속될 경우, 영국 함대의 비축 탄약은 곧 바닥나게 돼 있어 장기전은 가능치도 않았다.

청나라 도광제가 임칙서를 파면하는 등 약한 모습을 보이지 않고 영국 함대와의 거국적 결전이라는 정면 승부를 걸고 나섰더라면 역사는 꽤 다른 방향으로 흘러갔을 것이다. 비록 무기의 성능이 열악하고 청나라 군대의 훈련 수준이나 사기가 떨어져 있었다 해도 망국병인 아편 밀수를 막고 아편 밀수자인 영국을 응징하자는 대의명분은 2억의 중국 국민들을 결속시킬 수 있었을 것이기 때문이다.

그러나 황제가 나약하고 겁이 많은 데다 영국이나 영국군에 대한 정보가 부족한 청나라 조정은 결전의 길을 택하는 대신 너무 일찍 백기를 들어 자국의 방어력을 스스로 무력화(無力化)시켜 버렸고, 다시 정신을 차리는 데 20년 가까운 시간이 필요했던 것이다. 다시 정신을 차렸다고 해서 정신이 번쩍 든 것이었느냐 하면 그렇지도 않았다. 중국은 선잠을 깨었다가 다시 잠이 든 꼴이 된다.

이때 정말로 잠에서 깨어나야 한다고 백성들을 각성시키는 데 앞장선 인물이 결정적인 순간 황제에게 버림을 받았던 양광 총독 임칙서였고, 임칙서 옆에서 청나라 군대가 영국 함대에 유린되는 현장을 목격한 친구이며 학자인 위원(魏源, 1794~1856) 등이었다.

임칙서는 중국이 살아남으려면 서양을 알아야 한다면서 각종 정보와 자료를 모으기 시작했고, 청나라에서 근대 해군 창설을 주장한 첫 번째 인물이 되었다. 그는 자신이 모은 서양에 관한 지식을 친구인 위원에게 주어 책을 쓰라고 권유했고, 위원은 이에 호응해 열강(列强)을 중심으로 한 세계 각국의 역사, 지리, 과학상 등을 소개하는 1백 권(최종판) 규모의 『해국도지(海國圖誌)』라는 유명한 책을 쓰게 되었다.

서양 문명의 본질까지 규명한 수준은 아니었으나 개괄적인 소개나 설명만으로도 서양에 대해 캄캄했던 동양 사회를 깜짝 놀라게 하기에 충분했다. 이 책을 읽고 새삼 서양 문명의 위력을 절감케 되어 중국에서는 중체서용(中體西用, 중국 문화를 기본으로 하고 서양 기술을 받아들인다)론이 일어나게 되었다. 페리 제독의 함포 외교로 강제 개국됐던 일본에서도 맹목적인 양이론(攘夷論)을 극복하게 하는 데 크게 영향을 끼쳤다. 사상가인 사쿠마 쇼잔(佐久間象山)이나 그의 제자 요시다 쇼인(吉田松陰)의 눈을 뜨게 했고, 요시다의 영향을 받은 기도 다카요시(木戸孝允) 등 조슈 번(長州藩)의 하급 무사들은 메이지 유신(明治維新)을 성공시킨 주도 세력이 되었다. 한국에도 19세기 중·후반에 전해져 뒤늦게나마 개화사상 형성에 큰 도움이 되었다.

그 뒤 서태후(西太后)가 어린 나이에 제위에 오른 동치제(同治帝)를 도와 수렴 정치를 펴며, 아편 전쟁의 패배, 홍수전(洪秀全)이 일으킨 태평천국의 난으로 혼란과 피폐에 빠진 체제를 재정비하면서 대원군 시대와 겹치는 동치 중흥 시대(1862~1874)를 열게 된다.

임칙서나 위원 등의 사상은 유럽의 군사 기술을 배워 자강(自强)을 이룩해야 한다고 한 동치 시대의 목표에 큰 영향을 끼쳤고, 그 뒤 자강용 군수 공업과 민수 사업을 일으키게 되는 양무운동(洋務運動)으로 이어진다.

대원군 집정을 전후한 일본의 국방 정책은 어떠했을까?

일본의 도쿠가와 바쿠후(德川幕府)도 2백여 년의 태평세월 덕에 군사 체제가 부실화돼 있었다. 1837년 오시오(大鹽)의 난이 일어났을 때 칼과 창이 아니라 화승총과 구식 수준의 대포로 싸웠다는 점에서 조선보다는 무기가 다소 앞서는 수준 정도였다.

그 뒤 미국의 페리Matthew Calbraith Perry 제독의 함포 외교에 자극받은 바쿠후 정부는 쇄국 양이 정책을 펴면서도 근대 병기의 제조에는 열성이었다. 그러나 제조 기술이나 기계 공업, 화약 공업이 낙후돼 있었기 때문에 근대식 소총을 만들 수가 없었다. 사쓰마(薩摩) 번과 조슈 번의 정권 쟁탈전이 치열해지면서 경쟁적으로 근대 소총과 군함을 수입하게 되었다. 이때 군을 근대화하는 데 앞장선 데가 조슈 번이었다.

1865년 일본 근대 육군의 창시자로 꼽히는 오무라 마쓰지로(大村益次郎)가 화승총과 갑옷을 모두 폐기 처분하고 근대식 소총(旋條銃)으로 무장한 부대를 편성하는 군제 개혁을 단행했다. 하급 무사와 서민 중심의 이 소총 부대는 칼과 구식 총을 쓰는 사무라이 정예 부대를 제압하는 이변을 연출했다.

오무라는 나폴레옹의 정복 전쟁을 분석한 독일의 전술서를 일본어로 번역해 소개할 정도로 중국과 조선에는 없었던 근대 군사 전략의 선구자였던 것이다.

조슈 번과 쌍벽인 사쓰마 번에서도 1866년 서구식 편제인 소대, 대대제를 도입해 신식 부대를 편성했다. 사쓰마 번은 인구 61만 명 중 40퍼센트가 무사 인구라고 하던 지역이어서 무사로 편성된 새 부대는 전투력이 막강한 것으로 유명했고 갑신정변 등 정치적 사건이 있을 때 조선에도 파병되었다.

일본의 군대가 국민 개병제에 의한 국민의 군대가 되고 군제(軍制)와 전력, 전술, 무기 체계에서 명실 공히 근대화되기 시작한 것은 하급 무사들이 1868년 도쿠가와 바쿠후를 전복시키는 왕정복고(王政復古)의 쿠데타를 일으킨 메이지(明治) 유신 때부터이다. 1870년 쿠데타의 주력이었던 사쓰마, 조슈, 도사 번(土佐藩)의 병력 1만여 명이 국왕 호위군이 되었고, 이 병력이 앞으로 등장하게 될 메이지 정부 중앙군의 모체가 되었다.

국왕 호위군 설치로 힘을 얻은 메이지 정부는 폐번치현(廢藩置縣)을 단행해 번을 폐지하고 무사 상비 직 폐지, 번 군사력 폐지, 무력의 중앙 집중의 길을 열었다. 그리고 바쿠후의 존속을 지지하는 25개 번과의 내전을 1년 반 만에 평정했고, 조슈 번의 야마가타 아리토모(山縣有朋) 같은 하급 무사들이 중앙의 군사 고위 관료로 성장했다.

1870년 야마가타는 병부 소보(兵部少輔, 국방 차관)에 취임하면서 초보적인 형태의 국민 개병제를 과감하게 도입하고, 대원군이 실각되던 1873년 최초의 징병제를 실시하게 되었다.

유럽에서 국민 개병제를 처음으로 만들어 국민의 군대를 창설했던 인물은 나폴레옹이었다. 프랑스의 국민군은 유럽 다른 나라의 직업 군인들을 상대로 애국심을 가지고 용감하게 싸워 연전연승의 나폴레옹 신화를 만든 주역이었다.

뒤이어 프러시아가 국민군을 창설해 보불 전쟁(普佛戰爭)에서 승리함으로써 프랑스를 제치고 최강의 육군국이 되었다.

일본은 처음에는 프랑스, 다음에는 프러시아 군제를 모델로 삼아 군의 편제와 전술, 전략까지 철저하게 모방, 군대를 키워 나가게 된다.

일본의 징병제는 1877년 일어난 사이고 다카모리(西鄕隆盛) 지휘의 가고시마 현의 반란(西南戰爭)을 진압하면서부터 본 궤도에 오르게 되었다. 징병제로 입대한 농민 출신 병사들이 일본에서 가장 전투력이 우수하다는 가고시마 무사 출신 군대를 상대로 비교적 선전한 것이 자신감을 불어넣어 주었기 때문이다.

청나라가 양무운동을 통한 자강(自强) 전략을 수행해 가고, 메이지 일본의 무사 출신 지도자들이 군 근대화 작업을 집중적으로 편 시기에 조선은 병인양요를 겪으면서 대원군이 복고적 군비 강화책을 펴가고 있었다.

대원군, 복고적 국방 강화의 길로

1866년 여름, 청나라로부터 프랑스 함대의 침공 계획을 전해 받은 조선은 방비를 강화했다. 15세의 국왕 고종은 대원군의 보좌를 받아서 한 것이지만 해안 지역의 무기류를 개비하라면서 5만 냥, 선척을 고치라면서 3만 냥을 각 수영(水營)에 골고루 분배했다.

한정된 예산을 그토록 방만하게 사용한 것은 조선 정부가 프랑스 함대의 공격 지점을 예상하는 등 구체적인 위기 대응책을 마련해 놓지 않은 상태에서 막연하게 대처했음을 의미한다. 중요한 요새인 강화도의 방비를 집중적으로 강화하지 않고 있다가 프랑스 함대의 공격을 받고 초전에 붕괴된 것이 당시 방어 계획의 실상을 잘 설명해 주고 있다.

강화도는 조선 해안에서 요충지 중의 요충지였다. 강화도 해역에서 한강 하구를 통해 수도 서울을 직접 공략할 수 있고, 이 해역을 봉쇄하면 서울로 가는 수운로(水運路)가 막히게 돼 있었다. 프랑스 함대, 미국 함대가 강화도를 공략했고, 일본의 운요호(雲揚號)가 강화도 포대를 공격한 것도 다 그 같은 전략적 가치를 읽고 있었기 때문이었는데, 유독 대원군 정부만 무심했던 셈이었다.

병인양요를 겪은 뒤에야 포수(砲手)에 대한 집중 양성책이 나왔다. 조선에선 그때까지 화승총을 쏘는 자나 대포를 조작하는 자나 모두 포수라 불렀다. 훈련대장 신헌(申櫶)의 건의에 따라 포수에 대한 정예화가 추진되고 총기 제조 및 수선, 화약 제도 정책이 채택되었다. 또 대원군의 신임을 얻은 무장 이장렴이 강화 유수 겸 군영 대장으로 발탁되어 삼도 수군 통어사를 겸하면서 강화도에 대한 방비 강화가 이루어지는 등 서해안 방어 체제가 보완되었다.

화승총 사격 시험만 보는 화포과(火砲科)를 신설, 전국에 확대 실시하고 3천 6백 명의 포군이 전국에 배치되었다.

각종 무기 제작에도 힘을 기울여, 신헌이 위원의 『해국도지』를 참고해 여러 가지 무기의 제작을 지휘했다. 대포의 이동을 쉽게 하는 불랑기 동거를 만들었고, 마반포거(磨盤砲車)를 만들어 대포의 각도를 조절할 수 있게 했다. 대포 두 개를 결합해 하나의 포차에서 사용할 수 있게 쌍포양륜거(雙砲兩輪車)도 제작했다. 그러나 이 개량 대포들은 근대적인 포가(砲架)의 원리를 알지 못한 채 겉모습만 비슷하게 모방해서 만드는 바람에 포 발사 때 생기는 반동을 흡수하지 못해 실패작이 되었다. 1869년에 포가의 원리를 제대로 이용한 대포, 중포, 소포의 포가를 만드는 데 성공했다.

서양의 소총 탄환을 막기 위해 면포를 13겹으로 겹쳐 만든 목면갑(갑옷)도 만들었다. 방탄복의 원시형인 이 갑옷은 탄환이 관통하는 것은 어느 정도 막을 수 있었으나 여름에는 바람이 전혀 통하지 않아 땀을 많이 흘리다가 탈진하는 병사가 많았고, 화포 공격을 받을 때 불이 붙는 경우 희생자가 늘어나는 부작용이 있었다.

프랑스 함대가 마포 서강까지 진출했던 점에 착안해 방어용 전선도 만들었고, 원시 형태의 기뢰인 수뢰포(水雷砲)도 제조했다.

그럼에도 불구하고 대원군의 국방 정책은 결국 지금까지 사용해 온 중세식 불랑기자포나 화승총 중심의 무기 체제를 강화하고 험준한 자연환경을 요새화시켜 청야(淸野) 전략으로 대처한다는 복고주의적 강병책이었던 것이다. 화승총과 중세기형 원시 대포인 불랑기자포를 주축으로 한 것이기 때문에 아무리 잘해 나가도 서양의 근대식 소총과 대포의 적수가 될 수 없었다.

새로운 무기를 제작한다는 것이 『해국도지』에 기술된 설명이나 간단한 도면만을 참고로 하는 것이었고, 무기 제작 기술력이 축적된 것이 있을 리 없는 데다가 철과 화약류에 대한 공업력의 뒷받침도 없었기 때문에 일본의 도쿠가와 바쿠후처럼 실패할 수밖에 없었다.

청나라를 시찰한 사람들도 청나라의 복고적 방어론 쪽만 보고 듣고 와 결과적으로 대원군의 고식적인 국방관 유지를 도와준 공모자가 된 셈이었다.

대원군은 병인양요 때 프랑스군의 화력이 월등해 조선군이 정면 대결을 할 경우 상대가 되지 않는다는 것을 알고 있었다. 때문에 천총 양헌수가 향포수 부대를 이끌고 강화 해협을 건너가려 했을 때 회군(回軍)을 지시했다. 쓸데없는 희생을 피하고 보자는 생각이었을 것이다.

그러나 매복 기습이 성공하고 프랑스 함대가 퇴거하자 언제 그랬느냐는 듯 승리에만 초점을 맞춰 척화쇄국을 외치게 되었다. 국지전의 승리(정족산 전투)를 지나치게 강조하는 정치 논리에 빠졌던 것이다. 그러나 화력의 열세를 극복해야 서양 세력과 싸울 수 있다는 사실을 잊고 있었던 것은 아니다. 나중에 동도서기론(東道西器論)의 온건 개화파가 되는 김윤식(金允植)이 위원의 『해국도지』를 참조해 서양의 전함, 대포 등을 제작해 보자고 건의하자 이를 즉각 수용했고, 앞서 설명한 대로 신헌을 책임자로 삼아 여러 가지 서양 무기를 모방, 제작케 했다.

서양 무기의 우수성을 인정하고 무기 제작 기술을 아쉬워하고 있던 만큼 청나라처럼 근대 무기를 도입하는 것을 산꼭대기로 친다면 90퍼센트 능선까지는 올라와 있는 셈이었다. 그러나 대원군은 고지 정상(근대 무기 확보)에 끝내 오르지 않았다.

그 결과, 서양식 대포나 소총의 도입 없이 5년 뒤인 1871년 5월 맞게 된 신미양요 때 조선과 서양의 화력 차이는 더 커져 있었다. 병인양요 뒤 재래식 방비나마 대폭 강화시켰음에도 불구하고 어재연(魚在淵)을 사령관으로 하는 강화도의 수비대는 미국의 아시아 함대(사령관 John Rodgers 제독)에 밀려 전멸하고 말았다. 병사 1230명, 대포 85문을 싣고 나타난 미 군함 5척에 증강된 불랑기자포를 집중 포격했으나 피해를 전혀 입히지 못했다. 불랑기자포의 산탄(散彈)이 원거리의 군함에 미치지 못했던 것이다. 반면 미 군함의 정확한 포격으로 수비진의 포대는 쑥대밭이 되었다.

야포의 지원을 받는 라이플 무장의 미국 육전대를 맞아 화승총을 가진 조선 수비대는 결사 항전했으나 사령관 이하 모두가 전멸하는 통한의 기록을 남겨야 했다.

미군은 남북 전쟁을 겪어 전투 경험이 많은 고참병이기도 했고 5년 사이에 성능이 향상된 소총 등 화기까지 가지고 전투에 투입되었으나, 그 이후에도 여전히 중세 무기로 맞선 조선군의 화력은 제자리걸음이어서 전력의 차이가 더욱 벌어질 수밖에 없었던 것이다.

미군 측 기록에는 조선 측의 전사자가 350명에 부상자가 20여 명이었고, 미국 측 전사자는 3명, 부상자 10명이었다. 조선 측 자료에는 전사자 53명으로 축소 기록되어 있다.

일방적인 승리를 거둔 미군은 더 이상 전투를 확대할 이유가 없기 때문에 철수한다.

대원군은 화력의 차이를 더욱 절감했지만, 복고적 국방관에서 벗어나지 못했다. 이러한 점은 신미양요를 겪은 5년 후 일본의 소형 전함 3척이 벌인 도발에 나라가 무릎을 꿇는 수모에서 다시 반복해서 나타난다.

1876년 8월 21일, 일본 군함 운요호가 강화도 해역에 접근했다. 정체불명의 군함이 다가오자 영종도의 조선 수비대가 발포했으나 포의 사정거리가 7백 미터에 불과해 적함에 전혀 피해를 입히지 못했다. 그러나 운요호의 포격은 정확해 수비대 포진지를 날려 버렸다.

다음 날 일본 전함 5척이 본격적으로 강화도 진지를 일제히 포격, 초토화시킨 뒤 육상 부대를 상륙시켜 살육전을 벌이고 약탈에 나섰다. 당시 조선 수비대는 6백여 명이 있었는데, 36명이 전사하고 16명이 부상했으며 나머지 병사들은 달아났다. 그에 비해 일본군의 군함 피해는 전혀 없었고 인명 피해랄 것도 없었다. 단지 2명의 경상자를 냈을 뿐이다. 신미양요 때보다 더 일방적인 패배였다.

병인양요로부터 10년, 신미양요로부터 5년이 지났는데도 조선 조정은 제대로 된 위기 대응책을 내놓지 못하고 있었다. 당시 강화도를 처음 포격하면서 수비대의 해안포를 비웃은 일본의 운요호는 1867년 영국에서 제조한 245톤급의 목조선으로 포가 8문인 소형 군함이었다. 소형 군함 한 척을 제압할 수 없었던 것이 조선군 해안포의 성능이었고 실력이었다.

운요호 사건에 대한 평가는 대원군의 바로 위 형으로 민비 쪽에 줄을 섰다가 영의정이 된 이최응(李最應, 나중에 피살됨)의 반응에 잘 나타난다. 그는 〈병인양요에서 서양 배를 격퇴시킨 지 10년, 그동안 병력을 열 배로 늘리고 포대와 성곽을 구축했는데, 이양선 한 척에 진지가 무너지다니 이해가 안 된다〉고 한탄했다. 그가 한 말을 뒤집어 보면 근대식 해안 포대를 왜 구축하지 않았는지 이해가 안 된다는 말이 될 것이다.

대원군은 신미양요 때도 병인양요 직후처럼 미군이 스스로 철수한 것을 조선군이 패퇴시킨 것처럼 진상을 왜곡하고 전국 곳곳에 척화비를 세우게 하는 등 여론을 척사-쇄국의 방향으로 몰아갔다. 위기관리의 관점에서 보지 않더라도, 그것은 여론을 오도(誤導)하는 것이었다.

대원군은 왜 근대 무기를 도입하지 않고 버티다가 10년을 허송세월하고, 결국 전형적인 군사 약소국가로 나라가 망하게 되는 길을 열어 놓게 되었을까?

확실한 이유는 나와 있는 것 같지 않다. 역사서에도 병인양요와 신미양요 이후의 쇄국 정책에 관해서만 기술하고 있을 뿐이다. 이들 역사서들은 쇄국 정책과는 별도로 당시의 복고적 국방관이 결정적인 변수였다는 사실을 간과한 듯하다. 왜 그랬을까? 위정척사파의 양이(攘夷) 사상 때문에 발상이 가능할 수 없었을 것이라고 해석할 수도 있을 것이다. 그러나 그 답은 설득력이 약하다.

청나라도, 일본도 당시에는 양이 사상이 풍미했지만 오랑캐를 이기기 위해 오랑캐의 무기를 도입하고 제작 기술을 배우는 데 주저함이 없었다. 무기의 이이제이(以夷制夷)였다고나 할까.

물론 조선의 위정척사파도 대원군의 근대 무기 모방 제조를 결사반대하지 않았다. 무기가 서양 문물의 도입이나 교역의 개념에 속한다는 생각이 없었던 것이다.

대원군과 그의 참모들은 앞서 설명한 대로 예산을 아끼지 않고 자력으로 서양 무기를 따라잡아 보려고 애썼다. 그러나 무기를 도입하면서 제작 기술을 배우면 된다는, 어쩌면 간단할 수도 있는 결론에 도달하지 못했다. 이는 일련의 상황을 통해 문제의 핵심에 접근하는 상상력이 결핍되었기 때문이었다고 볼 수 있다. 당시의 국제 정세로 보았을 때 대원군의 집권 시기 10년은 조선군이 전력을 근대화시켜 제국주의 열강의 군대에 대항할 힘을 키울 수 있는 적절한 시기였다.

제국주의에 대항한다면서 쇄국 정책을 정착시킬 수 있었던 것을 보아도 알 수 있는 일이다.

1860년대에서 1870년대 사이 청나라는 양무운동을 통해 열강의 영향권에서 벗어나기 위해 안간힘을 쓰고 있었고, 일본은 메이지 유신 체제를 굳히기 위해 서양의 부국강병 정책을 압축, 도입하느라 정신이 없었다. 동양 최초의 제국주의 국가를 실현한 소위 〈천황의 군대〉가 틀을 잡기 시작한 때가 1870년대 말이었다.

프랑스는 영국과의 식민지 쟁탈전에서 주도권을 빼앗긴 뒤 인도차이나 반도 공략에 주력하고 있었고, 중국 시장 공략에 바빴던 영국은 청나라를 자극하면서까지 한반도를 건드릴 의사가 없었다. 연해주 개척에 바빴던 러시아는 영국과 청나라를 의식해 한반도 진출을 자제하는 분위기였다. 남북 전쟁이 끝난 뒤 서부 개척이 한창인 미국은 조선을 중국으로 가는 선박의 표류지 정도로 생각하고 있었다.

열강 어느 국가도 조선을 적극적으로 넘볼 구체적 계획을 가지고 있지 않은 힘의 공백기였다고 할 수 있다.

그러나 자강(自强)의 기반을 닦을 최적의 시간대에서 유감스럽게도 대원군은 적절한 국방 정책을 세우지 못했다. 미래 지향적이고 대외 지향성 정책 대신 과거 지향적이고 대내 지향성인 정책으로 일관했다.

때문에 복고적 국방 정책은 쇄국 정책과 맞물리면서 고종 시대 전반까지 강한 영향을 끼쳤다.

조선의 쇄국은 대원군만의 책임인가

구한말 언론인이자 역사가였으며 독립 운동가이기도 했던 박은식(朴殷植)은 1916년에 지은 『한국통사(韓國痛史)』에서 대원군을 가리켜 학식이 부족한 탓으로 중화(中華)사상을 벗어나지 못하고 개국 시기를 놓치는 바람에 국가의 불행을 사전에 막을 수 있는 절호의 기회를 놓쳤다고 평했다. 〈만약 그때 국교를 체결하고 정치, 예술, 교육 산업의 장점을 받아들여 백성들을 계몽하고 실력을 배양했더라면 조선은 자립할 수 있는 강국이 되었을 것이다……〉고 지적, 대원군의 쇄국 정책을 통탄스럽게 비판했다.

그때 이래 학계는 대체로 대원군의 쇄국이 망국을 불렀다는 관점을 수용했고, 지금은 통설이 돼 있다.

위기관리의 관점에서 볼 때 과연 대원군 개인의 오판(誤判)이 쇄국 정책을 불러왔느냐는 것은 의문의 대상이다. 또 대원군이 개방 정책을 폈다면 과연 일본의 메이지 유신처럼 성공할 수 있었겠느냐는 의문도 뒤따른다.

대원군이 등장했던 1863년을 전후해 보면 조선은 세계에서 유일하게 제국주의 서구 열강과 수교를 트지 않은 은둔의 나라였다.

아프리카는 영국, 프랑스, 독일 등 유럽 강국의 식민지로 재편되었고 아시아에서도 인도와 동남아 지역이 영국, 프랑스, 스페인, 네덜란드의 식민지로 전락했거나 식민지 공략이 진행 중이었다. 중국과 일본도 영국과 미국의 함포 외교로 개방되었다. 남아메리카는 스페인, 포르투갈의 식민지였고 북아메리카의 미국은 새로운 열강으로 발돋움해 가고 있을 때였다.

그러나 1876년 일본에 의해 개항될 때까지 조선에는 서양 문물과 접촉하는 창구가 하나도 없었다. 그전까지 영국 선박이 5회, 프랑스 선박이 3회, 미국 배가 4회, 러시아 배가 2회, 네덜란드 배 1회 등 이양선이 근해에 출현한 게 고작이었고, 1864년 연해주 경영에 나선 러시아의 수교 요구와 병인양요, 신미양요가 서양과의 접촉 기회였다. 다양한 경로로 서양에 노출돼 있던 중국이나, 네덜란드의 난학(蘭學)에 의해 서양 문화의 창구를 에도(江戶) 바쿠후 시대부터 열고 있던 일본과 좋은 대비가 된다.

그와 같은 상황에서 대원군의 대외 전략은 미국의 역사학자 브루스 커밍스 Bruce Cummings가 적절하게 표현했듯이 〈무엇이든 안 된다〉는 것이었다. 대원군이 코페르니쿠스적 발상 전환을 하지 않는 한, 개방은 어려웠다. 발상의 전환이 이루어진 적도 없지만 발상의 전환이 가능하려면 최소한이나마 전제 조건이 필요했을 것이다. 세계가 지금 어떻게 돌아가고 있는가. 제국주의 열강은 어떤 나라들이고, 어떠한 동양 정책을 가지고 있는가와 같은 해외 정보를 알고 있어야 할 것이었다. 아무리 우수한 지도자라 하더라도 구체적인 정보의 뒷받침 없이 맹목적으로 대외 상황을 판단할 수는 없는 노릇이기 때문이다.

병인양요를 겪은 지 5년 뒤에 발생한 1871년 신미양요 때 고종이 대신들 중에서는 가장 학문이 깊다는 영의정 김병학(金炳學)에게 「미국이 어떠한 나라인지 아느냐?」고 물었을 때, 김병학은 「『해국도지』에 나와 있기를, 미국은 작은 부락이라 하였습니다. 화성돈(華盛頓, 조지 워싱턴)이라는 사람이 성을 쌓아 개척하는 기반을 만들어 해외에 오랑캐들끼리 서로 통하게 되었다고 합니다……」고 대답했다.

미국은 당시 남북 전쟁을 끝내고 최초의 대륙 횡단 철도를 완성시킨 후 서부 개척에 여념이 없었고 새로운 해양 강대국으로 부상하고 있었으나, 조선은 이미 낡은 정보가 된 『해국도지』 수준의 정보를 가지고 전략과 전투 경험이 뛰어난 미국 군대와 싸우게 되었던 것이다.

조선, 중국, 일본 등 동양 삼국이 오랑캐를 물리치자는 양이(洋夷) 사상을 가지고 있었던 점은 공통이었다.

중국은 중화사상에 안주해 1840년 아편 전쟁이 터질 때까지 세계 최강의 해양국이 된 영국의 존재를 무시했다. 아편 문제가 심각해지고 있을 때도 영국을 섬나라 오랑캐 정도로 치부하고 그들의 실체를 알아보려고 노력하지 않았다.

그러나 아편 전쟁을 겪은 뒤 사정이 바뀐다. 임칙서나 위원 같은 선각자가 등장해 중국을 잠에서 깨어나게 하고 고위 엘리트 관료들이 근대화 운동을 이끌어 가게 된다.

일본도 페리 제독의 함포 외교에 놀라 개국을 결정하게 될 때 양이 사상이 오히려 높았다. 그러나 개명한 무사들이 강력하게 결집해 개혁을 주도해 갔기 때문에 양이 사상이 설득되거나 극복되는 형태로 친이(親夷) 사상으로 대치되었고, 때문에 서양에 대한 학습 진도는 오히려 중국보다 빠르고 깊게 진행될 수 있었다.

조선의 경우, 양이 사상이 동양 삼국 중 가장 격렬하고 본격적이었다. 위정척사 사상이라는 구국(救國) 논리로 이론화되어 대원군 시대를 지배하는 사상이 되었다. 당시에는 어느 누구도 그 논리에 거역할 수 없을 정도로 압도적이었다.

대원군이 그 대세를 역류하면서 개방론을 펼 가능성은 거의 없었다고 할 수 있다. 왜냐하면 대원군이 자신의 정국 주도권을 강화시키기 위해 위정척사론을 정치적으로 활용한 측면도 있지만, 자신도 중화사상에 깊이 젖어 있는 인물이었기 때문이다.

대원군의 시대는 위정척사 사상을 극복할 수 있는 대안 논리를 제공하는 선각자나 강력한 개화 세력이 존재해야 하는 것이 조선을 위해 절실한 때였다. 청나라나 일본처럼 서양을 배워야 서양을 막을 수 있다고 주장하는 사상가나 학자가 조선에도 1880년대에는 등장하지만 대원군 시절인 1860년대에는 없었다.

금석학의 권위자이자 실학사상을 연구 발전시켜 위정척사파보다 훨씬 진보적인 학자였던 김정희(20면 〈대원군, 준비된 집권자〉 참조)는 당시로서는 국제 정세에 관해 조선에서 가장 정통하고 넓은 견식을 가지고 있는 선각자였다.

그가 대원군에게 묵란화와 서예를 가르쳤으니 서양을 막는 방법에 대해 영향을 줄 수 있었을, 거의 유일한 인물이었다.

그러나 결론부터 말한다면 큰 역할을 하지 못한 것으로 드러나고 있다.

김정희는 개화사상가들보다 20년 앞서 1850년대에 조선 최초로 『해국도지』의 주해 편을 읽고 위원의 해방(海防) 사상에 동감하며 우리나라 사람들이 그같은 것을 전혀 알지 못한다고 한탄했다.

주해 편의 요지는 바다로 쳐들어오는 서양 세력을 막기 위해서는 과감하게 전함과 무기 등 서양의 장기를 채용해야 한다는 것이다.

김정희는 자신의 우인이자 후원자였던 영의정 권돈인에게 제주도 유배지에서 편지를 보내 〈서양 배가 바다 건너 쳐들어올 경우를 대비해야 합니다. ……비

60

록 그 선제(船制)를 다 알 수는 없다 하더라도 돛 다루는 기술은 충분히 본떠서 시행할 만한데, 여기에 마음을 두는 사람이 하나도 없단 말입니까〉라며 안타깝게 쓰고 있다. 그런가 하면 제주도 근해에서 수심을 측량하던 영국 배가 남겨 놓고 간 해도를 보고 주근깨같이 작은 글씨로 바다 깊이를 표시한 정밀성에 충격을 받기도 한다.

김정희는 베이징이 서양 열강 연합군에 의해 무력으로 점령된 사실도 알고 있었으나, 서양 세력이 한반도를 침략할 수 있다는 점까지는 생각이 미치지 못했다. 서세동진(西勢東進)의 제국주의 열강의 전략이나 본질을 꿰뚫지 못하고 있었던 것이다.

역사학자 이광린(李光麟)은 김정희가 서양 군함이 출몰한 것 자체보다 그로 인해 민심이 동요하는 것을 중시한 점은 서양과의 직접적인 무력 충돌이 없었기 때문인지, 자신이 옛것을 주로 공부하는 고증학자라는 한계성 때문인지 알수 없는 일이라고 지적했다.

김정희는 서양 군함의 침공보다는 오히려 천주교를 더 두려워하고 철저하게 배격하는 입장이었다.

대원군에게 결정적인 영향력을 끼칠 수 있는 김정희의 제국주의에 대한 인식이 청나라나 일본 학자들의 수준에 미치지 못했음은 조선의 쇄국주의와 관련해 매우 안타까운 일이다. 뿐만 아니라 대원군이 권력을 잡았을 때 김정희는 9년 전 세상을 이미 떠난 뒤였다. 설사 생각이 달라졌어도 의견을 말해 줄 기회가 없었다.

김정희의 영향을 받은 것인지 여부는 알 길이 없지만, 대원군이 병인양요 때 프랑스 군함의 한강 진입을 막기 위해 선단을 만들어 한강 하구에 포진시키거나, 천주교를 박해한 것을 보면 평소 김정희의 주장과 맥이 통하는 것이라고 볼수도 있다.

김정희와 비슷한 시기의 진보적 학자인 최한기(崔漢綺)도 『해국도지』를 읽은 선각자였으나 대원군과는 연결이 없었던 것 같다.

김정희에 이어 대원군에게 영향을 준 사람이 중국어 역관 오경석(吳慶錫, 1831~1879)이다. 그는 김정희에게 금석학을 배운 제자로서, 조선 최초의 개화(開化)사상가로 부각되어 있다.

오경석이 사절단의 통역으로 청나라에 가서 수집한 프랑스 함대에 관한 정보와 조선의 방어 전략에 관한 청나라 전문가들의 조언이 병인양요를 치르는 데 있어 대원군에게 도움이 된 결정적인 해외 정보였다. 당시 오경석은 프랑스 함대가 재정이 부족해 전과를 서두르게 되어 있다면서 지구전으로 나아가야 한다고 주장했다.

5년 뒤 신미양요 때 오경석은 대원군에게 미국과의 통상을 과감하게 주장했으나 반영되진 못했다. 역관이라는 낮은 신분과 지위의 한계 때문에 영향력이 제한될 수밖에 없었겠지만, 한 사람의 힘만으로 대원군의 생각을 바꾸게 하는 데는 역부족이었던 것이다. 대원군을 설득하는 데 실패한 오경석은 친구인 의사 유홍기(柳鴻基)와 더불어 젊은 개화 세력을 양성해야겠다고 서두르게 되었다.

오경석, 유홍기와 함께 개화사상의 원조로 꼽히는 박규수(朴珪壽)는 대원군에게 영향력을 행사할 수 있는 가장 가까운 지위와 위치에 있었다. 그러나 그가 통상이나 개국, 혹은 서양 배우기에 관련해 대원군에게 강력한 발언을 했다는 기록이나 흔적이 남아 있는 게 없다.

『열하일기』의 저자인 거물 실학자 연암(燕巖) 박지원(朴趾源)의 손자로, 실학사상을 개화사상으로 연결한 것으로 평가되는 박규수는 1850년대 후반에 이미 해방론(海防論)을 주장하는 등 개화파적 행보를 보였고, 신정 왕후와 대원군의 신임을 함께 받은 드문 인재였다.

박규수는 병인양요가 일어나기 2개월 전에 평안도 관찰사로 있으면서 미 상선 제너럴셔먼호 격침 사건을 지휘했다. 제너럴셔먼호의 선원들이 무모하게 공격적으로 무력을 행사하다가 희생을 자초하긴 했으나 박규수의 지휘는 어떻든 대원군의 척사 노선을 충실하게 따른 것이었다.

박규수가 그나마 개화파로서의 편린을 보이는 것은 셔먼호의 엔진과 대포를 인양해 서울에 보냄으로써 서양 무기를 제조하는 대원군의 노력에 일조했다는 점이고, 위정척사론이 비등했을 때 이에 〈동조하지 않았다〉는 소극적 대응을 적은 기록이 남아 있다는 점이다.

확실한 것은 박규수가 외직에 있으면서도 미국 측에 보내는 외교 문서 작성을 전담하는 등 대외 문제에서 대원군을 보좌하고 있었으나, 내놓고 대원군의 척사 정책을 반대하고 서양 배우기를 강조하는 역할을 하지 않았다는 점이다. 그것은 1860년대 중반까지 박규수가 확고한 개화론을 정립하지 못하고 있었든가 아니면 보신(保身)을 생각해 극단적인 직언을 피해 갔기 때문인지 모른다.

박규수가 신임도에 있어 오랫동안 대원군의 돈주머니 역할을 한 호조 판서 김세균(金世均)에 미치지 못했다는 지적이 있고 보면 두 가지가 다 해당되는 것은 아닐까?

박규수는 1869년 평안도 관찰사를 끝내고 서울에 돌아와 한성 판윤이 되면서 오경석, 유홍기 등과 상의해 자신의 북촌 재동의 사랑방을 개화사상을 공부하는 장소로 제공하고 김옥균(金玉均), 박영효(朴泳孝) 등을 직접 가르치면서 뒤늦게 개화사상가로 부각된다. 또 대원군 실각 뒤 고종의 친정 때 우의정으로 조정에 들어가서야 일본과의 수교를 주장하는 모습을 보였다.

여기서 대원군의 국방 정책을 진두지휘한 실무 책임자 신헌을 빼놓을 수가 없다.

훈련대장을 오래 맡는 등 무장의 요직을 두루 맡은 신헌은 『해국도지』에 따라 대포 등 서양 무기를 모방 제조하는 실무를 지휘했고 군비 증강, 민보(民堡) 설치 등 국방 개혁의 핵이었다.

대원군보다 열 살 위인 신헌은 실학을 집대성한 정약용(丁若鏞)에게 배웠고,

김정희의 문하생이기도 했던 문무겸전의 무장이었다. 그러나 스승 김정희와 마찬가지로 서양 세력의 침략이나 가공할 무기에 대한 상상력은 『해국도지』의 수준을 뛰어넘지 못했다.

대원군의 복고적 국방 정책에 대해 결정적인 개선책을 낼 만한 위치에 있었으나 맡은 일을 충실하게 실천하는 실무 책임자로서의 역할로 끝났다.

앞서 여러 가지로 지적한 것처럼, 때는 대원군이 봇물처럼 터지는 개화사상과 부딪쳐야 할 시점이었다. 그러나 보고 듣는 소리라고는 위정척사의 외침뿐이었다. 백 보를 양보해 대원군 개인이 개화에 깊은 관심을 가지게 되었다 하더라도 개화 정책 추진이 현실적으로 가능할 수 있었겠는가 하는 것도 불투명하다.

안동 김씨의 시대가 끝나긴 했으나 소수파 남인 계열인 대원군은 노론의 눈치를 보지 않을 수 없었다. 안동 김씨의 다른 계열이면서 노론인 김병학·김병국 형제를 중용해야 했고, 병자호란 때 강화도 성을 지키다 청군이 성을 점령하기 직전 폭약을 터뜨려 자폭한 김상용(金尚鎔, 안동 김씨 세도 정권의 시조인 김상헌의 형)의 후손인 김세균을 심복으로 삼아야 했다.

소론, 남인, 북인 등 사색당파를 고루 기용해 조정 세력의 균형을 잡지 않으면 안 되었다. 또 삼군부를 설치하고 무인들을 양성해 권력 기반을 삼았다.

그런데 이 모든 세력이 대원군이라는 구심점(求心點)을 중심으로 모인 연합 세력이라는 게 특징이었다. 대원군이라는 카리스마가 없어지면 붕괴될 수밖에 없는 태생적(胎生的) 한계를 안고 있었다.

김병학은 협조를 했으나 할 말을 다 하는 독립 노선이어서 일방적인 추종 세력이 아니었고 소론, 남인, 북인들은 소수파여서 큰 힘이 되지 못했다. 또 전통적인 문관 우위 체제에서 살아온 무인들은 독자적인 정치 세력으로서의 생존 능력이 없었다.

그렇다면 개화를 외면하고 쇄국의 길을 택한 책임은 누가 질 것인가?

개인인 대원군이 져야 한다는 것은 국정 책임자이니까 모든 책임이 있다는 일반론에 불과하다. 책임은 그 시대의 각계 지도층 모두가 져야 할 것이다. 모두가 개화 열차가 떠날 시각에 늦게 도착한 지각생들이기 때문이다.

개화의 출발에서 늦었기 때문에 대외 경쟁에서 패했다고 본다면 지각 사관(遲刻史觀)이란 용어가 나올 만하다. 지각 사관은 부정적이라는 점에서는 일제가 내세운 식민 사관(植民史觀)과 공통점이 있지만 근본이 다르다. 식민 사관은 한민족이 게으르고 자립 능력이 없기 때문에 일본의 통치를 받아야 한다는 왜곡된 논리를 과대 포장한 것이지만, 지각 사관은 훗날이라 하더라도 후발 지각자가 선발자를 따라잡으면 후진성을 극복할 수 있다는 논리를 안고 있다. 그 증거를 우리는 백 년 뒤 한민족이 경제 발전에서 중국을 추월하고 일본을 추격하고 있는 역사의 현장에서 확인할 수 있다.

대원군도 결과론적으로 볼 때 지각 사관의 피해자 중 하나가 아닐까 싶다.

_위정척사 사상의 두 얼굴

위정척사 사상의 뿌리는 공자(孔子)에서 비롯되었다.

공자는 『춘추(春秋)』에서 이단(異端)은 배척되어야 한다고 강조했고, 그 사상이 주자(朱子) 시대에 와 존왕양이론(尊王攘夷論)이 되었다. 정(正)인 중화(中華)의 남송(南宋)이 사(邪)인 오랑캐의 금(金)나라를 물리치게 된다는 위기관리의 논리이다.

주자의 이 논리는 병자호란 때 조선이 무력으로는 청나라에 굴복하지만 정(正)인 조선이 결국 사(邪)인 청나라를 이기게 된다는 논리로 인용, 발전되어 송시열(宋時烈)의 북벌론(北伐論)의 근거가 되었다.

송시열의 열렬한 지지자인 이항로가 그 논리를 계승해 조선은 정(正), 서양과 일본은 사(邪)로 규정하는 위정척사론을 정립하게 되었다.

이 위정척사론은 서양의 무력 침략이라는 위기의식이 높아진 사회 분위기를 타고 19세기 중엽 조선 지식인들의 의식을 사로잡았을 뿐 아니라 일반 백성들까지 끌어들이는 흡인력을 발휘하며 강력하고 투쟁적인 정치 이데올로기가 되어 정부를 뒷받침하고 국론을 통일시키는 위기 대응의 수단이 되었다. 그 점에선 긍정적이었다.

그러나 시대에 뒤떨어진 화이적(華夷的) 명분론의 한계를 벗어나지 못해 현실적이고 탄력성 있는 대응 방략을 제시하지 못한 것이 치명적인 결점이었다.

처음 위정척사론을 낸 인물은 기정진(奇正鎭)으로 쇄국양이책을 고수하고 국론을 통일시키는 것이 급선무임을 강조했다. 이어 이항로가 그 논리를 보강해 주전(主戰)과 주화(主和)라는 이분법에 따라 주전을 강조하는 쇄국 정책의 실천 이데올로기를 제시하게 되고, 대원군의 척화비가 그 논리에서 나오게 된다.

이항로는 구체적인 실천 방법으로 1) 국왕의 윤음을 발표해 인심을 분발시킬 것, 2) 언로(言路)를 넓힐 것, 3) 무비(武備)를 갖추고 인재를 등용할 것, 4) 의병으로 하여금 관군에 협력케 할 것, 5) 국왕이 사생활에서 모범을 보일 것, 6) 경복궁 재건 중지, 가렴주구 척결, 사치의 습관 버릴 것 등을 주장했다.

이 위정척사 운동은 세 시기로 나뉜다.

첫 번째 시기는 대원군의 집권 기간 중인 병인양요(1866)에서 신미양요(1871) 때까지 이항로와 기정진이 위정척사론을 정립한 시기를 말한다

두 번째 시기는 1876년 일본의 강요에 의한 개항을 전후해 이항로의 제자인 최익현(崔益鉉), 김평묵(金平默), 유중교(柳重教) 등이 〈일본과 서양은 한통속이다〉는 왜양(倭洋) 일체론을 제기했던 시기이다.

세 번째 시기는 1880년 10월 김홍집(金弘集)이 일본에서 가져온 『조선책략(朝鮮策略)』(주일 청나라 참사관 황쭌셴 지음)이 공개되자 김홍집을 처벌하라면서 유생들이 전국적으로 들고일어났던 때이다.

위정척사 운동은 조선이 망한 뒤 민족주의 애국 운동의 원동력이 된다.

나라가 망하게 되는 원인의 제공이라는 측면과 한민족이 일제의 식민 지배를 극복하는 정신력의 근원이 되는 두 가지 모순된 특징을 동전의 양면처럼 한 몸에 지닌 것이라 할 수 있다.

위정척사 운동을 일방적으로 과소평가할 수 없는 이유가 거기에 있다.

노욕이 대원군을 불행하게 했다

대원군 자신의 일생도 국망(國亡)으로 치닫던 조선 왕조의 운명처럼 파란만장한 위기의 연속이었다. 따라서 위기관리도 상식을 벗어난 변칙과 편법이 두루 동원되었고, 국왕과 민비에 대한 복수심과 정권에 대한 노욕(老慾), 그 사이에 끼어든 청일 양국의 농간까지 가세했다. 때문에 대원군은 국왕 부친으로서의 위엄, 국가 원로로서의 체통을 제대로 세우지 못한 채 그나마 침상에 누워 생을 마치는 것이 다행인 일생을 마쳐야 했다.

권력을 잡고 개혁을 추진해 갈 때까지 44세의 장년인 대원군은 잘나가는 정치가였다. 조선 왕조를 통틀어 가장 유능한 위기관리자의 한 사람이었고 단군 이래 가장 국방이 튼튼한 시대를 연 위인이라는 평가까지 받았다.

그러나 집권 후반 민비가 정치에 간여하면서 심각한 권력 투쟁이 시작되었고 실각된 뒤 죽을 때까지 24년간 아들과 며느리를 쫓아내려는 음모를 실현시키려고 온갖 노력을 기울이다가 일본의 꼭두각시로 이용당하는 비운을 겪어야 했다.

불우한 환경에서 대왕대비 신정 왕후와 선을 대는 고도의 정치 감각으로 아들을 국왕 자리에 오르게 한 대원군은 3년 뒤 신정 왕후를 권력에서 제거하는 데 성공함으로써 1인 독주 시대를 연다.

대원군은 국왕의 장인(國舅)이 권력자로 횡행한 세도 정치의 재판(再版)을 피하기 위해 아버지(閔致祿)를 일찍 여읜 16세의 민(閔) 소녀를 왕비로 간택했다. 소녀의 아버지 민치록은 젊은 시절 대원군이 김정희 문하에서 묵란화를 배울 때 동문이었다. 자신의 권력에 도전할 수 있는 화근을 처음부터 배제시킨 탁월한 포석이었다. 처음 몇 년 사이 대원군의 포석은 예정된 코스로 진행됐다.

민비는 어린 나이에 엄한 법도로 가득한 궁중에 들어와 열심히 적응해 나갔다. 상궁 등이 시키는 왕실 예절 교육을 받으면서 규율과 자제에 얽힌 생활을 잘 참아 나갔다. 연하의 남편인 국왕을 극진히 받들었고, 시부모인 대원군과 부대부인도 정성껏 모셨다. 그러나 사춘기인 국왕은 연상의 왕비보다는 만만한 궁인 이(李) 씨를 더 좋아했고, 이 씨는 첫 왕자(完和君)를 낳았다.

대원군은 이 서장손(庶長孫)을 매우 사랑했다.

민비가 본능적으로 대원군을 미워하게 된 것은 여인의 본능적인 질투심과 왕통(王統)을 둘러싼 며느리의 권력욕을 무심하게 보아 넘긴 대원군의 방심(放心) 때문이었다.

고종 8년, 민비도 아들을 낳았으나 곧 죽었다. 대변을 보지 못하는 증세였으니 타고난 불구였다. 그러나 대원군이 구해 준 산삼을 달여 먹고 죽은 셈이 되어 두 사람의 관계가 더욱 악화되었다.

대원군에게는 불운한 징후였다.

민비는 『춘추좌씨전』 같은 중국 고전을 읽는 등 역사 인식이 깊은 편이었고 두뇌가 명석하며 정치 감각도 지니고 있었다. 게다가 시아버지의 쇄국 정책에 대해 다른 견해를 가지고 있었고, 당시 국제 정세로는 개방이 불가피할 것이라고 보았다.

민비는 눈에 띄지 않게 자기 세력을 부식(扶植)해 나가기 시작했다. 양오빠 민승호(閔升鎬)를 시작으로, 친척인 규호(奎鎬), 겸호(謙鎬), 태호(台鎬) 등을 챙겨 요직에 앉혔다. 뿐만 아니라 대원군이 집권한 후 3년 뒤에 몰락해 한직에 쫓겨 가 있던 조 대비의 친정 조카 조성하(趙成夏), 조영하(趙寧夏)를 포섭했고, 대원군에게 원한을 품고 있는 안동 김씨 세력에도 손을 벌렸다. 대원군에게 괄시를 당한다면서 불만을 토로하던 바로 위 형 이최응(李最應)과 대원군의 큰아들 이재면(李載冕)에게도 손을 내밀었다. 최익현(崔益鉉)과도 선을 댔다.

최익현은 고종 10년 두 차례에 걸친 탄핵 상소를 통해 직격탄을 날림으로써 하루아침에 대원군을 무력화(無力化)시킨 뒤 고종의 친정 체제를 이루게 한 인물인데, 나중에 항일 투쟁 중 순국한다.

민비의 그 같은 범상치 않은 움직임을 제대로 파악하고 대처하지 못했다는 데 대원군의 위기관리는 치명적인 허점을 보인 형국이었다.

대원군의 거처인 운현궁은 별도의 독립된 정부였다. 전국의 모든 정보가 대원군에게 먼저 보고되었고, 국왕이 모르고 지나가는 사안도 많았다. 중국에 사신으로 갔던 중신들이 여행 보고서를 대원군에게만 보고하는 경우도 많았다. 특히 궁인의 오빠들로 대원군의 재야 시절 시정(市井)에서 함께 어울렸던 천희연, 하정일, 장순규, 안필주 등 〈천하장안〉 네 사람은 궁궐의 깊은 정보에 정통하고 정치 자금 염출 등 기밀 사건을 담당했던 인물들이었다. 사실상 대원군의 사설 정보 기구로 임오군란 때 활약이 컸다.

대원군이 민비의 동정과 행보 등의 정보에 관심을 기울였다면 당연히 그 움직임의 전모를 파악할 수 있었을 것이다. 그러나 역사를 보면 대원군은 최익현을 내세운 국왕 부처로부터 불의(不意)의 일격(一擊)을 받고 제대로 손을 써보지도 못한 채 권좌에서 쫓겨났다. 대원군만 드나드는 대궐 뒷문을 굳게 닫아 버렸기 때문에 대궐에 들어갈 수 없었고, 국왕이 친정을 선언했기 때문에 한순간에 벌거숭이 신세가 되어 버렸던 것이다.

그 같은 극적인 정치 드라마의 발단은 대원군이 누리고 있던 권력 기반의 적법성(適法性), 적정성(適正性)이 취약하다는 데서 비롯된다. 섭정 권력자로서의 지위가 조선 왕조의 제도나 법률에 의거해 마련된 당연직의 자리가 아니었던 것이다.

국왕의 아버지를 추존(追尊)해 대원군으로 부른 경우가 조선 왕조에서 네 번 있었는데, 생존해 있다가 대원군이 된 인물은 흥선 대원군(興宣大院君)이 처음이었다.

당초 흥선 대원군에 대한 예우는 국왕의 삼촌이나 형제와 같은 대군(大君) 예우로 정해졌다. 대군은 조선에선 법률에 의해 정치에 참여하는 길이 막혀 있었다. 이에 대해 〈흥선 대원군은 예외이다〉라며 길을 터준 인물이 수렴청정의 막중한 임무를 져야 했던 신정 왕후 조 대비였다. 친정(풍양 조씨)의 가세가 기울어 인물난이었기 때문에 안동 김씨 세력을 상대하기가 벅찼고 때문에 능력 있는 장년의 국왕 아버지를 파트너로 택할 수밖에 없었다.

대신들처럼 교자(轎子)를 타라고 교시함으로써 대신 대우를 받게 해주었고, 영의정에게 철종의 국장 절차를 상의하라고 해 대원군과 의정부 사이에 다리를 놓아주었다.

이를 계기로 대원군은 〈대원위 분부(大院位分付)〉라는 명령(법적 근거가 없는)을 중앙 관청은 물론 지방 관청까지 내려 보내 시행케 했다. 수십 년간의 세도 정치 시기에 자행되던 파행 정치에 익숙해 있던 관가는 자연스럽게 대원위 대감의 분부를 이행했다. 그런 과정을 통해 권력이 점차 기정사실화되어 갔다. 물론 계속해서 조 대비와 국왕의 도움을 받았다.

고종이 즉위 7년에 대원군이 서울 밖에 있을 때 찾아가서 정사를 논의하라는 교시를 내린 것을 보면 권력의 그 같은 사권화(私權化)는 오랜 시간을 보내면서 다져 간 것임을 알 수 있다. (그러나 나중에 있은 2, 3차 섭정 때는 국왕이 소칙을 내려 법적 근거를 만든 것이어서 다르다.)

대원군의 섭정으로서의 권력은 조 대비의 발상대로 어린 국왕의 통치를 돕는다(輔政)는 것을 명분으로 하고 있었고, 그것이 집권의 근거라 할 수 있었다.

그런데 3년 뒤인 1866년 조 대비는 고종이 성년(15세)이 되었다는 이유로 수렴청정을 그만둔다. 대원군이 섭정이 된 것은 수렴청정하는 조 대비를 도와 어린 국왕의 통치를 돕는다는 명분 때문이었는데, 그 명분의 제공자가 은퇴해 버린 것이다. 그러나 대원군은 동반 퇴진은커녕 오히려 1인 권력 체제를 강화해 나갔다. 그러나 아무도 그 점을 지적하는 사람이 없었다. 나는 새도 떨어뜨린다는 대원위 대감의 서슬 시퍼런 권세 앞에 머리를 들 수 없었기 때문이었다.

고종이 20세가 넘어도 대원군은 섭정을 그만둘 기색이 전혀 없었다. 그것은 사실 정상적인 왕정을 구현하는 것이라 할 수 없기 때문에 심각한 문제였다. 국왕을 허수아비로 둔 채 국왕의 아버지가 불법으로 독재 정치를 강행하고 있었던 것이다.

고종이 22세가 되던 1873년에도 권력을 되돌려줄 기색을 보이지 않아 최익현을 앞세워 탄핵케 하는 정치 공작이 등장하는 상황이 벌어질 수밖에 없었다.

당시의 평균 수명과 국왕으로서 보낸 10년의 수습 과정을 감안하면 22세의 고종은 요즈음 기준으로 볼 때 건강하고 노숙한 30대 초반에 해당될 청년이었다. 그보다 연상이고 똑똑한 민비가 없더라도 국왕으로서의 권한을 행사할 준비가 돼 있었다고 할 수 있다.

고종이 자신의 권력을 찾으려 한 것은 국왕으로서 당연한 조치를 취한 것이었다. 다만 신하가 군주에게 충성해야 한다는 것 못지않게 아들은 아버지에게 효도해야 한다는 것을 철칙으로 삼는 삼강오륜(三綱五倫)의 유교 사회에서 야비하고 떳떳하지 못한 술수를 써서 아버지를 내친 행위는 비난의 대상이 될 수 있었다. 실제로 당대에 비난한 사람들이 많았다. 그러나 명분에 살고 죽는 조선 왕조 사회에서 진짜로 비난받을 사람은 고종이 아니고 대원군이어야 하지 않았을까?

대원군은 그 같은 봉변을 당하기 전 세 가지 정도의 대안을 마련하고 있었어야 했다. 모양새 좋게 자신의 권력을 마무리하면서 조선 왕조에 정치 위기가 오지 않도록 하는 위기관리책을 가지고 있어야 했다.

첫째는 고종을 폐위하고 새 국왕을 옹립하면서 계속 섭정을 맡는 방식이고, 둘째는 자신이 적절한 이유를 들어 은퇴하고 국왕의 친정 체제를 마련해 주는 방식이었다. 셋째는 국왕과 타협해 시한부로 섭정 직을 일정 기간 동안 계속한 후 은퇴하는 절충안이 가능할 수 있었다.

그런데 첫째 방식은 당시 시점으로는 전혀 가능할 수 없는 가설이었고 둘째와 셋째 방식은 설득력이 있으나 이미 실기(失機)한 상태였다.

대원군은 유종(有終)의 미(美)가 최고의 덕목(德目)이 되는 권력의 마무리 관리에 전혀 관심이 없었고, 그래서 추한 노후를 맞게 되었던 것이다.

어제의 영웅, 오늘의 꼭두각시로

권력을 빼앗긴 대원군은 노년을 어떻게 보냈을까?

국태공(國太公, 이 칭호로 불리기를 좋아했다)으로서, 10년간 집권했던 집정자로서, 국가 원로로서 시·서·화를 두루 잘하는 당대 일류의 예술가로서 특기인 난초를 치면서(그리면서) 유유자적하고 당당한 은퇴 생활을 했다면 얼마나 보기 좋았을까?

역사에서 보듯, 현실은 전혀 그렇지 못했다.

대원군은 성인인 아들이 아직도 어리고 미숙하다고 보았고, 자신만큼 나라를 잘 다스려 갈 수 있는 지도자가 없다고 생각했다. 모래 위에 쌓은 성(城)처럼 권력의 근거가 없는 자신의 통치가 계속되었을 때 생길 역작용이나 후유증 같은 것에 대한 성찰과 통찰이 없었다. 교활한 방법으로 자신을 축출한 고종과 민비를 미워하고, 특히 며느리 민비가 주도한 소행이라고 보아 더욱 증오했다.

대원군은 〈고종의 폐위, 민비의 폐서〉라는 집념을 가지고 이를 실현시키기 위해 죽을 때까지 24년간 복수의 칼을 갈았다.

중세적인 절대 군주 제도 아래 조선에서 그 같은 의도를 가지고 있는 것은 명백한 대역무도죄(大逆無道罪)였다. 목숨이 열이라도 버티기 어려웠다.

고종은 실제로 역모에 관련된 서자인 큰형(李載先)에게 사약을 내려 죽게 했고, 장조카인 대원군의 애손 이준용(李埈鎔)도 어머니인 부대부인이 애걸하지 않았으면 처형할 뻔했다. 그러나 국태공인 부친만은 처벌할 수 없다고 배려했기 때문에 대원군은 주변이 정치 탄압을 받고 자신은 유폐를 당했을 뿐 생명의 위협을 받지는 않았다. 그야말로 전무후무한 특전이었다.

대원군은 파행적인 정치 활동을 통해 국론을 쪼갰을 뿐 아니라 적전 분열(敵前分裂)도 서슴지 않았으며 외세를 이용해 국왕과 왕비를 갈아 치우려고까지 했다.

역사에 잘 나와 있는 위와 같은 사실(史實)에도 불구하고 백성들은 대원군에 대한 미련과 기대를 접지 못했다. 지금의 후세 국민들 중에도 대원군을 아쉬워하는 사람이 많다.

19세기 조선의 정치 무대에서 그만한 역량과 추진력, 기백을 함께 갖춘 큰 인물이 없었기 때문이고, 50대 이후 시야가 넓어진 그가 개방과 개혁의 주역이 되었더라면 조선의 역사가 달라졌을지도 모른다고 기대했기 때문일 것이다.

대원군은 과연 그 같은 바람을 구현할 수 있는 인물이었을까?

대원군은 실각한 뒤 깊은 충격 속에서 앙앙불락하는 생활을 했다. 집권 초에 철폐했던 만동묘 등 서원이 되살아나고 양반들에게 병역 대신 내게 한 호포가 다시 면제되는 등 앞서의 개혁 조치를 무효화시키는 사태가 줄을 이었다.

1873년 12월 10일, 경복궁 희정당에서 폭발 소리와 함께 큰불이 나 궁궐 4백여 칸을 태우는 화재 사건이 일어났다. 다행히 인명 피해는 없었다. 운현궁의 소행이라는 의심이 있었으나 확증은 없었다.

1874년 11월 28일에는 민비의 오빠 민승호의 집에서 폭발 사고가 나 민승호와 그의 아들, 노모 등이 폭사했다. 선물이라면서 전달해 온 작은 철궤를 여는 순간 폭발했던 것이다. 조사 결과, 대원군의 심복이던 전 진주 병사 신철균의 하인이 관련된 사실이 드러나 신철균이 처형되었으나 더 이상의 배후는 드러나지 않았다. 세간의 소문은 운현궁을 지목하고 있었으나 역시 증거가 없었다. 그 뒤 민비와 손잡고 영의정 자리에 오른 대원군의 형 이최응의 집에 누군가가 불을 질렀다.

정국 분위기가 뒤숭숭할 수밖에 없었다.

대원군은 칩거해 있으면서도 대신들을 상대로 1876년의 제물포 조약에 의한 개방에 반대하는 압력을 넣는 등 민씨 척족 정권을 견제하는 역할을 했다.

1880년대에 들어와 민씨 척족 정권이 개화 정책을 본격적으로 펴가기 시작하면서 재정 수요가 늘어나자 세금도 갖가지 명목으로 늘어났다. 민씨 정권은 해외 사절단 파견, 정부 기구 개편, 신식 군대 창설 등 사업을 펴가고 있었다.

일본의 조선 침략에 대한 의구심도 점차 높아지면서 〈국태공 때가 차라리 낫다〉는 여론이 일기 시작했다. 워낙 민씨 척족 정권의 부패와 탐학까지 겹쳐 대원군이 상대적으로 좋게 재평가되고 있었다.

일본에 사절로 갔던 김홍집(金弘集)이 가져온 『조선책략』을 공격하는 영남 만인소(嶺南萬人疏)가 고종의 친정 이후 척사(斥邪)의 기운이 약해진 것을 지적하고 나서는 등 유림의 분위기도 대원군을 그리워하는 것으로 나타나자 대원군은 매우 고무되었다.

1881년, 그 같은 여론을 업고 남양 군수와 형조 참의를 지낸 안기영(安驥永) 등이 대원군과 첩(기생) 사이에서 일찍 태어난 40세의 서장자(庶長子) 이재선(李載先)을 등에 업고 역모를 꾸미다가 적발되는 사건이 일어났다.

안기영은 9월 13일 실시되는 과거 시험을 보기 위해 상경하는 유생들을 선동해 궁궐을 습격한 뒤 고종을 폐위하고 민씨 척족과 개화파 대신들을 처단한다는 계획을 세웠으나 배신자의 밀고로 모두 검거되었다. 안기영 등 주모자와 단순 가담자인 유생 등 수십 명이 처형되었고 이재선도 사약을 받았다.

대원군이 서장자에게 지시한 것으로 알려졌으나, 마음 약한 고종은 국태공인 아버지를 역모로 처벌하는 강경책을 쓰지 못하고 운현궁에 유폐시키는 조처로 사건을 일단락시켰다. 하지만 고종의 그 같은 대응은 오히려 대원군에게 공공연한 반정부 활동의 길을 열어 준 셈이 되었다.

1882년 임오군란이 일어나 대원군은 33일에 불과했으나 2차 섭정을 맡게 되었다. 일본군 공병 소위 호리모토 레이조(掘本禮造)를 교관으로 하는 별기군이 창설되고 지금까지 5개 영으로 운영되어 오던 구식 군대를 2개 영으로 줄이는 등의 군제 개혁에 불만을 품은 구식 군인들이 반란을 일으켰다. 수천 명의 군인들이 하루아침에 직업을 잃은 데다가 2개 영의 군사들도 별기군에 비해 차별 대우를 받는 것이 불만이던 차에 13개월 치나 밀린 급료라고 지급된 것이 모래 섞인 불량 쌀이었던 탓에 군중 심리가 폭발한 것이다. 재정이 나빠 군에 대한 대우가 나빠진 탓도 있으나 대원군이 키운 삼군부와 그 산하 장병들을 경원하고 홀대하는 분위기가 원인이 되었다.

반란을 일으킨 군인들은 대원군을 찾아갔고, 대원군은 이들을 진정시키면서 주모자들을 따로 불러 밀계(密計)를 주었다. 기회가 왔다고 판단했던 것이다.

대원군을 만난 이후 군인들의 파괴, 난동 행위는 조직적으로 확대됐다. 위기에 몰린 고종은 군란을 수습해 달라면서 대원군에게 두 번째로 정권을 맡길 수밖에 없었다.

그 뒤 대원군은 일본과의 충돌을 원치 않는 청국 군대에 납치되어 청나라 바오딩 부(保定府)에서 1882년 8월 17일부터 1885년 8월 27일까지 3년 10일간 인질 생활을 하게 된다.

임오군란은 한반도에 대한 주도권을 잡으려고 경쟁하는 청나라와 일본에 파병의 빌미를 주었고, 양국의 파병은 청일 전쟁의 단초가 되었으며 국망(國亡)으로 가는 과정의 첫 단추가 되었다.

대원군은 외세를 끌어들인 원인 제공자이면서 외세의 싸움에 잘못 끼어든 피해자가 되었다.

청나라에서의 인질 생활은 물과 음식이 맞지 않고 풍토가 달라 잇달아 크고 작은 병이 드는 등 힘들었고, 특히 고독과 실의를 견디기가 어려웠다. 대원군은 청 조정의 실력자로 알려진 공친왕(恭親王) 등에게 거액의 뇌물을 주는 등 로비를 펴고 귀국 조치를 받아 내려 했으나 여의치 않았다. 서울에서 목돈을 마련하느라 운현궁의 골동품이 모두 시장에 나왔다더라는 소문이 파다했다.

이홍장은 대원군의 귀국 카드를 민씨 척족 정권에 대한 견제책으로 이용했다. 조선 조정이 러시아에 접근하면서 반청(反淸) 정책을 펴는 것을 막기 위해 이이제이(以夷制夷)책을 쓴 것이다. 그러나 이홍장의 속셈을 읽은 민씨 척족 정권은 오히려 대원군의 잔존 지지 세력까지 탄압하는 강수로 응수, 귀국한 대원군은 무력한 존재가 되어 은둔 생활을 할 수밖에 없었다.

귀국 다음 해인 1886년 9월 청나라 주차관 위안스카이(袁世凱)는 고종의 인아거청(引俄拒淸, 러시아에 접근하고 청을 멀리하기) 정책을 원천적으로 해결하기 위해 고종 폐위 음모를 꾸민다. 대원군이 끔찍이 사랑하는 장손자 이준용을 새로운 국왕으로, 대원군을 섭정으로 한다는 계획이었으나 열강 세력의 반발을 우려한 이홍장의 반대로 불발됐다.

고종과 민비가 대원군을 더욱 증오하게 되는 불가피한 상황이 전개되면서, 대원군은 곤경에 빠진 나머지 여러 갈래로 활로를 찾기 위해 노력해야 했다.

대원군은 갑신정변 때 일본으로 망명한 김옥균, 박영효 등과 비밀 서신을 주고받았고, 그동안의 반일(反日) 자세를 버리고 주한 일본 공사관과도 빈번하게 접촉했다. 또 1891년부터 1893년 사이 동학 농민 봉기의 주동자인 전봉준(全琫準)과도 여러 차례 만나 민씨 척족 정권에 반기를 들도록 격려하는 등 농민 전쟁에 영향을 끼쳤다.

농민군이 1894년 6월 7일 양호 초토사 홍계훈(洪啓薰)에게 보낸 소지문(所志文)에서 대원군에게 나랏일을 맡기려는 것이 자기들의 봉기 목적임을 밝힌 것은 양자가 기맥을 통하고 있었음을 의미한다.

한반도에서의 주도권을 잡기 위해 10여 년간 군비를 확장해 온 일본은 청일 전쟁을 일으키기로 결정한 뒤 민씨 척족 타도라면 물불을 가리지 않는 대원군을 정략적으로 이용키로 했다.

1894년 7월 23일, 일본군 3개 대대가 〈경복궁 점령 작전〉에 들어가 수 시간 만에 궁궐을 점령하고 고종을 인질로 잡았다.

경복궁 점령은 청일 전쟁을 일으키려는 일본의 1단계 작전이었다. 대원군은 작전 1개월 전부터 일본 공사관 측으로부터 거사에 참여할 것을 설득받았으나 불응하고 있었다. 일이 벌어진 뒤 인질이 된 고종의 교지(敎旨)를 받고서야 못이기는 체하고 입궐했다.

그러나 대원군과 일본의 밀월은 오래가지 못했다. 일본 측이 대원군의 민비 폐서(廢庶) 계획을 강력히 반대하는 사태가 벌어졌기 때문이다. 대원군에게 있어 그 사태는 민비 폐비-고종 하야-이준용 즉위로 이어지는 자신의 오랜 집념이 끝내 좌절되는 것을 의미했다.

대원군은 일본 측이 자신을 설득하면서도 청나라를 상대로 전쟁을 일으킬 계획을 알려 주지 않고 쉬쉬한 데 대해 분노했고, 일본 공사관의 지원 아래 친일 개화파가 추진하는 급진 제도 개혁에 반발했다.

대원군은 세 가지 반일(反日) 음모를 추진함으로써 위기를 정면으로 돌파하려는 시도를 벌인다. 첫째는 일본군의 북상(北上)을 막기 위해 평양에 방어망을 구축하고 있던 청군과 밀통해 협력 체제를 구축하자는 것이고, 둘째는 의병을 일으켜 남하하는 청군과 함께 일본군을 협격하자는 것이며, 셋째는 주요 친일 개화파 관료들을 암살, 제거한다는 것이다.

대원군은 청일 전쟁에서 결국은 청군이 전국(戰局)의 주도권을 잡게 될 것으로 보고, 임진왜란 때 조명(朝明) 연합군이 일본군을 구축했던 선례를 재현시킨다는 전략을 구상한 것이다.

그래서 여러 갈래로 밀사를 평양에 보내 청군의 장군들과 내통하는 길을 뚫었고, 전국적으로 의병을 일으키기 위해 삼남(三南) 지역의 양반 명문가와 동학 지도자들에게 밀사를 파견해 국왕의 이름으로 봉기를 호소했다. 이에 호응해 실제로 동학 농민군의 지도자 전봉준(全琫準, 남접)과 손병희(孫秉熙, 북접) 등은 항일 의병을 일으켜 일본군과 싸우게 된다.

그러나 평양의 청군은 임진왜란 때의 명나라 군대와 같은 위력을 가지고 있지 못했다.(153면 〈청일 전쟁, 그 몰락의 기운〉 참조) 총사령관 엽지초(葉志超)는 이홍장과의 지연(地緣) 덕에 출세한 정치 군인이어서 당대 최고의 명장(名將) 소리를 듣던 명군의 총사령관 이여송(李如松)의 기량을 따를 수 없었고, 수하 군대의 전력(戰力)도 그랬다. 명군은 일본군에 없는 대포(원시 대포였다)가 있었고 장병들이 총사령관과 함께 오랫동안 전장을 누빈 전우들이었으나, 청군은 일본군에 비해 기본 화력(소총)부터 빈약했을 뿐만 아니라 여러 부대가 섞인 급조(急造) 부대여서 일사불란한 지휘 체계를 챙기기도 어려웠다.

대원군의 스케일이 큰 전략 구상은 청군이 하루 만에 무너져 달아나고 본국에서 올 지원군도 없어 전세를 역전시킬 수 없게 됨에 따라 제대로 시행해 볼 기회를 살리지 못했다.

더욱 아쉬운 점은 대원군의 전략이 당시 전시 상황으로 미루어 볼 때 어느 정도 현실성 있는 구상이었다는 데 있다.

아산에 엽지초 휘하의 부사령관으로 출진했던 섭사성(聶士成)은 이홍장에게 전쟁이 터지기 1개월 전인 6월, 대군을 마산에 상륙시켜 아산의 청군과 합류해 서울로 올라가고 다른 병력을 의주, 평양에서 남하시켜 서울 주둔 일본군을 남북으로 협공해야 한다고 건의했었다. 그러나 열강의 간섭을 통해 전쟁을 막아야 한다는 생각이 머릿속에 가득한 이홍장은 이를 묵살했다.

그 계책을 받아들였다면 조·청 연합 전선이 가능했고, 전쟁의 양상을 바꿔 놓을 수도 있었을 것이다. 왜냐하면 일본 해군의 기습 공격으로 청일 전쟁의 전단(戰端)이 열리고 있을 때까지만 하더라도 조선에 먼저 상륙해 있던 일본 육군은 충분한 전투 준비를 갖추지 못하고 있었기 때문이다.

당시 일본군은 황해의 제해권이 청 해군에 있었기 때문에 병력 수송이 어려운 문제였다. 대규모 병력 수송단이 공격당할 경우 타격이 클 것으로 예상되었다. 그래서 인천을 피해 일본과 최단 거리인 부산에 병력을 상륙시켜 서울까지 걸어 올라가야 했고, 일부 병력은 원산에 상륙시켜 서진(西進)시켜야 했다. 말하자면 노즈 미치쓰라(野津道貫) 중장이 지휘하는 증강된 제5사단은 서울에서부터 북진하는 주력, 부산에서 북상하는 후속 부대, 원산에서 서진하는 지대로 분산되어 있어 취약점을 노출했던 것이다. 청군이 이 점을 놓치지 않고 때맞추어 선제공격으로 나섰더라면 각개 격파할 수 있는 확률이 높았다고 할 수 있는 것이다.

친일 개화파에 대한 암살 계획도 청군의 남하(南下)에 맞추어 준비되었으나 대원군 반대의 선봉이던 법부협판 김학우(金鶴羽) 한 사람을 제거하는 것으로 끝났다.

오토리 게이스케(大鳥圭介) 공사에 이어 새로 부임한 일본의 거물급 공사 이노우에 가오루(井上馨)는 반일 음모를 꾸밈으로써 일본의 대조선 정책 수행에 걸림돌이 되고 있는 대원군을 제거키로 작심하고, 대원군이 청나라 장군에게 보낸 밀서를 들이댐으로써 퇴진을 유도할 수 있었다. 그 밀서는 평양 전투에서 대패한 청군이 서둘러 달아나는 바람에 미처 파기하지 못하고 남겨 둔 기밀 서류 속에서 발견되어 도쿄로 보내진 것을 이노우에가 협박용(고종, 이준용, 김홍집의 밀서도 있었다)으로 쓰기 위해 보내 달라고 했던 것이다.

결정적인 약점을 잡혔다고 생각한 대원군은 손자 이준용과 함께 정계를 자진 은퇴했고, 이노우에는 손도 대지 않고 코를 풀듯 조선 정계의 거물을 제거하는 데 성공한 것이다.

역사학자 유영익(柳永益)은 대원군의 반일 전략을 높이 평가하면서도 일본에 협조한 사실에 대한 역사성에 주목해, 대원군은 제국주의 일본이 동북아시아에 심은 근대 사상 최초의 꼭두각시 정치가였다고 정의했다.

대원군의 추락은 거기서 끝나지 않았다.

이노우에 가오루의 후임으로 1895년 9월 15일 육군 중장 출신의 미우라 고로(三浦梧樓)가 조선 공사로 취임한다. 미우라는 서울에 온 지 22일 만인 10월 7일 자국의 낭인 등으로 구성된 암살단을 조직, 역사에 나와 있는 대로 민비를 시해(弑害)하는 만행을 저질렀다. 그는 범행을 저지르기 전 대원군을 가담시키게 하라고 오카모토 류노스케(岡本柳之助)에게 지시했다. 오카모토는 외무대신 무쓰 무네미쓰(陸奧宗光)의 심복으로 조선에 와 고문 직을 지낸 육군 대위 출신의 무사였다. 경복궁 점령 작전 때부터 대원군과 접촉, 신임을 얻고 있었다. 오카모토는 지시대로 당일 대원군을 강제로 가마에 태워 시해 현장에 합류했다.

미우라가 대원군과 해산당할 처지에 있는 훈련대를 끌어들인 것은 이들이 쿠데타를 일으켜 민비를 시해했다고 덮어씌우기 위해서였다. 실제로 미우라는 사건 뒤 외국 영사들에게 그 같은 주장까지 했다. 하지만 사건 현장을 목격한 러시아인 기사 사바틴A. J. Sabatin과 시위대 훈련 교관인 미국인 퇴역 장군 윌리엄 다이William McEntyre Dye의 증언과 각국 영사들의 조사에 의해 민비 시해가 일본 공사의 지휘 아래 일본 낭인과 군인들에 의해 저질러진 만행임이 밝혀짐으로써 대원군은 국모 시해라는 누명을 벗을 수 있었다.

그러나 강제로 현장에 끌려갔던 것이 확인됐다고는 하나, 앞잡이의 입장까지 바뀐 것은 아니다. 〈민비가 죽었다〉는 소리를 듣고 사람들이 보는 앞에서 기뻐했다는 기록을 어떻게 보아야 할 것인가?

대원군은 1898년 2월, 78세의 나이로 세상을 떠났다. 임종하기 전, 마지막으로 아들을 보고 싶어 했지만 고종은 나타나지 않았다. 생을 마감하는 마지막 순간까지 증오와 원한으로 끊어진 부자의 정은 되돌아오지 못했다.

퇴진 이후의 대원군은 여러모로 우리에게 교훈을 남겨 주었다. 노후를 맞은 공인이 공직을 떠날 시기를 제때에 잡아 깔끔한 마무리를 하는 것이 공직 생활 중의 업적 못지않게 중요하다는 사실이다. 지금도 마찬가지지만 조선 시대에는 더욱 그랬다. 이는 공자의 출처관(出處觀)이 끼친 영향 때문이다. 공자는 〈속히 가야 할 때는 속히 가고 오래 머무는 것이 좋을 때는 오래 있고 처(處)해야 할 때는 처하며 벼슬해야 할 때는 벼슬하는 것〉이라고 가르쳤다. 그래서 조선의 사대부들은 출처관이 애매한 사람은 진정한 선비가 아니라고 보는 게 전통이었다.

대원군이 적절한 시기에 은퇴하고 그 카리스마를 국가 원로의 역할로 한정시켰다면 며느리와 싸우고 아들을 상대로 정권 탈취극을 벌이면서 외세와 야합하고 이용당하는 등 국가 이익을 해치는 행동을 하는 일은 일어나지 않았을 것이다.

백번을 양보해서 고종 폐위, 이준용 신왕-대원군 섭정이라는 카드가 실현되었다고 친다면, 과연 그것은 타당하고 현실적인 대안이 될 수 있었을까?

대원군은 이미 출중한 능력이 검증되었고, 이준용은 전주 이씨의 젊은 왕손 중에서 가장 총명한 왕재(王才)로 평가받는 인물이었던 만큼 두 사람의 집권은 민비의 치마폭에서 노는 무능한 군주로 비판받던 고종 때보다 통치 역량이나 위기관리력이 호전되고 신장될 수 있었을지 모른다. 외세의 침략에 대한 방어력도 탄력을 더 받을 수 있었을 것이다.

그 같은 점에서 대원군의 계획을 긍정적으로 보는 역사학자들도 있으나 빈사 상태에 빠진 말기 증상의 조선 왕조를 성공적으로 소생시킬 수 있었을 것이라고 보기는 어렵다.

19세기 말 조선이 살아남기 위해서는 혁명적인 체제 개혁이 필요했다. 양반 중심인 군약신강(君弱臣强)의 전제 군주제를 포기하고 백성의 잠재력을 정치에 끌어들이는 군민공치(君民共治)로 나아가야 했다. 백성이 깨어나 뭉치지 않으면 나라를 지키기 어려운 것이 국내외 정세였다. 그러나 대원군은 꿈에도 그 같은 진보적 발상을 할 수 없는 보수적 성향이었다. 국왕만 바꾸면 나라를 구할 수 있다고 생각했다. 의병 궐기를 호소할 때 보였듯이 백성은 국왕에게 충성하고 국왕을 위해 싸워야 하는 중세 시대의 백성관을 그대로 가지고 있었던 것이다.

대원군의 이러한 태생적(胎生的) 한계는 조선 왕조 최대의 개혁가이면서도 과거 지향의 성향 때문에 새 시대를 열어 가는 데 성공할 수 없었던 사실에서도 입증되고 있었다.

대원군은 복수심이나 적개심 같은 사적 감정에 치우친 사람이 권력욕을 주체하지 못하면 단기간에는 위기관리를 잘할 수 있다 하더라도 긴 눈으로 보면 그 끝이 좋을 수 없다는 교훈도 남겨 주었다.

정도(正道)와 상궤(常軌)를 벗어난 지도자는 그에 대한 책임을 역사 앞에서 영원히 질 수밖에 없는 것이다.

3 한국 침략의 주역 이토 히로부미

한일 병합 주도한 이토, 매사에 목숨 걸고 전력투구

이토 히로부미(伊藤博文, 1841~1909)는 도요토미 히데요시(豊臣秀吉, 1536~1598)와 함께 한국인들에게 가장 잘 알려진 역사 속의 일본인이다. 도요토미는 임진왜란으로, 이토는 한일 병합의 주역으로 모두 한국 침략의 원흉이었기 때문에 한국인에게 각인된 이미지도 부정적이고 음험한 분위기가 없지 않다.

19세기 한국의 위기관리 리더십을 거론하면서 왜 이토를 포함시켰는가?

이유는 간단하다. 이토와 메이지 유신(明治維新) 그리고 일본의 대조선 정책 추진 과정을 따져 보면 조선 정부와 정치 지도자들의 (위기관리에 관한) 허실(虛實)을 상대적으로 잘 볼 수 있기 때문이다.

이토는 조슈 번(長州藩, 지금의 야마구치 현)에서 가난한 농민의 아들로 태어났다. 아버지가 정식의 하급 무사보다도 지위가 낮은 주겐(中門) 신분의 사람에게 양자로 들어갔기 때문에 그 자신도 무사들의 뒷바라지를 하는 잡일을 하며 성장했다.

16세 때에 병역 의무에 따라 경계 근무병으로 나갔다가 문무겸전한 중급 무사 구리하라 료조(栗原良三)의 부하가 된 것이 운명을 바꾸는 계기가 되었다.

이토의 됨됨이를 평가한 구리하라는 중국의 고전뿐만 아니라 승마와 무사도를 가르쳐 주었으며, 친구인 요시다 쇼인(吉田松陰)이 세운 사설 학당 쇼카 손주쿠(松下村塾)에 입학하게 손을 써주었다.

구리하라는 메이지 유신을 주도한 3인방 중 한 사람인 기도 다카요시(木戸孝允)의 매제(妹弟)이기도 해서 이토는 그의 소개로 기도의 부하가 되었다.

쇼카 손주쿠에는 무사들의 아들뿐 아니라 평민의 자제들도 들어와 공부할 수 있게 문호가 개방되어 있었다. 이곳에서 이토는 민병대를 조직해 조슈 번의 번 정부를 쓰러뜨리는 데 기여한 다카스기 신사쿠(高杉晋作), 구사카 겐즈이(久坂玄瑞) 등 청년 무사들과 평생 동지인 이노우에 가오루를 만나게 되었다.

1859년 스승 요시다가 처형되자, 이토는 존왕파가 된 기도의 지휘 아래 들어가 무력 테러 활동을 벌였다.

1862년 12월 23일, 다카스키를 따라 이노우에 등 10여 명과 함께 영국 공사관을 습격, 방화했다. 인명 피해는 없었으나 치외 법권을 무시한 행동이어서 영국 측으로부터 강력한 항의를 받았지만 외세의 간섭을 탐탁지 않게 생각하는 번 정부의 배려로 무사할 수 있었다.

얼마 뒤 이토는 유명한 국학자의 아들 하나와 지로를 동료와 함께 살해했다. 하나와가 바쿠후의 지시로 국왕 폐위의 전례가 있는지를 조사하고 있다는 헛소문을 사실로 믿고 국왕을 보호한다는 생각으로 칼을 들고 공격했다는 것이다. 1863년 3월, 23세의 이토는 그간의 충성심을 인정받아 당대에 국한한다는 조건으로 하급 무사라는 칭호를 받았다.

1863년 5월, 이토는 이노우에와 함께 조슈 번의 자금으로 영국 유학을 가게 된다. 무기를 사는 것보다 무기를 키우는 것이 투자 가치가 더 높다고 생각한 번의 실력자의 판단에 따른 것이다. 그해 봄은 조선에서 고종이 등극하고 대원군이 섭정에 나서고 있던 때였다.

이토와 이노우에는 4개월여의 항해 끝에 영국에 도착, 영어 공부를 시작했다. 그러나 이들의 유학 생활은 6개월도 계속되지 못했다. 나마무기 사건(번주〔藩主〕의 행렬을 가로막았다 해서 외국인을 처형한 사건)으로 사쓰마와 조슈 번이 영국, 프랑스 등 유럽 열강 함대의 공격을 받게 되었다는 뉴스를 접한 두 사람이 귀국하는 배를 탔기 때문이다.

1864년 도쿠가와 바쿠후가 반바쿠후의 선봉인 조슈 번을 정벌했을 때 번 정부가 굴복하자 이에 반발한 다카스키 신사쿠가 쿠데타를 일으켰고 이토는 마을 청년 30명을 모아 적극 참여했다.

청년 시절의 이토는 〈비상 시기이므로 비정상적인 방법을 동원하지 않고서는 나라의 은혜에 보답할 길이 없다〉고 말했는데, 목숨을 걸고 위기 때마다 정면 돌파를 통해 살아 나왔고, 그 때문에 결국 출세하게 되었다.

영국 영사관 습격 방화 사건은 세계 최강국인 영국의 위상과 체면에 관계된 사안인 만큼 상대적으로 약소국의 입장이었던 일본으로서는 관련자들의 목숨을 내줘야 하는 경우였다. 하나와 지로를 암살한 경우 역시 목숨을 건 테러 행위였다. 런던에서 돌아올 때도 이토와 이노우에는 양복 차림인 데다 개국(開國)을 주장하는 입장이어서 양이론자인 정통파 무사들에게 잘못 걸리면 목이 잘려 나갈 판이었다. 이런 상황에서 다카스키 민병대에 가담한 것도 생명을 건 도박이었던 것이다.

이토를 부하로 데리고 있던 기도 다카요시는 신도무염류(神道無念流)라는 검도의 유파를 대표하는 사무라이 검객으로, 에도(도쿠가와 바쿠후의 수도) 시대 검도의 3대 명문 중 하나인 연병관(練兵館)의 관장까지 역임했다. 검도의 달인이었지만 자기 방어 이외의 목적으로 사람을 베어 본 적이 없었다고 한다. 그에 반해 이토는 도장에서 제대로 수련을 받아 본 적이 없었다. 바쿠후 말기 혼란기를 틈타 자신의 세대에 한해서만이라는 조건부로 준(準)무사 자격을 얻은 뜨내기에 불과했던 것이다.

이토는 세상으로부터 문관(文官) 대표로 대우를 받게 되었지만, 속으로는 스스로를 무사라 생각하고 자신이 대의(大義)라고 믿는 일에 칼을 빼어 든다고 생각했을 법하다.

안중근(安重根) 의사의 저격을 받고 죽게 되는 만주 하얼빈행을 4개월 앞둔 시점에서 69세의 이토가 해외 유학 길에 오르는 막내아들에게 해준 말 중에는 〈천하의 일을 추진하노라면 목숨을 걸어야 할 경우가 생긴다. 나는 내가 지금까지 살아 있다는 것이 이상할 지경이다. 너도 네 뜻을 이루려면 죽음을 각오하라. 다른 사람의 힘에 의존하지 말고 자력으로 해라〉라는 구절이 있다. 격동의 젊은 시절부터 형성된 이토의 사생관(死生觀)이 잘 드러나는 대목이다.

이토는 그 같은 사생관을 온건파이고 균형론자라는 문관의 이미지 뒤에 숨긴 채 고종과 조선의 대신들을 회유, 협박하고 공포 분위기를 연출하며 옥죄어 가는 수법을 써서 한국 침략의 주역으로서의 역할을 수행해 갔다.

_요시다 쇼인(吉田松陰, 1830~1859)

도쿠가와 바쿠후 말기 변혁 지향의 사상을 전파한 일본의 무사 집안 출신의 대표적 지식인이다. 양명학파(陽明學派)에 속하는 요시다는 서양을 배운다는 목적으로 미국 함정을 타고 밀항하려다가 발각되어 바쿠후에 넘겨져 수감되었다.

출감한 뒤 쇼카 손주쿠를 운영하면서 평민 자제들에게도 문호를 개방, 백여 명의 젊은이들에게 학문과 존왕 사상을 주입시켰고, 시국에 관한 토론을 중시했다. 바쿠후 타도에 앞장섰던 다카스키 신사쿠, 이토 히로부미, 야마가타 아리토모, 이노우에 가오루 등이 중요 제자였다.

철저한 정한론(征韓論)자이기도 한 요시다로부터 메이지 유신 3인방인 기도 다카요시, 사이고 다카모리 등도 많은 영향을 받았다.

이토는 자신을 높이 평가하지 않던 스승 요시다를 공식 석상에서 존중해 말한 적이 거의 없었다는데, 한일 병합의 원흉이 된 것은 스승의 사상을 실천한 셈이어서 아이러니였다.

_이노우에 가오루(井上馨, 1830~1915)

이노우에 가오루는 조슈 번 중급 무사 가문 출신으로, 이토 히로부미와 일생 동안 사생(死生)을 같이하며 공생(共生) 관계를 가진 정치가이다.

20대에 이토와 양이 운동을 같이했고, 배를 타고 몇 달씩 항해해야 하는 영국 유학도 함께 다녀왔다. 유신 정부에서는 대장 대보(大藏大輔, 차관급)로 일했고, 1885년 이토 히로부미가 총리대신이 되자 그 밑에서 외무상이 되었다. 그 뒤 내무상, 재무상 등을 역임하며 재계와 이토 사이를 연결시켜 주었다.

조선에 특명 전권 공사로 와 일본 세력을 심으려다 청일 전쟁 뒤 삼국 간섭의 영향 때문에 실패하자 후임 공사로 육군 중장 출신의 미우라 고로(三浦梧樓)를 보내 민비를 시해하도록 주선한 인물이다.

_사이고 다카모리(西鄕隆盛, 1827~1877)

메이지 유신 3인방 중 첫 번째로 꼽히는 인물. 가고시마 태생의 중급 무사로 유신 쿠데타 과정에서 핵심적인 역할을 해 사쓰마 번의 지도자가 되었다.

왕실 근위군 사령관인 근위도독에 임명된 뒤 막강한 군사력을 배경으로 지금까지의 번(藩) 제도를 폐지하고 현(縣)으로 대치하는 폐번치현을 주도함으로써 바쿠후의 봉건 체제에 종지부를 찍게 했다.

정한론을 펴다가 내치 우선파에 밀려 가고시마로 은퇴했고, 가고시마 무사들이 일으킨 반란에 말려들어 반란군 총사령관으로서 내란인 세이난(西南) 전쟁을 일으켰다가 패전하여 자살했다.

지금도 가고시마에는 도처에 그의 동상이 서 있고 골프장 명코스에 이름이 붙어 있는 등 전설 속의 인물로 남아 있다.

_오쿠보 도시미치(大久保利通, 1830~1878)

유신 3인방의 한 사람으로 사이고 다카모리와 기도 다카요시가 죽은 뒤 오쿠보 독재 체제를 구축하는 역량을 보였던 사쓰마 번의 중급 무사 출신.

이와쿠라 사절단의 부사(副使)로 구미 열강을 장기간 시찰하는 동안 보불 전쟁에서 이긴 뒤 신흥 강국으로 부상한 프러시아의 관료 주도형 체제에 감명을 받고 이를 일본에 도입, 근대화를 이룩하는 데 기여했다.

오쿠보는 지금의 통산성, 농림성, 후생성, 건설성, 노동성, 자치성, 경찰청의 업무와 각 지방 행정까지 모두 통할해 다루는 거대한 내무성을 만들어 일본형 관료 주도의 발전 모델을 만들었다. 20세기에 들어와 관료 주도로 산업화에 성공하는 박정희(朴正熙) 대통령 치하의 한국에까지 그 영향력을 끼친 셈이다.

오쿠보는 기도의 부하였던 이토 히로부미를 후계자로 키웠고, 권력의 절정기에 정적인 무사들에게 암살되었다.

_기도 다카요시(木戸孝允, 1833~1877)

메이지 유신 3인방 중 사이고와 오쿠보가 사쓰마 번 출신인 데 비해 기도는 조슈 번 출신이어서 산술적으로는 3분의 1이지만 정치적으로는 그보다 발언권이 높았다. 쇼카 손주쿠 출신으로 스승이던 요시다 쇼인이나 가장 재능 있었다는 다카스키 신사쿠가 모두 젊은 나이에 죽는 바람에 어렵지 않게 조슈 번의 지도자가 될 수 있었다.

조슈 번이 쓰시마 번에 큰 영향력을 끼치는 관계였기 때문에 조선과 대마도 간의 외교 문제를 통해 조선을 알게 되면서 사이고에 앞서 정한론자가 되었다.

이와쿠라 사절단의 부사(副使)로 세계를 일주한 뒤 일본도 헌법을 빨리 제정할 것을 주장하고 근대화가 우선이라면서 정한론을 철회하는 개명된 모습을 보였다. 잦은 병치레 끝에 44세로 죽었다.

정면 승부로 실세 자리 얻어 내

이토 히로부미는 1871년 11월 우대신 이와쿠라 도모미(岩倉具視)를 특명 전권 대사로 하는 이와쿠라 사절단의 부사(副使) 중 한 사람으로 발탁되어 세계 일주 여행길에 오른다. 일본이 서구 제국주의 국가와 맺은 불평등 조약을 개정할 목적으로 일본 정계의 수뇌들로 구성한 사절단은 당초의 임무를 수행하지 못했으나 세계의 발전을 직접 피부로 느끼고 견문을 넓히는 계기를 갖게 되었다.

1871년 일본의 최대 현안은 서구 열강과 맺은 불평등(不平等) 수호 통상 조약을 개정해야 한다는 데 있었는데, 언제 어디서 어떻게 매듭을 풀어 가기 시작해야 하는지가 숙제였다. 1854년 미국 페리 함대의 함포 외교로 개국한 뒤 6년 사이에 열강 각국과 맺은 조약의 만기일(1872년 7월)이 다가오고 있었기 때문이다.

일본은 조약 체결 당시 국제법의 존재를 몰랐고 국제 외교 관행에도 무지했기 때문에 모든 조약이 일본에 일방적으로 불리하게 맺어져 있었다. 때문에 서구 열강과 대등한 입장이 되기 위해서는 불평등 조항을 해결하는 일이 최우선 과제였다.

일본 정부는 조약 개정의 가능성을 타진해 보고 분위기도 조성한다는 취지로 대규모 사절단을 구미에 파견키로 결정했다.

귀족 출신이면서 메이지 유신을 도운 공로로 우대신이 된 이와쿠라가 단장이 되고, 조슈 번의 우두머리 기도 참의(参議)와 사쓰마의 양대 지주 가운데 한 사람인 오쿠보 대장경을 부사로 짝을 맞춘 뒤 공부 대보인 이토와 외무 담당의 외무 소보를 실무진으로 삼아 사절단이 결성되었다.

사절단은 유학생 50명을 인솔하고 배편으로 미국으로 떠났는데, 1년 6개월의 여정으로 유럽 여러 나라까지 순방하는 장기간의 여행이었다.

이 여행은 개인적으로 이토에게 큰 수확이었다. 나중에 최고 권력자가 되는 사쓰마 번의 오쿠보와 친해져 그의 신임을 받게 된 것은 출세의 보증 수표 같은 것이었다. 기도와 별로 사이가 좋지 않던 오쿠보의 입장에서도 쓸모 있는 조슈 번의 중견인 이토야말로 이용 가치가 있었다.

사절단의 외유 기간 동안 일본 국내에 정세 변화가 생겨 사이고 다카모리, 이타가키 다이스케(板垣退助), 고토 쇼지로(後藤象二郎), 에토 신페이(江藤新平) 등 잔류파 참의들이 정한론을 추진하고 있었다.

일본과의 국교를 거부해 오던 대원군 치하의 조선에서 일본의 서양화를 비하하고 국교를 허락해서는 안 된다는 내용의 표찰을 낸 것을 빌미 삼아 그간 내연해 왔던 갈등을 표출시키려 한 것이다.

그러나 정한론은 핑계일 뿐 속셈은 다른 데 있었다. 사쓰마 번의 사이고는 메이지 유신으로 무사 제도가 폐지되면서 하루아침에 실업자로 전락한 무사들의 누적된 불만을 전쟁을 통해 해소하자는 생각이었고, 도사(土佐) 번의 이타가키는 권력과 돈맛을 알게 되어 타락한 무사들을 각성시켜야겠다는 차원에서 동조했으며, 히젠(肥前) 번의 에토는 이참에 음흉하고 지능적인 조슈 번을 정계에서 제거해야 한다는 속마음이었다는 것이다.

귀국한 사절단은 내치 우선론을 내세워 정한론에 반대했다. 세계 열강 제국을 둘러보며 낙후된 일본을 발전시키는 일이 최우선의 국가 과제라는 결론을 얻어 가지고 왔기 때문이다. 양자는 세(勢) 대결로 들어가게 되었다. 정한론이 권력 투쟁으로 국면이 바뀐 것이다.

결국, 내치 우선파가 국왕의 도움을 얻어 정한론파를 물리치는데, 이토가 결정적인 역할을 연출하는 공을 세웠다.

이 대결은 정한론 정변이라 불리는데, 유신을 주도한 사쓰마·조슈·도사·히젠의 4개 번이 여당(사쓰마·조슈)과 야당(도사·히젠)으로 분파되며 사쓰마·조슈 연합 세력이 장기 집권하는 독주 체제가 등장하는 계기가 되었다.

_왜 정한론이 불거지게 되었나

정한론은 조선과 일본 메이지 정부의 수교 문제가 난항에 빠지면서 불거졌다.

일본 정부는 1868년 메이지 유신 이후 신정부의 출범을 조선에 알리려 했으나 조선과 도쿠가와 바쿠후 사이에서 대(對)조선 외교를 담당해 왔던 쓰시마(對馬島) 번이 중간에서 책략을 부려 혼선이 생긴 데다, 대원군이 황(皇)자와 칙(勅)자를 쓴 일본 정부의 외교 문서를 받아들이지 말라고 엄명했기 때문에 외교 단절 상태가 지속되고 있었다.

대원군이 보기에 조선을 상대로 황자나 칙자를 쓸 수 있는 나라는 중국뿐이었다. 때문에 도쿠가와 바쿠후 때까지 조선 통신사를 상전 대접하듯 하던 일본이 이제 와서 허세를 부리는 것을 용인할 수가 없었다. 오히려 요경계 대상이었다. 게다가 일본인이 양복을 입고 화륜선을 타고 다니는 등 오랑캐와 통모하고 있는 것으로 보여 수상하기 짝이 없기도 했던 것이다.

그렇다 해도 조선 측은 서계(書契, 외교 문서)를 다시 고쳐오게 하는 한편, 쓰시마 측을 달래는 등의 유연성을 보였다. 그러나 일본 측 외교 실무자들은 조선의 무례를 응징해야 한다고 생트집을 부리면서 강경책을 상신하고 있었다. 조선은 군사력이 약하므로 30개 대대 병력으로 충분히 정복할 수 있고 전비는 전리품으로 조달이 가능하다는 것이었다.

이를 계기로 정한론이 자주 등장하게 되었다.

1873년 6월 외무 소보 우에노 가게노리가 앞서 설명한 조선의 표찰 문제(양복 입은 일본 외교관의 출입 금지)를 보고하면서 사태는 심각해지기 시작했다.

태정 대신 산조 사네토미(山條實美) 주재로 열린 참의 회의에서 사이고가 정한론을 내놓았다. 사이고는 〈전권 대사를 보내 담판해야 하고 조선이 대사를 폭살할 것이니 그때 가서 토벌하면 된다〉고 주장하며 자신을 전권 대사로 파견해 달라고 요구했다.

청나라에 간 외무경 소에지마 다네오미(副島種臣)가 조선의 내치 외교는 자치적으로 처리되고 있기 때문에 청나라가 간여할 일이 아니다라는 답변을 이미 확보했고, 주일 러시아 공사로부터도 조·일 간의 분쟁이 있을 경우 간여할 의사가 없음을 파악함으로써 청과 러시아 측의 대응을 우려하지 않아도 된다는 점이 확인되고 있었다. 이렇듯 정한론에 더욱 힘이 실리면서 사이고 사절 안건이 조정 회의를 통과했고 국왕의 재가를 받게 되었다.

그러나 이와쿠라 사절단이 귀국하면서 상황이 바뀐다.

이토는 각개 약진하고 있던 이와쿠라, 오쿠보, 기도 등 세 사람을 한데 묶어 내치우선파를 형성하는 데 접착제 구실을 했고, 국왕에게 가부(可否) 두 가지 안을 상주해 부(否)의 결재가 나오게끔 궁중을 상대로 은밀한 계략을 꾸며 40일 만에 대세를 뒤엎는 반전극(反轉劇)을 연출하는 데 결정적 역할을 했다.

양 파가 격렬하게 대립하는 가운데 중간에 낀 소심한 성격의 태정 대신 산조가 기진맥진해 발병하자 우대신인 이와쿠라가 산조를 대리하게 되었고, 이와쿠라는 사이고 대사 파견 안건을 국왕에게 내면서 대사 파견의 완급과 순서가 잘못되었다는 점을 함께 설명함으로써 〈대사 파견 불가〉라는 결재를 다시 얻어 낸 것이다.

세(勢) 대결에서 승산이 있다고 믿었던 사이고가 이토의 움직임을 알면서도 경시(輕視)하고 대응하지 않은 것이 패인이었다.

이에 따라 사이고, 이타가키, 고토, 에토, 소에지마 등 참의는 사표를 제출, 수리되었다. 그 뒤 사이고는 사쓰마 무사들이 일으킨 세이난(西南) 전쟁에 끌려들어 죽고, 에토는 반격 사건에 관련, 재판을 받고 처형되었으며, 이타가키와 고토는 일본 최초의 야당을 결성, 민권 투쟁에 나서게 된다.

결정적인 위기 국면인 정한론 정변에서 32세의 이토가 취한 행동은 요즈음 말로 바꾸면 제로섬 게임 같은 전형적인 정면 돌파의 방식이라 할 수 있다. 이와쿠라-오쿠보-기도를 연결하고 태정 대신의 지원을 받아 국왕의 내락을 얻어 낸다는 구상이 실패했을 경우 이토만 희생양이 될 수 있는 배수진이었다. 계략에 성공함으로써 이토가 얻은 소득은 컸다. 개인적으로 이와쿠라와 오쿠보라는 두 핵심 권력의 두터운 신임을 얻으면서 후계자로 부상하는 계기를 잡았다.

한편 정한론이 정변을 겪으며 수면 아래로 잠복하는 사이 조선에선 대원군이 낙마하고 민씨 척족의 지원을 받는 고종 친정 체제가 들어섰다.

권력 공백 무릅쓰고 장기 외유

사이고와 기도가 죽고 난 후 1878년 5월 14일 메이지 시대를 주름잡던 오쿠보마저 반대파 무사들에게 암살되자 일본 정부는 조슈를 대표하는 이토 히로부미, 사이고가 죽은 뒤 사쓰마의 대부가 된 구로다 기요타카(黑田淸隆), 히젠(肥前) 출신의 오쿠마 시게노부(大隈重信) 등을 중심으로 운영된다.

이토는 오쿠보의 사망으로 공석이 된 내무성 내무경 자리를 맡음으로써 1인자의 자리를 차지했다. 당시 내무성은 내정 전반을 담당하는 거대 부서로서 오쿠보의 탄탄한 권력 기반이었다. 일본이 관료 주도 사회가 된 것을 오쿠보의 내무경 시대부터라고 보는 시각이 후대에 나타날 정도였다. 이토는 이 단계에서 메이지 국왕의 신임을 얻고 있는 데다 태정 대신 산조, 우대신 이와쿠라, 좌대신 다루히토 왕자 등으로부터도 신임이 두터웠다.

그러나 이토의 행진은 거기서 끝나지 않고 메이지 헌법을 탄생시키는 데 결정적으로 기여한다. 이 헌법의 등장으로 일본은 천황제(天皇制)를 확립할 수 있었고, 그 제도를 보완 발전시키면서 일본 근대화의 기틀을 다질 수 있었다.

메이지 헌법은 1889년 반포되었지만 준비 기간은 매우 길었다. 1879년 12월, 초안이 이미 마련되었으나 파란곡절 끝에 10년 뒤 이토의 최종 안이 햇볕을 보게 되었다.

1882년 3월 14일, 이토는 헌법 연구차 유럽으로 떠난다. 1년 6개월여의 기간을 둔 장기 출장이었는데, 이토는 유럽의 여러 나라 가운데 연구 중심지로 독일을 선택했다. 천황제를 수용하기 위해서는 독일식 입헌 군주제가 적합하다고 보았기 때문이다. 영국이나 프랑스식 헌법은 참고 대상이었다.

이토를 맞이한 독일 재상 비스마르크Bismarck는 독일 헌법학계의 태두(泰斗)인 루돌프 폰 그나이스트Rudolf Von Gneist를 소개해 주었다. 이토는 이어 오스트리아의 빈으로 자리를 옮겨 빈 대학의 로렌츠 폰 슈타인Lorenz Von Stein으로부터 3개월간 공법과 행정법 강의를 들었다.

귀국한 뒤에는 직접 실무자들을 이끌고 헌법 안을 기초하는 등 제정 과정을 지휘했고, 1889년 2월 11일 동양에서는 최초로 입헌 군주주의의 문을 연 일본 헌법이 공포된다.

헌법 조사차 유럽에 갈 당시 이토는 권력의 정상에 있었다. 권력을 유지하기 위해 수단 방법을 가리지 않는 것이 동서고금의 권력자들이 보인 권력의 속성이라고 한다면, 이토 역시 당연히 권력을 지키기 위해 비상한 노력을 기울였을 것이다.

그런데도 1년 6개월이라는 긴 시간 동안 자리를 비우고 장기 외유를 떠났다. 이는 권력을 잃을 가능성이 있다는 점에서 상식을 벗어난 결정으로 보일 수도 있다. 이토는 왜 상식의 허(虛)를 찔렀을까?

유신 정부는 당시 세계 열강이 인정하는 근대 국가의 건설이 목표였다. 이를 위해서는 바쿠후 시대에 열강과 맺은 불평등 조약을 개정하는 일이 우선 과제였다. 그런데 열강 각국은 일본에 헌법이 없다는 이유로 상대하려 하지 않았다. 헌법도 없는 미개국 주제에 무슨 대등한 조약 체결을 바라느냐는 식이었던 것이다. 헌법이 없는 것이 조약 개정 추진에 최대의 걸림돌이었다. 그것은 목구멍에 걸린 가시 같은 존재였다.

1876년 9월부터 헌법 초안이 만들어지고 있었으나 일본이 어떠한 정체(政體)를 가져야 하느냐에 대한 합의가 아직 이루어지지 않았기 때문에 마무리가 될 수 없었다.

천황 중심의 정치를 펴야 한다는 소신을 가지고 있던 이와쿠라는 헌법 초안에 천황을 민선 의원이나 원로원과 대등하게 규정해 놓은 헌법 초안을 받아들일 수 없었다. 그래서 각 참의들의 의견을 수렴한다는 의미로 입헌 정체에 관한 의견서를 내놓으라고 요청했다. 1880년, 1년 동안 오쿠마를 제외한 참의들이 모두 의견서를 냈다.

이토는 군민공치(君民共治)가 피할 수 없는 시대의 흐름임을 인정하고 점진적인 절차를 통해 나가야 한다는 신중론을 폈다. 바쿠후 시기 정치의 주류였던 무사들을 상원으로 구성해 왕실을 지탱하게 하고 일본의 전통을 유지케 하면서 평민들을 부현회(府縣會) 의원들로 해 하원을 구성하는 2원제를 주장했다. 주권이 국민에게 있는 민주주의와는 거리가 먼 정치사상이었으나, 당시 동북아에선 그래도 가장 앞선 생각이었다.

문제가 불거진 것은 1881년 3월에 낸 오쿠마의 의견서 때문이었다. 오쿠마는 다음 해(1882)에 선거를 실시하고 1883년에는 국회를 열 수 있어야 하며 다수 당의 당수가 정부 수뇌가 되어야 한다고 주장했다. 말하자면 영국식 의회 제도를 주문했던 것이다.

오쿠마의 주장은 선거에서 지면 사쓰마·조슈 연합 번벌(藩閥) 세력은 정권을 내놓아야 한다는 것을 의미하는데, 당시로서는 매우 급진적인 주장이었다. 이러한 오쿠마의 급진론에 반발한 이토가 사표 소동을 연출하고, 참의 간의 내부 갈등은 심화되었다.

결국 이 소동은 오쿠마를 정부에서 내쫓는 정변으로 막을 내리게 되었으나 국체(國體) 개혁을 요구하는 민권 운동의 거센 도전이 기다리고 있었다.

정한론 파동 때 정부에서 축출된 뒤 재야에서 야당 활동을 개척한 이타가키와 고토 등이 민권 운동을 주도하고 있었다. 1890년 헌법 제정, 국회 개원의 정부 공약이 나온 뒤에도 언론들은 영국식 민주주의를 계속 보도하고 있었다.

오쿠마와 절친했고 당대 최고의 개화파 논객으로 영향력이 컸던 후쿠자와 유키치(福澤諭吉)는 대표적인 영국식 입헌 정치의 주창자였다.

수세에 몰린 이와쿠라는 원로원 의장 데라시마 무네노리(寺島宗則)를 시켜 〈유럽 선진국의 헌법 실태와 운용 방법 등을 조사, 참고할 필요가 있다〉는 점을 공론화시킨 뒤 이 일을 맡아 처리할 적임자는 이토밖에 없다고 결론지었다.

이토가 장기 출장을 가야 할 대의명분은 이렇게 해서 마련될 수 있었다. 문제는 정치적 위상이 출장 후에도 계속 유지될 수 있을 것인가 하는 점이었다. 그것은 이토의 정치 기반인 사쓰마·조슈 번벌 세력의 건재 여부와도 직결된다.

메이지 정부를 주도해 가고 있던 사쓰마·조슈의 번벌 세력은 유신 3인방이 모두 죽은 뒤 그 구도에 금이 가고 있었다. 조슈 번 쪽엔 이토가 버티고 있었으나, 사이고 다카모리에 이은 오쿠보의 사망으로 공석이 된 사쓰마 번엔 뚜렷한 리더감이 없었다. 오히려 히젠 번 출신의 오쿠마 시게노부가 떠오르고 있었기 때문에 사쓰마·조슈 연합은 무너질 공산이 컸다.

이와쿠라는 이토의 추천을 받아 사이고의 동생인 사쓰마 번의 사이고 쓰구미치를 참의 겸 문부경으로 발탁하고, 이토의 막역한 친구 이노우에 가오루를 참의 겸 공부경으로 임명한다.

이제 사쓰마와 조슈 번의 참의는 구로다 기요타카, 이토, 야마가타, 데라시마 무네노리 등 네 명에 새로 세 명이 추가돼 모두 일곱 명이 됨으로써 자연스럽게 정국 주도권을 다시 장악할 수 있게 되었다. 사쓰마·조슈 연합 2세대 그룹이 형성되었던 셈이다.

이토는 개인적으로도 유럽 출장에 대한 동기가 있었다. 나중에 이토를 도와 헌법을 기초하게 되는 이노우에 고와시(井上毅)로부터 헌법 제정에 관한 주도권을 오쿠마나 민권파들에 빼앗기면 목숨을 걸고 노력하더라도 사태를 돌이키지 못하게 되며, 유신을 완성시킬 인물은 당신(이토)밖에 없다는 진언을 받은 터라 새삼 자신이 나설 수밖에 없다는 사명감을 갖고 있었다. 또 이토의 부재중 대리 역을 맡을 친구 이노우에도 국내 정치에서 잠시 벗어나 머리를 식히라고 권유했다.

이토는 자신의 부재 시 발생할 수 있는 실권(失權)의 위기에 대비한 3중 4중의 안전판을 깔아 놓은 셈이었다.

그렇다면 이제 모든 것을 안심할 수 있었을까? 결론부터 말하면, 그렇지는 못했을 것이다. 권력의 속성은 불확실성이 특징이어서 진정한 의미의 안전판이라는 것은 존재할 수 없기 때문이다. 위기관리의 관점에서 본다면 이토는 개인적으로 더 큰 목표를 위해 위기를 감수하는 승부수를 띄운 것이라 할 수 있다. 시대가 입헌 민주주의로나 공화주의로 가는 것이 세계의 대세라면 그 시대를 앞장서서 열고 당당한 주역이 되겠다고 생각한 것이다.

이토의 결단을 조선과 청나라에 대입(代入)해 보면 어떨까? 대원군이나 청의 이홍장이 나라가 필요로 한다는 것을 이유로 자신을 이토처럼 던질 수 있었을까?

이토의 사쓰마·조슈 번벌 세력같이 강력하게 뒷받침할 동조 세력이 대원군에게는 없었다. 1인 독재 체제여서 구심점인 자신이 쓰러지면 그대로 붕괴되는 취약점을 안고 있었다. 역사에서 보듯 국왕이 친정 체제를 선포하는 날이 실권(失權)하는 날이었듯이 국왕의 신임은 한계가 있었다.

이홍장의 경우도 막강한 자신의 사병(私兵) 부대인 북양군과 외교력으로 버티는 입장이었다. 그 자신은 여진족이 주인인 청나라 정부에 고용된 한족 대표 같은 것이어서 주변에 정적투성이였다. 자신을 믿고 지원해 주는 서태후의 마음이 바뀌면 어떻게 될지 모르기 때문에 막대한 뇌물 비용을 쏟아 부으며 보신책을 강구해야 했다.

이렇듯 간단히 한두어 가지만 따져 보아도 두 사람이 이토를 따라가기가 힘든 형편이었음을 알 수 있다. 물론 세 나라의 형편과 국내 정치의 사정이 달라 같은 잣대로 비교하기는 어렵다.

또, 이토의 발상 전환은 유연한 사고력이 있었기 때문에 가능했던 것이라고 앞서 지적한 바 있다. 유연한 사고력에서는 앞날을 내다보는 상상력(想像力)이 어렵지 않게 나오게 마련이다.

대원군은 점증해 가는 열강 제국주의의 침략에 대한 대응에 실패했다. 복고적 국방 강화책이나 쇄국 정책의 채택이 바로 그것이다. 이홍장은 중화사상과 서구 문명 사이에서 양자를 형식적인 외피(外皮)만으로 봉합(양무운동)해 근대화를 이루어 보려 했다가 결국 실패했다.

두 사람 모두 미래에 대한 본질적인 상상력이 이토보다 못한 셈이었던 것이다.

강자에 약하고 약자에 강해

이토는 1885년 45세의 나이에 태정관(太政官) 제도가 폐지되면서 초대 내각 총리가 된다. 이후 1892년, 1898년, 1900년에도 고비 때마다 총리로 발탁되는 등 모두 네 차례나 총리 직에 올랐다. 그 사이사이에 추밀원 의장, 귀족원 의장, 입헌 정우회 총재를 역임했고 죽을 때까지 막강한 영향력을 가진 국가 원로 직을 가지고 있었다.

이토가 이처럼 승승장구하면서 메이지 시대를 대표하는 정치 지도자가 된 것은 당사자의 능력과 강력한 동조, 지지 세력이 있었기 때문에 가능했겠지만 국왕의 일관되고 두터운 신임에 힘입은 바 컸다. 이와쿠라, 기도, 오쿠보가 없어진 정계에서 이토는 국왕의 전폭적인 신임과 지원을 받는 유일한 인물이었다. 이토 쪽에서도 천황제의 기틀을 잡고 강화해 가는 데 주도적 역할을 함으로써 국왕과 상부상조하는 셈이 되었다.

국왕에 대한 줄기찬 상징 조작을 통해 상징화에 성공함으로써 국민 통합의 구심점(求心點)이 되게 할 수 있었고, 일본 근대화를 추진하는 데 큰 기여를 하게 되었다.

당초 유신 1세대는 국왕을 둘러싼 여러 가지 의례(儀禮)와 행사가 일반 대중을 유신 대열에 동참시킬 수 있는 수단이라고 보았는데, 2세대인 이토가 그 취지를 계속 이어 갔던 것이다.

메이지 국왕은 국민과의 접촉을 위해 재위 45년간 모두 97회의 전국 순행을 가졌다.

입헌 군주제 헌법을 동양 최초로 만든 이토는 왕실 전범도 만들었고, 국왕이 헌법을 내린다(欽定憲法)는 의례 절차를 골자로 장대한 헌법 발포식을 연출해 전 국민이 참여하는 경축 행사를 이끌었는데 유럽 궁정의 의례 양식을 도입해 온갖 왕실 행사를 화려하게 치르도록 했다.

러일 전쟁 뒤 대규모의 개선 관병식을 열어 승전의 영광을 국왕에게 돌리는 등 군국주의(軍國主義) 분위기도 띄웠다. 그 같은 관병식은 1889년 이래 22차례나 있었다.

이토에 대한 평가는 입지전적인 인물이라는 점에선 공통이지만 긍정, 부정론이 엇갈린다.

이토는 일본 역사상 미천한 출신으로 재상 자리에 오른 네 번째 인물이라고 한다. 14세기의 아시카가 요시미쓰, 임진왜란을 일으킨 16세기의 도요토미 히데요시, 18세기의 도쿠가와 이에나리(德川家齊)가 선배 격이었다.

이토에 대한 긍정적 평가는 〈신중하고 균형 감각이 뛰어나다, 권력욕·명예욕은 강하지만 돈에 대한 욕심은 적었다, 포기를 잘하는 등 융통성이 좋았다, 뛰어난 능력이나 인품은 없었으나 친화력이 좋았다, 온화한 진보주의자다, 국왕과 스스럼없이 농담을 주고받는 유일한 대신이었다〉 등이었다.

부정적인 평가는 〈재주와 상식은 풍부하나 덕망이 없다, 말이 많다, 교활한 여우이다, 자기 과시욕이 지나치다, 유약한 외교를 폈다, 겁쟁이다(러시아전을 앞두고 지나치게 앞뒤를 잰다고 해서 나온 말)〉 등이다.

위와 같은 상반된 평가는 역사에 나오는 인물들이 대체적으로 비슷하게 겪는 패턴이어서 크게 이상할 것이 없다. 긍정, 부정론을 양분한 만큼 반반처럼 보이겠지만 일본 사람들의 입장에선 긍정론의 비중이 더 높다. 1945년 이후 한동안 일본 화폐에 초상화가 쓰인 것을 보아도 가늠할 수 있는 일이다.

한국 사람들에게 이토의 이미지는 매우 나쁠 수밖에 없었다. 한국 침략의 원흉이라고 역사에서 배웠기 때문이다.

이토의 특성에 대한 일본의 정치학자 오카 요시다케(岡義武)의 아래와 같은 지적을 보면 상황은 더욱 나빠질지 모른다.

〈메이지 일본의 외교는 서양 제 대국에 대한 관계에 있어서는 극히 신중해서 일반적으로는 협조적 내지는 종속적인 색채를 띠고 있었다. 그러나 한국이나

청나라 양국에 대해서는 정반대로 어찌 되었건 고압적이고 공세적인 태도로 임하고 있었다……〉

말하자면 이토는 강자에는 약하고 약자에게는 강한 인간형이었다는 얘기가 된다. 따지고 보면 조선과 청나라 사이에도 차별이 있었다. 청일 전쟁 뒤 시모노세키 조약을 맺을 때만 해도 이토는 외상 무쓰 무네미쓰와 함께 이홍장과 회담했다. 2 : 1로 대결할 만큼 자신이 없었다. 그러나 조선 대신들을 상대로 을사 늑약을 맺을 때는 기고만장한 일인극이었다.

이토가 대한(對韓) 정책에 대한 위기관리에서 성공하면 그만큼 한국 측의 위기관리는 어려워졌다. 위기관리의 개념이 국제 관계에선 입장에 따라 상반되기도 상충되기도 한다는 사실을 알 수 있다.

민비 시해의 핵심 배후

〈내가 도요토미 히데요시(豊臣秀吉)를 볼 때 그는 배우지 못한 일개 호한(好漢)에 불과하다. 만약 그에게 학문이 있었다면, 내가 시도했던 모든 일을 따라올 수 있었을지도 모르고, 혹은 나를 능가했을지도 모른다.〉

이 말은 이토 히로부미가 조선 침략을 마무리 짓고 통감으로 부임할 때 한 말이다. 히데요시는 임진왜란을 일으켜 조선을 침략했으나 얻은 것이 없는 데 비해 국제적인 식견이 넓고 유능한 자신은 조선을 식민지화하는 데 성공했다면서 자화자찬하고 있었다.

이토의 대조선 침략관이 눈에 보이게 잡히는 발언이다.

이토가 조선 문제에 직접 개입한 것은 36세 때인 1876년의 강화도 조약 체결 때부터이다. 일본은 군함을 보내 조선 연안의 해심(海深)을 측량하고 해도(海圖)를 작성하면서 도발을 시도했는데, 그중 하나인 운요호가 강화도의 조선

주권 해역을 사전 허가 없이 침범해 강화도 사건을 일으켰다. 조선 수비대 진지가 일방적으로 피해를 당했으나 일본은 수비대가 먼저 발포했다고 뒤집어씌운 뒤 책임 추궁을 하면서 사건을 확대해 나갔다. 자신들이 당했던 함포 외교로 조선을 개방시킬 작정이었던 것이다.

조선에 파견될 특명 전권 변리 대신에 구로다 기요타카가 임명되었다.

원래 최초의 정한론자이기도 했던 기도 다카요시가 간다고 했다가 뇌출혈로 쓰러지자 대타로 보내게 된 것인데, 이토는 절친한 친구인 이노우에를 부사(副使)로 함께 보내기를 정부에 건의했다. 광산 부정 불하 사건으로 사직 당국의 조사를 받고 정치적으로 곤경에 빠져 있던 이노우에를 구하기 위한 포석이었다. 이노우에가 조선을 개방시키기는 어렵다면서 부사 직을 거부하자, 이토는 조선과의 교섭이 끝난 뒤 재정 시찰 명목으로 서양에 출장 가게 해준다며 설득했다.

이노우에의 태도로 미루어 볼 때 당시 일본 조정에서도 조선과의 강제 수교 가능성을 반신반의하는 분위기가 있었음을 알게 해준다. 구로다는 1876년 1월, 군함 2척과 수송선 3척, 해병 3개 대대(약 8백 명)를 이끌고 조선으로 향했다.

당시 일본으로서는 최대한 해군력을 동원한 것이 그 같은 규모였다. 그래서 구로다는 수송선에 대포를 그리게 해 멀리서 보면 모두 군함처럼 보이게 위장까지 하게 했다. 임진왜란 때 도요토미 히데요시가 칼처럼 보이게 하기 위해 백랍을 칠한 나무칼을 많이 들고 가게 해 멀리서 이를 본 조선군이 겁을 먹게 한 속임수를 쓴 일이 있는데, 비슷한 수법이 또 등장한 셈이었다.

일본 사절단을 맞게 된 조선 측은 전쟁을 일으킬 구실을 찾기 위해 온 것으로 지레짐작하고 병인·신미 양요를 겪은 무장 신헌(申櫶)을 접견 대관으로 내세웠다. 신헌은 당시 66세였다.

페리 제독의 함포 외교에 의해 강제 개국된 후 열강과의 조약 체결을 통해 불평등 조약의 문제점을 터득한 일본은 이제 거꾸로 조선에 불평등한 조약 초안을 치밀하게 만들어 가지고 왔다. 그에 비하면 김정희의 문하에서 배워 실학 사상을 가지고 있었다곤 하지만 신헌은 국제법이나 조약이라는 단어를 처음 접하는 입장이었다.

일본이 조약 제1조로 조선은 자주국이라는 점을 내세워 조선 측을 솔깃하게 해주면서 훗날 청의 속방 주장을 배제하려는 실리적인 외교 포석을 놓는 준비를 해온 데 비해 신헌은 일본이 대일본국(大日本國)이라고 국명을 쓴 데 대해 조선도 대조선국(大朝鮮國)이라 써야 한다고 주장하는 등 형식적인 국격(國格) 표현에 많은 신경을 썼다. 결국 신헌은 조약에 대해 무지(無知)했기 때문에 개항지 선정, 영사 주재권과 재판권 등 치외 법권을 일본이 희망하는 대로 일방적으로 넘겨주는 불평등 조약(제물포 조약)을 맺게 되었다.

1876년은 영국의 동진(東進) 정책과 러시아의 남하(南下) 정책 간의 대립이 팽팽하게 진행되던 시점이어서, 제물포 조약의 체결은 일본의 존재를 서양 쪽에 과시하는 계기가 되었다.

6년 뒤인 1882년 조선에서 임오군란이 일어났을 때 이토는 헌법 조사차 유럽에 장기 외유 중이었다.

임오군란의 소식을 전해 들은 이토는 1883년 1월 대장경인 마쓰카타 마사요시(松方正義)에게 편지를 보내 〈영국이 이집트를, 프랑스가 베트남을 공략하고 있는 유럽의 정세를 알리고 군비를 충실히 해야 한다〉고 충고했다. 임오군란으로 인해 전쟁이 일어날 것을 예상했던 것이다.

임오군란 때 죽을 고비를 맞아 황망히 서울을 탈출했던 일본 공사 하나부사 요시타다(花房義質)는 20일 뒤 군함 4척, 수송선 3척과 일본군 1개 대대를 호위용이라면서 이끌고 제물포에 돌아왔다.

하나부사는 임오군란의 수괴 등을 체포, 엄중히 처벌할 것, 일본인 피살자 가족에게 배상할 것, 일본군이 입은 손해와 출병 준비 비용을 배상할 것, 지금부터 5년간 일본 육군 병력 1개 대대를 두어 일본 공사관을 호위케 할 것 등 7개 항의 요구 사항을 조선 조정에 통보했다.

2차 섭정에 나선 대원군이 이를 완강히 거부하자 하나부사는 고종에게 최후 통첩까지 보내며 협박에 나섰다. 그때 톈진에 와 있던 김윤식(金允植)의 의견을 들은 이홍장이 청군을 서울에 급파, 대원군을 청으로 납치해 간다. 하나부사는 대원군이 사라진 뒤 요구 안을 거의 관철시킬 수 있었다.

요구 안 중에서 공사관 호위병 주둔 규정은 원래 일본 정부도 조선 군대가 경비를 맡게 해달라는 내용을 훈령으로 보냈던 것인데, 하나부사가 정부에 청훈도 하지 않은 채 개인적인 기지(機智)를 발휘해 일본군 1개 대대 호위로 바꿔 버린 조문이었다. 1개 대대가 〈약간의 병력〉이라고 수정되는 정도로 통과되었다.

하나부사의 개인 플레이 덕분에 일본은 임진왜란 이후 284년 만에 조선 정부가 경비를 부담케 하면서 일본군 병력을 여봐란듯이 서울에 상주시킬 수 있었다.

일본 사정과 외교 실무에 어두운 조선 측이 충분히 거부할 수 있는 사항에 대해서도 무력하게 양보한 것과 비교해 볼 때 위기관리에서 극명한 대비가 된다.

하나부사는 일본의 대조선 정책에 많은 영향을 준 일본의 러시아 주재 공사 에노모토 다케아키가 외교관으로서의 능력이 뛰어나다고 추천, 조선 공사로 발탁된 자였다. 일본군 주둔 문제를 해결한 공으로 포상금을 받았고, 러시아 공사로 영전했다.

그것은 일본군의 대륙 진출 제일보였다.

유럽 출장에서 돌아온 이토 히로부미는 1884년 일어난 갑신정변 때 이노우에가 다케조에 신이치로(竹添進一郎) 공사를 앞세워 속임수로 거사를 유도하는 데 깊이 관여했고, 정변이 실패한 뒤 그 뒤처리를 맡았다.(181면 〈근대화의 씨, 갑신정변〉 참조)

이토는 1885년 4월 이홍장과 톈진 조약 체결을 위한 회담을 가지기 위해 중국에 가면서 갑신정변 과정에 일본 측이 개입했던 점으로 미루어 대청(對淸) 교섭이 어려울 것으로 예상했다.

그래서 일본군을 먼저 공격해 사상자를 내게 한 위안스카이(袁世凱)에 대한 처벌과 손해 배상을 요구하는 선제 공세를 폈다. 경우에 따라 청의 대조선 종주권 문제까지 끌어내야 할 입장이었으나 제대로 거론하지는 못했다.

이홍장은 조선에 대한 영향력을 강화시키기 위해서는 조선으로의 파병권을 확보해야 했으므로 일본을 강하게 압박하지 못했다. 그러나 위안스카이의 처벌 요구에 대해서는 〈주의를 주겠다〉는 선으로 이토의 말을 막았다.

두 사람은 〈서울에서 양국 군이 철군한다, 변고가 발생해 상호 파병할 때는 사전에 통보하고 사태가 마무리되면 함께 철수한다〉는 내용 등을 합의해 톈진(天津) 조약을 맺었다.

톈진 조약의 승자(勝者)는 청일 양국이고 패자(敗者)는 조선이다.

단기적으로 볼 때 청일 양국 군의 철수는 친일 개화파의 몰락으로 친청 세력만 남은 조선의 현실에서는 청의 속번 정책을 강화시켜 주는 결과를 빚었다. 그 뒤 10년간은 조선을 근대적 의미의 식민지로 만들려 한 청의 독무대였던 점이 이를 입증하고 있다.

일본으로서는 정변 개입이 쟁점화되지 않았고, 장기적으로 중국만 가지고 있던 파병권을 일본도 대등하게 가지게 되었다는 점에서 역시 소득이 컸다. 그 파병권으로 8년 뒤 동학 농민 운동 때 출병, 청일 전쟁의 전단을 열게 된 것이다.

그러나 당사자인 조선은 철저히 무시되었다. 양국 군대의 주둔지이면서 의견 개진의 여지가 전혀 없었던 것이다.

이토 히로부미는 1892년 8월 52세의 나이로 제2차 이토 내각을 구성하고 총리대신이 되었다. 이때가 조선 침략의 주역으로 등장하는 시기이다.

조선에선 동학 농민의 봉기가 일어나고 조선 정부가 초기 진압에 실패해 청에 원군을 요청함에 따라 청군 3천여 명이 파견되었다.

이 같은 사실을 예상하고 사전 준비에 들어간 이토 내각은 양국 동시 파병 원칙을 내세워 압도적으로 우세한 1만 3천8백 명의 일본군을 제물포에 상륙시켰다. 하지만 그때는 동학군이 청일 양국 군의 개입 근거를 없애기 위해 점령했던 전주성에서 이미 자진 해산한 뒤였다.

개입 근거가 없어졌음에도 불구하고 일본군은 민란을 자초한 조선 내정에 대한 청일 양국의 공동 개혁이 우선되어야 한다고 주장하는 등 새로운 개입 근거를 급조(急造)하면서 철수하지 않았고, 청이 공동 개혁안을 거부하자 기다렸다는 듯 단독 개혁을 단행하겠다고 나섰다.

어떻게 해서든 청과 전쟁을 벌여야겠다고 작정한 이토 내각은 7월 23일 새벽, 1단계 작전으로 조선의 왕궁인 경복궁을 무력 점령했다. 이토는 미국이 한반도 문제에 개입하지 않겠다 했고, 영국은 러시아의 남진을 막기 위해 신흥 일본의 해군력을 필요로 했기 때문에 나서지 않을 것으로 보고 청과의 전쟁을 결심한 것이다.

러시아의 반대가 난관이었으나 묵살했다. 어차피 러시아와는 한판의 전쟁을 치러야 할 상황이었던 만큼 그전에 청나라부터 해치워야 한다는 게 일본 지도층의 공통된 전략이었다.

그 뒤는 역사에 나와 있는 대로 일본 해군과 육군의 연전연승, 청나라의 굴복과 시모노세키 조약으로 이어진다. 중국을 중심으로 하는 화이(華夷) 질서가 깨어지는 것이다.

이토 내각은 이때 이미 조선 보호국화 안을 의결했다.

이토는 조선 공사 오토리 게이스케가 지나치게 신중해 일본의 보호국화 계획을 제대로 수행해 나가기 어렵다 보고 정계 거물이자 친구 이노우에 내무상을 3단계 강등시켜 교체시키는 파격 인사를 벌인다.

제물포 조약 이래 조선통이 된 이노우에는 이토가 공사 교체에 관한 의견을 묻자 자신을 후임으로 자천했다는 것인데, 외무상인 무쓰 무네미쓰와 상의하지도 않고 결정한 일이었다. 당시 조선 공사 자리의 중요성으로 미루어 이노우에가 이심전심(以心傳心)으로 이토의 승부수를 받아들인 것이라 할 수 있다.

이노우에는 조선 문제에 관해 외무상으로부터 전결권을 위임받은 특명 전권 공사의 명칭과 위상, 권한을 가지고 조선에 부임했으나 국내외에 끼치는 영향력의 위력은 훨씬 그 위였다. 반일(反日)로 돌아선 섭정 대원군을 하야시켜 관록을 과시했고, 정사에 참여하는 민비를 견제했다.(17면 〈위기관리에 관한 풍운아, 대원군〉 참조) 20개조의 내정 개혁 강령을 시행토록 압력을 가했고, 왕권을 축소시키는 등 보호국화를 실현하려는 포석을 계속 깔아 나갔다.

승승장구하던 이노우에는 그러나 커다란 장애에 부딪치게 된다.

청일 전쟁에서 이긴 대가로 빼앗은 타이완(臺灣)과 랴오둥(遼東) 반도를 러시아, 프랑스, 독일의 삼국 간섭으로 되돌려주면서 조선에서의 일본의 위신이 크게 추락하고, 이노우에의 영향력도 심한 타격을 받게 되었다.

엄청난 희생을 무릅쓰고 승전한 일본이 러시아의 위협에 굴복해 전리품을 고스란히 내뱉은 것을 목격한 민비는 일본의 지배에서 벗어날 수 있는 절호의 기회라 보고, 본격적인 인아거일(引俄拒日) 정책을 쓰면서 러시아에 접근하기 시작했다. 자연스레 주한 러시아 공사 베베르K. I. Veber의 영향력이 상대적으로 커지고 있었다.

주한 미 공사관인 앨런Horace N. Allen의 도움을 받아 친일파 주도의 제2차 김홍집(金弘集) 내각을 내치고 박정양(朴定陽) 등 친미·친러파 중심의 내각이 들어서게 되었다.

곤경에 빠진 이노우에 공사는 이때 귀국해서 24일간 도쿄에 머물면서 대조선 정책을 조율하는데 이노우에는 처음 3백만 원의 재정 원조로 인아거일책을 막아야 한다고 제안했으나 내각이 이를 받아들이지 않았다.

그러나 국제 정세는 일본 정부에 유리하게 반전(反轉)해 가고 있었다.

7월 5일, 일본의 주독일 공사 아오키 슈조(靑木周藏)가 〈러시아·프랑스·독일 삼국 연합은 아직 매장까지는 안 되었지만 이미 시체에 불과하다〉는 보고를 본국에 해왔다. 러시아와 프랑스가 청을 상대로 해 러·청 은행을 개설하는 과정에 독일을 제쳐 놓은 것이 들통 나면서 독일이 공공연히 일본 편으로 돌아서는 등 삼국 사이에 큰 균열이 생긴 것이다.

서울에서는 일본이 내세웠던 박영효가 왕후 암살을 모의했다는 혐의로 실각, 일본으로 망명해 오는 사건이 터졌다.

이노우에는 일본에 유리해진 국제 상황에 편승해 돈에 의한 회유책으로는 조선 문제 해결이 어렵다는 점을 강조하기 시작했다. 도쿄 정보에 밝은 이노우에가 무언지 감(感)을 잡고 방향을 선회하고 있다는 징후였다.

조선 궁중과 교제에 능한 외교관이 자신의 후임이 되어야 한다고 주장했던 이노우에는 말을 바꾸어 무사 출신으로 육군 중장을 지낸 전형적인 군인 미우라 고로(三浦梧樓)를 후임으로 추천한다. 미우라는 외교 경험이 없다는 이유로 공사 직을 고사하다가 일단 승낙한 뒤에도 번의하는 등 우여곡절 끝에 서울에 부임하게 된다. 미우라의 예상치 못한 등장은 나중에 드러나게 되지만 이토 내각이 무단적(武斷的) 정책을 택했다는 것을 의미했다.

미우라는 서울에 와 공사 직을 수행하기 시작한 지 얼마 뒤 민비 시해(弑害)의 만행을 저지른다. 부임하고 몇 달 동안 현지 분위기를 익히고 적응해 가면서 업무 파악을 해야 하는 게 그때나 지금이나 외교관의 일반적인 관행인데, 미우라는 너무나 엉뚱한 돌출형이었다.

역사학자 최문형(崔文衡)은 민비 시해의 배후에 일본 정부가 있었다는 것을 전제로 이노우에가 연출하고 미우라가 현지 지휘한 조직적이고 체계적인 범죄였다고 결론짓고 있다. 이는 사건 당일 대원군과 훈련대가 쿠데타를 일으키면서 저지른 일이라고 덮어씌우다가 내외 인사들의 목격 증언에 밀려 미우라와 일본 낭인들을 마지못해 체포했고, 재판 과정에서 흐지부지해 진상을 제대로 가리지 않았던 역사 왜곡을 바로잡은 고발이었다. 일본 정부와 이노우에의 교감(交感) 속에 이 사건이 발생했음을 일부 일본 역사학자들도 인정하고 있다.

하지만 그 같은 음모는 관계자가 극소수인 데다 흔적을 남기지 않고 진행되기 마련이어서 직접 증거는 없고 상황 증거만 무성하다.

당시 일본 정부라고 한다면 실체는 무엇인가? 그것은 이토 내각을 의미하는 것이고, 총리대신 이토의 입장과 성향, 이노우에와의 관계, 이노우에와 미우라의 관계 등을 정리해 보면 사건의 진상에 좀 더 다가설 수 있을 것이다.

당시 이토는 청일 전쟁에서 승리했음에도 불구하고 랴오둥 반도 등을 되돌려줌으로써 국가의 위신을 크게 손상시켰고, 승리를 무위(無爲)로 끝나게 했다는 강경파의 정치 공세를 받아 곤경에 빠져 있었다. 강경파는 임시 의회를 열어 이토 내각의 책임을 물어야 한다고 주장하고 나섰으나 이토는 임시 의회 개회에 동의해 강경파에 정치 공세의 무대를 제공할 의사가 없었다.

이토는 대외적으로도 임시 의회를 열 수 없는 이유도 가지고 있었다. 바로 러시아와의 관계가 그 이유였다. 일본은 한반도에서의 주도권을 위해 러시아와의 일전(一戰)을 준비하고 있었지만 당시의 전력으로써는 세계 최대의 육군국이라는 러시아와 전쟁을 벌일 형편이 못 되었다. 그러나 임시 의회가 열려 강경파가 군비 확장 예산에 동의할 경우 비등하는 여론에 쫓겨 양국이 충돌하는 방향으로 밀려갈 가능성이 있었다. 때문에 이토는 임시 의회를 열지 않음으로 해서 뜨거운 감자를 일단 피하기로 한 것이었다.

임시 의회 불(不)개최는 이노우에가 주장한 기증금 공여에 대한 의회 동의도 받아 낼 기회가 없어지는 것이어서 무단적 방법(민비에 대한)만이 선택지로 남는 것을 의미했다. 국내외의 여건이 동지이자 친구인 이토와 이노우에를 동병상련(同病相憐) 상태에 몰아넣고 있었던 것이다.

이노우에는 도쿄에 24일간 머물러 있었다. 아마 그 기간 중 여러 차례 이토와 만나 한반도 정책을 심도 있게 논의했을 것이다. 그 과정에서 러시아와 정면충돌하지 않은 상태에서 러시아의 한반도 영향력을 약화시키기 위해서는 연결

고리를 제거(민비)하는 것이 효과적인 대책이라는 데 의견을 모을 수 있었을 것이다.

책임 있는 정계 원로인 두 사람이 그 같은 상식 밖의 모의를 할 수 있었다고 보는 것은 두 사람이 어느 나라 정치판에서도 찾아볼 수 없는 특별한 인간관계를 가지고 있었기 때문이다. 두 사람은 10대 시절 쇼카 손주쿠에서 함께 공부했고, 영국 유학(몇 개월 안 되지만)도 함께했다. 1863년 수개월간 함께 범선을 타고 가면서 이토는 이노우에의 도움으로 생사의 고비를 넘기기도 했다. 유신의 격변기 때는 생사(生死)를 같이한 전우(戰友)였다.

1873년 정한론 정변 때 이토가 결정적인 공을 세우는 바람에 의혹 사건에 연루되어 정치 생명이 위험했던 이노우에는 살아날 수 있었다. 그때 이래 앞서가는 이토가 이노우에를 끌어 주었고, 이노우에는 충실한 보좌 역을 수행했다. 나카무라 기쿠오(中村菊男)의 『이토 히로부미』(강창일 역)에 의하면, 이노우에는 재계에 약한 이토를 보완해 주었고 이토의 평생 라이벌인 야마가타 아리토모 사이에서 완충 역을 맡았다. 서로의 장단점을 보완하는 단계에 있었기 때문에 동지이면서 친구로서 헤어질 수 없었다는 것이다.

그런 사이였던 만큼 정치 공작에도 손발이 척척 맞았다고 할 수 있다. 1884년 갑신정변 때 두 사람은 다케조에 신이치로 공사를 앞세워 김옥균 등 개화파를 정변으로 유도하는 배후 공작을 폈다. 실패한 정변 뒤처리에도 함께 나서서 이노우에는 서울에 가서 한성 조약을 맺었고 이토는 중국에 가서 톈진 조약을 체결했다.

이토와 이노우에는 서로 짜고 정치 쇼를 편 적도 있다. 외무경으로서 불평등 조약(열강과 맺은)의 개정 작업을 추진 중이던 이노우에는 1886년 5월부터 각국 공사와 교섭을 벌여 조약 개정의 큰 틀을 만들었다. 그러나 치외 법권(治外法權) 문제에서 격렬한 반대에 부딪쳐 물러나게 되었다. 모두들 총리 이토가 곤경에 빠진 친구를 버렸다고 보았다. 이노우에가 조약 개정에 정치 생명을 건다고 큰소리를 쳐왔는데, 후원자인 총리가 끈을 놓아 버린 것처럼 보였던 것이다.

그러나 실상은 두 사람이 짜고 친 정치 쇼였다. 두 사람이 대립 갈등하는 모습을 연출하고, 이노우에가 퇴장하면서 희생양이 됨으로써 내각을 구한다는 시나리오였다. 이노우에가 사임한 뒤 이토가 이노우에와 만나 후임 문제를 상의했고, 이노우에가 오쿠마 시게노부를 자신의 후임으로 추천한 후일담이 저간의 경위를 잘 요약해 주고 있다는 것이다.

이렇듯 이토와 이노우에는 일본의 국익을 위해서라면 민비 시해 같은 정치적 음모를 어렵지 않게 꾸밀 수 있는 정서와 능력을 갖추고 있는 인물들이었다.

이토가 평소 가장 신경을 쓴 것은 열강의 향배였다. 삼국 간섭 이후 더욱 예민해질 수밖에 없었다. 조선에서 일을 벌이더라도 열강이 간섭하거나 개입하지 않을 것이라는 판단이 섰기 때문에 미우라 고로 공사를 보냄으로써 무단적 방법을 택하게 됐을 것이다.

실제로 민비 시해 뒤 보인 열강의 미지근한 반응은 이토의 예상이 틀리지 않았음을 보여 준 것이라 할 수 있다. 그나마의 반응도 뒤이어 발생한 춘생문(春生門) 사건(친미·친러파가 미국 선교사들과 손잡고 일본군의 감시 아래 있는 고종을 러시아 공사관으로 빼돌리려다가 실패한 것을 말한다)으로 더욱 초점이 흐려져 버렸다.

앞서 지적한 여러 가지 요인을 배경으로 한 채 이노우에는 다시 7월 19일 서울로 돌아가 후임으로 부임하는 미우라를 기다리게 된다.

미우라가 서울에 온 것은 9월 1일이었고, 그로부터 17일간 이노우에와 미우라가 함께 공사관에서 지냈다. 공사가 교대를 하지 않고 장기간 같이 일하는 것은 이례적인 일이 아닐 수 없었다. 이노우에는 17일 서울에서 인천에 간 뒤에도 다시 4일간 머물다가 귀국했다. 민비 시해를 둘러싼 음모가 구체적으로 진행된 시기라 할 수 있다. 그로부터 1개월 뒤 미우라는 민비 시해를 지휘했다. 이토는 대한 제국의 국권을 탈취하기 전 국모 시해 사건 배후의 핵이었던 것이다.

악랄한 헌병 통치의 원조

러일 전쟁이 끝난 뒤 일본은 조선에 대한 보호국화 정책에 대해 미국과 영국이 묵인하는 반응을 보이자 조약을 추진하는 단계로 접어들었다.

이토 히로부미는 1905년 11월 9일, 서울에 온다. 일본 정부가 보호 조약 체결에 관한 전권을 하야시 겐조(林權助) 공사에게 특명한 다음 감독 지휘차 추밀원 의장 이토를 파견한 것이다.

그러나 이토는 전권 공사를 제쳐 놓고 자신이 직접 나서서 고종과 조선 대신을 상대로 숨 가쁜 외교전을 벌였다. 10일 일본 국왕의 친서를 고종에게 전달한 뒤 15일 다시 왕궁을 방문해 고종을 갖은 말로 협박하면서 보호 조약을 조인하도록 강요했다. 이어 16일 조선 대신들을 자신의 숙소로 불러 조약 안을 설명하고 회유, 협박 외교를 펼치기 시작했다.

이토는 조선 내각이 조약 체결에 반대하자 다음 날(17일) 중무장한 일본군 헌병대와 경찰대가 왕궁을 포위해 공포 분위기를 조성한 가운데 조선 주둔 사령관 하세가와 요시미치(長谷川好道) 등을 데리고 조선 내각 회의에 참석해 협박극을 벌였고, 학부대신 이완용(李完用) 등 네 명의 찬성을 얻어 〈조약 안이 다수결로 가결되었다〉고 일방적으로 선포한 뒤 조인식을 강행했다.(369면 〈고종의 위기〉 참조)

남북한의 학자와 일본의 일부 학자들이 강압에 의거해 맺어져 무효이기 때문에 을사 늑약(乙巳勒約)이라고 주장하는 을사 보호 조약(乙巳保護條約)이 맺어진 것이다. 역사학자 천관우(千寬宇)가 지적했듯이, 이 조약으로 〈조선 왕조는 사실상 그 생명을 잃었다〉.

조약 체결을 추진하는 과정에서 일본 군부는 저항의 강도가 높은 조선의 반일(反日) 민족주의를 군사력으로 누르고 지배 체제를 다져 가야 하기 때문에 군 출신이 통감이 되어 무단(武斷) 통치를 해야 한다고 주장해 왔다. 이에 대해 이토는 조선 지배에 관한 구미 열강의 의혹에 찬 시선을 벗어나기 위해서는 외교 경험이 많고 일본 국왕의 신임이 두터운 문관이 임명되어야 할 것이라고 맞섰다.

수상 가쓰라 타로(桂太郞)와 야마가타 아리토모가 이토의 주장에 동조했다. 한국을 병합(倂合)해서 식민지로 만들어야 한다는 목표에서는 다툼이 없었고, 서구 열강의 반발과 견제를 피해 나갈 수 있게끔 과도기를 꾸려 가는 데 누구를 내세우느냐를 가지고 다툰 것에 불과하기 때문이다.

사실 이토가 문관 통감을 주장한 것은 대외적으로 온건론자로 비친 자신을 적임자로 여기고 한 소리였다. 이토는 영국이 이집트를 보호령으로 만들어 실시하고 있던 간접 통치 방식을 활용하면 열강의 간섭을 피할 수 있고, 조선 지배 문제도 해결되는 두 마리 토끼 잡기가 가능하다고 생각했던 것이다.

이토는 영국의 간접 통치의 주역인 이집트 주재 총영사 크로머 Evelyn Baring Cromer가 이집트에서 한 일을 한국에서 하고 싶다고 여러 차례 얘기했고, 이노우에 가오루도 같은 얘기를 전했다. 이토의 구상을 전해 들은 크로머가 이토에게 편지를 보내 〈영국이 이집트에서 원주민들의 이익을 도모하듯 일본도 그렇게 할 것〉을 기대했다.

크로머는 1883년부터 이집트 주재 전권 총영사로 있으면서 사실상 이집트 왕국을 통치했다. 이집트 사람을 꼭두각시로 내세워 왕국을 통치하는 외형을 유지하고 배후에서 실질적인 권력을 행사했는데 이집트인들의 권익을 돌보는 척하면서 영국의 국익을 챙기는 데 뛰어난 경영 능력을 보여 24년간 장기 근무를 할 수 있었다.

이토는 1906년 봄, 영국의 이집트 통치 방식을 모방해 조선 정부 조직을 그대로 둔 채 통감부를 설치하고 초대 통감으로 부임해 온다. 국왕의 통수권에 속한 군 지휘권(주한 일본군에 한해서)과 통감부에 대한 전권(全權)을 부여받는 등 사실상 총독이나 다름없는 권력과 위세를 지니고 있었다.

이토는 조선 정부 조직을 내각으로 개편하는 한편 을사 늑약 체결 때 총대를 멘 이완용을 총리대신으로 앞세워 시정 협의회에서 협의하는 형식을 통해 국정을 주무르기 시작했다.

지금 남아 있는 의사록에는 이토가 항상 의장이었고, 회의 내용도 이토가 요구하는 것을 조선의 대신들이 수용한 것으로 나타나 있다. 이토는 대신들의 불평이 나와도 묵살하는 위압적 고자세였다.

이 같은 시정 협의회는 1906년 3월 13일부터 이토가 통감을 그만둘 때까지 3년 3개월 동안 97회나 열렸다.

이토는 거액의 특별 차관을 들여와 조선 정부의 내정 개혁을 뒷받침했다. 중앙은행을 설립하고 동양척식회사를 세웠으며, 농업 생산력을 배가시키기 위한 농업 기술 혁신을 추진했고 전국에 걸쳐 병원, 학교도 세우고 교육 제도도 바꿨다. 사법 제도도 근대화시켰다.

이토는 통감부의 이 같은 정책들이 한국의 자체 진흥을 위한 것이라고 강변했다. 나라가 발전하고 생활 여건이 향상되면 한국인들이 일본 사람들을 따르게 될 것임을 확신한다고 했다. 1980년대 우리나라에 등장했던 식민지 근대화론의 관점에서 보면 근거 없는 주장은 아니었을 것이다.

그러나 이토의 정책은 이중성을 띠고 있었다. 중앙은행은 일본인들의 대한(對韓) 경제 진출을 뒷받침했고, 동양척식회사는 토지 수탈 기구로 악명을 떨치게 되었으며, 증산된 조선의 쌀은 일본으로 헐값에 팔려 나갔고, 학교에선 친일파를 양성하는 게 목표였다. 식민지로 가기 위한 정지 작업을 펴는 또 다른 얼굴이 숨어 있었던 것이다.

그러나 역사는 이토가 한국의 크로머가 될 수 없는 방향으로 흘러갔다. 일본을 믿고 좋아하기 시작하는 징후는 나타나지 않았고, 헌병대와 경찰대를 동원해 탄압을 강화하고 있음에도 불구하고 의병 투쟁이 더 격화되는 등 반일 감정이 수그러들지 않았다.

일본 내의 여론도 이토의 유화 정책이 실패한 것이라고 비웃기 시작했다. 메이지 유신 이래 성공 신화에 도취되어 있던 이토는 실의에 빠졌고, 부임 3년 반만인 1909년 6월 통감 직을 사임하고 귀국한다.

이토는 왜 크로머가 될 수 없었는가?

영국과 일본의 차이, 이집트와 한국의 차이를 무시하고 영국의 위기관리 방식을 모방한 것이 오산(誤算)이었다. 영국은 정치의식과 정치사상을 가장 앞서 발전시킨 앵글로색슨족의 나라이고 자국의 극히 한정된 극소수 인력으로 세계를 경영해야 했기 때문에 식민 대상국에 일정 수준의 자치를 허용하면서 소수 정예로 간접 통치하는 정치 기술을 개발할 수 있었다. 그러나 일본은 총칼로 조선의 민족주의를 눌러야 한다는 무단파(武斷派)가 정권의 주류였고, 좁은 국토에 인구가 넘쳐 나고 있어 떼 지어 한반도로 몰려갈 형편이었던 만큼 통치에 필요한 요원의 수를 걱정할 까닭이 없었으며, 자치 문제는 더더욱 안중에도 없는 나라였다.

영국에 있어서 이집트는 수에즈 운하 개통 때문에 세계 전략의 요충지 중 하나로 부각되었으나 결국은 목화 공급지였다.

그러나 일본에 있어 한반도의 비중은 영국에 있어서의 이집트와 비교할 수가 없을 정도로 중요했다. 당시 대륙 진출을 노리던 일본에 있어 한반도는 국가의 사활(死活)이 걸린 지정학적 요충지였다.

또한 이집트는 크로머의 현지 경영이 성공함으로써 1952년 나세르의 혁명이 일어날 때까지 현상 유지가 가능했다. 그러나 일본의 침략에 대응한 조선의 민족주의적 반일(反日) 감정은 보다 뿌리 깊어 일시적으로 생활 여건이 개선된다고 해서 갈등과 저항이 해소될 성질의 것이 아니었다.

이후 일본의 총독 통치가 동화(同化) 정책을 수십 년간 강행했음에도 해방 이후 동화의 흔적이라는 것이, 보다 짧은 기간을 지배했던 다른 동남아 국가보다도 훨씬 적게 남은 것은 그 점을 여실히 입증하고 있다.

일본식 가옥, 일본 말의 잔재 등이 남았을 뿐 짧은 기간 내에 일본 문화의 흔적을 지워 버리는 현상을 보여 주었던 것이다. 그것은 심혈을 기울인 일본의 동화 정책이 실패할 수밖에 없었음을 반증하는 것이 된다.

좀 더 심도 있게 분석해 보면 이토의 크로머식 경영 방식은 세계 여론을 겨냥해 앞에 내세운 구실이거나 잠정적인 속임수에 불과했다.

이토의 숨겨진 진면목은 다음의 두 사건이 잘 보여 준다.

헌병대를 강화하기 위해 한국 근대사에서 악명(惡名)이 높았던 아카시 모토지로(明石元二郞)를 헌병대장으로 발탁했다는 것이 첫째 사건이다. 육군 대좌인 아카시는 러일 전쟁 전후 스톡홀름과 모스크바를 무대로 스파이망을 조직하고 레닌 등 러시아 혁명 세력을 상대로 특수 공작을 폈던 인물로서 사찰, 회유, 매수, 협박, 이간, 분열, 암살 등을 다루는 공작 전문가였다. 거액의 공작금으로 수만 정의 소총과 수백만 발의 총탄을 사들여 혁명 세력에 넘겨줌으로써 내란에 발이 묶인 러시아 정부군이 일본군과 싸우는 만주 전선에 투입되는 것을 방해하는 데 성공, 일본군의 승리에 결정적으로 기여했다는 평을 들었다.

아카시는 귀국 후 이토의 점지를 받아 일약 육군 소장으로 2계급 특진하면서 증강된 조선 주둔 헌병대장에 임명되었다. 그전까지 헌병대장의 계급은 중좌(중령)였다.

아카시는 자신을 택한 이토의 속셈이 적중했음을 단번에 입증해 보인다. 무자비한 의병 탄압 작전에 헌병대를 투입하고 반일 인사들을 감시, 밀고하며 일반 민중과 유리시키는 역할을 맡을 앞잡이 역으로 수천 명의 조선인 건달이나 부랑자들을 헌병 보조원으로 채용했다. 1908년에는 경찰까지 합쳐 헌병 경찰 제도를 창설했다.

이토가 뿌리고 아카시가 구축한 헌병 경찰 제도는 세계 식민사상 유례없는 잔인하고 악랄한 헌병 통치로 발전해 갔고, 한반도 전역에 물샐틈없는 경계망을 치게 했으며, 그로 인해 1930년대 상하이 임시 정부와 국내 지원 세력의 소통을 완벽하게 차단, 독립 운동을 침체기에 빠뜨렸다.

헌병 통치는 한민족 사이에 서로 의심하고 싸우며 이간질하는 불신 풍조를 심화시키는 부작용도 남겼다. 일제가 남긴 대표적인 해악 중의 하나이다.

이토는 헤이그 밀사 사건이 터졌을 때 본국으로부터 책임 추궁을 당했으나 속으로는 쾌재를 불렀다. 바로 두 번째 사건이다. 반일 운동의 구심점(求心點)이 된 고종을 밀어낼 수 있는 절호의 기회가 생겼기 때문이다. 이토는 〈음험한 수단으로 보호권을 거부하기보다는 차라리 일본에 대해 당당하게 선전 포고를 하라〉면서 고종을 다그치는 한편, 총리대신 이완용을 시켜 고종의 양위를 추진토록 압력을 가했다. 결국 일본에 빌붙은 대신들에 둘러싸여 고립무원이던 고종은 아들 순종(純宗)에게 강제 양위할 수밖에 없었다. 이토에겐 통감 통치가 총독 통치와 다를 것이 없었던 것이다.

이토는 한일 양국 관계에서 내셔널리즘이 위기관리의 큰 변수(變數)가 될 수 있음을 실증한 최초의 일본 정치 지도자라 할 수 있다.

이토는 그 당시 대한 정책 과정에서 늘 위기관리의 주도권을 가지고 있었다. 1884년 갑신정변 때 그랬고, 1885년 톈진 조약 때 그랬다. 한반도의 판세가 뒤집힌 청일 전쟁 때 총리였고, 민비 시해 사건 때는 이노우에와 함께 배후 인물이었다. 을사 늑약의 주인공이기도 했다.

이토가 유능했을 때 한국은 불리했고 손해를 보았다. 위기관리 측면에서 그는 가해자였고 한국은 일방적인 피해자였다. 그 관계가 반전(反轉)된 것은 이토가 안중근(安重根) 의사의 저격을 받고 사망했을 때였다. 안중근 의사가 전쟁을 통해 일본을 물리칠 힘이 없는 한민족의 입장을 대표해 의병 참모 중장의 자격으로 거사한 이 사건은 의병 전쟁의 연장선상에서 택했던 위기 대응 전술이었던 것이다.(417면 〈안중근의 승부수, 민족의식 일깨워〉 참조)

4 이홍장 연출, 위안스카이 주연의 한반도 이이제이 정책

스승 증국번 덕에 출셋길 오른 이홍장

이홍장은 중국 안후이 성(安徽省) 허페이(合肥) 출신이다. 1823년생으로 같은 시대 활동했던 조선의 대원군보다는 세 살 아래고, 라이벌 격인 일본의 이토 히로부미보다는 열여덟 살 연상이었다. 이홍장의 아버지 이문안(李文安)은 태평천국의 난을 평정한 한족 출신의 대표적 고위 관료였던 증국번(曾國藩)과 같은 해 과거를 보면서 알게 된 사이였다.

1845년 이문안은 아들이 과거에 낙방해 실의에 빠지자 당시 한림원 시강학사로 있던 친구 증국번에게 보내 제자로 맡아 줄 것을 부탁했다.

조선의 과거도 그랬지만, 중국의 과거도 원칙적으로는 3년에 한 번 치렀고 전국에서 1만 명 안팎의 응시자가 몰려 3단계의 시험을 거쳐야 하기 때문에 합격하는 것이 그야말로 하늘의 별 따기였다. 과거에 응시하려면 1차 관문인 생원(生員) 자격시험에 합격해야 하고, 생원이 되어야 2차 관문인 향시(鄕試)에 응시할 수 있었다.

향시에서 통과되면 거인(擧人)이 되어 베이징에 가서 3차 관문인 회시(會試)

에 응시할 수 있었고, 회시 합격자가 복시(覆試)에 통과하면 비로소 황제 앞에서 치르는 전시(殿試)에 응할 자격이 생겼다. 마지막 시험인 전시에 합격하면 진사(進士)가 되어 벼슬길에 오르게 된다.

증국번의 지도를 받은 2년 뒤 24세의 이홍장은 과거에 급제해 진사가 되었는데, 공교롭게도 회시를 주관하는 총재와 전시의 독권 대신이 증국번이었다.

과거 제도가 폐지될 무렵, 글 잘 짓고 시문(詩文)에 능한 사람이 반드시 우수하고 유능한 인재는 아니다라는 반론(反論)에 부딪치지만, 19세기 말까지 과거는 조선과 중국에서 유일한 인재 등용문이었다.

이홍장은 급제한 뒤 한림(翰林)에 임명되었고, 4년 뒤엔 한림원 편수(編修)로 승진했으며, 무영전(武英殿) 찬수(纂修) 등을 역임하는 등 엘리트 코스를 밟았다.

1850년 말, 청나라 역사상 최대 규모의 민족주의적 농민 봉기인 태평천국의 난이 일어났다. 태평군은 무능한 관군을 무찌르고 단시간 내에 양쯔 강 이남 지역을 휩쓸었다. 청나라를 건국할 때 동북아에서 최강이던 팔기군과 한인 주도의 녹영군은 부패, 내부의 암투, 도적과의 유착, 아편 흡입, 도박 등으로 군대의 기능을 잃은 오합지졸이어서 청나라는 결정적인 위기를 맞게 되었다.

청의 함풍제(咸豐帝)는 증국번 등 한족(漢族) 관료들에게 고향에 내려가 의용군인 향용(鄕勇)을 조직해 대적하라는 명을 내릴 수밖에 없었는데, 이홍장의 경우 1853년 그 명령을 받고 고향 안후이 성으로 내려갔다. 이홍장은 초기에는 안후이 순무를 도와 태평군에 빼앗긴 도시를 탈환하는 등 유능한 작전 참모로 명성을 얻었다.

그러나 이홍장이 직접 지휘했던 관군은 태평군과 마주치자 흙담처럼 무너졌다. 참패를 맛본 이홍장은 관과 군이 모두 부패해 있는 안후이 성의 장래가 암담하다고 보았다. 부친과 아내까지 잃어 더 이상 머무를 생각이 없었다.

이홍장은 스승인 증국번이 키운 강서의 상군(湘軍)에 들어가 부하로 일하게 되었다. 증국번은 이홍장을 엄격하게 단련시켰고, 유능한 지휘관인 동생 증국전(曾國荃)의 참모로 전투에 참여케 했다. 이때 이홍장은 상군의 조직과 운영에 대한 실무와 전투 경험을 쌓을 수 있었다.

이홍장에게 기회가 다가오고 있었다. 1861년 태평천국군이 상하이(上海) 지역을 압박해 오자 상하이의 관민 지도층과 지주들은 증국번에게 구원을 청했다.

증국번은 동생 증국전을 보낼 생각이었으나 사정이 여의치 못했다. 동생 국전이 태평천국의 수도인 난징(南京)을 공략해 단번에 큰 공을 세울 생각으로 형의 제안을 거절했던 것이다. 증국번은 참모로서 유능한 자질을 과시한 제자 이홍장에게 〈상하이행〉을 제안하게 되었고, 이홍장은 기꺼이 응낙했다.

그 길로 고향으로 내려가 나중에 스승 증국번의 상군과 쌍벽이 되는 회군(淮軍)을 조직한다. 1862년 2월의 일이다.

동년 6월 회군 6천 명이 상하이 방어를 위해 투입되었다. 짚신을 신고 짧은 옷에 수건으로 머리를 동여맨 모습에 무기라고는 화승총과 활이 고작이었다.

이홍장은 외국군을 모방해 근대식 무기로 무장시키고 훈련에 훈련을 거듭함으로써 단기간에 전력을 강화해 갈 수 있었고, 반년 뒤에는 병력 수도 2만여 명으로 늘어났다.

이홍장이 이끄는 회군과 외국인 용병대는 한 달 만에 상하이 인근 지역의 태평군을 격퇴시켰고, 이홍장은 그 공로로 장쑤(江蘇) 순무로 승진했다.

상하이는 중국에서 상업 활동이 가장 활발한 부자 도시로 대량의 관세와 세금을 징수할 수 있는 지역이었다. 이홍장은 상하이 지역에서 걷은 군자금을 증국번에게 보내 은혜에 보답했고, 청 중앙 정부가 상군을 도와 난징 공격에 가세하라고 명령했을 때는 증국번 형제와 공을 다투지 않겠다며 다른 쪽으로 군사를 돌렸다. 고향을 떠날 때나, 난징 공략 가세 명령에 불복할 때나 이홍장은 위기를 피함으로써 해결하는 태도를 보였다. 유연했기 때문에 가능했던 것인데,

거물이 된 뒤에도 그 같은 방식을 선호했다.

1863년 10월 이홍장은 태평군의 충왕(忠王) 이수성(李秀成)이 지키는 쑤저우(蘇州)를 공략하게 되었다. 20여 문의 대포까지 동원해 성벽을 파괴했으나 태평군은 재빨리 보수하고 응전했다. 힘든 전투였다. 이홍장은 태평군의 내부 분열을 이용해 가까스로 쑤저우 성을 탈환할 수 있었다.

좌종당(左宗棠)이 다음 해인 1864년 항저우를 탈환했고, 증국전이 이끄는 상군 주력이 태평천국의 수도 난징을 1864년 7월 19일 탈환하는 데 성공했다.

증국번의 상군, 이홍장의 회군, 좌종당의 초군의 협격으로 중국의 18개 성 가운데 16개 성을 뒤흔들었던 태평천국의 난은 14년 만에 평정되었다.

이를 계기로 드디어 이홍장에게 도약의 기회가 왔다.

난을 진압하는 데 제1의 전공을 세운 증국번이 청 왕조를 무너뜨리고 한족(漢族)의 새 왕조를 세울 것이라는 강력한 소문이 돌기 시작했다. 천하의 중임을 맡으라며 대놓고 권고하는 유력자들도 있었다. 증국번의 상군은 병력 수가 50만을 육박하고 있었기 때문에 마음을 먹기만 하면 만주족의 청 왕조를 붕괴시키는 것은 식은 죽 먹기였다. 패권(覇權)으로 점철된 중국 역사를 보면 증국번의 입장에서 황제 자리를 노리는 것은 이상한 일도 아니었다.

청 왕조의 만주 귀족들은 불안한 눈으로 증국번의 일거수일투족을 바라보고 있었다. 그러나 증국번은 한눈팔 생각이 전혀 없었다. 능력이 모자라거나 용기가 없어서 그런 것이 아니었다. 학식과 덕망, 청렴결백한 사생활로 유장(儒將)의 덕목을 고루 갖춘 입장에서 증국번은 군주는 군주다워야 하고, 신하는 신하다워야 하며, 아버지는 아버지다워야 하고, 자식은 자식다워야 한다는 공자의 가르침을 거스르고 싶지 않았던 것이다. 게다가 비록 만주족 출신의 황제이고 조정이지만, 그들의 신뢰와 지원이 없었다면 자신의 오늘이 가능할 수 없었다는 것도 잘 알고 있었다.

때문에 증국번은 커다란 정치적 부담이 되어 모든 사람들의 이목을 끌기 시작한 상군 조직을 과감하게 해산하는 결단을 내리고, 아직 중앙으로부터 주목받지 못하고 있는 이홍장의 회군에 상군의 유능한 지휘관들을 넘겨주었다. 정치적 야심이 없음을 천하에 보여 줌으로써 역모의 누명을 쓸 수도 있는 위기를 해소한 것이다.

장쑤 성, 안후이 성 등 지방을 관할하는 양강 총독 자리에 만족하면서 중앙 정계로의 진출 권유도 극구 사양했다. 그러나 서태후(西太后)의 뜻을 더 이상 거스를 수 없었기 때문에 청나라 말기 실질적인 재상의 자리인 직예(直隸) 총독 자리를 맡게 되었다. 그러나 2년도 안 돼 후임자에게 그 자리를 넘기고 양강 총독으로 다시 돌아갔는데, 증국번이 물러가면서 추천한 후임자가 바로 이홍장이었다. 47세에 직예 총독 겸 북양대신이 된 이홍장은 25년간의 재임 기간 동안 청나라의 국방과 외교를 전담하는 실세로 군림하며, 한반도 정책을 주물렀다. 증국번은 죽을 때도 이홍장이 자신을 대신할 수 있는 인재임을 강조하는 유언을 남기기까지 했다. 증국번이 이홍장을 발탁하고 꾸준하게 키워 준 것은 이홍장의 사람 됨됨이와 능력을 높이 평가했기 때문이다.

이홍장은 나중에 증국번이 자신에게 한 것처럼 위안스카이(袁世凱)를 키워 직예 총독 겸 북양대신 자리를 물려주게 된다. 결과적으로 증국번-이홍장-위안스카이로 이어지는 인맥이 형성된 것인데, 그것은 3대에 걸쳐 일관성 있게 위기관리 정책을 수행해 갈 수 있는 원동력이 되었다.

열강의 반식민지로 전락한 청나라가 그나마 20~30년 더 잔명(殘命)을 이어 갈 수 있었던 것도 국방과 외교를 맡았던 이들 세 사람의 위기관리 능력 때문에 가능했다고 할 수 있다.

같은 시기 일본에서도 이와쿠라 도모미(岩倉具視)와 오쿠보 도시미치(大久保利通)가 이토 히로부미를 키웠고, 이토는 사이온지 긴모치(西園寺公望)를 총리로 키워 대를 잇게 했다.

같은 시기 조선의 사정은 어떠했는가?

대를 이어 후계 지도자를 키우는 것은 고사하고 당대에서나마 이홍장이나 이토처럼 몇십 년 동안 요직에 머무르며 나라를 위해 헌신했던 큰 인물을 키워 내지도 못했다.

_증국번, 탁월한 리더십으로 국가 위기 구해

증국번(1811~1872)은 중국의 중남부 지역인 후난 성(湖南省) 지방 유지의 자손으로 27세에 과거에 급제하고 엘리트 코스를 밟은 전통 관료이다. 38세 때 중앙 관청의 6대 요직이라는 예부우시랑 자리까지 올랐다.

41세 되던 해인 1852년 모친상을 당해 고향에 내려가 있다가 태평천국군을 토벌하는 향토 의용군인 단련(團練)을 조직하라는 함풍제의 명령에 따라 후난 담당 감독관이 되면서 전략가로 변신하는 계기를 맞는다.

유교를 전면 부정하는 태평천국의 이념에 반대하는 신사층(紳士層)의 가문이나 전통적인 유교 교육을 받은 건전하고 보수적인 청년들을 대상으로 상군(湘軍)을 조직했는데, 상군은 정부의 정규 군대인 팔기군이나 녹영군들을 제치고 태평군 토벌의 주력이 되었다. 그러나 1854년 첫 전투에서 패배를 기록한 후, 승리와 패배가 교차되는 가운데 두 차례나 자살을 기도하는 고전의 연속이었다.

증국번의 상군은 그의 휘하에 있다가 독립해 나간 좌종당의 초군, 이홍장의 회군의 참전과 막판에 청나라 지지로 돌아선 열강이 보낸 외국인 용병대의 도움을 받아 1864년 7월에 태평천국의 난을 평정할 수 있었다. 난이 일어난 지 14년, 토벌에 나선 지 10년 만에 거둔 전과였다.

증국번은 태평군에 패하거나 전과를 올리지 못할 때마다 탄핵을 받는 등 중앙 조정 관료들의 견제를 받았으나 죽은 함풍제의 배다른 여섯 번째 동생으로 서태후의 신임을 받고 있던 군기대신 공친왕(恭親王)의 도움으로 살아남을 수 있었고, 최후의 승자가 될 수 있었다.

증국번은 태평천국의 난을 수습하는 과정에서 서양 문물과 서양 무기의 우수성에 대한 인식을 갖게 되었고, 중체서용론(中體西用論)을 내세워 서양 문물의 수용을 통한 개혁의 필요성을 강조했다. 이는 서구 문물은 기(器)나 용(用)에 해당하고 중국의 전통

문화는 도(道)나 체(體)에 해당한다고 보아 서양 문물을 도입, 수용함으로써 중국의 전통 체제를 보완시킬 수 있다는 논리였다.

새로 등장한 양무운동에 사상적 기반을 제공하는 한편 완강한 수구 보수 세력과의 충돌로 생길 대립, 갈등을 해소시키기 위한 일종의 위기관리론이었다.

이에 따라 증국번은 공친왕의 지원 아래 좌종당, 이홍장 등과 함께 중국 최초의 근대화 운동으로 평가되는 양무운동을 펼치게 된다. 각종 병기를 제작하고 함선을 건조하기 위해 강남제조총국 등 군수 공장을 건립했다.

시작은 메이지 유신을 추진 중이던 일본보다 빨랐다. 조선은 대원군이 복고적 국방 강화를 추진하고 있을 때였다.

외국어 구사 능력이 있는 인재를 양성하기 위해 어학원인 동문관을 설치했고, 1854년 미국에서 최초로 대학을 졸업(예일대)한 중국인인 용굉(容閎)의 제안을 받아들여 아동 120명을 미국에 유학 보내는 결단을 내렸다. 이들은 이홍장, 위안스카이가 활약하던 때 유능한 인재로 국가에 봉사할 수 있었다.

이 시기를 중국이 잠에서 깨어나 다시 일어서려고 했다 해서 동치 중흥기(1862~1874)로 부른다.

증국번이 1872년 61세의 나이로 죽고 2년 뒤 동치 중흥도 활력을 잃으면서 국가 위기관리의 주역으로 이홍장이 부상하게 되었다.

증국번은 원시 유학, 성리학에 두루 밝았고 끊임없이 공부했으며, 위기관리에 뛰어난 전략가라는 평을 받았다. 그의 남다른 위기관리 지도력은 만주 귀족들과 중앙 관료들의 방해와 모략 속에서도 사대부의 소신을 굽히지 않았고, 세상의 비난이 쏟아지더라도 장기적 안목으로 판단하고 결정하는 인내심이 강했으며, 끊임없는 인격 수양을 통해 공인(公人)으로서의 자세를 다듬어 가는 데서 나왔다.

증국번의 진정한 공로는 만주족이 지배하는 청나라 사회에서 소외되어 있던 한족(漢族) 관료와 지식인 신사층을 일깨우고 양성시켜 다시 주류 세력이 되게 한 데 있다. 상군을 양성하면서 수많은 인재를 키웠고, 양무 사업에 필요한 인재를 각 분야에서 양성했다. 이들은 1911년 쑨원(孫文)이 주도한 민족주의 혁명인 신해(辛亥)혁명 때 청 왕조를 전복하고 한족 주도의 공화국을 세우는 데 크게 기여했다. 증국번의 영향이 신해혁명까지 이어지는 것이다.

청 조정은 증국번에게 황실 중흥의 최대 공신이라면서 의용후(毅勇候)로 봉하고 죽

은 뒤 문정(文正)이라는 시호를 내리는 등 최고의 예우를 했다. 그러나 청 왕조는 증극
번의 기여가 일시적인 위기 봉합일 뿐, 오히려 진정한 위기의 씨를 뿌린 것임을 인식
하지 못했다고 할 수 있다. 증국번의 한족 군대에 위기관리를 대처케 하고 제대로 통
제하지 못한 것이 결국 한족 군벌의 성장으로 이어져 청조 멸망이라는 결정적 위기로
진전되어 갔던 것이다.

1930년대 장제스(蔣介石)는 이념으로 증국번을 높이 존경했고, 마오쩌둥(毛澤東)도
증국번이 농민 혁명을 탄압했음에도 불구하고 누란의 위기에 놓인 중국을 구했다는
점을 높이 평가했다.

증국번은 청일 전쟁의 패배로 이홍장과 한 묶음으로 몰려 매도되었으나 덩샤오핑
(鄧小平)의 개혁·개방 시대에 이르러 중국 최초의 근대화 운동이 재평가되면서 복권되
었다.

19세기 조선에선 왜 증국번 같은 대(大)유학자이면서 대전략가인 인물이 나오지 못
했을까?

_서태후, 황제를 꼭두각시로 만들어

서태후는 26세 때 아들 동치제의 섭정이 되어 권력에 접근한 뒤 73세에 죽을 때까
지 47년간 청나라 조정을 움켜잡고 뒤흔든 철의 여인이었다.

중국 역사상 최초이면서 최후의 여황제였던 측천무후(則天武后, 624~705)를 닮고자
했던 그녀는 여황제가 되진 못했으나 황제를 꼭두각시로 삼는 막강한 황태후가 되어
전제 군주처럼 군림하는 데 성공했다. 그러나 나라가 쇠퇴기에 접어든 시기여서 그녀
의 집권은 오히려 멸망을 촉진시키는 계기가 되는 측면이 있었다. 업적을 많이 남긴
측천무후와 차별이 되는 반생이었다.

서태후는 명문 만주 귀족의 딸로 17세 때 함풍제의 후궁이 되었다. 뛰어난 미모와
타고난 총명, 좋은 교육을 받은 그녀는 황제의 총애를 받는 데 성공했고, 후계자인 황
태자(載淳)를 낳으면서 황후와 맞먹는 지위에까지 올랐다.

정치에 깊은 관심을 가지고 있던 서태후는 황제에게 정책을 조언하는 역할을 하다
가, 병약한 황제가 자주 병석에 눕자 황제의 동생 공친왕과 함께 정사를 돕기도 했다.

당시 청나라는 안으로는 민중의 봉기, 바깥으로는 열강의 침략을 받아 위기가 겹치고 있었다.

1859년 청나라가 영국·프랑스 등 4개국과 맺은 톈진 조약을 비준하지 않자 영국·프랑스 양국은 압력을 넣기 위해 연합 함대를 파견했는데, 이들이 청군 포대의 포격을 받고 대파된 사건이 일어났다. 이듬해 양국은 사건에 대한 책임을 묻는다면서 대군을 상륙시켜 베이징까지 함락시켰다.

함풍제와 서태후가 열하(熱河)로 피난한 사이 군기대신 숙순이 황제의 조카 이친왕, 정친왕과 짜고 권력을 잡았다.

때마침 함풍제가 31세의 나이로 죽자 재빨리 옥새를 손에 넣은 서태후는 환관장 안덕해, 황실 경비대장 영록, 공친왕 등의 협조를 얻어 여섯 살 된 자신의 아들을 제위(同治帝)에 오르게 한 뒤 숙순 등 3인방을 거세했다.

서태후는 중국의 유교 문화 환경에서 여자의 몸으로 권력을 유지하기가 매우 어렵다는 사실을 잘 알고 있었기 때문에 환관을 첩자로 활용하는 환관 통치를 통해 조정을 장악해 나갔다.

동치제가 16세 되던 해 서태후는 일단 섭정 자리에서 물러났으나 환관들을 통해 계속 강력한 영향력을 행사했다. 동치제는 공친왕, 증국번, 이홍장 등의 보좌를 받으며 양무 사업을 본격화하는 등 동치 중흥기를 열었으나 사생활이 문란한 나머지 19세의 나이에 죽고 말았다.

서태후는 자신의 여동생과 함풍제의 배다른 일곱 번째 동생 순친왕(醇親王) 사이에 난 네 살 된 재첨을 제위(光緖帝)에 올리고 다시 섭정 자리를 차지했다.

서태후는 자신을 견제하던 동태후가 45세 나이로 갑자기 죽자(독살설이 있었다) 자신과는 반대로 열강에 타협주의적이었던 공친왕을 내치고 고분고분 말을 잘 듣는 순친왕을 군기대신으로 기용하면서 사실상 전제 군주처럼 군림할 수 있었다. 광서제가 혼례를 치르고 성인이 되었을 땐 섭정 직을 물러났으나 실질적인 권력은 그대로 지니고 있었다. 황제는 꼭두각시에 불과했다.

서태후는 청일 전쟁 직전 천문학적인 경비가 드는 여름 궁전 공사에 군함 구입비를 전용케 했고, 황제와 황제파가 자신의 그늘을 벗어나 정국 주도권을 잡기 위해 일본과의 전쟁을 주장하는 주전론(主戰論)을 펴자 이를 견제하기 위해 이홍장의 피전론(避戰論)을 지지하는 등 국난(國難)의 위기에서 권력 투쟁에 매달리기도 했다.(126면 〈양무운동

실패의 역사적 교훈〉 참조)

청일 전쟁에서 패배한 데 크게 자극받은 광서제는 캉유웨이(康有爲), 량치차오(梁啓超) 등을 기용해 유신 변법(維新變法)을 시행하고 서태후를 축출하려는 계획까지 세웠다.

위안스카이가 공친왕이 죽은 뒤 새 실력자가 된 영록에게 황제 측의 이 같은 계획을 밀고했고, 이를 보고받은 서태후가 선수를 쳐 광서제를 유폐시키고 다시 집권했다.

서태후는 1908년 10월 73세를 일기로 병사했는데, 4년 뒤인 1912년 청나라는 누루하치의 손자 순치제(順治帝)가 명나라를 멸망시키고 청 제국을 세운 지 268년에 망하게 된다.

청나라는 순치제를 이어 제위에 오른 강희제(康熙帝) 때 중국 역사상 가장 영토가 넓은 제국을 건설한 뒤 옹정제(雍正帝), 건륭제(乾隆帝) 때 전성기를 구가했고, 그 이후 황제인 가경제(嘉慶帝)가 24세, 도광제(道光帝)가 29세의 나이에 요절하는 등 쇠퇴기에 접어들었다. 도광제를 이은 함풍제도 31세, 서태후가 낳은 동치제도 19세, 광서제가 37세에 죽었다. 황제들이 나라의 위기를 극복할 시간과 여유가 없었음을 알 수 있다. 그러한 상황에서 서태후만 장수하며 멸망을 촉진하고 있었던 것이다.

양무운동 실패의 역사적 교훈

19세기 중반 이후 중국에서 진행된 근대화 운동, 즉 양무 자강(洋務自强) 운동의 한가운데엔 이홍장이 자리 잡고 있다. 증국번이 이끄는 양무파가 임칙서, 위원 등 개혁파의 뒤를 이어 중국의 정치 무대에 등장했고, 공친왕의 지원 아래 운동을 추진하게 되었음은 앞서 지적했다. 그러나 이홍장은 가장 나이가 젊었기에 증국번보다 29년, 좌종당보다 16년을 더 살았고, 계속 직예 총독 겸 북양대신 자리에 있었기 때문에 양무운동의 시작에서 끝까지 관여한 상징적인 인물이다.

양무운동이 일어나게 된 계기는 대충 두 가지로 요약된다.

하나는 앞서 지적한 것처럼 태평천국의 난을 진압하는 과정에서 서양 무기의 우수성에 주목하면서 근대적 군수 공업 육성의 필요성을 느끼게 된 것이고, 두 번째는 뒤에서 설명하겠지만 중국에서 상업 민족주의가 일어나면서 외국 상인과의 상전(商戰)에 응전해야 한다는 자각론이 일어난 것이 계기가 되었다는 분석이다.

1862년 증국번이 최초로 설립한 안경조선소에서 소기선(小汽船)이 만들어졌고, 1865년 강남제조총국이 생겨 대포 등 총포 탄약이 제조되기 시작했다. 1869년 좌종당이 푸젠 성(福建省)에 세운 선정국(船政局)은 선박 건조가 목적이었다. 1894년까지 총 24개의 군수 공장이 설립되었다. 1872년에는 이홍장이 연안 해상 수송 업체인 윤선초상국(輪船招商局)을 세웠고 이어 개평 광무국 상하이 직포국이 만들어졌다.

여기저기서 우후죽순처럼 생기는 공장에 공급해야 할 석탄, 철 등을 확보하기 위해 탄광, 철광 등 광산 개발이 추진되면서 근대적 광업 발전의 계기가 되었다.

1870년대에 들어오면 면업, 전신업, 철도 부설업 등 다른 분야의 근대적 공업 부문까지 영역이 확대되었다. 그러나 의욕적으로 출발한 군수 산업은 지지부진했다. 원자재를 대부분 수입해야 했고, 기술 수준이 낮아 무기의 질이 만족할 만한 수준이 되지 못했다. 값도 비싸 결국 외국에서 매입하는 것보다 비용이 몇 배 더 들었다.

탄광은 외국인의 손에 넘어갔고, 철도 건설은 전통적인 풍수지리 사상에 젖어 있는 관민들의 강력한 반대와 반발에 부딪쳐 지지부진하다가 1898년 이후에는 열강이 점령하고 있는 지역에서만 건설이 진행되었다.

1881년에는 유학생 교육 사업도 폐기되었다.

그래도 이홍장이 일으킨 사업 중 몇 개 분야는 괄목할 만한 업적을 남겼다. 대표적인 것이 전신 사업과 윤선초상국이다. 당시 열강은 유선 전신망을 통해 전보로 긴급한 정보를 주고받는 데 비해 톈진과 상하이 사이에는 전신망이 없

어 전보가 오가는 데 일주일이나 걸렸다. 톈진과 모스크바 사이보다도 시간이
더 걸렸다.

이홍장은 보수파들의 반대를 감안해 점진적으로 전신망을 확장하는 데 성공
했고, 최초로 미국에 보냈던 120명의 대미 유학생 중 상당수를 전신국 요원으
로 훈련받고 돌아오게 해 전신업 확장 사업에 투입했다. 중국의 전신 사업은 이
때문에 급속히 발전해 갈 수 있었다.

이홍장은 윤선초상국의 운영을 투철한 상전 의식을 가진 당정추(唐廷樞)와
서윤(徐潤)에게 맡겼다. 이 회사는 민간인의 투자까지 유치해 주식회사로 출발
했고, 베이징으로 진상하는 곡물 운송권을 따낼 수 있었으며, 회사 관리 비용이
저렴한 이점을 살려 외국 기선 회사에 앞서 저가 운송 시대를 열었다. 이홍장은
동회사 운송 물품이 직례성을 통과할 때는 내지세(內地稅)까지 감면해 주는 등
행정 지원을 폈다.

초상국은 그 뒤 10년간 활발하게 영업 활동을 펴 외국 선박 회사를 인수하는
등 사세가 신장되었고, 선박 31척을 확보하는 등 독주 체제를 갖출 수 있었다.
그러나 영국 해운사와 과도한 경쟁을 벌이느라 비용이 많이 드는 바람에 많은
사채를 끌어다 쓴 것이 화근이 되어, 1883년에 몰아닥친 금융 위기 때 치명적
인 타격을 받게 되었다.

당정추 등 경영자들이 퇴진하고, 관료 출신을 책임자로 하는 관독상판(官督
商辦)이 되면서 활력을 잃어 중국 연안 해역에서의 지배적 지위를 잃어버리게
되었다.

19세기에 들어와 중국 무역은 많은 위기를 겪어야 했다. 그중 가장 심각했던
것이 1883년의 금융 위기였다. 1876년 중국 내륙에서 해마다 일어난 홍수, 가
뭄 등 자연재해로 내륙의 경기가 침체하면서 상하이 시장도 활력을 잃게 되었
다. 1881년에는 2천만 냥의 무역 역조가 생겨 상하이 등 연해 지역의 자금 경
색을 유발시켰다. 이때 투기 열풍이 불어 14개 회사의 주식이 폭락하는 바람에

상하이의 전장(錢莊)들이 파산하는 사태가 일어났다. 여기에 베트남을 둘러싸고 청프 전쟁이 일어나는 악재까지 겹쳐 금융 위기가 확산되었다. 전장들은 문을 닫았고, 주식 시장이 폭락하여 유명 상인들이 파산했다.

연쇄 반응이 일어나 상점이 부도로 문을 닫게 되었고 일반 상품의 가격도 폭락하게 되었으며 부동산 거래도 중지되었다. 외국 은행이 대출을 중지하고 자금을 회수하기 시작한 데다 상인들이 자산을 현금으로 바꾸고, 개인들이 예금을 인출하는 바람에 시중에 돈이 더욱 부족해졌다. 상황은 자꾸 악화되어 결국 상하이에서 가장 부유한 재벌까지 파산하는 사태로 진전되었다.

결국 상업 민족주의의 지지자들인 상업, 금융계의 큰손과 근대 기업에 관심을 가진 많은 상인들이 큰 타격을 받았고, 이들의 몰락으로 내륙의 상업과 농업 발전에도 나쁜 영향을 가져왔다.

민간인 책임자가 실패하자 관료가 회사 책임자가 되는 관독상판이 등장하면서 기업의 창의력이 떨어지고 경쟁력을 상실하게 되었다. 산업체의 자본 모집도 더욱 어려워졌다.

결국 금융 위기는 중국의 산업화가 조기에 이루어질 수 있는 희망을 앗아가 버리고 양무운동을 좌초케 하는 원인의 하나가 되었다.

1880년대 들어와 20여 년간 추진해 온 양무운동이 별 성과가 없다는 비판론이 일기 시작했다. 이홍장 개인에게 위기가 온 것이나 중국이 맞게 된 외부로부터의 위기 때문에 고비를 넘길 수 있었다.

러시아의 신장 성(新疆省) 점령을 둘러싼 이리(伊犁) 분쟁으로 러시아와 대결하게 되는 사태가 발생했고, 동시에 베트남을 식민지화하기 위해 공격에 나선 프랑스와 맞서 싸워야 하는 국면을 맞았던 것이다.

러시아는 영국의 저지와 방해로 남하 정책이 어려워지자 1871년 방향을 서쪽으로 돌려 청국 영토인 신장 성을 점령했다. 이 지역이 영국에 기울어 있고 청나라가 제어할 수 없는 상태인 데다 러시아의 중앙아시아로의 남하를 가로 막는 장애라고 보아 무력행사를 한 것이다.

프랑스의 베트남 침공은 인도 공략과 세계 상대의 제해권 싸움에서 영국에 밀린 프랑스가 동남아의 인도차이나에서 어떻게 해서든 식민지 정책의 전진 기지를 확보하려는 의도 아래 진행하는 것이어서, 베트남의 종주국을 자처하는 청과는 한바탕 결전이 불가피한 상태였다.

청나라로서는 동시에 열강을 상대로 2개 전선을 벌일 수 있는 예산과 군사력이 없었기 때문에 양자택일의 논쟁이 일었는데 좌종당은 러시아에 먼저 대응해야 한다는 육방론(陸防論)을 주장했고, 이홍장은 프랑스를 바다로부터 막아야 하는 게 우선이라는 해방론(海防論)을 주장하며 팽팽하게 맞섰다.

이리 분쟁이 해결된 뒤 서태후가 이홍장의 해방론을 받아들여 동양 최대의 함대 구성이라는 해군력 증강으로 나아가게 되면서 양무운동에 대한 비판의 초점도 흐려졌다.

그러나 1894년의 청일 전쟁에서 청나라가 패함으로써 전쟁을 주도한 이홍장은 결국 양무운동에서도 일본에 진 책임을 지고 직예 총독 겸 북양대신 자리에서 쫓겨난다.

이홍장은 왜 양무운동에서 성공하지 못했는가?

첫째 원인은 증국번, 이홍장 등이 신봉한 중체서용론의 한계 때문이었다. 중국 문화와 그 전통에 서양 기술을 접목시킨다는 봉합적인 근대화는 매우 어려운 과제임이 드러났다. 이홍장의 경우 중국의 근대 기업이 국제 수준으로 성장하려면 법적, 제도적 기반과 여건을 필요로 한다는 사실을 간과했다.

청나라에선 종합 계획의 수립, 지원 체제의 확립과 같은 중앙 정부가 해야 할 기능과 역할을 맡은 곳이 없었고, 양무파가 총독을 맡고 있는 성(省) 단위로 제각기 양무운동이 추진되었다. 민법·상법 등 관계 법의 제정, 재정·금융 제도, 교통 운수·통신 제도, 화폐·도량형 통일 문제 등도 준비되어 있지 않았고, 체계적인 기업 보호 육성책도 없었다.

두 번째 원인은 양무파가 재래식 농촌 수공업이 해체되는 대신 개선되거나 현상 유지가 되길 바라는 보수적 입장이었기 때문에 과감한 개혁을 통해 공업화로 탈바꿈시키려는 의지가 없었다는 데 있었다. 기존 체제의 생산 양식을 옹호하는 기본 입장 위에서 방어적이고 한정적인 정책을 추진하려 했던 것이다.

세 번째의 큰 원인은 청나라의 파행적인 권력 구조이다. 전제 군주제 국가이면서도 황제는 꼭두각시였고 권력은 서태후에게 있었다. 하지만 서태후는 자신의 권력을 유지하는 데만 골몰하고 있었지, 양무운동에는 아예 관심이 없었다. 따라서 일관되고 통합된 중앙의 지도 노선이 존재할 수가 없었다.

서태후는 양무파가 일할 수 있게 자율권을 주었지만 일관성 있는 지지와 후원을 보내진 않았다. 이홍장, 좌종당, 장지동(張止洞) 등을 정점으로 하는 한족 출신의 양무파 지도자들이 서로 대립하고 갈등하는 상태에 있게 했고, 만주족 보수파 등을 내세워 견제케 하는 분할 통치 *divide and rule* 논리에 매달렸다.

또한 중국의 유교 전통과 농업 중시라는 가치관을 가진 보수파들의 끈질기고 거센 반대와 반발, 방해도 양무운동의 운명을 순탄치 않게 만든 원인의 하나였다.

양무운동의 좌절은 개혁이 어떤 경우에 실패할 수 있는지를 종합적으로 보여 주는 대표적인 반면교사(反面敎師)가 될 것이다. 같은 시대에 진행되어 성공한 일본의 메이지 유신과 비교해 보면 더욱 그렇다.

위기관리의 관점에서 보면 양무 개혁의 실패는 국가위기 관리의 실패를 의미한다. 청일 전쟁에서의 패배, 청조의 몰락으로 위기가 이어지기 때문이다.

위기관리의 해결사 이홍장, 이이제이로 열강 견제 시도

청일 전쟁 때 일본 육군이 중국의 웨이하이웨이(威海衛)를 함락시키고, 일본 해군이 청의 북양 함대에 괴멸적인 타격을 입혔다는 소식이 전해지자 일본 국민들은 이홍장의 허수아비를 불태우며 전승을 축하했다.

일본은 청나라의 황제, 실질적인 권력자인 서태후, 만주 황족 출신의 실세인 군기대신들을 제치고 대신의 한 사람이긴 하나 지방 총독에 불과한 이홍장을 청나라를 대표하는 상징으로 받아들이고 있었다.

외교력에 기대 나라의 위기를 관리해야 했던 조선에는 이홍장이 바로 중국이었다.

이홍장이 죽은 뒤 한·중·일 삼국에서 뛰어난 사상가로 이름을 떨쳤던 량치차오는 〈세계의 많은 사람들이 이홍장의 이름을 알았으나 중국이 있는 줄은 몰랐다. 이홍장은 중국의 유일무이한 대표자였다〉고 평가했다. 이홍장은 세계 속의 거물이었던 것이다.

본인도 스스로를 당대의 인물로 자처하고 있었다. 1877년 세계 여행길에 오른 전직 미국 대통령 그랜트Grant를 만난 이홍장은 「그랜트 장군, 당신과 나는 세계에서 가장 위대한 인물이지요」라고 말했다. 자신과 그랜트가 각각 청나라와 미국에서 일어난 내란(태평천국의 난과 남북 전쟁)을 평정한 것을 염두에 둔 발언이었다.

이홍장은 독일에 들렀을 때 함부르크 교외까지 가 은퇴한 철혈 재상 비스마르크를 예방했는데, 대화 도중 사람들이 자신을 〈동방의 비스마르크〉라고 부른다며 우쭐댔다는 일화도 남겼다.

사실, 한족(漢族) 출신인 그에게 처음부터 국방과 외교에 관한 방대한 권한이 모두 주어졌던 것도 아니고, 정적(政敵)과 반대자들에게 둘러싸여 있어 여건이 좋은 편도 아니었다. 그러나 복잡하고 불투명한 위기의 실상을 정확하게 꿰뚫고 정보와 상황을 장악하면서 위기를 적절히 처리하는 능력은 타의 추종을 불허했다. 열강의 침략에 시달리고 있던 노대국(老大國) 청나라에는 꼭 필요한 존재였다. 때문에 중앙 정부는 어려운 일이 불거질 때마다 그를 찾았고,

유능한 해결사의 역할을 치르다 보니 실질적인 재상이라는 소리를 듣게 되었던 것이다.

국방 문제는 처음부터 이홍장을 대신할 인물이 만주 귀족 중에는 없었다.

앞서 지적한 대로 태평천국의 난을 평정할 때 키운 사군(私軍) 조직인 이홍장의 회군(淮軍)은 청나라 제일의 군대였고, 그 회군을 근간으로 청일 전쟁 전까지 아시아 최강이라 불리던 북양 해군까지 창설하게 되었던 것이다.

외교 문제에 있어서도 이홍장은 제1인자가 될 수밖에 없었다. 외국에 가서 박사 학위를 따고 돌아온 엘리트들을 주변에 불러 모으고, 중국에 와 있는 각국의 외교관들과 수시로 접촉하면서 외교 감각을 익히고 국제 현안에 대한 식견을 넓히는 한편 필요한 정보를 수집했다. 이홍장은 외국 신문도 구독했다. 19세기 아시아의 기준으로 볼 때 군계일학 같은 존재였다.

이홍장의 국방, 외교 전략의 1순위는 만주와 한반도였다. 열강의 각축장이 되어 가고 있는 이 지역을 지키는 것이 청나라 안보 지키기였다. 특히 청나라의 발상지인 만주의 동북 3성과 접해 있고, 수도 베이징과 가까이 있는 한반도의 지정학적 중요성을 중시했다.

따라서 이홍장은 만주와 한반도 쪽으로 남진(南進)하려는 러시아, 러시아의 남진을 제어하려는 영국, 러시아와 영국이 대결하는 틈새를 노려 한반도를 침략하려는 신흥 일본을 상대로 숨 가쁜 외교전을 펼쳐야 했고 청의 간섭 정책에 반발하는 조선을 견제, 강압하는 파워 게임도 벌여야 했다.

이홍장이 열강과 조선을 상대로 펼친 위기 대응 전략은 의외로 단순했다. 시종일관 이이제이 정책을 폈던 것이다. 오랑캐와 오랑캐를 싸우게 함으로써 오랑캐를 제어한다는 중국 전래의 이이제이책을 구사한 것은 열강들이 서로 견제, 경쟁하게 함으로써 한반도에서의 청의 종주권(宗主權)을 지키고 청의 주권을 수호하겠다는 발상이었다.

이홍장이 본격적으로 한국 문제에 관여하기 시작한 것은 직예 총독 겸 북양

대신이 된 지 5년 뒤인 1875년 9월 20일 일본 군함 운요호가 일으킨 강화도 사건 때였다.

그는 사건이 일어난 뒤 두 차례의 공문서와 전 영의정 이유원(李裕元)과 주고받은 서신을 통해 청나라가 조선과 일본이 조약을 체결하는 것에 반대하지 않는다는 점을 알렸다. 그 말은 뒤집으면 찬성한다는 뜻이어서 조선 정부에는 하나의 지침이 되었다.

그에 따라 수교 회담이 시작되었고 강화도 조약까지 체결하게 되었다.

이홍장은 조선이 일본과의 수교를 계속 거부하면서 쇄국 정책을 쓰는 것은 천하대세를 거스르는 것이라 생각하고 있었고, 지중해, 발틱 해, 중앙아시아에서 영국에 의해 남진을 저지받은 러시아가 동북아에서 남진 정책을 펼 것으로 보고 러시아를 막아야 한다는 연일방아론(聯日防俄論)의 입장에 있었기 때문에 당시로선 강화도 조약 체결에 동의하고 있었다.

그러나 이홍장은 일본을 이용해 러시아를 견제한다는 이이제이식 발상에 골몰한 나머지 일본의 야심을 간파해 내지 못했다.

1876년 2월 체결된 강화도 조약 제1조는 〈조선은 자주독립국이고, 일본과 동등한 권리를 갖는다〉라고 규정했다. 일본이 이 같은 규정을 마련한 것은 3년 전인 1873년 3월, 프랑스가 중국의 조공국이던 베트남과 체결한 사이공 조약을 그대로 모방한 것이다. 조선이 독립국임을 인정한다는 명분을 내세움으로써 조·청 양국의 전통적 조공 체제를 부정하고 종주국으로서의 간섭을 봉쇄하거나 제거하려는 외교적 복선을 깐 것이었다. 그것은 동북아에 있어서의 중국 중심의 화이(華夷) 체제를 근본적으로 뒤집으려는 일본 외교의 도전이었다.

일본의 치밀하게 계산된 행동에 이홍장이 속은 것이다. 그는 조·청의 특수 관계인 조공 체제가 근대적 조약 관계와 양립할 수 있다고 보았기 때문에 강화도 조약이 기존의 조·청 관계에 아무런 영향을 주지 못할 것이라고 오판하고 있었던 것이다.

이홍장은 3년 뒤인 1879년 4월, 이리 지역의 긴장이 다시 고조되어 청나라가 러시아와의 분쟁 해결에 전념하는 사이 일본이 청나라 영토였던 류큐(琉球)를 무력으로 병탄하자 일본의 야심을 뒤늦게 확인하고 땅을 쳤다. 강화도 사건도 따지고 보면 이리 지역의 분쟁이 일어났을 때 공백을 노리고 터뜨린 일본 측의 계산된 기습이었다.

이홍장은 일본의 다음 침략 목표가 타이완과 조선이 될 수 있다 판단하고, 그에 대한 대비책으로 조선에 대해 열강과의 수교를 권장한다. 열강으로 하여금 러시아와 일본을 견제케 하자는 이이제이책을 택한 것이다.

그러나 이홍장의 꿍꿍이속을 알 리 없는 조선 정부는 원교(遠交)도 근공(近攻)도 필요 없다면서 대외 개방 권고를 거부했고, 무비자강(武備自强) 권고는 솔깃해하면서 받아들였다.

청의 중앙 정부는 군기대신이나 총리아문을 통해 대조선 정책을 결정, 통보하던 방식이 비효율적이라 여겨 개선하고 이홍장에게 전권(全權)을 맡겼다. 위기관리 창구의 일원화라 할 수 있었다.

전권을 맡은 이홍장이 내놓은 첫 작품이 1880년 조선과 미국 사이에 체결된 조미 수호 통상 조약이다.

이홍장은 1880년 4월 미국의 슈펠트Robert Wilson Shufeldt 제독을 톈진으로 초청했다. 슈펠트가 조선에 대한 수교 교섭을 알선해 달라고 일본 측에 요청했다가 실패한 사실을 보고받고, 슈펠트를 중국으로 오게 해 조미 조약 체결을 알선함으로써 자신이 주도권을 잡을 생각을 한 것이다.

같은 시기 일본에 제2차 수신사(修信使)로 간 38세의 김홍집(金弘集)은 주일본 청나라 공사관 서기관 황쭌셴(黃遵憲)으로부터 친중국(親中國), 결일본(結日本), 연미국(聯美國)함으로써 러시아를 막아야 한다는 방아책(防俄策)을 제시한 『조선책략』이라는 소책자를 건네받았다.

조선이 앞으로 나아가야 할 외교 방향을 제시한 이 소책자의 결론은 러시아를 경계해야 한다는 데 있지만 강조할 점은 미국의 비중을 높인 데 있었다. 〈미국은 영토에 대한 욕심이 없고, 다른 나라의 내정에 간섭하지 않을 뿐 아니라 약소국을 도와주는 등 공적인 의(義)를 존중하는 나라이기 때문에 미국과 수교하는 게 중요하다〉는 것이다.

일본과 손잡아야 한다는 권고에 관해서는 차이가 있을지 모르나 이홍장의 슈펠트 제독 초청과도 맥이 닿는 내용이었다.

이홍장은 자신의 지론(이이제이)대로 조미 조약을 체결해 미국을 견제 세력으로 이용할 생각이었고, 동시에 그 조약에 조·청 간의 속방 관계를 반영해 국제 공법이 인정하는 식민지 정책으로 전환시킬 근거를 마련할 속셈이었다.

그러나 조선에선 때마침 『조선책략』을 읽고 반발한 유림에 의해 맹렬한 척사(斥邪) 운동이 일어나 정정이 어수선해지고 있었기 때문에 조선 조정은 조약 체결 의사를 확인해 줄 수 없었다.

11월에 가서야 영선사 김윤식(金允植)을 파견, 이홍장과 조약 체결에 관해 여러 차례 협의할 수 있었다. 이홍장은 다음 해 3월, 다시 중국에 온 슈펠트와 다섯 차례에 걸쳐 회담을 열고 조약 초안을 협의했다. 조약 체결의 한쪽 당사자인 조선 대표 김윤식은 그저 구경만 하는 제3자의 처지였다. 6년 전 강화도 조약 때처럼 조약에 대한 사전 준비가 전혀 돼 있지 않았던 것이다.

김윤식은 이홍장이 〈조선은 오래전부터 중국의 속방이었다〉는 속방 조항을 조약에 넣어야 한다고 주장하자 이의 없이 동의해 주었다. 그는 근대 조약에 그같은 속방 조항이 들어가야 하는지를 따져야 국익을 지킬 수 있다는 점을 전혀 인식하지 못하고 있었던 것이다.

그 점을 분명히 해준 쪽은 오히려 슈펠트였다. 슈펠트는 속방 조항 넣는 것을 완강하게 반대했다. 그 조항을 넣으면 미국이 독립국 조선이 아닌 청의 속방 조선과 수교하는 결과가 빚어지기 때문이다.

결국 이홍장이 양보해 조선이 중국의 〈속방〉이라는 것을 간접적으로 표현

(중국 연호의 사용)하는 데 그치고, 대신 조선 국왕이 별도로 속방 조회문을 미국 대통령에게 보낸다는 중재안으로 조정되었다.

이홍장과 슈펠트가 합의한 초안은 강화도 조약보다는 불평등성이 다소 감소된 내용을 담았다. 중국이 열강과 맺은 불평등 조약 체결 때의 체험이 일부분 반영되었기 때문이다.

또 조약 제1관에 조선과 다른 나라 사이에 분쟁이 생겼을 때 미국이 원조하거나 중간에서 조처하는 거중 조정(居中調整, good offices) 조항을 넣은 것이 특징이었다. 이 조항은 미국을 내세워 러시아와 일본을 견제하려는 이홍장의 이이제이책에서 비롯된 아이디어였다.

개입intervention이나 동맹alliance과는 달라 기속력이 없는 규정이었으나, 강대국이 의지만 있다면 약소국을 도울 수 있는 근거였다는 점에서 19세기 동양 외교의 수준에선 찾아보기 어려운 탁안(卓案)이었다. 이홍장의 국제 공법에 관한 이해도가 조선의 지도층은 물론 청나라 고위 관료들과는 차원을 달리하고 있었음을 알게 해주는 대목이다.

이 거중 조정 조항이 제대로 작동했더라면 19세기 한반도의 역사는 다소 다르게 쓰였을지도 모른다. 당시 미국은 새로운 열강의 하나로 부상해 국제 사회에서 발언권을 강화해 가고 있었기 때문이다. 그러나 미국은 이 조항을 사문화시킨다. 당초 기대했던 것과 달리 한국이 천연자원이 빈약하고 상품 시장으로서의 가치도 변변치 않다는 사실을 확인하게 되자 주한 공사의 격을 전권 공사에서 총영사급 공사로 격하시켜 버렸다.

청일 전쟁이 일어나기 전인 1894년 6월, 주미 조선 공사 이승수(李承壽)는 그레셤 국무 장관을 찾아가 일본이 한국의 내정 개혁을 강요하는데 미국의 공평한 우의에 호소한다면서 미국의 거중 조정을 요청했다.

그레셤 장관은 실Sill 주한 공사에게 한국의 평화 유지를 위해 가능한 모든 노력을 다 하라는 훈령을 내렸고, 주일 공사 던Dunn에게는 〈일본의 파병 이유와 그들의 한국에 대한 요구 조건이 무엇인지를 문의하라〉고 훈령했다. 그러나 주미 일본 공사 다데노 고조(建野郷三)가 찾아오자 〈우리는 일본에 대해서도 한국에 대한 그것과 똑같은 우의를 가지고 있기 때문에 한국 공사의 요청이 있었지만 어떤 경우에도 거중 조정 이외의 다른 방법을 통해서는 사태 해결에 개입할 의사가 전혀 없다〉고 말했다.

미국은 거중 조정 규정을 단순한 외교 절차로 해석하여, 무력 개입 같은 강수(强手)는 두지 않겠음을 확인해 줌으로써 일본의 대청 전쟁 도발을 사실상 묵인해 주었던 것이다. 그것은 거중 조정 규정이 초기 단계에서부터 형해화된 것임을 의미하는 것이기도 했다.

_이이제이(以夷制夷) 전략의 기원

농경 국가인 한족(漢族) 중심의 중국은 기원전부터 북서쪽의 강력한 유목민들로부터 침략을 받았다. 따라서 전투 능력이 막강한 이들 유목민을 방어하는 일이 천재지변에 버금가는 역대 정권의 생존 전략이었다.

유목민들끼리 싸우게 해 어부지리(漁夫之利)를 얻는 게 최고의 전략임이 드러나는 것은 기원전 진(秦)나라 때부터였다. 그러나 이이제이라는 이름으로 국가 위기 전략이 된 것은 한(漢)나라 때에 들어와서부터였다.

광대한 지역에서 부족 연맹을 맺어 강력해진 흉노족은 뜬금없이 한나라 영토에 쳐들어와 약탈과 파괴를 자행했다. 농민 출신의 병사들로 구성된 한나라의 방어군은 말 타고 사냥하는 일상생활이 곧 전투인 이 돌궐계 유목민들의 전투력을 막기가 어려워지자 화친(和親) 정책을 펴 흉노족을 달래기 시작했다.

흉노의 군주인 선우(單于)에게 한나라 공주를 보내고 비단과 사치품, 식량 등 선물을 주어 약탈 전쟁을 포기하게 하려 했다. 사실상 조공(朝貢)이었다.

결정적인 효과를 본 것은 남흉노를 포섭해 보다 호전적인 북흉노를 견제하는 데 성공했을 때였다. 한나라는 남흉노를 복속국으로 만들어 생활 물품을 모두 제공했고, 남흉노는 북흉노가 한나라 영토를 침략하려 할 때는 군대를 동원, 견제하는 역할을 수행했다.

이때 공식화된 이이제이 정책은 통일 정권인 수(隋), 당(唐) 대로 이어졌다.

이이제이 정책의 결정적 문제점이 드러나게 된 것은 역설적이게도 중국의 문화가 가장 발달했던 송(宋)나라 때였다. 송나라는 여진족의 금(金)나라를 이용해 거란족의 요(遼)나라를 견제하려다가 금에 멸망당하는 수모를 겪었다.

송이 망한 후 양쯔 강(揚子江) 이남에 내려가 새로이 남송(南宋)을 세운 송나라 후예들은 칭기즈 칸의 후예인 몽골족과 연합해 금나라를 평정함으로써 원수를 갚을 수 있었다. 그러나 금나라라는 견제·완충 역이 없어지면서 다음 차례로 몽골과 직접 대결하게 된 남송은 또다시 몽골족에 정복당하게 된다.

남송은 송나라의 전례(前例)에서 교훈을 얻지 못해 자멸한 셈인데, 이이제이 전략을 쓰는 국가는 국력이나 국방력의 뒷받침이 충실하지 않을 때 실패할 수 있다는 교훈을 남긴 것이라 할 수 있다.

그 이이제이 전략을 열강보다 국력과 군사력이 모두 뒤지는 중국이 다시 쓰기 시작한 것이 이홍장의 딜레마가 아니었을까?

임오군란, 외세 개입의 문 열어 줘

조미 조약이 체결되고 2개월 뒤인 1882년 7월 23일에 터진 임오군란은 조선에 대한 청나라의 지배권을 강화할 수 있는 기회였다. 청나라는 1876년의 강화도 조약 이후 일본의 영향력이 커지고 있는 데 대해 불안해하던 차에 자국군을 서울에 파견하게 된 것을 계기로 대조선 정책을 간섭주의로 전환시키고 이를 강화해 갈 수 있었다. 그것은 조·중 간의 속방 체제에서 외교와 내치는 독립적이었던 오랜 전통을 무시하고 공공연히 내정 간섭에 나서게 된 것을 뜻했다.

이홍장의 회군 소속인 사령관 오장경(吳長慶)과 병사 3천여 명 등 청군은 서울 용산에 주둔하면서 임오군란을 일으킨 주모자들을 색출, 처리함으로써 자연스럽게 내정에 개입하게 되었다.

그다음 단계의 개입은 임오군란의 배후 조종자인 대원군을 청으로 납치해 간 것이다. 이홍장이 원(元)나라가 고려의 충혜왕(忠惠王)을 중국에 유배시켰던 고사(古事)를 들추어 가며 대원군을 제거한 것은 반일(反日) 성향의 대원군이 일본을 상대로 말썽을 일으켜 청일 간의 충돌이 일어날 가능성을 막고, 친청(親淸)으로 돌아선 민씨 척족 세력이 정치적 안정을 되갖게 함으로써 청의 실질적 지배권을 다져 가겠다는 계산 때문이었다.

이홍장은 이어 청군의 장기 주둔, 조선 군대에 대한 훈련 담당, 청군에 의한 왕실 호위 조치 등을 취해 청나라 세력의 기반을 강화했다.

이홍장은 1882년 10월 조선을 상대로 〈조청 상민 수륙 무역 장정(朝淸常民水陸貿易章程)〉을 체결한다. 총 8개 조항으로 된 이 장정은 조·청 간의 통상과 상무 위원의 파견, 정기 항로 개설과 관세권 협정, 청나라 상인의 조선 내지 통상 여행권, 서울 내 점포 개설, 어로권 등을 규정해 청나라 경제가 조선에 진출할 수 있는 길을 터놓았고, 청나라 군함이 조선 해안을 순찰하고 정박할 수 있는 해방권(海防權)까지 마련했다.

이 장정의 핵심은 장정 전문(前文)에서 조선은 청의 속방이라는 내용을 명시해 전통적인 조공 관계를 근대적인 조약의 형식으로 재확인시켜 놓았고, 다른 열강이 최혜국 대우 원칙에 의해 장정에서 규정한 특혜적 조건을 자신들도 적용받아야 한다고 주장할 수 없음을 못 박아 청나라의 특수한 입장을 부각시켜 놓은 점이다.

이홍장은 청군의 서울 주둔이라는 실질적인 기득권을 기반 삼아 조미 조약 체결 때 반영하는 데 실패했던 〈속방 조항〉을 위의 장정에서 실현시킨 것인데, 장정 체결 방식도 독립국 대 독립국이 아니라 청의 고위 관원인 이홍장과 청의 번신(藩臣)인 조선 국왕 사이에 맺어진 일종의 협정 *agreement* 형식을 빌리는 등 꼼수를 썼던 것이다.

이홍장은 장정 체결을 전후해 조선의 해관 및 통상 사무를 도울 외국인을 초빙하라고 권고하며 중국에서 영사를 역임했던 독일인 묄렌도르프Paul George von Möllendorf를 추천했다.

이홍장의 속셈은 묄렌도르프가 조선을 위해 일하면서 다른 한편 자신의 조국인 독일을 염두에 둠으로써 일본의 경제 침투를 견제하는 효과가 나올 수 있기를 겨냥한 것이다. 말하자면 이이제이식 인사 포석이었다고 할 수 있는데, 역사에 나와 있듯이 묄렌도르프는 그 뒤 고종을 러시아 쪽에 접선시켜 반일이 아니라 오히려 반청(反淸)으로 나아가게끔 도왔다. 이홍장의 이이제이책이 역작용을 일으킨 경우였다고나 할까.

위안스카이의 순발력, 갑신정변 뒤집어

임오군란이 일어난 지 2년 뒤인 1884년 12월 5일 김옥균(金玉均), 박영효(朴泳孝) 등이 주도한 갑신정변이 일어났다가 〈삼일천하〉로 끝났다.

갑신정변은 단기간에 실패한 쿠데타였으나 그 여파와 파장은 길어 조선은 물론 청나라와 일본 등 동양 삼국에 큰 영향을 끼쳤다.

갑신정변 진압에 수훈을 세운 청나라가 큰 득을 보았는데, 이홍장의 정치적 위상이 강화되었고 위안스카이가 새로운 스타로 화려하게 부각되는 기회가 되었다.

정변이 일어나자 주(駐)조선 청군 지휘부인 오조유(吳兆有) 등은 조선 국왕의 요청도 없는 데다 일본군과 충돌할 가능성이 높다는 점을 들어 출동을 주저했다. 그러나 위안스카이가 강력하게 출동을 주장, 서울 주재 청병 1천5백 명이 진압 작전에 나서게 되었고 2백 명의 일본군을 제압함으로써 3일 만에 정변을 끝내게 만들었다.

당시 청나라는 베트남에 대한 종주권을 둘러싸고 프랑스와 전쟁을 벌여 연전연패한 뒤 외교를 통해 수습하느라 조선 문제에 신경 쓸 여력이 없었다. 김옥균 등이 일본 공사 다케조에 신이치로(竹添進一郎)의 지원을 받아 거사하게 된 것도 그 같은 청나라의 공백을 노렸던 터였다. 더구나 이홍장도 자신을 지지해 주던 공친왕이 정적인 강경파의 공세에 밀려 퇴진한 데다 연약한 외교를 펴고 있다는 공격을 받아 궁지에 몰리고 있던 때였다.

서태후의 신임 때문에 간신히 자리를 유지하고 있던 이홍장으로서는 일본과의 전쟁으로 치달을 수 있는 서울에서의 청일 양국 군대 간의 무력 충돌을 허용할 입장이 아니었다.

그러나 결정적인 순간에 위안스카이는 이홍장의 훈령도 없는 상태에서 승부수를 던졌다. 청군이 머뭇거리고 있는 사이 갑신정변이 기정사실화되면 반청주의자인 개화파에 밀려 청나라는 한반도에서 영향력을 잃을 것이라 보고 결단한 것인데, 결과적으로 본국의 고충을 풀어 주면서 사태를 반전(反轉)시킨 성공작이 된 것이다.

이 반전극으로 위안스카이는 출셋길에 오르게 되었고, 이홍장의 유화(宥和) 외교는 빈틈이 채워지면서 종주권 정책이 강화될 수 있었다.

갑신정변에서 밀려난 일본에선 대청 개전론이 나오는 등 반발이 거셌다. 앞서 이토 히로부미 편에서 지적했듯이 이토는 강경파인 사쓰마 번의 지도자 사이고 쓰구미치를 부사(副使)로 톈진에 데리고 가 이홍장과 갑신정변의 뒤처리를 위한 회담을 가져야만 했다.

이토는 회담에서 다케조에 공사와 주둔 일본군을 공격한 위안스카이 등 청군 지휘관에 대한 처벌과 청군의 서울 철수를 요구했다. 일본의 청군 지휘관 요구의 과녁은 위안스카이였다. 일본 정부로서는 일단 성공한 쿠데타가 위안스카이에 의해 뒤집힌 것은 현지 일본 세력의 지휘자인 다케조에가 위안스카이에게 일방적으로 당한 결과로 받아들여졌을 것이기 때문에 위안스카이가 공적

(公敵) 1호일 수밖에 없었다.

다케조에는 한학(漢學)에 능해야 조선에서 제대로 대접받을 수 있다고 해서 이노우에 외무경이 큰소리를 치며 발탁해 조선에 보낸 무사이자 학자였다. 그런데 44세의 장년이 홍안의 청년인 25세의 위안스카이에게 쫓겨 목숨만 건지고 겨우 일본으로 탈출해 왔으니 다케조에나 일본이나 몰골이 말이 아니게 되었다.

이홍장은 청군 지휘관 처벌 건은 단호하게 거부하고, 위안스카이를 소환하는 것으로 마무리한 뒤 일본의 청국군 철수 요구에 대해서는 양국 군의 공동 철수안을 대안(代案)으로 내놓으며 일본군의 출병권을 인정하는 양보를 하게 된다.

이홍장은 청의 내정 간섭이 강화되면서 조선 조정과 백성들 사이에서 반청 분위기가 고조되고 있고, 언젠가는 조선 조정이 청을 배반할지 모른다는 불안감이 강해 지렛대로서 자국의 파병권을 확보하는 게 절실했기 때문에 청의 파병권을 인정해 주는 일본의 파병권도 인정하게 되었던 것이다.

톈진 조약이 청일 양국 중 어느 쪽의 외교적 승리인가 하는 점에 대해서는 학계의 견해가 양론으로 엇갈린다. 그러나 장·단기적 위기관리의 관점에서 보면 무승부였다.

단기적으로 보면 이홍장의 개가였다. 양국 군의 동시 철수는 병력 수가 압도적으로 많은 청나라의 손해처럼 보이지만 당시 조선에는 친일 성향의 개화파가 갑신정변으로 모두 제거되었기 때문에 민씨 척족 중심의 친청파만 남아 있었다. 양국 군의 철수는 친청파의 일방적인 득세(得勢)를 의미했던 것이다.

그 뒤 역사를 보아도 위안스카이가 감국(監國) 노릇을 하며 청일 전쟁이 일어날 때까지 10년간 조선의 정치를 좌지우지했던 것으로 나타나 있다.

그러나 장기적 관점에서 보면 이홍장의 단견(短見)이 재앙을 초래한 셈이 된다. 10년 뒤인 1894년 갑오농민전쟁 때 일본은 톈진 회담에서 인정받은 파병권을 발판으로 청군이 파병되기도 전에 조선에 대규모 병력을 출동시켜 청일 전쟁을 일으킴으로써 청나라와 이홍장에게 씻을 수 없는 수모와 오욕을 안겨 주었던 것이다.

조선판 이이제이책, 러시아를 이용하라

조선은 임오군란과 갑신정변을 치르면서 청일의 대결이 또다시 한반도에서 재연될 것을 우려해 이를 견제할 수 있는 대책을 모색하게 되었다.

자체의 역량으로는 이 문제를 해결할 능력이 없었기 때문에 다른 강대국의 힘을 빌릴 수밖에 없었다. 영국은 자국의 거대 시장이 된 청나라를 지지하고 있었고, 미국은 조선에 관심을 두지 않고 있었기 때문에 나폴레옹과의 전쟁 이후 세계 최대의 육군국으로 알려지게 된 러시아의 존재를 주목하게 되었다.

조선은 마침 갑신정변이 나던 해 여름 러시아와 수교 통상을 맺어 대화의 길을 터놓고 있었고, 러시아 정부는 청일이 충돌할 때 조선에서 부동항(不凍港)을 차지한다는 방침을 세워 놓고 있었기 때문에 양국의 대화는 쉽게 이루어질 수 있었다. 『조선책략』에서 경계 대상이던 러시아가 2년 사이에 조선의 가장 믿을 만한 열강으로 탈바꿈되고 있었다.

그 같은 배경 아래 한·러 밀약설이 두 차례나 등장하게 된다. 러시아와의 밀약설은 1884년 12월 고종의 지시를 받은 권동수와 김용원이 블라디보스토크로 가 현지 총독과 접촉하고 청일 양국이 충돌할 때 조선을 보호해 줄 것을 요청한 데서 시작되었다. 이와는 별도로 반청으로 돌아선 묄렌도르프가 1885년 1월 주일 공사관 서기관 스페예르Alexis de Speyer를 만나 조선 조정의 보호 의뢰의 뜻을 전했고, 갑신정변의 뒷수습을 위해 수신사 부사(副使)로 도쿄에 갔을 때 일본 주재 러시아 공사 다비도프Aleksandre Petrovich Davydov와 만나 이를 재확인했다. 잇단 접촉을 통해 한국 측은 러시아 군사 교관의 파한(派

韓)과 러시아의 한국 보호를 요청했고, 러시아는 이에 응하는 대가로 영흥만(永興灣)의 조차를 요구했다.

이로써 러시아는 오랜 숙원이던 부동항 문제를 해결할 기회를 잡았고, 청일 양국에 이어 한국 내정에 영향력을 끼칠 수 있는 위상을 차지할 수 있었다.

영국이 일으킨 거문도(巨文島) 점령 사건은 이 같은 한·러 밀약설 때문에 파생된 사건이었다. 영국 정부는 1885년 4월 러시아가 한국에서 부동항을 확보하게 되었다는 풍문이 나돌자 이를 견제하기 위해 거문도를 점령한다는 결정을 내리고, 이에 따라 영국 극동 함대 사령관 도웰Admiral sir William Montagu Dowell 제독이 세 척의 군함을 거느리고 와 거문도를 무력 점령했다. 영국 해군은 1845년경부터 거문도를 해밀턴Hamilton 항이라 이름 붙이고 눈독을 들여 왔다. 제주도와 여수 사이에 있는 거문도는 동해를 통과하는 러시아 함대를 감시, 견제하기에 매우 유리한 위치에 자리 잡고 있었다.

이홍장은 한·러 밀약 사건이 먼저 발생했으나 거문도 사건이 불거진 뒤에야 이를 뒤늦게 알게 되었다. 그는 즉시 한·러 밀약을 주선한 묄렌도르프를 해임하도록 조선 정부에 압력을 넣었다.

한국의 조공 체제 이탈, 러시아의 조선 침략 가능성에 긴장한 청 중앙 정부는 조선 주둔 청군의 철수 연기, 외국인 군사 교관의 추천, 조선 내정 외교에 관한 건의서 전달, 반청(反淸) 세력 견제를 위한 대원군의 송환 등 대책을 세우라고 이홍장에게 지시하기에 이르렀다.

조선 정부는 필사적으로 정부 차원에서 한·러 밀약 사건에 관여한 것이 아니라 해명하고 1885년 11월 묄렌도르프를 파면함으로써 일단 파문을 수습할 수 있었다.

한·러 밀약설과 영국의 거문도 점령 사건을 계기로 힘겨루기를 하던 청나라와 일본이 방향을 돌려 러시아와 영국을 견제하기 위해 서로 제휴하게 되었고, 이노우에 외무경은 8개 항에 달하는 조선의 개혁 안을 청에 보내면서 유능한 인재를 조선에 파견해 조선 국정을 탐지할 것을 이홍장에게 권유했다.

이홍장은 바오딩 부에 유폐돼 있던 대원군을 귀환시켜 민씨 척족 정권의 러시아 접근을 견제키로 하는 한편 위안스카이를 청국 대표로 발탁해 다시 조선에 파견하기로 결정했다. 임오군란과 갑신정변 때 보여 준 위안스카이의 위기 대처 능력과 지모, 결단력 등을 높이 산 데다 일본 측이 은근히 위안스카이의 복귀를 지지하는 점을 고려해 광서제에게 파견을 주청한 것이다.

위안스카이는 1885년 10월 11일 〈주차조선총리교섭통상사의〉라는 긴 직명을 가지고 부임했다. 공사가 아니고 통상 담당인 것 같은 애매한 직명을 준 것은 다른 열강 공사들과의 차별화를 노린 것으로, 속으로는 조선을 감시, 감독하는 대신(監國)으로 보낸 셈이다. 이는 조선에 대한 위기관리가 이홍장-위안스카이-조선 정부로 이어지는 라인업이 형성되었음을 의미하고, 위안스카이가 조선의 총독이라든가 조선의 국왕이라 불릴 만큼 전횡하는 청나라의 침략 시대가 열린 것을 뜻했다.

위안스카이는 부임하자마자 반청, 친러 세력을 견제하고 반대 세력을 키우는 등 기반을 닦는 한편 친청파의 영수인 김홍집과 짜고 고종과 민비에 대한 감시를 강화해 나갔다.

이 과정에서 내정 간섭이 심해지자 국왕의 위안스카이에 대한 호의(다시 발탁되었을 때 환영했다)는 반감으로 바뀌고 다시 적대감으로 진전되었다.

민비가 위안스카이와 비슷한 시기에 부임해 온 러시아 대리 공사 겸 서울 총영사 베베르K. I. Veber와 손잡고 반위안스카이 운동을 펴면서 제2차 한·러 밀약설이 나돌게 되었다.

친러파가 민비의 묵인 아래 러시아의 개입을 호소하는 편지를 러시아 공사관에 보낸 사실을 알게 된 민영익이 편지 사본을 위안스카이에게 빼돌려 사건이 표면화된 것이다. 민영익은 갑신정변 뒤 친위대 창설 때부터 위안스카이와 밀착, 민비와 멀어져 있었다.

위안스카이가 고종과 대신들을 협박했을 때, 고종은 자신과 조정은 관계가 없고 소인들이 날조한 것이라고 변명했다. 위안스카이는 이홍장에게 전보를 보내 고종을 폐위하고 새로운 국왕을 영입해야 한다고 건의했다. 위안스카이의 그 같은 폐위론 주장은 정가의 화제가 되었다.

하지만 열강의 움직임을 주시하고 있던 이홍장은 위안스카이의 건의를 일단 묵살했다. 열강이 한반도를 무대로 각축을 벌이고 있던 당시 국제 정세의 팽팽한 구도로 보아 고종을 폐위시킨다는 것은 이홍장의 판단대로 가능한 일은 아니었다. 그러나 국제 정세에 어두운 조선 군신의 기(氣)를 죽이는 데 큰 효력을 발휘했다.

이 사건을 계기로 위안스카이의 독주가 두드러지고 아무도 견제에 나서지 않았던 것을 보면 조선의 국왕과 대신들이 크게 위축되어 있었음을 알 수 있다.

이홍장은 주청 러시아 대리 공사 라디젠스키Ladyzhenskii와 회담을 갖고 한·러 밀약의 무효화와 조선 영토를 점령하지 않겠다는 구두 약속까지 얻어 냄으로써 2차 밀약설은 수면 밑으로 사라지게 되었다.

한편 같은 시기에 진행된 영국의 거문도 점령 사건에 대응하는 데 있어, 이홍장은 직접 개입하지 않고 조선 정부를 뒤에서 보이지 않게 도우며 열강들의 상반된 입장을 이용하는 이이제이식 해결 방식을 취했다.

그러나 조선 정부가 영국의 거문도 조차(租借) 요구를 완강하게 거부하자 교섭은 청 정부와 영국 사이에서 진행되었다.

1885년 9월 영국과 러시아가 아프가니스탄 분쟁에 관한 협정을 체결하게 되어, 영국의 러시아 견제 분위기가 약화되자 이를 눈치 챈 이홍장이 영국 함대의 철수를 요구하고 나섰다. 영국은 거문도가 해군 기지로 적합하지 않다는 자체 결론을 내리고 있을 때여서 1887년 2월 27일 거문도에서 철수했다. 점령한 지 1년 10개월 만이었다.

한·러 밀약설과 거문도 사건은 발생 시기가 겹치면서 복합적인 국제 사건이 되었고, 이홍장은 이이제이식 외교력으로 두 사건을 일괄적으로 해결함으로써 조선 정부의 반청, 속방 체제 이탈 정책을 견제할 수 있었다. 또 청나라와의 적대 관계를 원하지 않는 영국과 러시아로부터 조·청 양국 간의 조공 체제에 대한 기득권을 인정받았다.

청나라와의 일전(一戰)이 불가피하지만 전력 강화가 더 필요하다고 판단한 일본 정부도 자국의 이익을 유지하기 위해 일단 청나라의 대조선 간섭 정책을 지지했다.

이로써 이홍장은 1894년 청일 전쟁이 일어날 때까지 조공 체제의 기본 틀을 유지하면서 위안스카이를 내세워 대조선 내정 간섭을 강화시켜 나갈 수 있었다.

_위안스카이, 위기관리의 천재

위안스카이(袁世凱, 1859~1916)는 19세기 후반 열강의 각축장이 된 한반도에서 청나라 대표로 활동을 편 인물이다. 비상한 수완과 권모술수에 능했고 순발력과 배짱까지 갖춰 위기관리 능력이 탁월했다.

조선을 감시, 감독하는 입장에서 조선 조정을 마음대로 주무르고 서울 주재 외교관들을 철저히 견제함으로써 자신의 상사인 이홍장의 한반도를 대상으로 하는 이이제이 정책을 성공적으로 수행한 일등 공신이었다. 그의 활약에 힘입어 청일 전쟁이 일어나기까지 10년은 청나라의 독무대였다.

그는 귀국 후에도 한반도에서 갈고닦은 솜씨를 바탕으로 책략과 변신을 거듭하면서 승승장구해 이홍장의 은퇴 후에 후임 자리(직예 총독 겸 북양대신)에 올랐고, 청나라 말기에는 총통이 되었으며 황제로 등극하는 드라마까지 연출했다.

〈난세의 영웅〉, 〈괴걸 위안스카이〉라 불렸던 그가 파란만장한 정치 역정을 통해 보여 준 위기관리의 형태는 그의 상사였던 이홍장보다 스케일이 크면서 다채롭고 흥미로웠다. 세속적이고 권모술수적이었으며 따라서 반면교사로서의 역할 역시 뚜렷했다.

위안스카이의 집안은 허난 성(河南省)에서 농사와 학문을 하는 가난한 선비 가문이었다. 작은할아버지 원갑삼이 증국번의 과거 1기 선배(1기는 3년차), 이홍장의 과거 4기 선배로 조운총독이라는 높은 직위에 올랐고, 아버지 원보중도 과거에 급제해 태평천국의 난 때 시랑(侍郎)으로 참전했다.

숙부인 원보경(위안스카이를 양자 삼았다)이 할아버지, 아버지와는 달리 과거 시험에 계속 실패하고 빈둥거리는 위안스카이를 조선에 파견되는 오장경에게 소개, 위안스카이는 조선에 가게 되었다.

원보경은 삼촌인 원갑삼의 막료로 태평천국군과 싸울 때 오장경의 아버지를 궁지에서 구해 준 인연 때문에 오장경과 형제처럼 지내는 사이였다.

행군사마라는 말단 직을 받은 23세의 위안스카이는 조선에 상륙한 뒤 노략질하는 병사들을 단호하게 처리함으로써 단숨에 기강을 잡는 솜씨를 보임으로써 오장경의 주목을 받게 되었다.

서울에 진주한 청군이 임오군란에 가담했던 조선 병사들을 색출, 체포하는 과정에서 왕십리 쪽을 맡았던 위안스카이는 이태원 쪽을 담당했던 오장경이 20여 명을 잡은 데 비해 150여 명을 체포하는 수완을 발휘했다. 공을 서둘러 무고한 자들까지 때려잡은 것이었으나 오장경은 군공으로 인정하여 정5품 동지(同知) 대우로 승진시켰다. 과거 시험에 합격해도 정7품에서 출발하는 것이 관례였던 만큼 파격의 승진이었다.

위안스카이는 고종의 요청에 따라 창설된 친위군 요원 2천 명을 청군식으로 훈련시키는 책임을 맡게 되었는데, 이때 지휘관으로 임명된 민영익, 한규직(韓圭稷), 이조연(李祖淵) 등과 인연을 맺었다.

1884년 일어난 갑신정변에서 위안스카이가 큰 공을 세워 국제적인 인물로 부각되었고, 이홍장이 일본의 견제를 피해 일단 후퇴시켰다가 감국대신 격으로 다시 기용되는 과정은 앞서 설명한 대로다.

10년간의 막강한 감국대신 역할(다른 장에서 설명함) 끝에 1894년 청일 전쟁 때 쫓기듯 한국을 떠난 위안스카이는 귀국 다음 해 청조의 중앙 무대에 등장한다.

개혁 노선을 펴던 젊은 황제(光緖帝)가 군대를 보다 근대화해야 한다는 위안스카이의 주장에 주목하여 각 군을 통솔하는 도독근무처의 고문으로 임명하게 되었다. 교두보를 확보한 위안스카이는 청조의 실세인 근무처 대신들에게 아첨 공세를 펴 신임을 얻어 냈고, 서태후의 신임이 두터운 군기대신 영록의 심복이 되었다. 청일 전쟁의 패배로 이홍장이 권좌에서 밀려나자 새로운 주인으로 말을 바꿔 타는 재빠른 변신(變身)의 모습을 보인 것이다.

위안스카이는 영록과 다른 대신들의 추천으로 신건 육군 창설과 훈련을 맡은 책임자가 될 수 있었고, 이때의 인연으로 신건 육군은 나중에 위안스카이 권력의 기반이 된다.

그 후 안찰사-차관급을 거쳐 산둥 순무(山東巡撫)로 승진했다.

산둥 지역의 의화단(義和團) 세력을 평정하면서 선교사 등 외국인을 보호했고 연합군에 대해 매우 호의적이었기 때문에 연합군의 보복 약탈을 받지 않았다고 해서 열강뿐 아니라 청 정부로부터도 인정을 받았다.

위안스카이는 환관에게 뇌물을 써 서태후와도 직통했고, 서태후가 의화단을 부추겨 열강의 연합군과 전쟁을 펼치다가 빈 몸으로 시안(西安)으로 달아났을 때는 총독, 순무 중에서 가장 많은 돈과 식량을 보내 보신(保身)에도 성공했다.

위안스카이는 중국 마지막 거유(巨儒)인 캉유웨이(康有爲)와 그의 제자 량치차오(梁啓超)가 주장하는 근대화 운동인 변법(變法) 운동에도 참여한다.

변법 운동은 북양 함대가 괴멸하는 등 청일 전쟁에서 참패함으로써 30년간 지속된 양무운동이 실패로 막을 내리자 보다 근원적인 개혁이 아니면 안 된다는 위기의식에서 등장한 운동이다.

캉유웨이 등은 신건 육군을 장악하고 있는 위안스카이를 끌어들임으로써 병력의 배경이 없는 유신 변법파가 힘을 배가(倍加)시킬 수 있을 것으로 기대했다. 그러나 위안스카이는 막상 서태후를 제거하려는 계획을 실행하기 직전 변법파의 음모 사실을 영록에게 밀고한다. 위기 상황에서 서태후 쪽이 종국적으로 승리할 것이라고 판단, 변절(變節)한 것이다. 관계자들이 체포되었고 캉유웨이 등은 일본으로 망명했으며 광서제는 유폐되었다.

1902년, 위안스카이는 이홍장이 사망하면서 공석이 된 직예 총독 겸 북양대신 자리에 올랐다. 이홍장이 죽으면서 자신의 후임으로 위안스카이를 추천하는 유지를 남겼기 때문에 영순위이기도 했으나 밀고에 대한 공로를 높이 산 실력자 영록의 추천, 열강 공사들의 비호, 위안스카이 휘하의 정예군의 존재 때문에 순무가 된 지 2년도 안 된 말석 순무가 중국 최고의 요직을 차지할 수 있었던 것이다.

위안스카이는 자신을 강력하게 지원하던 영록이 병으로 죽자 재빠르게 새로운 실세로 떠오른 경친왕 혁광(奕劻) 부자에게 접근해 뇌물 공세를 펴면서 신임 받는 측근으로 또 한 차례 변신했다.

그는 이제 8개의 요직과 군권을 장악한 강자였고, 그의 심복들이 군의 요직을 모두 차지했다.

서태후가 죽은 뒤 위안스카이에게도 최대의 위기가 닥쳤다.

위안스카이는 1909년 1월, 2년에 걸친 은거 생활에 들어갔다. 말기에 들어간 청나라 내정은 점점 더 나빠지고 있었다. 입헌파들의 거센 압력에 밀려 청조는 입헌 준비를 하는 등 수세에 몰리기 시작했고, 재정 상태는 계속 악화되고 있었다. 게다가 우창(武昌)에서 무장 혁명군이 봉기해 인근 도시들을 점령하는 등 위기가 심각한 국면으로 접어들었다.

북양군을 제대로 지휘해 혁명군을 조기에 진압할 인물은 위안스카이밖에 없다는 결론이 났고, 이에 따라 위안스카이는 중앙 무대로 다시 돌아와 내각 총리대신이 되었다. 위기가 위안스카이의 목숨을 노렸으나 새로운 위기가 그의 재기를 끌어낸 것이다.

1911년 1월 귀국해 중화민국 정부의 임시 총통으로 선출된 쑨원(孫文)은 공화정을 선택한다면 위안스카이에게 총통 자리를 양보할 수 있다고 밝혔다. 공화정을 반대하는 만주 황족 세력과 혁명파 사이에 끼이게 된 위안스카이는 책략을 써서 융유 황태후로 하여금 1912년 2월 12일 황제가 퇴위하는 교서를 발표하게 만들었다. 청 왕조가 막을 내린 것이다.

쑨원은 공약대로 사직하고 위안스카이가 임시 대총통이 되었다. 그러나 권력욕에 이성을 잃은 위안스카이는 1915년 새로운 황제로 취임한다. 한 시대를 풍미한 위기관리의 달인이 공화제로 가는 시대의 흐름을 역행하는 시대착오적인 생애 최대의 실수를 저지른 것이다.

황제가 된 지 3개월 뒤 국내외의 거센 압력을 견디지 못해 이를 철회했고, 2개월 14일 뒤 실의 속에 요독증이 악화되어 병사했다.

5 청일 전쟁, 그 몰락의 기운

위안스카이의 감국 10년, 조선 근대화 방해해

1885년에서 1894년까지 진행된 위안스카이의 감국 10년은 조선의 입장에 선 악몽의 10년이었고, 빼앗긴 10년이었다. 그 시기는 한반도를 둘러싼 열강의 세력 균형이 맞아떨어져 어느 때보다 조용한 시기였다. 조선이 독자적인 근대화를 추진해 나갔더라면 나름대로 성과를 올릴 수도 있을 때였다.

그러나 이홍장 연출, 위안스카이 주연의 한반도 이이제이 정책이 조선 군신(君臣)의 발목을 잡아 내정, 외교, 경제 정책 어느 것 하나 제대로 추진하기가 힘들었다. 실질적인 청나라의 속국이 되어 시간을 허비하고 있었던 것이다.

청나라의 대조선 정책을 내정 간섭으로 표현하고 있으나 따지고 보면 간섭의 수위를 넘고 있었고, 경제 진출이 아닌 경제 침략이었다. 그리고 위안스카이는 침략의 현장 지휘자라 할 수 있었다.

중국은 전통적으로 한국에 은인이었다는 모화(慕華)사상에서 오는 역사관이 침략이라는 개념을 소극적으로 해석하다 보니 그렇게 표현한 것이 아닐까?

한·러 밀약설에 대응해 내정 간섭을 펴던 위안스카이는 이어 외교 문제까지 간여했다.

고종은 1887년 박정양(朴定陽)을 주미 공사, 심상학(沈相學)을 영국, 독일, 러시아, 프랑스, 벨기에 등 5개국 주재 공사로 임명했다. 위안스카이는 사전에 자신과 상의가 없었던 점을 항의하며 공사 파견을 중지해 달라고 요구했다.

조선 측의 간청이 계속되자 파견을 하되 조선 공사가 현지에서 지켜야 할 〈준칙삼단(準則三端)〉을 제시하며 이행하라고 강요했다.

준칙삼단이란 조선 공사는 주차국의 청국 공사를 먼저 예방하고 함께 외무성에 갈 것, 공사 연회에서 청국 공사 뒤에 앉을 것, 중대 교섭 사건은 청국 공사와 미리 상의할 것 등이다.

때문에 미국에 부임해 준칙삼단을 지키지 않은 박정양은 위안스카이의 끈질긴 독촉을 견디지 못하고 도중 귀국하게 되었고, 심상학은 병을 핑계로 위임을 포기했으며, 후임 조신희(趙臣熙)도 중도 사임하고 말았다.

독자 외교로 청국의 종주권에 도전하는 시도를 했다가 위안스카이의 강력한 대응 때문에 오히려 청의 정책을 더 공고히 해주는 역작용을 자초한 셈이다.

위안스카이는 청나라의 대조선 경제 침략의 견인차 역할도 했다. 1882년 8월 체결한 조청 상민 수륙 무역 장정이 말하자면 교두보였다. 그는 청나라 상인들을 지원하고 상권(商圈)을 확장시키는 데 주력해 청과 가까운 인천을 중심으로 청나라 상권이 형성되었고 거류민도 급증하게 되었다. 동순태(東順泰), 광대호(廣大號) 등 수십 명의 거상(巨商)들이 조선 무역업을 좌지우지하게 됐다.

위안스카이의 활약에 힘입어 청의 대조선 수출액은 1885년에 31만 3342달러였던 것이 1892년에는 205만 5555달러로 늘어났다.

위안스카이는 무역 분야뿐 아니라 서울의 시장을 청나라 상인에게 개방하는 문제를 비롯해 조선 정부의 주(主) 세입원인 세관 운영에서 전선과 해상 운송(輪船) 사업 등 온갖 이권에 개입하며 부당한 압력을 가하는 등 청나라의 이익 챙기기에 바빴다.

역으로 그것은 조선 조정의 재정, 세무 등에 대한 관리를 어렵게 만들었고, 조선 백성들에게 막대한 손해나 불이익을 끼치는 결과를 빚게 되었다. 위안스카이의 관리 능력은 돋보일지 모르나 외교, 재정, 관세에 대한 근대적 개념을 제대로 파악하지 못하고 있던 조선 조정으로서는 악몽이었다.

위안스카이는 조선이 독자적으로 추진하는 차관(借款) 문제까지 개입하고 나섰다. 청나라 모르게 진행되는 차관의 도입이 조·청의 종속 관계를 벗어나려는 정략(政略)적인 포석이라고 여겨 아예 싹을 자르는 압박 전략을 구사한 것이다.

임오군란 이후 조선의 재정 상태는 최악으로 치닫고 있었다. 농업에만 의존하는 경제가 시대에 낙후되었고, 그나마도 삼정(三政)의 문란과 부패, 약탈 때문에 생활 경제는 더욱 피폐해졌다. 그럼에도 불구하고 고종과 민비의 궁중은 사치한 생활을 해 국고가 텅텅 비었다.

위안스카이가 이 같은 재정 약점을 이홍장에게 보고해, 1882년 8월 50만 냥의 청나라 차관을 주선해 주게 되었다. 담보로 해관세, 홍삼세를 잡았다.

청나라 자체가 재정이 나빠진 상태였는데도 불구하고 무리하게 차관을 집행한 것은 조선에 대한 속박을 강화하려는 속셈 때문이다.

1885년 조선이 독일계의 세창양행(메이어 상사)으로부터 10만 원을 차관할 때 위안스카이가 끼어들어 이자를 내리게 하고 담보 부담을 덜어 주었다. 위안스카이의 그 같은 개입이 해당 차관 때는 도움이 되었으나, 제3국과의 차관 문제에 개입하는 전례를 만들었다는 점에서는 문제였다.

1887년 8월, 고종은 미 공사관의 앨런Horace N. Allen을 통해 2백만 달러의 미국 차관을 얻으려 했으나 위안스카이에 의해 그 사실을 알게 된 청 정부의 방해로 실패했고, 1887년 5월 프랑스로부터 2백만 냥의 차관을 얻으려 했을 때에도 위안스카이가 외무독판 조병직에게 압력을 가해 중지시켰다.

이홍장은 중국에서만 차관을 제공해야 한다면서 각국 공사관에 조회를 보내 청나라의 인준 없이 조선에 주는 차관은 모두 무효라고 선언함으로써 차관 도입을 원천 봉쇄하는 조치까지 취했다.

그럼에도 불구하고 조선 조정의 차관 도입 추진은 끈질기게 계속되어, 1889년 6월 미국과 영국 회사를 상대로 2백만 냥을 차관하려 했으나 또다시 위안스카이에게 막혀 계획이 불발됐다.

1890년 2월에도 새로이 외교 고문으로 영입한 미국인 르젠드르Legendre를 내세워 일본으로부터 150만 원을 빌리려 했는데 주일 청 공사의 방해가 있었던 데다 차관 조건에서 합의가 이루어지지 않아 실패했다. 고종은 그 뒤에도 르젠드르를 통해 세 차례나 차관 도입을 추진했지만 청나라 측의 조직적이고 집요한 저지 때문에 모두 성공하지 못했다. 다른 나라와의 차관은 필사적으로 막으면서 청의 차관 공여는 부진했다. 더 이상 정부 재정으로 차관을 주기 어렵게 된 청 정부는 민간 자본으로 눈을 돌려 1892년 8월 인천에 와 있던 청나라 거상(巨商) 동순태로부터 10만 냥을 꿀 수 있게 주선했고, 얼마 뒤 다시 10만 냥의 차관을 얻게 해주었다. 그러나 20만 냥으로는 앞서 도입한 차관의 빚을 갚을 수 없기 때문에 위안스카이에게 다시 청탁할 수밖에 없는 상황이 벌어지게 됐다.

이홍장과 위안스카이가 의도한 대로 조선의 청에 대한 의존도가 더욱 심화되는 결과가 나타났던 것이다.

청나라의 간섭 없이 조선이 독자적으로 차관을 끌어들였다고 해서 조선의 악화된 재정 상태가 단기간 내에 호전될 수 있었을 것이라고 말하기는 어렵다. 새로운 차관을 얻어 먼저 차관의 이자를 갚는 데 급급한 형편이었으므로 갑자기 사정이 개선되기는 어려웠다. 그러나 외국인 고문을 고용해 장기적인 재정 개혁을 추진할 경우 상황이 점진적으로 개선될 수 있었다. 조선 정부가 재정을 충실히 하고 근대화를 추진하려는 의욕이 있었기 때문이다.

위안스카이가 위와 같이 10년 동안 조선의 정치, 외교, 경제를 주무르며 승승장구했던 비결은 무엇이고, 또 배경은 어떤 것이었을까?

잘 알려진 대로 위안스카이는 26세의 나이에 차관급인 삼품삼(三品銜) 자리(주차조선총리교섭통상사의)에 임명되었다. 과거 시험 출신의 엘리트 관료라 하더라도 파격적인 승진이었을 텐데, 그는 두 차례에 걸쳐 과거에 낙방하고 미관 말직(그나마 연줄로 얻은 직책)이어서 꿈속에서도 넘볼 수 없었던 벼락출세였다.

그 같은 파격 발탁 인사는 실세인 이홍장이 자신의 이이제이 전략을 현지에서 제대로 수행할 수 있는 인물로 위안스카이가 최적의 인물이라고 판단했기 때문에 가능했던 일이었다.

중국은 19세기 후반까지 과거 시험을 통해 엄선한 인재를 고위 관료로 쓰는 세계 2개국 중 한 나라였다(다른 한 나라는 조선이었다). 따라서 청나라를 대표하는 고위 관료였던 증국번이나 이홍장도 과거 출신이었고, 그들과 경쟁 관계에 있거나 보좌하는 입장에 있는 관료들도 과거의 문을 뚫은 중국의 수재들이었다.

가까이는 위안스카이의 전임자인 진수당(陳樹堂)도 과거 출신이었고, 위안스카이에게 이이제이 전략의 이론을 가르쳐 주고 이홍장으로부터 기재(奇才)라는 칭찬을 듣던 당대 일급 소장 이론가 장건(張謇)도 과거의 장원(壯元, 수석 합격) 출신이었다. 이홍장의 사위이자 바른말 잘하기로 유명한 다혈질의 장패륜(張佩綸)도 22세 때 과거에 급제한 재사였다.

갑신정변의 뒷수습을 위해 파견되어 위안스카이를 조사했고 조선 공사 자리를 놓고 다투던 오대징(吳大澂)도 진사 출신의 저명한 금석(金石)학자였다.

이들 과거 출신자들은 자신들만의 인맥을 쌓고 요직을 차지하고 있었기 때문에 비과거 출신들은 발붙이기 어려웠다. 그런데 위안스카이는 발탁이라는 계기가 있긴 했으나 능력만으로 그 난공불락의 성벽을 뛰어넘었던 것이다.

흥미로운 것은 위안스카이가 과거 출신의 엘리트인 조선의 고위 관료들을 상대로 해서도 뛰어난 경쟁력을 과시했다는 점이다. 당시 조정에는 민씨 척족 세력을 대표하는 준재 민영익을 비롯해 조 대비의 조카 조영하, 김홍집, 김윤식, 어윤중(魚允中) 등 엘리트군이 포진해 있었다.

그러나 이들 30~50대의 노련한 고위 관료들도 20대 중반의 위안스카이를 상대로 대등한 카운터 파트 역할을 수행해 내지 못했다. 그의 전횡과 독주를 제대로 견제하지 못했다.

위안스카이는 주조선 외국 공사 가운데 유일하게 가마를 타고 대궐 안까지 들어가는 특권을 누리며 거들먹거렸고, 공공 행사 때는 자기 집 안방에 와 있는 것 같다면서 주인공 행세를 했다.

위안스카이가 부르면 백발이 성성한 조선 대신들이 공관으로 가 협박조의 훈시를 받는 일이 비일비재했고, 외교 사절을 상대로 연회를 열 때는 일부러 조선 대신들을 말석에 앉혀 망신과 모욕을 주곤 했다.

그러나 대놓고 위안스카이에게 노No라고 들이댄 인물이 별로 없는 듯하다.

1885년 청군이 주둔하고 있을 때는 그 위세 때문에 도전하기가 어려울 수도 있으나 청군 철수 후에도 뒤에서 불평하거나 음성적으로 저항하는 수준이었다고 한다면 그것은 대신 개인개인의 긍지, 자존심, 패기에 문제가 있었다고 볼수 있다. 대신의 체면이 나라의 국격과 연결된다는 생각보다도 보신(保身)이 앞선 탓이었다고 할까?

위안스카이를 상대로 한 퇴진 운동이 일어났으나 국왕과 외국인 고문들이 주도했던 일이고, 조선 대신 몇몇은 아예 위안스카이에게 줄을 댄 사람들이었다. 조선의 대신들이 위안스카이 상대의 파워 게임에서 보신만을 앞세워 몸을 사리는 위기관리 자세를 보였다는 것은 한 나라의 지도층으로서의 자격과 권위를 저버리는 행동이고, 자신들이 보호해야 할 국왕을 위기 앞으로 밀어내는 불충(不忠)이 된다.

역사서에는 고종이 직접 위안스카이와 대결하는 바람직하지 못한 일들이 벌어졌음을 전해 주고 있다. 제2차 한·러 밀약설이 터졌을 때 위안스카이가 고종을 상대로 진상을 추궁하다가 하마터면 손찌검할 뻔했다는 괴소문이 서울 외교가에 퍼지기까지 했다.

조·청 과거 출신들만 위안스카이에게 밀린 것도 아니었다. 갑신정변 때 김옥균 등 개화파의 배후에 있다가 삼일천하 뒤 목숨을 건져 달아나야 했던 일본 공사 다케조에 신이치로의 경우도 위안스카이의 희생양이 된 인물이다.

다케조에는 무사 출신답지 않게 한학(漢學)에 조예 깊은 저명한 학자였다. 유학(儒學) 경전이나 한시(漢詩)에 능해야 조선에서 제대로 대접받는다고 해서 외무경 이노우에가 천하의 인재라면서 발탁해 조선 공사로 부임시킨 인물이다. 일본 정부는 삼일천하의 실패가 다케조에가 위안스카이에게 개인적으로 밀렸기 때문에 비롯된 것으로 판단한 듯하다.

이노우에는 다케조에를 버렸고, 대학교수로 간 다케조에는 위안스카이에게 당한 일격을 평생 잊지 못했다.

이토 히로부미가 1885년 이홍장과 톈진 조약을 맺을 때 일본군을 공격한 청군 지휘관의 처벌을 강경하게 요구했을 때 과녁은 위안스카이였다. 이는 위안스카이의 일격을 그만큼 일본 정부가 아파했음을 짐작케 하는 대목이다.

한·중·일 삼국의 엘리트들을 상대로 두각을 나타낸 위안스카이의 행보를 위기관리의 관점에서 보면 다음과 같은 가설이 나온다. 하나는 탁월한 위기관리 능력은 가르치고 배워서 갖추어지는 것이 아니라 타고난 천품이나 소질이 아니냐는 것이다. 위기관리에 필요한 순발력, 유연성, 결단력, 추진력 같은 것은 가르치고 훈련시킴으로써 상당 수준의 성과를 올릴 수 있지만 아무나 달인의 경지에 도달하는 것은 아니기 때문이다.

또 다른 하나는 개인이 아무리 위기관리에서 천재적이라 하더라도 천하대세를 거스를 수 없고 그 큰 흐름에 종속 변수가 될 수밖에 없다는 점이다.

위안스카이는 1894년 동학 농민 봉기를 맞아, 조선 조정은 이를 진압할 군사력이 모자란다고 판단하여 이홍장에게 청군을 파견해 토벌해 달라고 요청했다.

이때 주조선 일본 공사관의 통역관 정영생(鄭永生)과 일본 공사 대리 스기무라 준(杉村濬)이 출병을 서두르고 있던 일본의 속셈을 감춘 채 위안스카이에게 청국의 출병을 권유했다. 유사시 일본은 공사관과 체류 일본인을 보호하기 위한 소수의 병력만 파견할 듯한 뉘앙스를 풍겼다. 일본 정부가 병력 파견 여부를 확정하지 못한 상태였기 때문에 본국 정부의 훈령 없이 그 같은 제스처를 쓴 것인데, 위안스카이가 말려들었던 것이다.

위안스카이는 정영생이 일본에 귀화했다곤 하나 중국인이어서 자신에게 솔직한 속내를 흘렸다고 여긴 데다 정부와 의회가 사사건건 충돌하는 일본 정치를 혼란한 상태로 판단하고 있었기 때문에 청나라와의 전쟁이 예상되는 대병력 파견은 어려울 것으로 판단, 이홍장에게 청군 파견을 요청하는 전문을 보내게 되었다.

당시 일본에 있는 청의 공사관도 비슷한 판단을 가지고 있었고, 일본의 신문 보도를 요약 보고받고 있던 이홍장의 생각도 같았다.

하지만 치명적인 오판(誤判)이었다.

전쟁이 터지려는 결정적인 순간, 위아래가 약속이나 한 듯 헛다리를 짚은 셈이었다. 절치부심 전쟁을 준비해 온 일본의 속내를 몰라도 너무 몰랐던 것이다.

이에 비해 일본은 청나라의 의도나 움직임을 손바닥 들여다보듯 파악하고 있었다. 이토 총리의 동의 아래 무쓰 외상과 가와카미 참모 차장 등 중진들이 수년 전부터 치밀하게 청나라와의 전쟁 계획을 추진해 온 터였다. 청군 파병과 동시에 병력을 파견한다는 결정이 나자 전쟁을 지휘할 대본영을 즉시 설치하고 서울에 귀임하는 오토리 게이스케 공사를 호위한다는 핑계로 4백 명의 육전대를 선발대로 파견했다. 청군이 일본과의 충돌을 피해 아산에 상륙, 주둔하는 사이 오토리가 거느린 육전대는 서울에 입성했다.

허(虛)를 찔린 위안스카이는 육전대의 철수, 청군의 증파를 추진하는 등 발버둥을 쳤으나 개전(開戰)을 향해 치닫는 대세를 막을 길이 없었다. 대세가 기울고 위안스카이의 힘이 떨어지는 것이 보이자 조선 정부는 내놓고 냉대하는 태도를 보였다.

무사 출신인 61세의 오토리 공사는 일본군이 위안스카이를 국경 밖으로 쫓아낼 것이라면서 보복을 시사했고, 일본군은 위안스카이의 공관을 향해 대포를 겨냥하고 있었다. 결국 노인으로 변장한 위안스카이는 가마를 타고 심야에 공관을 탈출, 인천을 통해 달아나듯 귀국할 수밖에 없었다.

이홍장의 이이제이 외교와 위안스카이의 압박 외교는 일본의 군사력 앞에서 무력했다.

앞서 설명한 바와 같이 위안스카이는 청일 전쟁 때 귀국해서 중앙 정부에서도 승승장구했다.

이홍장의 뒤를 이어 직예 총독 겸 북양대신이 되었는가 하면, 한 걸음 더 나아가 총리, 대총통이 되었고 황제 자리에까지 올랐다. 살인까지 마다하지 않는 등 수단 방법을 가리지 않는 위기관리의 능력에 힘입은 바 컸다.

그러나 끝이 좋지 않았다. 마지막이 물거품처럼 된다면 천재적인 위기관리라는 게 무슨 의미가 있는가?

그의 소설 같은 후반기의 반생에서 몇 가지 교훈을 얻을 수 있다.

첫째, 배신을 잘하는 자는 쉽게 배신을 당하게 된다는 점이다. 그는 자신을 조선에 데리고 와 독립할 수 있게 키워 준 은인이자, 양아버지의 친구인 오장경을 공공연히 무시하며 등을 돌렸고, 오장경의 참모로 있다가 중앙에서까지 유명하게 된 이론가 장건에게 대조선 정책에 대한 이론을 배웠으나 버릇없이 굴어 절교를 당했다.

무술정변 때에는 변법파를 배신했고, 서태후를 속이는 행동도 서슴지 않았으며, 신해혁명 때는 청 조정과 혁명파 양쪽을 배신했다. 자신의 이익이나 권력을 위해 위기관리상 필요하다고 판단되면 배신을 밥 먹듯 했던 것이다.

배신의 처세술은 부메랑이 되어 결정적인 순간, 그를 덮쳤다. 위안스카이가 대총통이 되고 황제의 꿈을 이루려 했을 때, 최측근을 포함한 북양군 내의 심복 모두가 그에게서 등을 돌렸던 것이다. 출세와 돈을 미끼로 해서 맺어진 조직의 견고함은 오래가지 않았다. 인간성이나 사상 또는 이념으로 맺어진 충성심이 보다 생명력 강하고, 위기관리를 장기적으로 성공시키는 원동력이 될 수 있다는 것을 가르쳐 주고 있다.

둘째는, 사태를 제대로 보지 못하거나 잘못 판단하는 오판(誤判)이나 무리수(無理數)가 위기관리의 최대의 적이라는 점이다.

위안스카이가 청일 전쟁 전 결정적인 오판을 했다는 점은 앞서 지적했다. 대총통으로 만족하면서 공화제로 가는 과정을 순탄하게 합리적으로 끌어갔더라면 중국의 역사는 달라졌을 것이다. 그러나 황제가 되고 싶다는 시대착오적인 오판을 하면서 국가와 민족에 크나큰 손해를 끼치게 되었다.

셋째는, 아들을 너무 믿은 것이 비극의 시작이었다.

황태자가 되기를 열망했던 아들 위안커딩(袁克定)이 아버지의 눈을 가려 총명을 흐리게 하고 사태를 잘못 판단하는 길로 들어서게 했다.

결국 위기관리가 장·단기적으로 성공하려면 지도자는 인간적인 면에 있어서나 공적 업무에 있어서나 바른길(正道)로 가야 실패율이 높지 않다는 평범한 진리를 재확인시켜 주고 있다.

청은 일본과의 전쟁에서 왜 완패했나?

청일 전쟁은 거시적으로 볼 때 동북아를 수천 년간 지배했던 중국의 중화(中華) 체제가 무너지고 근대화에 성공한 일본이 신흥 제국주의 열강으로 발돋움하는 계기를 가져다주었다.

전쟁에서 패함으로써 청나라는 반식민지 상태가 되었고 청일 양국이 서로 차지하려 했던 한반도는 이때부터 일본의 본격적인 식민지화 대상이 되었다.

미시적으로 볼 때 이홍장의 몰락, 양무운동의 실패라는 결과를 빚었다.

군사적으로는 중세 육군과 근대 육군의 전투, 함포를 장착한 증기선 함대 사이에서 벌어진 최초의 대해전이라는 기록을 남겼다. 사실상 이홍장의 지방 정권과 일본이 싸운 전쟁이었다는 평가가 있는가 하면 근대화 추진 과정에서 양성한 양국 엘리트 간의 싸움이었다는 측면도 있었다.

청일 전쟁의 불씨는 1882년 일어난 임오군란, 1884년에 있었던 갑신정변에서 비롯되었다. 청나라는 조선에서의 종주권을 지키기 위해 군대를 파견하는 등 기선을 제압한 데 비해 청나라의 군사력에 대응할 준비가 덜 되어 있던 일본은 전력 증강에 전력을 다하면서 때를 기다리고 있었다. 열강이 서로 견제하면서 보낸 10년(1885~1894)이 일본에는 전쟁 준비 기간이 된 것이었다.

청나라의 공식적인 육군 병력은 108만의 대군이었다. 실제로 개전 당시 병력은 35만이었고 25만 명을 추가 모집해 60만이었다. 그러나 만주족의 팔기(八旗)군과 한족의 녹영(綠營)군이 정예 군대였다는 것은 백 년 전인 18세기 때 얘기였다. 장비나 훈련 면에서 중세 군대라는 말을 듣는 수준이었다. 태평천국군 앞에서 여지없이 무너진 것이 실제의 실력이었던 것이다. 근대전을 치를 정예병은 이홍장의 북양군 3만뿐으로 병사나 장교의 질과 훈련, 장비에서 일본 육군에 필적한다는 평가를 받고 있었다.

해군의 경우 1881년을 전후해 북양, 남양, 복건, 광동의 4개 해군이 건설되어 있었으나 근대 해전을 치를 수 있는 전력은 이홍장의 북양 해군뿐이었다. 복건 해군이 프랑스 해군과의 해전에서 30분 만에 괴멸되었던 것처럼 북양을 제외한 나머지 해군의 전력은 보잘것없었다.

북양 해군은 각종 함선 25척(3척은 광동 해군 소속)을 보유했다. 독일에서 1885년 도입한 7335톤의 철갑함인 정원(定遠)과 진원(鎭遠)은 아시아 최대의 전함이었고, 그 같은 거함이 없는 일본 해군으로선 공포의 대상이었다.

열강의 침입을 바다에서 막아야 한다는 해방론(海防論)자인 이홍장은 언젠가 있을 일본과의 일전을 위해 제해권(制海權)을 확보해야 한다고 여겨 북양 해군을 증강하려고 노력했다. 후원자인 공친왕이 권력 투쟁에서 밀려 퇴진한 뒤에도 서태후와 새 실력자 순친왕을 설득해 1887년에는 3천 톤급의 치원(致遠), 정원(靖遠) 등 4척의 장갑 순양함 등 모두 6척의 순양함을 사들였다. 함정 이름이 원(遠)자로 끝나는 것은 일본 해군을 염두에 두고 이름을 붙였기 때문이었다.

뤼순(旅順)에 요새를 구축하고 군항 시설 공사를 마쳤고 웨이하이웨이(威海衛)에 해군 학교를 세웠다.

그러나 1887년부터 청일 전쟁이 터지는 1894년까지 7년 사이에는 전력을 증강하지 못했다. 서태후가 은퇴해서 지낼 거대한 인공 산(萬壽山)과 인공 호수(昆明湖)가 들어서는 여름 궁전 이화원(頤和園) 건설에 군함 구입비 3천6백만 냥(미화 5천만 달러)이 전용되었기 때문이다.

전쟁의 그림자가 다가오는 위기 상황에서 그처럼 상식적으로도 있을 수 없는 일이 벌어지게 된 것은 서태후의 오만과 권력욕이 한몫했다. 그녀는 일본을 조그만 섬나라로 무시하는 등 과소평가했고, 자신의 그늘에서 벗어나 자립하려는 광서제가 일본과의 전쟁을 주장하는 주전론(主戰論)에 기울자 이를 견제하기 위해 이홍장의 군비 확장에 제동을 건 측면이 있었다. 다른 한편으로는 이홍장의 군사력이 계속 강화되는 것이 종국에는 만주족을 제거하는 위기로 이어질지 모른다고 우려한 만주 귀족들의 견제 음모도 별도로 한몫 차지했다고 할 수 있다.

작은 위기를 막으려다 더 큰 위기를 자초하게 된다는 것을 깨닫지 못하고 있었다고나 할까.

1880년대 중반 이후 군비 증강에 박차를 가한 일본은 육군의 경우 7개 전투

사단을 중심으로 훈련된 병력 12만이 확보되어 있었다. 병사 개인 무기도 무라타 쓰네요시(村田經芳) 포병 중령이 프랑스제 소총을 일본인의 왜소한 체격에 알맞도록 개량한 무라타 단발 소총이었다. 일부 정예 부대는 무라타식 연발총으로 무장했고, 화포만은 구식 청동포가 주류였다. 일찍이 최강 육군국으로 부상한 프러시아식 편제와 전술, 전략을 모방해 육군 근대화 작업을 계속해 왔음은 앞서 지적한 바 있다.

문제는 청나라에 비해 열세(劣勢)가 확연한 해군의 전력을 단기간에 얼마나 증강하느냐에 있었다. 1886년 청 해군의 거함인 정원과 진원이 요코하마를 방문했을 때는 일본 전국이 충격을 받아 〈반드시 정원을 타도하자〉는 슬로건이 등장했는가 하면 어린이들도 정원 잡기 놀이를 할 정도였다.

일본은 자국의 절경(絶景) 세 곳의 이름을 딴 마쓰시마(松島), 이쓰쿠시마(嚴島) 등 3척을 마련하고 청의 철갑함 정원을 격파할 수 있는 거대한 함포를 무리하게 장착했다. 또 부족한 거포의 절대량을 보완하기 위해 전함에 비해 소형이지만 속력이 빠른 순양함을 도입하고 당시 막 개발된 속사포를 장치했다.

1893년 9월 당시 세계에서 가장 빠르다는 순양함 요시노(吉野)가 영국에서 준공되어 인도되었고, 1894년 3월에는 아키쓰시마(秋津島)가 인도되었다. 청나라가 새 군함을 사들이지 못하는 동안 일본은 9척의 최신 군함을 확보할 수 있었던 것이다.

1891년 청나라의 해군은 세계 8위 수준이었고 일본은 16위 수준으로 추정되었으며 열강의 군사 전문가들도 청 해군의 우세를 점치고 있었다.

청나라는 해군 주력을 황해 북부에 집결시켜 보하이 만(渤海灣) 입구를 지키고 한반도에 투입되는 육군을 연안해로 수송하고 엄호하는 한편 육군과의 협동 작전을 편다는 것이 기본 계획이었다. 육군은 평양 부근에 집결, 북상하는 일본군을 격퇴시켜 국경선을 지킨다는 작전 계획이었다.

이에 비해 일본은 해군 주력을 보하이 만으로 보내 청의 해군과 자웅을 겨루어 승리하는 것이 목표였다. 이 목표가 성공해 제해권을 장악했을 때는 육군의 주력을 보하이 입구로 이동시켜 중국 화베이 평야에서 대결전을 수행한다는 것이 기본 계획이었다.

청나라의 작전 계획이 소극적이고 지역 방어에 매달린 듯한 방어 개념인 데 비해 일본의 작전 계획은 중국 본토까지 침공하는 규모가 큰 공세 작전으로 국가의 운명까지 건 거국일치형 도박인 점이 특징이다.

청일 전쟁은 1884년 7월 25일 일본 연합 함대 제1유격대의 고속, 속사의 신형함들이 선전 포고도 없이 육군 병력을 조선으로 수송 중인 북양 함대 소속 함정을 기습 공격하면서 일어났다. 공격을 받은 제원(濟元)은 침몰하고 광을(廣乙)은 크게 파괴된 채 뤼순 항으로 달아났다. 선전 포고도 없이 진행된 기습에서 일본 해군이 일방적인 승리를 올린 것이다.

8월 27일 오시마(大島) 혼성 여단의 3천 명이 비슷한 규모의 청군을 성환, 아산에서 일방적으로 격퇴시켰다. 청나라는 육군까지 초전에서 맥없이 패퇴했다.

9월 15일 북상한 일본군은 평양에 진지를 구축하고 방어선을 편 청군을 공격하기 시작했다. 당시 평양에는 총병 엽지초(葉志超)를 총사령관으로 하는 1만 2천여 명의 청군이 포진하고 있었고, 사단장 노즈 미치쓰라(野津道貫) 중장이 지휘하는 증강된 1만 7천 명 규모의 일본 제5사단이 네 갈래로 공격에 들어갔다.

전투는 하루 만에 일본군의 승리로 결판이 났다. 청군은 5개 부대가 현지에서 만나 편성된 급조 부대여서 통일된 전투 지휘가 사실상 불가능했고 무기, 훈련, 사기 면에서 일본군에 뒤떨어져 있었기 때문에 무력하게 무너진 것이다. 일본군의 전사자가 180명인 데 비해 청군의 전사자는 2천 명에 달했고, 대부분 달아나다가 죽었다.

평양 전투의 패배로 청나라는 조선에서의 거점을 잃었고, 일본은 청국 본토로 진격하는 교두보를 확보했다.

세계 역사상 최초인 증기선 함대 간의 해전인 황해 해전은 17일 벌어졌다.

이 해전에는 북양 함대의 주력 14척과 일본 연합 함대 주력 12척이 참가했다. 총 톤수는 북양 함대가 3만 5천 톤인 데 비해 일본 함대가 4만 톤으로 많았고 평균 속도도 14노트에 비해 16노트로 역시 일본이 우세했다. 함포에선 청 측의 중포가 21문으로 일본(11문)보다 많았으나 승무원 살상률이 높은 소구경 속사포는 일본 측이 67문으로 청 측보다 11배 이상으로 총 전력에서 일본 함대가 우세한 것으로 나타나고 있었다.

전투는 여섯 시간에 걸쳐 진행되어, 함정 3척이 침몰하고 2척이 대파되는 등 피해를 입은 북양 해군의 패배로 끝났다. 북양 해군은 전력의 30퍼센트를 잃고 다시 재기하지 못했고, 일본 해군이 제해권을 차지하게 되었다.

평양 전투와 황해 해전의 승리로 승기(勝機)는 일본으로 넘어가게 되었다.

10월 하순, 뤼순(旅順)이 함락되었고 1895년 2월 뉴창(牛莊) 지역이 일본군의 수중에 들어갔다. 산둥 반도를 공격한 일본군은 웨이하이웨이를 점령하고 북양 해군의 항복을 받았다. 일본군이 허베이 평야로 진군하는 일만 남았다. 그것은 수도 베이징이 공격 대상이 된다는 것을 의미했다.

청나라는 강화를 서두를 수밖에 없었다.

1895년 3월, 이홍장은 이토 히로부미와 강화 회담을 하기 위해 일본 시모노세키로 출발했다.

_전함 구입비 삼킨 이화원 건설

원명원(圓明園)은 역대 중국의 황제들이 휴가를 즐기던 여름 궁전의 하나였다. 청나라를 대제국으로 자리 잡게 한 강희제(康熙帝)가 전란으로 파괴된 것을 재건립했고, 손자인 건륭제(乾隆帝)가 흩어져 있는 건물들을 한 곳에 모으고 호수와 강을 배치하는 등 전통적 중국 양식에 서구식을 절충해 새로운 여름 궁전을 만들었다. 건륭제는 학자들을 동원해 장서를 꾸준히 늘렸다. 서태후는 이곳에 와 쉬면서 연극 공연도 보고 책 읽는 것을 좋아했다.

그런데 1860년 영국·프랑스 연합군이 베이징을 공격할 때 원명원을 약탈하면서 불을 질러 모두 타 없어졌다. 풍성하게 꾸며진 정원, 아름다운 호수, 암석 정원, 백여 개의 정자, 청 황제가 받은 선물과 공물이 가득한 보물 창고 등이 사라진 것이다.

서태후 소생으로 제위에 오른 동치제는 어머니의 소원이 여름 궁전을 다시 갖는 것임을 알고 재건을 약속했다. 그러나 실력자 공친왕과 군기대신 영록이 천문학적인 비용이 든다는 이유로 반대, 서태후가 직접 그렸다는 방대한 설계도가 낮잠을 자야 했다.

권력을 나누던 동태후가 죽고 공친왕이 제거된 뒤 서태후는 새 여름 궁전인 이화원 건립을 공표하고 각계 각지로부터 성금을 받았다. 젊은 나이에 죽은 동치제의 뒤를 이어 제위에 오른 어린 나이의 광서제가 17세가 되면 섭정 직에서 물러나 여름 궁전으로 은퇴하겠다고 약속했다.

국민들의 호응이 예상보다 좋아지자 궁전 규모가 엄청나게 커졌다.

서태후는 바다처럼 넓은 인공 호수인 곤명호(昆明湖)를 만들고 그 한가운데 대리석으로 큰 배를 만들어 세우겠다고 했고, 거대하고 웅장한 인공 산인 만수산(萬壽山)을 만들라고 해 결국 해군 전력 강화를 위해 마련한 군함 구입비까지 끌어다 쓰게 되었던 것이다.

청일 전쟁은 공교롭게도 전함 구입비를 전용케 한 장본인인 서태후의 환갑이 다가오는 시기에 터졌다.

총체적 위기관리 체제에서 지고 있었다

청일 양국은 전쟁이라는 국가 위기를 앞두고 이에 대응하는 각오와 자세에서부터 큰 차이가 났다. 한반도가 이익선(利益線)이고 일본 본토가 생명선(生命線)이라는 전략의 기본 개념을 세운 일본은 한반도를 차지하기 위해서는 남하하려는 러시아와 궁극적인 결전을 피할 수 없고 그전에 청나라부터 먼저 격파시켜야 한다고 생각해 10년 동안 전력을 증강하며 치밀한 작전 계획을 세웠다. 그리고 전쟁 발발과 함께 거국일치의 총력 체제에 들어갔다.

이에 비해 청나라는 국가적 규모의 위기 대응 체제가 제대로 이루어지지 못했다. 개전을 앞둔 시점까지 주전–주화 양론으로 국론이 분열되어 있었다. 황제를 포함한 주전파는 일본과의 전쟁을 줄곧 주장해 왔으나 전쟁에 대해 문외한이었고 군대도 없었다. 이홍장을 포함한 주화파엔 군대가 있었으나 전쟁을 회피한 채 외교에 매달리고 있었다.

막상 일본 해군의 기습으로 전쟁이 터지자 북양군을 쥐고 있는 이홍장은 정책 결정 과정에 끼지도 못하고 전쟁 수행이라는 덤터기를 뒤집어쓰는 입장이 되었다. 한 나라와 다른 나라의 지방 정권이 전쟁을 벌이는 기이한 구도가 돌출한 것이다. 전쟁 지도를 어느 쪽이 제대로 할 수 있었겠느냐는 것을 따져 보지 않아도 알 수 있을 만큼 상반(相反)된 상황의 전개였다.

국가 위기 대응 체계의 차이 못지않게 큰 차이를 보인 것이 양국의 국론이었다. 일본은 야당, 언론은 물론 사쓰마·조슈 군벌에 반대하는 다른 번벌 세력에서 농민에 이르기까지 모든 국민이 대청전에 참여했고, 승전 소식이 전해질 때마다 열광했다.

청나라는 그 같은 일본의 분위기와 너무 달랐다. 한족들은 이번 기회에 만주족의 청 왕조가 망하기를 은근히 바랐고, 만주 귀족들은 이홍장의 군대가 전쟁을 통해 소모되기를 원했다. 국력이 집중될 수 없는 나라 분위기였고, 장기전으로 가더라도 국민들이 동참할 상황으로 갈 공산이 적었다.

이홍장이라는 개인 중심으로 국가 위기관리가 진행될 수밖에 없었던 청조의 특이한 상황을 감안한다 하더라도 문제는 여전하다.

19세기 제국주의 세계 열강은 막강한 군사력과 외교력을 앞세워 식민지 쟁탈전을 벌였다. 열강의 침략 대상인 중국이 살아남기 위해서 대응하다 보니 등장한 것이 군권과 외교권을 한 손에 쥔 이홍장의 존재였다. 그것은 한쪽 손에 칼, 다른 한쪽 손에 방패를 든 격이었다. 잘하면 만사형통이 되지만 잘못해서 두 손이 서로 엉키기라도 하면 죽도 밥도 안 되게 되어 있었다. 실제로 북양 해군을 지휘하는 이홍장은 러시아, 영국을 끌어들여 일본과의 전쟁을 막아 보려고 마지막 순간까지 최선을 다했다. 그러는 사이 군을 챙기는 노력이 소홀할 수밖에 없었다. 칼과 방패가 엉킨 꼴이었다.

청나라가 북양 해군의 전력만이라도 계속 강화해 나갔더라면 일방적인 참패는 모면할 수 있었다. 제해권만 지킬 수 있었어도 일본 육군의 육상 작전을 억제하거나 축소시킬 수 있었기 때문이다.

북양 해군은 1880년대 중·후반까지 일본 해군보다 전력이 우위에 있는 것으로 평가되고 있었다는 것은 앞서 설명한 바 있다. 전함 구입비를 여름 궁전 건설에 전용하는 등 전력 보강을 하지 못했던 점도 지적했다.

공교롭게도 중국 해군이 잠들어 있던 시기는 해군의 기술력이 눈부시게 발전하는 과도기였다. 군함의 엔진, 보일러, 장갑, 함포의 성능이 발 빠르게 개선되고 있었기 때문에 각종 장비를 교체하는 것이 열강 해군의 추세였다.

이홍장 자신도 주력함 정원, 진원이 막강한 철갑선이기는 하나 중량이 무거워 속력이 느린 것이 결정적인 단점이라는 사실을 알고 있었다. 엔진을 교체하거나 속력이 상대적으로 빠른 순양함을 도입해 결점을 보완하는 길이 있었다. 중앙 정부에 전력 증강을 건의했지만 해군 예산이 공공연히 이화원 건설에 전용되는 상황에서 말발이 먹혀들지 않았다.

개전 3년 전인 1891년에는 총포, 탄약 구입까지 중단되는 사태가 일어났고 전쟁이 터진 봄에도 신식 함포를 단계적으로라도 교체해야 한다고 주청했는데, 취지는 이해한다면서도 결정은 내려지지 않았다.

청일 양국의 주력이 맞붙은 황해 해전 때 정원, 진원의 거포용 탄환은 세 발밖에 없었고 기타 소구경 대포의 탄환도 태부족이었다. 일부 포탄에는 화약 대신 모래가 가득 들어가 있었다.

청 정부에서 부랴사랴 포탄 사들이기에 나섰으나 열강 여러 나라는 중립을 지킨다는 구실을 내세워 포탄 판매를 거부했다.

청일 해군의 대결은 범선 함대가 접근해 전투하던 영국 넬슨 제독의 트라팔가르 해전 이후 증기선(철갑선까지) 함대가 원거리에서 장거리 함포로 싸운 세계 최초의 대해전이었다. 아직 무전이 없었고 포격의 정확성이 떨어지던 과도기였던 만큼 함대 전개, 포격에 있어 엄청난 반복 훈련이 필요했다. 그러나 북양 해군은 이 과정을 소홀히 했다. 처음에는 오랜 해군 경력이 있는 외국인 고문의 훈련 지도를 받았으나 나중에는 무자격자를 형식적으로 고용하고 있었다.

일본 해군이 제해권 탈취를 위한 훈련에 결사적으로 몰입하고 있을 때 북양 해군은 황제에게 진상되는 특산품을 운반하거나 육군을 수송하는 연안 작전에 투입되는 것이 고작이었다.

북양 함대의 문제는 이홍장 개인에게도 있었다. 그것은 군사 전문가가 아닌 문관이 군사 문제를 맡은 데서 오는 전문성의 한계와 1인 다역(一人多役)에서 오는 비효율성에서 비롯되었다.

그는 북양 함대를 창설하고 양성했으나 제대로 된 전략을 세워 외양(外洋) 해군을 만드는 데 이르지 못했다. 제해권을 잡아 남중국해까지 세력권을 넓힌다는 개념 같은 것이 없었던 것이다. 따라서 전시용이나 육상 운송 역할에 투입되다 보니 소 잡는 칼로 닭을 잡는 형국이 되었다.

황해 해전 때도 평양 전투에 투입할 증원 병력을 옮기는 수송선 역할을 끝낸 직후 일본 함대에 발견되어 연안을 등진 채 불리하게 싸워야 했다. 기동이 제한되어 있어 불리할 수밖에 없는 포진이었는데, 그것이 우연히 생긴 현상이 아니라 전략 부재에서 비롯된 것이라는 데 문제가 있었던 것이다.

이홍장은 1872년 8월 이후 네 차례에 걸쳐 청소년 120명을 미국에 유학 보내 서양을 배우게 한 일이 있다. 이때 그는 바쁜 일정 속에서도 수십 차례의 편지를 보내 유학생들에 대한 관심을 보였던 인물이었다.

그가 북양 해군의 장비, 훈련을 까다롭게 따졌더라면 위에서 지적한 것처럼 탄환이 없거나 훈련의 태부족 같은 어처구니없는 위기관리 부재 현상은 일어나지 않았을 것이다. 외교 등 다른 일에 시간과 정력을 쏟아 붓다 보니 군사에 관심을 기울일 여력이 없었다고 볼 수밖에 없다.

북양 해군 지휘부에 대한 인사에도 문제가 있었다. 이홍장은 고향(안후이 성) 출신을 중용하는 지연(地緣) 중시(重視)자였다. 북양 해군을 총괄하는 제독 정여창이 지연 때문에 시행착오를 일으킨 대표적인 예가 된다. 안후이 성 출신의 정여창은 회군의 졸병으로 시작해 장군 자리까지 오른 입지전적 인물이었다. 장군이 되면서 육군에서 해군으로 돌아 북양 해군을 창설하는 데 기여했고, 이홍장의 신임을 얻어 1인자가 되었다. 문제는 그가 정식으로 해군 훈련을 한 번도 받아 본 일이 없다는 데서 시작되었다.

북양 해군의 고급 장교 대부분이 바닷가에 위치해 바다 생활에 익숙한 푸젠 성(福建省) 출신이었고, 푸젠 성 소재 해군 학교(선정학당) 졸업자들이어서 육군 졸병 출신의 사령관 정여창을 우습게 보아 사사건건 영이 제대로 서지 않고 있었다.

그 같은 사정은 함대 훈련, 작전 계획 수립과 수행 과정에서 엄청난 부정적인 영향을 끼쳤다.

평양에 파견된 육군의 경우도 사정이 나빴다. 당시 여섯 명의 장군이 29영, 1만 2천여 명의 병력을 거느리고 집결했는데, 관록이나 경력, 실력에 있어 확실하게 장군들을 휘어잡을 수 있는 총사령관감이 없었다.

이홍장은 역시 안후이 성 출신인 엽지초(葉志超)를 총사령관에 임명했다.

젊은 시절 회군에 들어가 잔뼈가 굵은 엽지초는 이홍장에게 잘 보인 덕분에 직예 제독까지 승진했다. 엽지초가 다른 장군들과 또래가 비슷해 권위가 서지 않는 데다 아산, 성황 전투에서 패전한 이래 전의(戰意)를 상실하고 있었다는 데 문제가 심각했다.

실제로 엽지초는 평양을 사수한다는 의지를 나타내는 대신 후퇴해 압록강을 방어선으로 하자고 주장했다가 다른 장군들로부터 면박을 받았다. 그의 주장은 일리가 있었다. 병참 지원이 빈약한 청군으로서는 본국과 인접해 있는 방어선 확보가 오히려 유리할 수 있었기 때문이다. 그러나 상황은 다른 사람에게 패배주의로 비칠 뿐이었다. 결국 청군은 통일된 지휘권을 세우지 못하고 분열된 상태에서 전투에 들어갈 수밖에 없었다.

그렇다고 일본군의 사정이 좋았던 것도 아니었다.

노즈 미치쓰라 중장이 지휘하는 일본군 제5사단은 서울로부터 북진하는 주력, 원산에서 서진하는 지대(支隊), 부산 도착의 후속대로 분산되어 있어 각개격파를 당할 수 있는 취약점을 안고 있었다.

또 청군이 진지를 강화하기 전 격파한다는 작전 계획에 따라 경장(輕裝)을 하고 행군 속도를 배가했기 때문에 각개 병사가 휴대한 탄환과 비상식량에 의존해 전투에 나서야 했다. 전투를 벌인 지 하루 만에 엽지초가 백기를 올리라고 명령했을 무렵, 일본군은 탄환을 거의 다 쓴 상태였다.

제대로 된 청군의 총사령관이 지휘권을 잡았더라면 평양 전투의 역사는 다르게 쓰일 가능성이 있었다. 사단장의 일사불란한 지휘, 강도 높은 훈련, 높은 사기가 일본군이 승리한 요인이기는 했으나 실상은 청군이 승리를 거저 갖다바친 꼴이었다.

이홍장의 북양군은 겉만 일본군과 비슷했을 뿐 그 속은 중세 군대와 다름이 없었다.

근대전이라고 하지만 평양 전투는 각개 병사의 소총이 승패를 가르는 중세-근대 사이의 과도기적 전투였다고 할 수 있다. 대포도 동원되었지만 양국 군이 쓴 것은 구식 청동포였다. 일부 북양군 소속 병사들만 독일제 크루프포를 쏘았다.

전력의 차이는 소총에서 나왔다. 청군은 20가지에 가까운 열강의 소총으로 무장했다. 때문에 자기 총에 맞는 실탄을 고르느라 헤매는 소동과 혼란을 겪어야 했고 실탄을 찾지 못하면 총을 버리기 일쑤였다. 지방에서 온 병력은 녹슨 구식 총이나 화승총을 가지고 있었다.

이에 비해 일본군은 모두 국산 무라타 소총을 구비했다. 앞서 설명한 대로 무라타 중령이 일본인의 체격에 맞도록 개량한 이 소총은 구경 11밀리, 최대 사정거리 2천4백 미터였다. 그 사정거리는 현대의 소총 성능에 육박하는 수준 이다. 단발(열강의 군대는 연발총 보유)이었으나 청군에 비해 전투력이 월등할 수밖에 없었다.

이처럼 청나라는 위기관리의 최전선인 일선 병사들의 기본 화기도 낙후되어 있었던 것이다.

이홍장은 구국의 인물인가 매국노인가

이홍장은 패전의 책임을 지고 직예 총독과 북양대신 자리에서 물러났으나 1895년 2월 13일 일본과의 강화 교섭을 위해 다시 전권 특사로 컴백했다.

일본 측이 중국 측의 교섭 대표로 전결권이 있는 이홍장을 바라기도 한 데다 중국으로서도 마땅한 특사감이 없어 그에 대한 재기용은 불가피한 선택이었다.

이홍장은 시모노세키에서 일본 총리 이토 히로부미, 외상 무쓰 무네미쓰 등 두 명과 대결케 된다.

이홍장이 강화 회담 중 일본 청년의 권총 저격을 받고 중상을 당하는 사고가 발생해 세계의 이목이 집중되는 가운데 조선의 완전 독립 보장(일본 점령을 인 정하는), 랴오둥 반도와 타이완 등의 할양, 2억 냥의 전쟁 배상 등 굴욕적인 내 용이 담긴 시모노세키(下關) 조약이 1885년 4월 조인되기에 이르렀다. (러시 아, 프랑스, 독일 등 삼국 간섭으로 일본이 랴오둥 반도를 청나라에 되돌려준 것은 같은 해 12월 27일이었다.)

이홍장은 서열 3번째인 양광(兩廣) 총독으로 좌천되었다. 그러나 의화단(義和團) 사건으로 열강 여러 나라와 전쟁을 벌이게 된 서태후가 뒷수습을 위해 이홍장을 찾은 까닭에 다시 직예 총독으로 복귀, 1901년 9월 11개 열강을 상대로 다시 한 번 굴욕적인 신축(辛丑) 조약을 맺었다.

열 명의 고위 관료를 처형하고 백여 명의 관리를 처벌해야 하는 등 중국의 주권이 유린되고 3억 3천3백만 달러에 달하는 배상금을 지불해야 하는 불평등 조약이었다.

능력이나 명성에서 라이벌로 부상한 양강(兩江) 총독 장지동(張止洞)이 있었으나 결정적인 국가의 위기 때 청 조정이 택한 최고의 소방수는 역시 이홍장이었다.

이홍장이 매국노라는 소리를 듣게 된 것은 그의 외교에서 비롯된 것으로 그가 맺은 조약만 따져 보아도 알 수 있다. 베트남 종주권을 둘러싸고 프랑스와 싸운 뒤 맺은 프랑스와의 조약, 신장 성 이리 문제로 대결한 뒤 맺은 러시아와의 조약, 일본에 조선 출병권을 내준 톈진 조약, 청일 전쟁에서 패한 뒤 맺은 시모노세키 조약, 의화단 사변 때문에 굴욕적으로 맺게 된 신축 조약 등의 공통점은 중국이 일방적으로 양보하고 손해를 보았다는 점이다.

그것은 따지고 보면 열강의 무력을 감당할 수 없는 중국이 밀릴 수밖에 없는 세계의 대세(大勢) 때문에 생긴 결과이지 외교 책임자 개인의 잘잘못에 기인한 것은 아니었다. 그러나 이홍장의 정적과 이홍장을 지원하는 서태후를 반대하는 세력은 이홍장이 매국 외교를 했을 뿐 아니라 연약한 외교를 폈다고 끈질기게 물고 늘어졌다. 시모노세키 조약의 경우 조약 체결 뒤 황제에게 보낸 비판, 반대 상서만도 무려 140건에 달했다.

그때까지의 경향으로 미루어 반발이 격렬하리라는 것을 이홍장도 예견한 터였다. 때문에 시모노세키로 떠나기 전, 궁정 회의 때 〈영토 할양은 절대 안 된다〉고 선수를 쳐 매국노 소리를 듣지 않기 위한 알리바이까지 남겨 두었고, 황제파의 우두머리이자 주전파인 황제의 사부(師父) 옹동화(翁同龢)의 공격을 무디게 할 목적으로 강화 회의에 함께 가자고 제의하기까지 했다. 공친왕(다시 군기 대신으로 복귀)에게 전쟁이 계속될 경우 주전파를 모두 베이징 방어에 투입해 사수(死守)하자고 제의했다. 이 제의가 효과를 내 반대 목소리가 줄어들었다.

그는 전쟁에 대해 잘 알지도 못하고, 전쟁에 이길 방책도 없는 사람들이 말로만 떠들어서는 안 된다는 지론을 가지고 있었다.

실용주의적 현실주의자였던 것이다.

위기관리의 관점에서 이홍장을 종합 평가해 본다면 어떨까?

이홍장의 회군은 태평천국군과 염군을 진압하는 데 기여함으로써 청나라 왕조의 수명을 늘려 주었고, 그가 펼친 양무운동은 일본의 메이지 유신에 비교할 때 실패라는 평가를 받았으나 세월이 지난 뒤 중국 근대화의 기틀을 놓은 것으로 재평가되었다. 또 그가 양성한 북양군이 없었더라면 청나라는 일본과 한번 제대로 싸워 보지도 못하고 굴복할 뻔했다. 매국 외교라는 비난을 받던 이이제이 외교가 없었더라면 더 심한 굴욕을 열강으로부터 받을 수도 있었다.

그런 점에서 중국이 내외로부터 받는 위기를 종합적으로 관리한 이홍장의 업적은 긍정적인 평가를 받아야 할 것이다.

이홍장이 황제 편에 서서 태평천국의 농민들을 탄압했다 해서 한때 중국에서의 역사적 평가가 바닥이었다. 그러나 현재는 증국번의 경우처럼 근대화의 기틀을 놓았다는 공적이 재평가되고 있어 평가의 균형이 이루어지고 있음을 알 수 있다.

어쨌거나 이홍장은 사후에도 한간(漢奸)이라거나 매국노(賣國奴)라는 욕이나 비난을 감수해야 했다. 한족인 그가 과거에 급제해 고위 관료가 된 뒤 만주족 왕조인 청조(淸朝)를 위해 일생을 봉사했던 만큼 한족의 민족주의적 관점에서 그 같은 비판이 나온 것이다.

그러나 중국 역사에서 볼 때 그 같은 시련을 겪는 것은 드문 일이 아니었다.

오호(五胡) 16국, 수(隋), 당(唐), 금(金), 원(元) 등 이민족이 지배하거나 이민족 혈통의 지배자가 통치하던 기나긴 시절, 인구의 80~90퍼센트를 차지하는 한족은 저항하기도 했지만 적응해서 공존해 왔다.

과거 제도가 정착한 원나라 때 이래 한족 엘리트가 현실 정치에 참여한 것도 정권은 유한하지만 중화(中華, 한족)는 영원하다는 명분을 앞세울 수 있었기 때문이다. 말하자면 이홍장만이 처음 경험하는 딜레마가 아니라는 것이다.

그의 스승이었고 선배 관료였던 증국번이 의용군을 모을 때 내건 구호도 〈황제를 위해서〉가 아니었다. 같은 유교 국가인 조선에선 봉기 농민인 동학군마저 근왕(勤王) 의식을 나타내고 있었는데 말이다. 대신 증국번은 유교 전통인 예교(禮交)를 위해 궐기하자고 호소했다. 체제를 부정하고 전통을 깨고 있는 태평천국을 쳐부수자는 것이었다. 그것은 〈중화를 지키는 것이 우리를 지키는 것이다〉라는 성리학의 청조 시대판 버전이라 할 수 있다.

이홍장은 증국번과 같은 입장이었고 같은 딜레마에 빠져 있었으나 고전에 대한 연구가 깊고 사상가이기도 했던 증국번처럼 자기 합리화의 논리를 정리해 놓지는 못한 것 같았다. 이홍장의 오랜 부하였던 장원제(張元濟)의 회고를 보면, 이홍장은 그 딜레마에 대해 명확한 답을 내리지 않고 있었다.

장원제는 1898년 개혁 군주였던 광서제의 무술변법이 서태후의 반격으로 103일 만에 뒤집힌 뒤 광서제가 유폐되고 캉유웨이, 량치차오 등이 망명하자 「서태후와 황제의 의견이 맞지 않습니다. 그대는 국가의 중신이니 중재하셔야 합니다」라고 충고했다. 이에 대해 이홍장은 탄식하면서 「어린 너희들이 무엇을 알겠느냐?」면서 더 이상 말하지 않았다.

2년 뒤 의화단 사변이 일어난 뒤 장원제는 양광 총독이던 이홍장에게 더 이상 청 조정을 위해 충성하지 말 것을 충고했다고 한다. 이홍장은 그때도 이렇게 말했다. 「어린 너희들이 무엇을 알겠느냐? 나는 목숨이 다할 때까지 충성을 바칠 것이다」라고. 그리고 이때 열강과 싸우겠다는 서태후에게 동조하지는 않았으나 등을 돌리지도 않았다. 서태후를 도와 열강을 상대하며 뒷수습을 해주었다.

이홍장은 청일 전쟁과 관련, 위기관리에서 1인 다역은 실패할 확률이 높다는 점 등 몇 가지 교훈을 남겨 주고 있다.

알려진 대로 이홍장은 청나라의 국방, 외교의 책임을 맡고 있었고, 자신의 사병이랄 수 있는 북양군을 가지고 청일 전쟁을 치렀다.

그렇다면 교전국이던 일본의 카운터 파트는 누구였을까?

국방 정책으로 말한다면 야마가타 아리토모(山縣有朋)가 있었다. 그는 일본 군의 근대화를 이끈 주역이었다. 작전 계획이라면 일본인들이 〈일본의 몰트케〉라면서 손꼽던 참모 차장 가와카미 소로쿠(川上操六)가 있었다. 외교 분야에선 일본 총리 이토 히로부미와 명석하다고 해서 면도날이라 불리던 무쓰 무네미쓰가 있었다.

시모노세키 조약을 위한 강화 회담 때 청의 전권 대사가 이홍장 한 사람인데 비해 상대역인 무쓰 외에 총리 이토까지 가세한 것은 폐결핵 말기인 병약한 무쓰를 보완하면서 회담의 주도권을 확실하게 휘어잡기 위해서였다. 1 : 2의 구도가 모양새는 좋아 보이지 않았으나 두 사람의 팀플레이는 삼국 간섭을 불러일으킬 정도로 예상외의 성과를 올렸다.

이홍장의 양무 사업이나 교육 정책의 실적까지 거론한다면 일본 측 각료 몇 사람이 더 맞수로 등장해야 할 판이다. 그러고 보면 이홍장이야말로 1인 다역의 대단한 걸물(傑物)이었다는 생각이 들 것이다.

하지만 결과로 말하는 역사는 그렇지 않았다. 전문성 있고 유능하며 애국심에 불타는 인물들이 역할 분담을 한 일본의 위기관리 시스템 앞에서 1인 다역은 제대로 힘을 써보지도 못했다. 뿐만 아니라 이홍장에게는 군함 건조비를 빼돌리게 한 어처구니없는 서태후가 있었으나, 일본의 카운터 파트들에게는 국민 통합의 구심점이 되고 전시 정부를 통합하는 역할을 한 메이지(明治) 국왕이 있었다. (일본의 그 같은 시스템이 군국주의로 치닫게 되는 그 후의 역사는 별개의 이야기이다.)

19세기 말엽 조선의 대내외 위기관리에서 이홍장은 대리자, 보호자, 후원자로서의 역할을 충실히 연출했다. 그러나 끝이 좋지 않았다. 국내외 상황이 나빠지면서 감시자, 압제자로 표변하기에 이르렀다. 그는 국익을 위해서라면 중국은 한국에 대해 일본 못지않게 탐욕적이고 침략적일 수 있음을 보여 주었다. 그같은 변신은 〈중국은 우리의 유일하고 영원한 우방이다〉라는 신화를 깨뜨렸다.

양국 관계에서 기천 년을 지내 오며 형성된 신뢰감과 유교 문화의 철저한 공유(共有)에서 오는 친밀감이 서서히 적대감으로 바뀌어 갔다. 조선에서 격렬한 반청 분위기가 등장한 것은 그 같은 배경을 깔고 있었다.

보호자에서 압제자가 된 이홍장의 표변은 〈조선은 중국의 심장부(베이징 등 요충)를 지켜 주는 울타리이다〉라는 지정학적 인식에서 비롯되었다. 조선이라는 입술이 없으면 이가 시릴 수밖에 없다(脣亡齒寒)는 발상이다.

이러한 울타리론, 순망치한론은 물론 이홍장 시대에 처음 등장한 것이 아니다. 16세기 때 일본이 명나라를 정복한다면서 조선을 침범했던 임진왜란 때 원군을 조선에 파병하면서 처음으로 그 개념이 표면화되었다.

더욱이 청나라의 발생지가 압록강 동북쪽의 만주 동북 3성이었고, 영국과 미국이 대륙 세력인 러시아를 견제키 위해 같은 해양 세력인 일본의 한반도 진출을 지원하고 있었던 만큼 이홍장 시대에 와서 순망치한론은 더욱 힘을 받을 수밖에 없었던 것이다.

이홍장 시대 이후 한반도를 둘러싼 역사의 전개 과정을 보면 울타리론, 순망치한론 같은 지정학적 논리가 청일 전쟁, 러일 전쟁, 한국 전쟁 등을 통해 반복적으로 역사의 전면에 등장했고, 21세기에 들어와서는 세계 유일의 초강대국 미국을 상대로 해 새로운 버전으로 전개되고 있음을 확인할 수 있다.

중국 대륙의 지정학적 특성은 동서남북 모두가 경쟁 국가나 잠재적인 적대 국가에 둘러싸여 있다는 점이다. 한반도가 있는 동북쪽은 러시아, 일본이 있고 일본의 뒤에는 미국이 도사리고 있다. 남쪽은 베트남을 포함한 동남아시아가 있고 호주와 미 해군이 그 뒤에 포진하고 있다. 북쪽은 러시아와 길고 긴 국경 지대를 맞대고 있는 잠재적 위기 지역이다. 서쪽은 티베트를 완충 지대로 놓고 강대국으로 부상하려고 애쓰는 인도와 대치하고 있다. 베이징 올림픽을 앞두고 티베트 독립을 이슈로 내란 상태가 된 것도 오래전부터 택한 국경의 위기관리 전략과 관계가 깊다.

이 가운데 중요도로 우선순위를 매겨 본다면 한반도, 티베트, 러시아, 동남아 순서가 될 것이다.

그런 점에서 이홍장 시대의 위기관리 전략은 21세기의 한반도에서도 여전히 유효할 수 있다. 따라서 앞으로도 우리는 중국의 한반도 전략을 주의 깊게 살펴야 할 것이다.

6 근대화의 씨, 갑신정변

정확한 대세 판단이 중요

김옥균(金玉均)은 박영효(朴泳孝), 홍영식(洪英植), 서광범(徐光範), 서재필(徐載弼) 등 개화파와 함께 1884년 12월 4일 밤, 갑신정변을 일으켰다. 이들 개화파들은 일본 공사관 경비대의 지원을 받으며 우정총국 연회에서 거사, 민씨 척족 정권의 실세와 군부 책임자 여섯 명을 살해하고 국왕이 있던 궁궐을 장악했다.

일단 권력을 잡은 이들은 새 내각을 구성하고 국정 개혁을 위한 정강 정책까지 선포하는 등 발 빠르게 움직였으나 병력이 월등하게 우세한 서울 주둔 청군이 진압 작전에 나서는 바람에 실패하고 말았다.

역사에 나와 있듯이 〈삼일천하〉로 끝난 것이다.

갑신정변은 정확하게 46시간 동안 진행된 단막극이었지만 한국 근대사에 여러모로 큰 영향을 끼친 큰 사건이었다. 갑신정변이 성공했더라면 조선이 망국(亡國)으로 치닫게 되는 역사가 다른 흐름을 보였을지도 모른다는 아쉬움은 아마도 영원할 것이다.

갑신정변은 왜 실패로 끝났는가?

사학자들은 1) 청군의 개입에 따른 무력(武力)의 열세, 2) 일본 경비대를 이용한 데 대한 반발, 3) 고종의 지지 확보 실패, 4) 개화사상 지지층의 미약, 5) 민중의 지지 획득 부재, 6) 국제 정세에 대한 오판(誤判) 등을 실패 원인으로 꼽고 있다.

위기관리의 관점에서 보더라도 위에 열거한 역사적 평가와 크게 다를 바 없다. 그러나 개화파들의 문제점이나 정변이 준 교훈을 평가하는 점에서 차이가 없는 것은 아니다.

위기관리의 관점에서 가장 중요한 포인트는 대세(大勢)에 대한 판단의 중요성이다. 나라 안팎의 판세를 어떻게 읽고 있느냐가 관건이라는 얘기이다.

1880년대는 제국주의가 막바지 불꽃을 튀기던 시대였고, 한반도를 포함한 동북아시아의 무대에서도 열강의 각축이 마지막으로 내연(內燃)하고 있을 때였다. 앞으로 전개될 대외 정세를 어떻게 예상하느냐가 중요한 순간이었다.

쿠데타를 일으키려는 개화파들에게 서울 지역에 주둔하고 있는 청군 병력 1천5백 명(駐防朝鮮慶軍營)의 존재는 대외 정세의 초점이었다. 그 병력의 거취와 향방이 정변의 성공과 실패를 좌우할 수 있는 국제적 요인이었기 때문이다.

김옥균 등은 1884년 가을, 베트남을 둘러싼 청과 프랑스의 국지 전쟁이 절정에 오르면서 서울 주둔 청군 6영 3천 명 중 3영 1천5백 명이 만주 3성에 대한 방위를 위해 서울에서 철수하게 된 것을 청의 내리막길이 시작된 것으로 판단했다.

김옥균은 청프 전쟁 구도에서 일본과 프랑스가 연횡(連橫)을 맺고 일·청 간의 전쟁까지 일어나게 되면 청이 패배할 것으로 보고 그 기회를 틈타 정변을 일으키기로 했던 것이다. 일종의 틈새 전략이었다고 할 수 있다.

당시 고종도 일본·프랑스 양국과 청이 전쟁을 벌이면 조선이 청의 내정 간섭으로부터 독립할 수 있을 것으로 보았고, 조선 정부는 청일 전쟁의 여파가 한반도에 파급될 것을 우려해 연안 방위 책임자까지 인선해 둘 정도였으며, 주둔 청군 지휘관 오조유(吳兆有)도 조선 정부와 연안 방어책을 의논하고 있었다.

그러나 일본·프랑스 연횡의 청일 전쟁론은 동떨어진 오판(誤判)이었고, 그 오판에 근거한 갑신정변은 그만큼 성공할 확률이 적었다.

청나라와 프랑스 간에 베트남 종주권을 둘러싼 무력 대결이 일어난 것은 1882년 4월 프랑스가 하노이를 무력으로 점령한 뒤 청의 정규군이 투입되면서부터였다.

1884년 청의 복건 함대가 프랑스 극동 함대에 괴멸당하면서 전투는 고비에 올랐다. 서울 주둔 청군의 절반이 철수한 것은 프랑스군이 보하이 만까지 진출해 와 상륙전을 펼 것에 대비해 청의 발상지인 만주 3성에 대한 수비를 강화하기 위해서였다. 그러나 청프 전쟁은 양국이 선전 포고를 한 가운데 진행된 정식 전쟁이 아니라 비공식적인 국지전이었고, 제한전이었다.

당시 세계의 패권 국가로 군림하고 있던 영국은 식민지 인도를 거점으로 삼아 중국 대륙에 진출, 중국 시장을 석권하고 있었다. 인도와 중국은 영국의 사활(死活)이 걸린 해외 안보 순위 1, 2위였다.

따라서 인도와 중국을 잇는 해로(海路) 중간에 위치한 베트남과 그 인근 지역도 중요한 전략 요충지였다. 때문에 영국은 프랑스의 베트남 공략이 인근 지역(타이)으로 작전 반경을 넓히게 되는 것을 경계하고 있었다. 그럴 경우 인도의 안보가 위협받기 때문이다. 또 프랑스가 청과의 국지전을 확대할 경우에도 중국에서의 국익을 지키기 위해 견제에 나서야 할 입장이었다.

일본이 프랑스에 가담하는 연횡이 이루어지게 되면 인도와 중국을 잇는 영국의 우세한 지위가 두 군데서 동시에 위협을 받는 형국이어서 영국이 좌시할 계제가 아니었다. 따라서 그 같은 영국의 전략을 잘 알고 있는 프랑스는 조심스럽게 접근하고 있었다.

일본의 입장에서도 프랑스와 연횡하면 청을 쉽게 견제할 수 있는 소득이 생기지만, 이를 위해 세계 최강의 해군력을 가진 영국을 자극할 이유가 없었다.

한반도의 패권을 잡기 위해서는 청나라에 이어 러시아와도 대결해야 한다는 것이 기본 전략이어서 해군력 증강과 외교 지원을 위해서는 오히려 영국과의 동맹이 더 필요했다. 20년 뒤 영일 동맹을 맺고 러시아와의 전쟁에서 이기는 것이 그 점을 입증한다.

뿐만 아니라 당시의 일본은 청과의 전쟁을 벌일 만큼 충분한 군비(軍備)를 갖추고 있지도 못했다.

청프 전쟁은 열강의 마지막 각축장이 된 동북아의 사태이기 때문에 그에 따른 일본·프랑스 연횡설도 계속 발생해 관련 주변국 사이에 널리 퍼졌다.

일본·프랑스 연횡설이 처음 등장한 것은 1883년 초였고, 한동안 잠잠하다가 그해 연말 다시 재연되었다. 프랑스가 일본과의 연횡에 적극적인 입장이고, 1884년 프랑스 함대의 승리 이후 또 한 차례 확산되어 조선의 조정까지 큰 영향을 끼치게 되었다.

그러나 한쪽 당사자인 일본은 근거 없이 청을 자극할 이유가 없다고 보아 여러 경로를 통해 이홍장 등 청국 요로에 연횡설이 사실무근임을 확인시키려 노력했고, 청도 일본의 배려를 긍정적으로 평가하고 있었다.

여러 가지 상황과 여건으로 미루어 볼 때 일본·프랑스 연횡, 일·청 간의 전쟁은 실현 가능성이 희박했다.

그럼에도 불구하고 갑신정변을 일으키게 된 동인(動因)이 될 수 있었던 것은 두 가지 점 때문이었다고 할 수 있다.

첫째는 주조선 공사 다케조에 신이치로와 공사관의 외교관들이 일본 본국의 실력자인 참의 이토 히로부미와 외무경 이노우에 가오루의 연출에 따라 일·청 간의 전쟁이 임박한 것처럼 거짓 정보를 확산시켜 정변을 유발했고, 둘째는 김옥균 등 조선 지도층이 일본의 속임수를 간파할 만큼 해외 정보 역량을 가지고 있지 못했다는 점이다. 국제적인 식견도 그랬지만 해외 정보도 청나라와 일본을 통해 얻는 편식(偏食)이어서 전체적인 균형감이 결여될 수밖에 없었다. 청군이 3천 명 중 절반의 병력을 철수시킬 수 있었던 것도 청과의 충돌을 우려하는 본국의 정책에 편승해 대청 온건론자였던 다케조에 공사가 일본 주둔 경비 병력을 3백 명에서 150명으로 줄인 데서 가능했다는 속사정도 알 까닭이 없었다.

다케조에 공사가 속임수를 쓰게 되는 경위를 살펴보자.

그는 갑신정변 34일 전인 1884년 10월 30일, 1년 가까운 이례적인 휴가를 끝내고 도쿄에서 서울로 돌아왔다. 고종을 알현한 자리에서 청프 전쟁에서 청이 연전연패하고 있으므로 패망할 날이 머지않았다는 의견을 밝히고 일본은 조선이 빨리 자주독립의 대계(大計)를 정하기 바란다는 내용의 말을 했다. 반청(反淸) 자주의 뜻을 품고 있는 고종의 비위에 맞는 말만 골라 한 셈이다.

뿐만 아니라 임오군란 때 조선이 일본에 주기로 한 배상금 50만 원 중 잔액 40만 원을 일본 정부가 받지 않기로 했다면서 조선의 양병비(養兵費)로 써달라고 했다. 조약에서 규정한 막대한 배상금을 공식적인 이유도 없이 개인 주머니 속의 돈처럼 선심 공세를 한 것이고, 이를 지시한 이노우에가 노린 대로 고종은 흡족해했다.

다케조에는 이홍장도 높이 평가하는 중국통이자, 대청 온건론자였다. 그런데 갑자기 딴사람이 된 듯 처신하기 시작했다. 친청(親淸) 사대파 대신들에게 대놓고 면박을 주는가 하면 공사 겸 청국 대표인 진수당을 〈무골 해삼〉이라고 비하하는 발언을 하는 등 반청(反淸) 감정을 거침없이 드러냈다.

반면 개화파에는 직·간접적으로 일본이 청을 공격하기로 결정한 것처럼 메시지를 보냈다. 박영효에게는 〈조선의 개혁에 뜻 있는 인사들은 이 기회를 놓쳐서는 안 됩니다〉라며 거사를 종용하는 듯한 발언을 했다.

대일 차관 교섭 때 방해한 것 때문에 사이가 소원해 있던 김옥균과의 관계도 원만하게 복원되었다. 다케조에는 「만약 귀국의 개혁을 돕는 나라가 있다면 어떻게 하시겠소?」라고 말하며 김옥균을 선동했다.

11월 6일에는 남산에서 보란 듯이 주둔 일본군을 적·백(赤白) 두 패로 나눠 공개적으로 격검(擊劍)을 실시하고 일본을 의미하는 적이 승리하면 〈길조〉라면서 좋아했다.

11월 11일 밤에는 주둔 일본군을 동원해 총을 쏘며 야간 훈련을 실시케 해 장안을 불안에 빠뜨렸다. 누가 보아도 일본이 곧 청국과 전쟁을 벌일 것 같은 분위기를 느끼게 했다.

이렇듯 다케조에는 증거는 남기지 않은 채 개화파의 정변을 교묘하게 유도하고 있었다. 서울에 온 뒤 연출한 언행은 말하자면 정변을 일으키게 하기 위한 정략적인 미끼였고 속임수라고 할 수 있었다. 실제로 일본의 대청 정책이 강경하게 돌아선 것으로 판단한 김옥균 등 개화파는 일본군의 도움을 전제로 한 정변 모의를 구체화하기 시작했던 것이다.

문제는 메이지 정권의 실세인 이토와 이노우에가 다케조에를 앞세워 정변을 유도케 한 음모의 배후라는 점이다.

청일 두 나라 간의 전쟁이 일어날 때가 아니라는 걸 누구보다 잘 아는 두 사람이 전쟁의 불씨가 될지도 모르는 정변을 유도하는 정치 도박을 둔 이유는 무엇일까?

여러 가지 상황으로 미루어 보아 두 가지 목적이 있었을 것으로 추정된다.

첫째는 당시 격화되어 가고 있던 일본 국내의 반정부 세력에 대한 대응책의 일환이라고 보는 시각이다. 김옥균과 손을 잡은 야당의 조선 개혁 계획을 무산시키고 일본 정부가 조선 개혁을 대신 추진케 함으로써 야당의 반정부 공세 전략까지 차질을 가져오게 하려고 한다는 것이다.

1880년대 초 일본은 국내적으로 만만치 않은 위기 상황이었다. 메이지 유신을 위한 근대화와 청일 전쟁에 대비하는 군비 증강으로 농촌 생활이 극도로 어려워져 민심이 악화되었고, 민권 운동이 정부의 강력한 탄압을 받게 되자 입헌(立憲) 정체를 외치며 도처에서 잇달아 정부 전복 음모 사건이 일어났다.

고토 쇼지로(後藤象之郎) 등이 추진한 조선 개혁 운동(190면 〈차관 주선 계기로 일본인이 정변에 개입〉 참조)도 따지고 보면 야당의 대정부 공세의 일환으로 볼 수 있었다. 조선 개혁을 내세웠지만 진짜 과녁은 사쓰마·조슈 번벌 정부의 붕괴를 노리는 데 있었다고 할 수 있다.

따라서 이토와 이노우에는 사쓰마·조슈 정권의 안보를 위해 야당의 계획을 역이용해 정치적 돌파구를 마련하려고 한 것이다.

두 번째 목적은 청에 대한 파워 테스트라는 측면이 있다. 일본 공사관 경비대가 왕궁을 지켜 주는 소극적, 제한적인 국지 작전만으로 정변이 가능할 수 있겠느냐를 시도해 본 것이라고 볼 수 있는 것이다.

이토 등의 그 같은 발상은 실현 가능성이 없었던 것은 아니다. 청의 대외 정책을 주도하고 있던 이홍장의 이이제이 전략과 그의 정치적 위상의 허점을 예리하게 파고든 것이라고 볼 수 있기 때문이다.

청은 1874년 일본의 타이완 공략, 1879년 일본의 류큐(琉球) 병합 때 제대로 무력 대응을 하지 못했다. 전쟁을 원하지 않았기 때문이다.

1870년대 중반 이후 청의 외교와 국방을 맡은 이홍장은 전쟁보다는 열강을 상호 견제하는 이이제이 방식의 외교를 선호했다. 정적들이 지적하듯 유화(宥和)주의자였다. 뿐만 아니라 자신을 지지하던 공친왕이 권력 투쟁에서 밀려나는 바람에 심리적으로 위축되어 있었다.

프랑스와의 전쟁도 버거워하던 청이 신흥 군사국인 일본과도 싸운다는 것은 악몽이었다. 이홍장은 청의 전력으로 보아 대프랑스, 대일의 2개 전선(戰線)을 감내하기 어렵다고 보아 서울의 정변이 전쟁으로 확대되는 것을 피할 공산이 있었다. 일본과의 전쟁은 자신의 권력 기반인 북양 육·해군의 소진을 의미하는 것이기도 했던 것이다.

그 점을 염두에 두고 정변이 일어난다면 서울 주둔 청군이 왕궁을 장악한 일본 경비대에 대한 공격을 강행하지 않을 수도 있었고, 청일 양군이 무력 충돌을 한다 하더라도 확전(擴戰)을 막기 위해 타협할 수도 있을 것이었다.

이홍장은 실제로 갑신정변 전에도 프랑스 측과 강화 방안을 추진하다가 주전파의 공격을 받았고, 갑신정변 후에는 프랑스와의 육상전에서 전세가 불리하지 않았는데도 곧 있을 일본과의 톈진 회담에서 유리한 입장을 확보키 위해 프랑스와 서둘러 강화한 바 있었다.

그런데 갑신정변의 실패라는 예기치 않은 변수(變數)가 등장해 판세를 바꿔 버렸다. 25세의 청년 위안스카이가 정변 직후 즉시 진압 작전을 강행, 본국(청·일)에 사태 발생 보고가 채 가기도 전에 정변을 무산시켜 버렸던 것이다.

당초 서울 주둔 청군 지휘관인 오조유는 사태의 중대성에 비추어 일단 이홍장에게 보고하고 지시에 따라야 한다는 생각이었다. 그러나 진압 시기를 실기(失機)하면 청나라가 한반도에 어렵게 구축해 놓은 우위(優位)를 상실할지도 모른다고 판단한 위안스카이가 즉각 출동을 강력하게 주장, 관철하게 되었다.

당시 서울과 톈진 간에는 전신선이 아직 가설되어 있지 않았기 때문에(도쿄도 마찬가지) 배편으로 긴급 보고가 가더라도 지시가 오려면 최소한 며칠이 걸렸다.

이홍장이 실제로 갑신정변 소식을 들은 것은 사태 발생 5일 뒤였다.

며칠의 시간적 여유가 생기면 갑신정변 주도자들은 거사 직후 장악할 2천 명의 조선 친군을 청군에 대처하는 병력으로 활용할 수 있었다. 150명의 일본 정예 병사까지 지원하는 만큼 1천5백 명의 청군으로는 사태 수습이 그만큼 어려워지는 것을 의미했다.

그런 점에서 위안스카이의 판단과 임기 대응책은 시의 적절했다. 뿐만 아니라 이홍장의 부담을 덜어 주는 구원 투수 역할도 한 것이어서 뛰어난 전략적 활동을 편 셈이었다.

위기관리에서 전형적인 정면 돌파의 정석(定石)을 보여 준 것이다.(148면 〈위안스카이, 위기관리의 천재〉 참조)

그에 비해 44세의 소심한 한(漢)학자 출신 다케조에는 위안스카이 같은 순발력을 발휘하지 못했다. 진압 작전으로 나온 청군과 교전하면서 며칠간의 시간을 확보해야 할 결정적인 순간에 등을 돌렸던 것이다.

개화파의 정변을 유도하라는 이노우에의 지시를 받고 서울에 온 다케조에는 정변 22일 전인 11월 12일, 갑을(甲乙) 2개 안을 제시하며 일본 정부에 양자택일을 요청한 바 있었다.

갑 안은 일본 정부가 청일 전쟁을 각오한 것이라면 일본당(개화파 지칭)을 선동해 내란을 일으키게 하는 게 득책이다. 조선 국왕의 의뢰로 왕궁을 지키다가 덤벼드는 청국 병사를 격퇴하는 것이므로 명분상 아무런 문제가 없다는 것이고, 을 안은 청과 대결할 의사가 없는 것이라면 일본당이 큰 화를 입지 않도록 보호하는 데 그치겠다는 것이다.

다케조에의 갑 안은 갑신정변 상황을 그림 그리듯 예측한 것으로, 이노우에의 의도를 잘 소화해서 반영한 구체안이라 할 수 있다.

다케조에는 정세가 박두하면 어느 안을 택할지 지시를 청하겠다고 했는데, 지시를 청하기 전에 정변이 일어나 차질이 생겼다. 일본 측을 믿지 못한 김옥균이 정확한 거사 일시를 알려 주지 않아 엉거주춤한 상태에서 정변에 말려든 것이라 할 수 있다.

정변이 예정대로 진행되고 있을 때는 괜찮았지만 3일째 되는 날 청군이 반격에 나서 양측 사이에 치열한 교전이 벌어지면서 상황이 급전하자 다케조에가 교전 때문에 국왕이 다칠지도 모른다면서 일본 경비대를 철수시키겠다고 꽁무니를 뺏다. 목숨이라도 건져 보겠다는 속셈이었을 것이다.

정변에 이미 참여한 것이 기정사실인 만큼 자기 나라를 위한 길이었다면 달아나는 것이 아니라 목숨을 걸고 싸워 본국 정부가 개입할 수 있는 시간을 벌어야 했던 것이다. 그러나 다케조에는 자신이 본국에 청훈한 갑·을 안의 어느 것도 실천하지 못했다.

현장의 위기관리 책임자로서 위안스카이에게 완패한 것이고, 일본의 위신과 신의를 땅에 떨어지게 한 것이다.

갑신정변 뒤에 위안스카이가 이홍장의 파격적인 지원을 업고 승승장구한 데 비해, 다케조에가 이노우에에게 버림받아 옷을 벗은 것을 보면 현장의 변수가 매우 중요했었음을 알 수 있다.

다케조에는 노년에도 갑신정변에 관해선 〈위안스카이에게 당했다〉는 말만 했다. 그것은 결정적인 순간, 패착(敗着)을 놓은 자신의 무능에 대한 회한을 죽을 때까지 지니고 있었음을 뜻하는 것이다.

_차관 주선 계기로 일본인이 정변에 개입

임오군란 뒤 조선의 정치판은 친청 민씨 척족 수구파와 고종의 비호를 받는 반청의 개화파가 맞서는 양상으로 전개되었다. 청의 대원군 납치로 대원군 수구파와 군란에 동조했던 위정척사파 세력이 위축되면서 판세가 그렇게 정리되어 간 것이다.

당시(1882~1883) 정국의 최대 현안은 심각한 재정 위기를 어떻게 해결하느냐는 점이었다. 순조(純祖) 때 이래 삼정(전정, 군정, 환곡)의 문란에서 비롯된 재정 적자가 누적되어 사태가 더욱 심각해지고 있었던 것이다.

외교 고문인 독일인 묄렌도르프는 민씨 척족의 실세인 민태호(閔台鎬), 민영익의 지원을 받아 당오전(當五錢)을 발행해 자금을 마련하자고 주장한 데 대해 개화파의 좌장인 김옥균은 일본에서 3백만 엔의 차관을 들여와 재정난을 해결하고 개혁에 필요한 경비를 써야 한다고 맞섰다.

양쪽의 주장을 함께 수용한 고종은 당오전을 발행하게 하는 한편 김옥균에게는 일본에서 기채(起債)하는 데 필요한 국왕의 위임장을 써 주었다.

그런데 당오전 발행을 둘러싼 논쟁에서 김옥균에게 모욕을 당한 묄렌도르프가 앙심을 품고 국왕의 위임장이 가짜라며 다케조에 일본 공사에게 모략했고, 다케조에가 이를 본국에 보고하면서 일이 이상하게 꼬이게 되었다.

도쿄에 간 김옥균(세 번째 도일)을 만난 이노우에 외무경은 일본의 재정 형편이 나빠 차관이 어렵겠다며 난색을 표했다. 국왕의 위임장만 있으면 차관이 가능할 것이라던 지난번의 약속(2차 도일)을 손바닥 뒤집듯 뒤엎은 것이다.

국왕을 속인 셈이 되어 당황한 김옥균은 대안으로 주일 미국 공사 빙엄 J. A. Bingham을 찾아가 미국의 차관을 요청했고, 그의 소개로 알게 된 미국 상인 모스 W. R. Morse를 통해 영·미의 금융 시장을 상대로 차관을 얻어 보려 했으나 그마저도 실패했다. 미지의 나라인 조선에 투자하려는 투자자도 별로 없었지만 일본 정부와 묄렌도르프의 방해 공작이 모스를 소극적으로 만들었던 것이다.

지푸라기라도 잡으려는 심정으로 김옥균은 일본 최고의 논객이라던 후쿠자와 유키치(福澤諭吉)와 이를 의논했고, 후쿠자와는 야당의 거물 정객인 고토 쇼지로를 만나도록 주선해 주었다.

고토는 자신이 직접 나서서 동지와 자금을 규합하고 조선에 건너가 개혁을 도와주겠다고 큰소리쳤다. 김옥균은 그 말을 믿고 일단 귀국했지만 고토는 거사 자금 백만 엔을 마련하기가 어려웠다.

고토는 자유당 당수인 이타가키 다이스케(板垣退助)와 의논하게 되었고, 두 사람은 1884년 9월 9일 주일 프랑스 공사 셍키에비치 J. A. Sienkiewicz를 만나 프랑스 차관 공여를 제의하게 되었다.

프랑스 차관으로 조선의 군대를 양성해 주둔 청군을 몰아내고 사대당을 물리친 뒤 개혁 정부를 수립하면 프랑스가 청국을 앞설 수 있을 것이라고 설명했다. 셍키에비치는 두 사람의 제의가 현실성이 있다고 보아 이를 본국에 보고까지 했다.

고토는 그 뒤 프랑스 차관이 결말이 나기 전, 20만 엔을 융자받기 위해 정부의 실력자인 참의 이토 히로부미를 만나 협조를 구했다. 이토는 반정부 공세를 강화해 가는 야당을 구슬릴 필요가 있었기 때문에 고토에게 입각을 권하는 등 호의를 보였는데, 솔직한 성격의 고토가 조선의 개혁을 도우려는 자신의 계획을 발설하고 말았다.

놀란 이토가 친구인 이노우에 외무경에게 그 사실을 알려 주었고, 두 사람은 조선의 개혁을 야당의 손에 맡기는 것은 있을 수 없는 일이라며 정부 쪽에서 대처하는 대안을 찾기에 이르렀다.

먼저 고토를 돕던 무쓰 무네미쓰(陸奧宗光, 이토가 총리대신이 된 뒤 외무대신으로 발탁)를 해외 시찰이나 하라면서 영국으로 빼돌리는 한편 장기 휴가에 나와 있던 다케조에게 상황을 설명한 뒤 밀지(密旨)를 주어 서울로의 귀임을 서두르도록 조치했다. 이노우에의 밀지가 어떤 내용인지는 다케조에가 죽을 때까지 침묵을 지켜 알려진 것이 없다.

이렇듯 김옥균의 3백만 엔 기채 건은 이토와 이노우에를 갑신정변 배후로 끌어들이는 계기가 되었다.

정변 작전의 허와 실

김옥균은 일본·프랑스의 연횡, 일·청 전쟁으로 한반도에서의 청국 우위 체제가 흔들리게 될 것으로 보고 정변을 일으켰다. 그러나 앞으로의 전망이 그렇다는 것이지, 코앞에 도사리고 있는 1천5백 명의 청국 주둔군의 존재는 여전히 발등의 불이었다.

정면충돌을 가상(假想)한 응분의 작전 계획을 마련하는 것이 불가피한 현실이었다. 이를 위해서는 유능한 지휘관, 적절한 병력, 우수한 무기 확보가 관건이었다.

그러나 개화파가 오래전부터 정변 준비에 들어간 것은 아니었다. 1882년 임오군란 때 수구파와 개화파 간의 대립이 시작되었으므로 정변 한 해 전인 1883년께 구상에 들어갔다고 볼 수 있다.

1883년 광주 유수(廣州留守)였던 박영효가 신식 군대 5백 명을 양성했고, 개화파 계열인 윤웅렬(尹雄烈)이 함경 남병사로 임명되면서 역시 신식 군대 5백 명을 훈련시켰다. 두 사람 모두 고종의 허가를 받아 양병한 것인데, 당시 조선 군대는 청군이 훈련시킨 친군 좌·우영 병력이 천 명 수준이었기 때문에 유사시 큰 힘이 될 수 있는 병력 수준이었다.

그러나 개화파의 병력 보유를 우려한 수구당의 줄기찬 압력에 밀린 고종이 박영효를 7개월 만에, 윤웅렬을 1년 2개월 만에 경질했고, 두 사람이 양성한 신식 군대는 수구당이 장악하고 있는 친군 전·후영에 흡수되었다.

정변 모의가 구체화되던 1884년 초, 정변 주도 세력은 부대 단위의 병력을 전혀 확보하지 못한 상태였던 것이다.

사학자 박은숙(朴銀淑)에 의하면, 갑신정변에 동원된 총인원은 3백~4백 명 선이었다. 서재필과 함께 일본 군사학교에 유학했던 사관 생도 14명, 박영효가 키운 친군 전영 소속의 군인 70여 명, 충의계(忠義契) 소속 장사(壯士) 30여 명, 부상(負商, 등짐장수) 백여 명에 주한 일본 공사관 경비병 120~150여 명이었다.

당초 김옥균 등은 싸움에 능한 일본인 장사 수십 명을 고용하려 했으나 다케조에가 전과는 달리 협조적인 태도로 접근해 왔기 때문에 계획을 바꿔 일본 경비대만을 지원 세력으로 빌리게 된 것이다.

주둔 청군이 1천5백 명 선이었고 사대당 휘하의 조선군(전·후영, 좌·우영)이 2천 명이었던 만큼 10대 1로 전력이 열세(劣勢)였다.

정변에 동원된 병력이 사기가 높고 일본 경비대가 전통적으로 강병(强兵)으로 유명한 사쓰마 출신들이라고 하지만 전력의 열세를 극복한다는 것은 어려운 일이었다.

정변의 작전 계획이 무리(無理)였음을 알 수 있다.

그러나 조선군 지휘자인 민영익(閔泳翊) 등 네 명 모두를 거사 첫날 기습적으로 제거하고 국왕을 옹립하는 데 성공, 조선군을 정변 세력 아래 끌어들임으로써 산술적으로는 전력이 청군을 웃돌게 되었다. 승기(勝機)를 잡은 듯했다. 그러나 작전 지휘의 부실 때문에 모처럼의 기회에 차질이 생기고 만다.

정변 주도 세력은 거사 다음 날 전·후영 영사에 박영효를 기용, 친군을 장악하는 인사 포석을 했다. 또 전영에 신복모, 이인종 등 두 명을 영관으로, 후영에 서재필을 정영관으로, 이창규, 이희정을 영관으로 임명했다. 이들은 박영효가 키운 신식 군대 출신이어서 동료였던 전·후영 병사 일부를 어렵지 않게 포섭할 수 있었다.

그러나 청군이 키운 좌·우영에는 영사만 서광범을 기용했을 뿐 함께 투입할 지휘관 출신이 없었다. 사태를 관망하던 좌·우영 군사들은 자신들을 양성했던 위안스카이가 설득하자 청군 쪽에 합류해 정변군을 공격함으로써 정변군 패배에 쐐기를 박는 역할을 하게 된다.

무기 확보에서 빚어진 차질도 결정적이었다.

김옥균은 일본에서 화약을 반입하고 일본도도 수십 자루 사들이는 등 무기 확보에 신경을 썼으나 총기류는 장만하지 못했다. 막상 전투가 벌어져 창고에 보관 중이던 총을 꺼냈으나 사용할 수가 없었다. 임오군란 뒤 군대의 반란에 노이로제가 된 정부가 병사들에게 지급했던 총을 수거해 창고에 보관하고 있었는데, 오랫동안의 관리 부실로 녹이 슬어 장탄이 되지 않았던 것이다.

전직 군인과 현역 군인이 참여하고 있었고, 청군과 조선 친군의 동향을 주의 깊게 지켜보았던 정변 주도 세력이 전투 수행의 생명인 총기류 확보의 문제에서 기본적인 허점을 보인 것이다.

위기관리의 관점에서 볼 것도 없이 변명의 여지가 없는 패인이었다.

갑신정변은 위로부터의 개혁

갑신정변은 전형적인 〈위로부터의 개혁〉이었기 때문에 국왕의 동의와 지지가 매우 중요했다. 국왕의 권력과 권위를 이용하면 명분을 확보할 수 있었고 강력한 추진력을 얻을 수 있었기 때문이다.

그런 점에서 정변을 준비하던 개화파는 희망적이었다. 고종이 자신들처럼 반청(反淸) 사상을 가지고 있는 데다 개화에 적극적인 사고를 하고 있었던 것이다.

고종은 임오군란 이후 청이 조청 상민 수륙 통상 장정 체결을 강요하고 실질적인 속국화 정책을 추구하면서 내정 간섭을 강화해 나가자 강하게 반발하며 국권의 자립을 생각하게 되었다. 정치적 필요 때문에 친청 수구파를 중용해야 했지만 계기만 있으면 견제하는 술수를 썼다.

반면 반청 자주 노선을 주장하는 개화파는 비호하고 키워 주었다. 수구파가 틈만 생기면 김옥균, 박영효 등을 제거하려 했지만 고종이 말을 듣지 않아 이루어질 수 없었다.

김옥균은 고종이 믿는 대신 네 사람 중 하나로 꼽힐 정도로 신임을 받았다.

고종은 일본과 프랑스의 연횡이 이루어져 일·청 간의 전쟁이 일어나면 청의 속박에서 벗어날 수 있는 기회라는 김옥균의 진언에 적극 동의하고, 나라의 큰 일과 위급한 때를 당했을 때 김옥균의 지모(智謀)에 일임하겠다면서 친서에 국새까지 찍은 밀칙(密勅)까지 내주었다.

정변이 일어났을 때, 그리고 진행 중일 때만 해도 고종은 김옥균에게 협조했으나 대세가 기울자 등을 돌리기 시작했다.

그 같은 고종의 변심은 유약하고 소심한 성격에서 오는 기회주의적 속성일 수도 있다. 그러나 정변 10년 뒤까지 김옥균을 추적해 암살한 것이 고종의 끈질긴 적대감에서 비롯되었다는 점을 미루어 보면 변심의 이유는 복합적이다. 좋아하고 신뢰했던 것에 반비례해 증오하고 보복하려 했음을 알 수 있다.

왜 그렇게 되었을까?

김옥균 등은 정변 첫날, 대궐에서 국왕의 중신 여섯 명을 살해했고, 국왕이 가장 신뢰하는 환관 유재현(柳載賢)을 지근거리에서 칼로 쳐 죽였다. 조선 왕조에서 세조(世祖), 연산군, 광해군 때 세 번의 정변이 있었으나 국왕이 볼 수 있는 가까운 거리에서 그같이 무도한 살육극이 진행된 적은 없었다. 고종의 개인적인 충격이 엄청나게 컸을 것이다.

또 김옥균 등이 정령(政令)을 발표하면서 내각제 실시를 전제로 정부 쪽의 권력 비중을 높였기 때문에 왕권 약화를 매우 두려워하는 고종이나 민비의 반발과 분노를 샀다고 볼 수도 있다. 그 같은 해석은 고종이 11년 뒤 갑오개혁 때 왕권을 축소시킨 김홍집 내각을 증오했고, 20여 년 뒤 정체(政體)를 바꾸자는 노선을 내건 독립 협회에 강력히 대응하는 모습을 보여 준 점에서 설득력이 있다.

대세가 기울자 〈고종을 강화도로 모시고 가자〉면서 여차하면 일본까지 끌고 갈 듯한 김옥균의 신중치 못한 발언도 신뢰가 적대감으로 바뀌는 계기가 되었을 것이다.

고종에게 결정적인 영향을 끼치는 민비에 대한 위기관리 대책이 전혀 보이지 않는 것도 허점이었다. 정변이 자신의 세력인 친청 수구파를 제거하려는 것임을 알게 된 민비는 계속 경복궁으로의 환궁을 요구해 방어 작전에 차질을 빚게 했다.

민비는 김옥균 등이 경우궁이나 이재원의 사가(私家)처럼 좁고 거처가 불편한 집을 고집하는 것이 방어에 유리하기 때문이라는 점을 간파하고 청군의 진압 작전을 용이하게 할 목적으로 소수 병력으로 방어가 불가능한 경복궁으로 가야 한다고 주장했고, 전술에 어두운 다케조에가 김옥균이 자리를 잠간 비운 사이 방어가 어려운 널찍한 창덕궁으로 자리를 옮겨 가도록 동의케 하는 데 성공했다. 덕분에 민비는 정변 진압의 숨은 공로자가 되었다.

김옥균 등에게 민비는 위기관리의 한계 밖에 있는 성역(聖域)이었다. 설득할 대상도 아니고, 그렇다고 제거할 수도 없는 장애물이었던 것이다.

갑신정변, 우군 세력 너무 없어

갑신정변에 참가한 인원수는 일본 경비대를 빼면 모두 2백여 명이었고 주도 세력은 30명 선이었는데 핵심인 김옥균 등 6, 7명은 〈박규수 사랑방 모임〉의 멤버였다. 그런데 눈여겨보면 1876년 형성된 사랑방 조직이 8년 뒤 정변을 치를 때까지 〈뜻을 함께하는 인사〉를 한 명도 더 추가하지 못한 점을 확인할 수 있다.

왜 그들은 정변에 동조하고 지지, 지원하는 우호 세력을 만들지 못했을까?

첫째는 개화파가 조직화된 이렇다 할 세력권을 형성하고 있지 못한 데 있었다. 개화사상의 원조(元祖)로서 김옥균 등에게 큰 영향을 준 박규수가 좌·우의정까지 지낸 정계의 거물이면서도 이렇다 할 개화 세력을 넘겨주지 못했다. 노론이었으나 주류가 아닌 방계였고 보수 유림의 벽이 두꺼웠던 만큼 인맥이나 계파를 제대로 형성하기가 어려웠기 때문이었다.

김옥균 등은 그나마 소수의 개화 세력을 통합하는 데도 성공하지 못했다. 박규수가 친교를 맺거나 영향력을 끼친 개화 세력은 3세대로 구분할 수 있었다.

첫 세대는 실학사상가 최한기(崔漢綺), 신헌, 강위(姜瑋) 등이었는데, 최한기는 박규수와 함께 1877년에 작고했고, 나머지 두 사람도 1884년 세상을 떠난 뒤였다. 다음 세대는 김윤식과 김홍집, 박선수(朴瑄壽, 박규수의 동생), 김만식(金晩植, 김윤식의 사촌) 등이었다. 김윤식과 김홍집은 개화파였으나 친청 노선인 데다 온건론이어서 반청에 급진론인 김옥균과 접점이 없었다.

그리고 마지막 세대가 김옥균 등의 〈사랑방 모임〉 세대인데, 이 모임에도 이탈자가 있었다. 김옥균이 가장 기대했던 민씨 척족의 새로운 실세 민영익은 중도에 등을 돌려 철저한 수구파로 변신하면서 정적(政敵)이 되었고, 윤웅렬·윤치호(尹致昊) 부자는 정변에 참여하지 않았다. 정변의 전망을 회의적으로 보고 있었기 때문이다.

박규수와 함께 개화 원조 3인방 중 나머지 두 사람인 오경석과 유홍기는 중인(中人) 출신이었다. 이들이 중인들을 상대로 개화사상을 전파하고 동조자를 만든 실적은 별로 남아 있지 않다. 오경석의 아들 오세창(吳世昌, 3·1운동 때 33인 중 1인)을 비롯한 몇 사람의 개화파가 있었으나 정변에 참가하지 않았고, 유홍기는 본인만 적극 참여했을 뿐이다.

역관이나 의사가 주류였던 중인은 계층의 성격이 지배층의 하부 구조로서 체제 지향적이고 개인주의적이어서 포섭 대상으로 적절치 못했기 때문에 그러한 결과가 나왔을 것이다.

그렇다고 김옥균 등이 노력하지 않은 것은 아니다.

이재긍(李載兢, 영의정 이최응의 아들)이나 개화파 계열이던 강위의 제자 이건창(李建昌)을 포섭하려고 노력했다. 이건창은 조선 왕조를 통틀어 9대 문장가로 꼽히는 천재로 전국 유림에서 명성이 높은 데다 개명파이기도 해서 비중 높은 인물이었으나 개화파의 경솔한 언행 등을 이유로 동참하기를 거부했다. 『매천야록』의 저자 황현(黃玹)이나 구한말 역사가 김택영(金澤榮)과 친구였던 이건창 같은 인물의 불참은 개화파에 매우 아쉬운 대목이다.

개화파가 부진한 두 번째 이유는 세력 확대에 필요한 여건이 불리했다는 점이다. 80년대 초 수신사 김홍집이 일본에서 가져온 『조선책략』을 공개했다가 위정척사파들이 들고일어나 벌집을 쑤신 것처럼 난리가 났던 게 개화파가 직면하고 있는 국내 환경이었다.

갑신정변 때도 척사파 지도자 최익현(崔益鉉)이 정변을 저지시켜야 한다면서 서울로 올라오기까지 했다. 위정척사 논리가 지극히 배타적이었기 때문에 상대적으로 그 반대론자인 개화파가 설 입지는 더욱 좁았다.

고종에게 올라온 상소의 20퍼센트가 개화의 필요성을 역설하는 것이었고, 유림 가운데 의병 활동에 나서는 등 현실 참여자도 적지 않아 돌파구가 없는 것은 아니었으나 결집시킬 수가 없었다. 전국에 흩어져 있는 양반 사회의 개화 의지가 응집되려면 수많은 토론을 통해 공감대가 형성되는 과정을 거쳐야 했는데 그에 필요한 시간이 없었고, 또 활발한 토론의 장이 마련되어 있지 않은 것도 벽이었다.

개화파가 단기간 내에 급성장하는 바람에 정권의 철저한 감시·견제 구도가 이루어져 운신(運身)의 폭이 좁아진 것도 불리한 여건이라고 할 수 있었다. 설사 동조자들에 대한 설득 기회가 있었다 해도 그 기회를 살리기 힘들었다. 개화파들이 점차 국내 지지 기반 확보에 관심을 쓸 여력을 가질 수 없었기 때문이다.

김옥균은 1882년 이후 대부분의 시간을 국내가 아닌 일본에서 보냈다. 김옥균, 박영효, 홍영식, 서광범, 서재필 등 다섯 명이 다 함께 국내에 있던 시기는 1882년 6~8월, 1883년 3~6월, 1884년 6~10월까지였다고 박은숙은 밝히고 있다.

박문국을 창설하고 후쿠자와의 제자인 이노우에 가쿠고로(井上角五郎)를 초청해 개화파를 지지하는 신문을 발행했으나 분위기를 띄우는 데에는 역부족이었다.

별도의 개화 세력이 성장하고 있는 것도 아니고, 기존 개화파가 세력 확산에 지지부진한 상황이라면 〈한 줌밖에 안 되는 사람〉들이 정변을 일으켰다는 소리를 들을 수밖에 없는 처지였다.

당시는 자본주의의 맹아도 일정 수준으로 성장하고 있었고, 신분 해체가 진행 중이어서 평민들의 신분 상승과 사회 변혁을 원하는 욕구도 강해지고 있었다. 더욱이 도처에서 민란이 일어나고 있어 정변에 동조할 민중 세력이 잠재하고 있는 셈이었다.

대원군의 서장자(庶長子)인 이재선(李載先)의 역모 사건에는 평민들도 가담했고, 임오군란 때는 서울에 사는 평민들이 구식 군인들이 일으킨 반란에 동조하는 모습을 보였다. 10년 뒤 갑오 농민 봉기가 일어나는 것을 보더라도 기층 세력은 확실한 정변 동원력이 될 수 있었다. 그러나 김옥균 등은 일본의 민간인들을 동원하려 했고 일본 경비대를 이용하려 하면서도 한국의 평민들을 동원한다는 발상(發想)은 하고 있지 않았다.

자신들의 가노(家奴), 장사패, 보부상, 군인 등 평민이 동원되었지만 개별적인 참여였을 뿐 평민으로서의 대표성이 있는 것은 아니었다. 더욱이 그들 모두 서울 사람들이어서 그나마 지역 대표성도 없었다. 대등한 동지 세력으로서가 아니라 거사에 필요한 수단(하수인)으로 활용했을 뿐이라는 인상을 준다.

평민들을 대거 포섭하지 못한 것은 조직력의 부재(不在) 등 현실적 한계가 이유이기도 하겠지만 양반을 포섭하는 것과 또 다른 이유가 있었다.

인민은 우매하고 무식하며 지혜롭지 못하다는 우민관(愚民觀)이 김옥균의 평소 생각이었다. 한마디로 평민은 대등한 동지가 아니라 시혜의 대상, 지배의 대상이었던 것이다. 그것은 정변 주도 세력의 개화사상이 국왕과 핵심 지배층만으로 개혁이 가능하다는 전형적인 〈위로부터의 개혁〉이라는 점을 선명하게 설명해 주는 대목이다. 동시에 〈아래로부터의 개혁 세력〉과 접목이 어려운 태생적(胎生的) 한계를 안고 있음도 분명하게 드러내는 것이다. 이 같은 우민관은 성리학적 가치관에서 비롯된 것으로 위정척사파의 생각과도 같았다.

10년 뒤 갑오농민전쟁 때 잔존 개화파나 위정척사파가 반(反)농민 봉기의 움직임을 보였고, 다시 10년 뒤 독립 협회의 활동 기간에도 독립 협회가 같은 경향을 보인 것을 보면 성리학적 우민관의 뿌리가 얼마나 깊었던 것이었는지 알 수 있다.

정변 주도자들은 동조 세력의 문제에서 두 가지 불운까지 겪어야 했다.

2년 전 임오군란 때 반란을 일으킨 구식 군인들이 대원군을 찾아가 정권을 잡게 했고, 서울의 백성들도 민씨 척족 정권보다 대원군 쪽을 더 지지했다.

김옥균 등은 정변 인사에서 대원군의 조카 이재원(李載元)을 영의정으로 기용하는 등 대원군파 여섯 명을 포진시켰다. 왕실파까지 등장시킨 것을 보면 소수파인 그들로서는 불가피한 집권 기반 강화책이었을 것이나 내심으로는 그 이상의 것을 바랐을 것이다. 청에 인질로 잡혀 있는 대원군에 대한 향수와 동정이 정변을 지지하는 거대한 바람으로 일어나는 것이 바로 그것이다. 그러나 약발이 떨어졌는지 〈대원군 바람〉은 일어나지 않았다. 그것이 첫 번째 불운이었다.

서재필이 〈제일로 큰 패인(敗因)은 까닭도 모르고 반대하는 민중의 몰지각이었다〉라고 나중에 회고했듯이 백성들이 약속이라도 한 것처럼 과격한 반(反)정변으로 나서게 된 것이 두 번째 불운이다.

2년 전 대원군을 환호하던 같은 군중들이 나라를 구하려 한다는 같은 목적으로 일어난 사람들을 향해 몽둥이질과 돌팔매질을 하고 집에 불을 지르는 성난 군중으로 변해 버린 것이다. 대원군이 반일(反日)이었던 데 비해 김옥균 등이 친일(親日)이었다는 차이가 그토록 엄청난 결과의 차이를 불러왔던 것일까?

_민영익의 배신(背信)은 개화파의 불운

갑신정변이 일어나던 날 우정국 낙성식 연회장에서 정변 세력의 공격을 받아 27군데의 자상(刺傷)을 입고 중태에 빠졌다가 살아난 우영사 민영익은 개화파가 노리던 공적(公敵) 1호였다. 중상을 입은 그는 미국 공사관 공의이기도 했던 선교사 앨런의 치료를 받아 극적으로 소생하게 되었는데(그 공로로 앨런은 고종과 민비의 신임을 얻는다), 원래는 개화파의 동지 중 한 사람이었다.

어제의 동지가 왜 오늘의 정적이 되었는가?

민비는 1874년 11월, 오빠 민승호(閔升鎬)가 대원군 쪽에서 보낸 것으로 추정되는 선물 꾸러미(지방 수령의 이름으로 전달)를 뜯다가 그 안의 폭약이 터져 폭사한 뒤 친척 민태호(閔台鎬, 갑신정변 때 피살됨)의 아들인 열네 살의 민영익을 민승호의 양자로 삼게 했다. 민비는 가문에서 가장 총명한 민영익을 총애하고 신임했다. 민영익은 3년 뒤 17세의 나이에 과거에 급제했다. 그는 20세 때 승지가 되고 이어 이조 참의가 되는 등 고속 승진했다. 김옥균 등과 함께 박규수의 사랑방에 드나들며 개화사상을 익혔다. 개화파에 많은 영향을 준 개화승 이동인(李東仁)을 고종과 민비에게 소개해 준 사람이 민영익이었다. 김옥균이 박영효와 함께 일본에 갈 때 동행하면서 개화에 관한 의견도 나누었다.

고종이 푸트Lucius H. Foote를 가장 격이 높은 전권 공사로 파견해 준 데 흡족해하면서 답례로 보빙 사절을 미국에 보내려 했을 때 김옥균이 민영익을 추천했고, 민영익은 1883년 7월 홍영식을 부사, 서광범을 종사관, 유길준(俞吉濬)을 수행원으로 한 보빙 사절단을 이끌고 도미했다.

명단에서 보듯, 사절단이 개화파 일색이었다.

김옥균은 민영익이 서양을 돌아보며 새로운 문물을 익히고 돌아와 내정 개혁을 주도하고 청의 간섭을 벗어나는 데 큰 역할을 해줄 것으로 기대했다. 그러나 출국 10개월 만에 유럽까지 돌아보는 등 세계 일주를 하고 귀국한 민영익은 「나는 암흑세계에서 태어나 광명 세계에 갔다가 또다시 암흑세계에 돌아왔다. 아직 내가 갈 길이 똑똑히 보이지 않는다. 머지않아 그 길이 보이기를 바란다」고 푸트 공사에게 말했다.

서양의 문화와 눈부신 발전에 대한 놀라움이나 감탄보다 정체된 조선의 진로에 대한 딜레마가 엿보이는 발언이었다. 그렇지 않아도 그는 여행 도중 유교 경전만 읽었다.

세계를 돌아본 뒤 강력한 개화론자가 되는 청일의 지식인들이나 조선의 다른 개화파들과는 대조되는 경우였다.

민영익은 귀국한 뒤 고종에게 견문한 것을 보고하고 외국어를 가르치는 육영 공원의 설치, 우편 제도의 실시를 위해 홍영식을 책임자로 하는 우정국 개설, 신식 농장의 설치 등 개혁에 착수했다. 하지만 그것은 서양의 앞선 일부 제도를 단순하게 모방하는 차원이었다.

개화파이지만 척족 세력의 핵이었던 그는 서양의 진보주의가 동양에서도 큰 세력을 얻어 반동으로 나올 수 있는 것은 무서운 일이라는 인식을 가지고 돌아왔고, 그 생각은 개혁보다도 체제를 전복시키려는 개화 세력이 더 큰 문제라는 시국관으로 이어지게 되었다. 그것은 민영익이 민씨 척족의 기득권을 지키려는 반개화파로 돌아서게 된 것을 의미했다. 일본 최초로 세계 일주를 한 이와쿠라 사절단은 메이지 개혁을 이끌었지만 한국 최초의 세계 일주 사절단 단장은 시계를 거꾸로 돌리고 있었던 것이다.

민영익은 김옥균과 묄렌도르프 사이에서 벌어진 당오전 주조를 둘러싼 갈등 속에서 묄렌도르프 쪽을 편들었고, 김옥균 등이 외국에 나가 있는 동안 개화파들을 요직에서 몰아내는 인사를 펴는 등 강력한 정적으로 부상했다.

민씨 척족과 개화파 사이에 다리를 놓아야 할 민영익의 그 같은 표변은 개화파에 뼈아픈 손실이었다.

위기관리에 있어 운(運)이 큰 변수가 될 수 있음을 김옥균과 민영익의 관계에서도 확인할 수 있다.

김옥균, 두 개의 인생

갑신정변이라는 큰 시대극을 연출한 김옥균은 어떤 인물인가? 암살로 생을 마감하는 비극적인 망명 생활의 궤적은 어떠했는가?

김옥균은 1851년 호군(護軍) 벼슬을 지낸 김병태(金炳台)의 큰아들로 태어났다. 안동 김씨 가문으로 중흥조인 김상용·김상헌(金尙鎔·金尙憲, 병자호란 때 척화파로 유명) 형제 중 상용의 후손이었다. 여섯 살 때 친척인 강릉 부사 김병기(金炳基)의 양자가 되었다.

옥균은 양아버지의 근무처인 강릉에서 소년기를 보내다가 16세 때 서울에 왔다. 총명하다는 주위의 평을 들으며 명문가의 자제들과 사귀고 22세 때 과거 수석(壯元)으로 합격했다. 첫 관직은 국립대학의 간부직이라 할 수 있는 정6품의 성균관 전적(典籍)이었다. 한 살 아래인 고종의 눈에 들어 우부승지(右副承旨)를 거쳐 20대 말에는 국장급인 형조 참의(정3품)까지 승진했다.

머리가 좋은 그는 관리로서 유능했을 뿐 아니라 천성이 사교적이고 말을 잘했으며 두목 기질이 있어 리더십도 가지고 있었다. 다재다능해 붓글씨와 그림 그리기에 뛰어났고 거문고, 노래 솜씨도 좋았다. 나이가 들면서 노름에도 능숙해졌고 일본 망명 후에는 씀씀이가 헤프고 여성 편력이 화려했다는 등 팔방미인형이었다. 선비 지사(志士)형이 아니라 자유분방한 재사(才士)형이었던 것이다.

개화사상에 접하게 된 것은 20대 전반의 일이다.

임관이 되어 베이징에 가게 되었는데, 이때 중국어 역관이던 오경석을 알게 되었다. 그의 소개로 의사 유홍기와 불승 이동인(李東仁)을 만나게 되었고 박규수의 사랑방 모임에도 참여할 수 있었다. 〈백의정승〉이라는 별명이 있던 유홍기는 개화사상에 대한 연구가 깊어 김옥균에게 큰 영향을 주었다. 갑신정변의 이데올로그였던 그는 대일 밀수로 개화파의 활동 자금을 마련하는 등 정변 추진 과정에 깊이 관여했던 인물이었다.

김옥균은 이동인이 같은 또래였으나 깍듯이 선생 대접을 했다. 이동인은 일본 불교의 일파가 부산에 진출해 세운 사찰인 혼간지(本願寺)를 드나들며 일본말을 배우고 밀항으로 일본에 다녀오기까지 한 개화승이었다. 일본에서 가져온 사진들을 김옥균에 보여 주며 개화 현실을 소개해 주었다. 이동인은 신사 유람단의 방일을 주선하는 등 대일 교류에서 큰 역할을 하다가 수구파에 의해 암살된다.

연령이나 학문의 깊이, 신분이나 관록에 있어 가장 권위 있던 인물이 박규수였다. 박규수가 우의정일 때 김옥균이 찾아가자 지구의(地球儀)를 보이며 「오늘의 중국이 어디 있느냐. 저리 돌리면 미국이 중국이 되고, 이리 돌리면 조선이 중국이 되어 어느 나라든지 중(中, 가운데)으로 돌리면 중국이 되나니, 오늘에 어디 정한 중국이 있느냐」면서 〈중국 다시 보기〉를 강조했다는 일화는 유명하다. 중화사상을 극복하고 넓게 세계를 봐야 한다는 가르침이었다. 그 같은 가르침의 영향으로 임오군란 이후 김옥균은 반청(反淸)주의자가 된다.

그 뒤 〈박규수의 사랑방〉에서 개화사상을 공부하는 모임에 참여하게 되었다. 갑신정변의 주역이 되는 박영교·박영효 형제, 홍영식, 서광범, 서재필과 정적이 되는 민영익이 함께 공부한 사람들이다. 박영효(철종의 부마-사위였다)를 제외하고는 모두 과거를 통과한 엘리트들이었다.

1880년대 들어와 조선 정부의 시찰단이 잇달아 일본을 방문하게 되면서 김옥균 등 개화파가 일본의 영향을 받게 되는 계기가 왔다.

조선의 일본 시찰은 강화도 수호 조약이 맺어진 뒤인 1876년 4월 김기수(金綺秀)를 단장으로 하는 제1차 수신사가 방일한 것이 첫 번째였다. 1880년 6월 예조 참의 김홍집(金弘集)이 강화도 조약 때 불평등하게 다뤄진 관세권 회복을 위해 조약 개정을 추진할 목적으로 수신사를 이끌고 일본을 다녀온 것이 두 번째였다. 이때 조선 외교의 기본 틀이 되는『조선책략』을 가지고 온 것은 역사에 잘 알려진 사건이다.

1881년 4월 박정양(朴定陽), 어윤중(魚允中), 홍영식 등을 주축으로 한 신사유람단이 세 번째로 일본 시찰에 나서게 되었다.

민영익과 이동인의 주선, 고종의 결단으로 성사된 이 유람단은 본격적인 일본 내정 탐사가 목적이었다. 유길준, 윤치호(尹致昊) 등 유학생들도 포함해 일행이 65명 규모였다.

시찰단은 일본 정부의 내무성, 대장성 등과 세관, 산업·군사 시설 등을 제한없이 둘러보고 해당 관료들과 접촉, 관련 자료의 수집을 통해 광범위한 정보를 수집했다.

4개월 동안 일본에 머물렀던 시찰단은 귀국 후 고종에게 방대한 종합 보고서를 개별적으로 올렸다. 보고서는 대외비(對外秘)였으나 정부 내 사람들에게는 공개되어 근대화에 성공한 일본의 실상을 생생히 전해 줄 수 있었다. 특히 어윤중이 쓴 「중동기(中東記)」(전해지지 않고 있다)는 김옥균에게 큰 영향을 주었다.

자극을 받은 그는 자신도 같은 해 12월 일본을 처음으로 방문했다. 4개월간 체류하면서 여기저기를 둘러보았고 일본의 계몽 운동가 후쿠자와 유키치도 만나 교류를 텄다.

김옥균이 조선에서도 메이지 유신 같은 대개혁이 필요하다고 절감하게 된 것이 이때였다. 자신이 유학을 주선했던 군사학교 유학생들을 만나 〈일본이 아시아의 영국이라면 우리나라는 아시아의 프랑스가 되어야 한다〉며 조국의 근대화를 강조한 것도 이때였다.

김옥균이 일본에서 돌아오고 있을 때 임오군란이 일어났다. 반일 노선의 대원군은 친일의 김옥균을 체포하라고 명령했으나 자신이 먼저 청군에 납치되는 바람에 없던 일이 되고 말았다.

김옥균은 1882년 8월 임오군란의 뒷수습을 위해 고종이 파견한 제2차 수신사의 고문 자격으로 두 번째 일본에 갔다. 고종이 수신사 단장을 맡으라고 했으나 박영효를 추천, 박영효가 22세의 나이로 단장이 됐다. 종사에 서광범이 임명되었고 유혁로, 박제경, 변수 등 나중에 정변에 참가하는 인물들이 대거 동행 길에 올랐다.

수신사 일행은 4개월간 머무르면서 일본 정부와 배상금 문제를 협의하는 한편 일본의 군사, 재무, 산업 시설 등을 시찰, 견문을 넓혔다.

수신사를 눈에 띄게 환대하던 외무경 이노우에 가오루는 모자라는 경비에 보태 쓸 17만 엔의 차관을 주선해 주는 성의를 보였고, 〈조선 정부의 재정이 궁핍하니 자금 면에서 도움을 주었으면 한다〉는 김옥균의 요청에 대해 국왕의 위임장만 있으면 3백만 엔 규모의 차관이 가능할 수 있다는 긍정적인 반응을 보였다. 박영효가 귀국한 뒤에도 김옥균은 4개월간 더 일본에 머무르면서 정·재계는 물론 재야의 유력자들과도 친교를 맺었다.

김옥균이 귀국한 뒤 개화파는 전반적으로 활발했다. 먼저 귀국한 박영효가 한성 판윤에 임명되었다가 광주 유수로 자리를 옮겼다. 김옥균은 서광범과 함께 외아문 참의가 되었고, 포경사(捕鯨使) 겸 동남 제도 개척사를 겸직했다.

이후 개화파는 신식 군대를 양성하는 문제(군제 개혁)와 재정 위기 해소를 위한 대책과 관련해 앞서 설명한 대로 친청 수구당과 대결하게 되지만, 불리한 입장이 되었다. 그러나 당장 위급한 사태라 할 수는 없었다. 고종의 신임과 비호가 흔들리고 있었던 것은 아니기 때문이다. 수구당에 비해 정치, 외교에 관한 대(對)국왕 영향력은 여전했던 것이다. 다만 장기적 전망으로 볼 때 앞날이 불투명하다는 게 개화파의 불안이었다. 민비를 정점으로 하는 수구당이 군대를 포함해 내아문 등 권력 중추 기관을 장악하고 있는 데 비해 개화파는 소수파인데다 국왕에게만 의지하는 외로운 입장이었기 때문이다. 소심하고 귀가 얇은 고종이 언제 손을 뿌리치게 될지 모를 일이었다.

결국 〈여러 민씨들이 고우(古愚, 김옥균의 호)를 집어삼키려는 상황〉(윤치호의 일기)이 개화파에 절박한 위기감을 갖게 했고, 그 위기를 돌파하고 대개혁을 추진하기 위해 무력(武力)을 동원하는 방식을 택하게 되었다.

위기를 정면으로 돌파해 보려고 갑신정변을 일으키게 된 것이다.

망명한 김옥균 3중의 위기 맞아

갑신정변에는 일본 정부나 민간인들이 직·간접으로 개입되어 있거나 관련을 맺고 있었다는 게 정설이다. 그러나 외교 문서 등 공식 자료의 뒷받침이 없다. 가장 믿을 수 있는 1차 사료(史料)가 김옥균의 『갑신일록』이다. 그러나 이 일록에는 이상하게도 일본 정부나 거물급 일본 민간인들에 대한 언급이 없거나 역할이 축소화되어 있다. 뚜렷한 개입 흔적이 다케조에 공사 선에서 머무르고 있다.

그런 점에서 사학자 강범석(姜範錫)이 쓴 갑신정변의 연구 『잃어버린 혁명』은 매우 주목된다.

강범석은 일본에 망명한 김옥균이 자신을 만나 주지도 않는 외무경 이노우에의 배신에 반발하여 쓰게 되었다는 『갑신일록』이 김옥균 자신은 쓸 시간이 없었고, 일본인이 써서 그의 일기로 둔갑시킨 것이라고 추정, 치밀한 검증을 통해 이를 입증하고 있다.

그 내용은 김옥균, 박영효의 증언과 그 밖의 목격자들의 증언을 종합한 것이나 이토 히로부미, 이노우에 가오루 등 일본 정부의 실세와 후쿠자와 유키치 등 저명 인사들의 관련 흔적은 철저하게 배제해 버렸다는 것이다. 정변 실패에 대한 책임론을 불씨로 해서 일파만파로 커질 정치적 후폭풍을 막으려는 정치적 야합(野合)에 의해 그 같은 일이 추진되었다고 설명하고 있다.

그 같은 추정이 정확한지 여부는 학계의 검증을 받아야 할 과제이나, 주목해야 할 점은 그 추정을 전제로 하면 정변 배후와 관련된 수수께끼나 흩어져 있던 일화들이 퍼즐을 맞추듯 설득력 있게 풀려 나간다는 점이다.

그 점을 참고로 해, 정변 마무리 과정까지를 정리해 보자.

정변 실패 다음 날 다케조에 공사는 함께 인천까지 도망한 김옥균 등 아홉 명을 추격해 온 외무독판 조병호(趙秉鎬)와 묄렌도르프에게 넘겨주려 했다. 왜 다케조에는 위기의 순간 목숨을 걸고 함께 거사한 동지들을 헌신짝 버리듯 배반하려 했을까?

개인적으로 비겁한 인간이기 때문에 그럴 수도 있겠으나, 일본 정부의 개입 흔적을 없애기 위해서는 후환이 될지도 모를 산증인들을 넘겨주어 죽게 하는 것이 더 상책일지 모른다고 생각했기 때문이었다고 보아야 할 것이다.

그러나 예기치 않던 변수가 등장했다. 전후 사정을 알게 된 배의 선장 쓰지가쓰 사부로(辻勝三郎)가 권총을 빼들고 조선 관헌의 배 수색을 막는 의협심을 발휘, 김옥균 등은 무사히 일본에 망명할 수 있었다.

김옥균 등은 2개월간 후쿠자와의 집에서 숨어 지내다가 요코하마의 외국인 거류지에 가서 살게 되었다. 김옥균은 이노우에를 만나 향후 대책을 의논하려 했으나 기피당했고, 거사 전모를 기록해 공개하겠다고 협박하자 마지못해 만나 주었다. 그러나 건성으로 응답하는 등 태도가 냉담하게 표변해 있었다. 김옥균을 기피해야 한다는 점에서 이노우에는 다케조에보다 훨씬 복잡한 사정을 안고 있었던 것이다.

1885년 1월 9일 이노우에가 갑신정변의 뒷수습을 위해 좌의정 김홍집, 독판교섭 김윤식과 맺는 한성 조약 체결의 배경을 보면 그 점이 잘 드러난다.

다케조에 공사의 정변 발발 보고가 이노우에에게 도달한 것은 7일 후인 12월 13일이었다. 외무성 서기관 구리노 신이치로(栗野愼一郎)가 진상 조사차 서울로 급파되었다.

다케조에가 〈조선 국왕이 세 차례나 호위 병력을 요청했다〉는 점을 부각한 복명서를 보내왔다. 병력 동원의 근거가 국왕의 요청에 의한 것이라는 물증이 있다면 내정 간섭이 아니라는 근거가 된다고 여겨 그 점을 집중적으로 보고한 것이다.

다케조에는 〈일본 공사는 와서 호위하라(日使來衛)〉라는 고종의 요청을 연필로 적은 쪽지를 받았다고 했으나 국왕의 옥새가 찍힌 것은 아니었다. 병력 출동의 근거가 빈약하다는 소리가 나왔다.

이토 히로부미의 참모인 이토 미요지(伊東巳代治)가 국왕의 개인적인 요청에 의해 병력을 동원한 것은 조약(제물포 수호 조약)의 주둔 목적(공사관 경비를 말함)을 위배한 것이고, 본국 정부의 명을 받지 않은 것은 정부 명령에 어긋난 것이라는 유권 해석을 내렸다. 설사 옥새가 찍힌 요청서가 있다 하더라도 병력 출동을 합리화하기 어렵다는 견해였다.

일본 정부는 그 같은 견해를 기초로 조선 정부와 반반씩 양보하는 타협을 할 작정이었다. 그러나 이토가 별도로 서울에 보낸 참모 이노우에 고와시(井上毅)가 〈청일은 한반도에서 양립할 수 없으므로 강경하게 나가야 한다. 그렇지 않으면 8년간 쌓아 온 일본의 입지가 무너진다〉는 의견을 제시함에 따라 다시 강경론으로 선회하게 되었다.

그 뒤 사태 수습을 위해 서울에 온 이노우에 가오루는 일본 경비대 출동의 근거 여부를 따지는 조선 측의 진상 조사 요구를 〈전쟁을 하자는 것이냐〉면서 협박, 묵살하고 조약 체결을 강행했다. 국가 간의 정상적인 회담에서 있을 수 없는 횡포를 부린 것이다.

이노우에의 그 같은 무리수는 속임수 때문에 가능했다. 이노우에는 서울에서 활동 중이던 신문 기자 이노우에 가쿠고로를 김홍집, 김윤식에게 밀사로 보내 청일전이 불가피한 것처럼 과장한 뒤 긴박한 상황을 빌미로 조약을 서둘러 체결케 유도했다는 것이다.

그런데 3개월 뒤 이토는 이홍장과 회담하고 톈진 조약을 체결, 화평 국면이 전개되었다. 청일 전쟁 운운한 것은 이노우에 외무경의 속임수에 불과했던 것이 드러난 셈이다. 〈속았다〉고 격분한 이노우에 가쿠고로는 외무경을 찾아가 강력하게 항의했고, 그해 겨울 갑신정변의 일본 측 배후를 밝히는 『이노우에 가쿠고로 밀서』가 발간되었다는 것이다. 외무경의 배신을 배후 공개로 응징하려 한 것이라 할 수 있다. 〈가쿠고로 밀서〉는 그의 일기와 스승 후쿠자와 유키치의 기사를 말하는데, 일본 정계를 발칵 뒤흔들었다.

가쿠고로 일기의 요점은 〈갑신정변은 다케조에의 소행이라고 하지만 이노우에가 뒤에서 움직였다〉면서 외무경의 배후설을 확인한 점이고, 후쿠자와의 기사는 한 걸음 더 나아가 〈이노우에가 다케조에를 서울에 보내면서 김옥균을 도우라고 밀령했다〉라고 폭로한 뒤 〈이노우에와 이토 히로부미가 책임을 져야 한다〉며 책임론까지 거론한 것이다.

후쿠자와의 기사까지 등장하게 된 경위는 후쿠자와 유키치가 정변의 배후라는 정부 측 인사의 주장에 격분한 나머지 후쿠자와가 평소 기록해 둔 메모를 제자 이노우에에게 넘겨주었기 때문이라는 것이다. 이노우에 가쿠고로는 이토 등 관리 모욕 혐의로 구속되어 유죄 판결을 받고 복역까지 해야 했다.

당시 일본은 내각제 도입을 둘러싸고 여야 간에는 물론 사쓰마·조슈 번벌 세력 사이에도 갈등이 있었으므로 국가 위신을 땅에 떨어뜨렸다 해서 조슈의 중심인 이토, 이노우에가 정치 공세의 표적이 되었다. 이토 등은 〈가쿠고로 밀서〉가 사실이 아님을 밝힐 필요가 절실했고 야당 지지자이자 저명한 거물 논객인 후쿠자와는 형사 소추를 벗어나야 했으므로 타협이 가능했을 것이라는 추정이 나온다.

이토와 후쿠자와가 양자의 관여 부분을 모조리 뺀 『갑신일록』을 김옥균의 이름을 빌려 만들어 요로에 돌림으로써, 밀서 파동을 흡수해 버리게 된 것으로 보인다는 것이다. (일반을 상대로 발간된 것은 10년 뒤 일이다.)

여하튼 다케조에만 부각된 『갑신일록』이 나온 뒤 이토 등에 대한 정치 공세는 차츰 사라져 버렸고, 친한(親韓) 노선의 후쿠자와는 갑자기 태도를 돌변해 일본은 동양(청·한 양국)을 포기하고 유럽과 교류해야 한다는 내용의 유명한 탈아론(脫亞論)을 발표하게 된다.

정략의 냄새가 무럭무럭 나는 상황이 아닐 수 없다.

한일 양국, 위기관리력의 차이

정변 전후에 나타난 당시 일본 지도층의 위기관리와 관련된 움직임을 정리해 보자.

일본 정계를 리드하던 이토와 이노우에가 속임수까지 쓰면서 갑신정변을 유도케 한 것은 국내 정치 위기를 해소시킬 국내용 정략에서 비롯되었다. 그것은 동시에 한반도에서의 주도권을 노린 승부수가 될 수 있다는 점에서 대외 전략이기도 했다.

그러나 정변이 실패하자 대조선, 대청 외교를 노회하게 전개했다. 정변 공모자의 입장이면서도 관민의 피해를 앞세우고 협박 외교를 통해 피해자인 조선으로부터 오히려 사과를 끌어내는 데 성공했고, 2개월 뒤 열린 톈진 회담에서도 다케조에를 패배시킨 위안스카이 등을 처벌하라고 선제(先制) 공세를 펴 책임 전가에 성공했으며, 일본의 한반도 파병권까지 얻어 냈다.

이토는 톈진에 가면서 사쓰마 번의 2인자 격인 사이고 쓰구미치(西鄕從道, 사이고 다카모리의 동생)를 부(副)대사로, 사쓰마 번의 1인자였고 정계의 최강자였던 고(故) 오쿠보 도시미치의 손자를 수행원으로 데리고 가는 포석을 놓았다. 회담이 불리하게 진전되더라도 사쓰마 번의 공격을 둔화시키려고 그랬겠으나 정변 배후설이 등장할 것에 대비한 대책이라고 볼 수도 있다. 용의주도한 것이다. 그리고 정변 배후설이 불거져 곤경에 빠지자 언론 탄압과 회유·담합의 공작을 벌여 자신들에게 불리한 증언을 지워 버렸다.

조선과 청을 상대로 한 방법이 서양의 제국주의적 위기관리 방식을 흉내 낸 것이라면, 국내에서 쓴 수법은 동양 사회에서나 통할 수 있는 독재 체제의 수법을 활용한 셈이었다.

이노우에는 조선과 청의 요구가 있었다는 이유를 붙여 김옥균을 본토에서 1100킬로미터 떨어진 절해고도 오가사와라(小笠原) 제도로 추방해 입을 막아 버리는 한편 자신을 모욕한 데 대한 앙갚음을 했고, 2년 뒤에는 북쪽 북방 홋카이도로 옮겨 격리시켰다.

김옥균이 다시 본토에 온 것은 이노우에가 영향력을 행사할 수 없을 때였다.

그사이 조선의 정변 수습 사정은 어떠했을까? 국가 위기관리의 주도권이 청국으로 넘어가 이홍장의 적극적인 내정 간섭이 시작되었다. 이홍장은 고종을 비롯한 사대수구당이 언제든지 반청(反淸)으로 돌아설 수 있다고 여겨 위안스카이를 앞세워 1894년 청일 전쟁 때까지 10년 감국 시대를 열게 된다.

정변은 사대당의 외교 전략 부재를 재확인시켰다.

1876년 강화도 수호 조약을 맺을 때 조선 측 대표 신헌은 일본 측이 만들어 온 일방 불리의 조약 안에 도장을 찍었다. 국제 공법상 조약이 어떤 것인지 몰랐던 상황이었기 때문에 그럴 수도 있었을 것이다. 열강과의 조약 체결 때 청이나 일본도 같은 경험을 한 바 있었다.

그러나 9년 후의 갑신정변 뒤처리 때도 양국의 토의에 의해 조약 안을 작성한 것이 아니라 이노우에가 만들어 온 조약 안에 도장을 찍는 악순환이 반복되었다. 그동안의 대외 위기관리 수준이 전혀 개선되지 못한 것이다.

사과를 받을 쪽이 조선이고, 앞서 지적한 대로 최소한 대등한 입장으로 끝날 수 있었는데도 조약 안에는 조선이 사과하게 되어 있었고, 실제로 묄렌도르프 등이 나중에 사과 사절로 도쿄에 가 김옥균의 인도를 요구했다.

한성 조약 체결을 계기로 기세를 올리게 된 일본은 그 뒤 경제 침략을 본격화하기 시작했고, 5~6년 뒤에는 조선 대외 무역의 80퍼센트까지 독점했다. 위기관리의 미숙함이 결과적으로 경제 침략의 속도를 가속화시키는 빌미를 준 것이다.

일본은 범죄인 인도 협정을 맺지 않았기 때문에 김옥균 등을 인도할 수 없으나 보복 행위는 묵인한다는 입장을 보였다. 위안스카이의 강권도 있었기 때문에 수구당은 김옥균 암살 계획에 매달린다.

처음에는 고종이 나섰고, 나중에는 사대당이 그 계획을 추진했다.

첫 번째 자객으로 장은규(張殷奎)를 파견했으나 실패했고, 두 번째 자객으로 지운영이 도일했으나 오히려 김옥균의 동지들이 파놓은 함정에 빠져 국왕의 위임장을 빼앗기고 일본 경시청에 체포되었다가 추방당하는 등 국제 망신을 샀다.

수구당은 일본 정부의 보호를 받지 못하고 있는 무력한 망명객을 제거하는 단순한 작전 하나 제대로 수행할 수 없었던 것이다.

김옥균이 본토로 돌아온 뒤 1892년 사대당은 다시 자객 이일직을 보냈으나 막대한 경비만 축냈다. 결국 프랑스 유학에서 돌아오는 홍종우(洪鍾宇)를 포섭해 1894년 3월 28일 중국 상하이에서 김옥균을 권총으로 저격, 살해하는 데 성공했다. 정변이 끝난 지 10년 뒤의 일이다.

홍종우는 38세의 나이에 파리로 유학 간 늦깎이 학생으로 조선의 외국 유학 1호라 할 만한 인물이다. 파리 소재 기메Guimet 박물관에서 일하며 『춘향전』과 『심청전』을 불역(佛譯)하기도 했는데, 1894년 1월 귀국 길에 일본에 들렀다가 이일직에게 포섭되었다.

청일의 최초 유학생들이 근대화의 기초가 된 데 비해 조선의 최초 유학생은 근대화의 기수를 암살하고 그 대가로 출셋길에 올랐다. 그것은 조선의 일그러진 개화상을 한마디로 웅변하는 상징적 사건이 아닐 수 없었다.

김옥균은 일본 정부의 냉대와 탄압을 받으며 생활고로 고생했다. 본국에서 오는 암살자와 숨바꼭질도 해야 했다. 3중(三重)의 위기 속에서 살아남아 일본 귀화를 거부하고 재기를 위해 몸부림쳤다. 주변의 일본 후원자 모두가 말렸는데도 이홍장과 담판을 해보겠다면서 청국행을 강행했다가 비극적인 최후를 맞았다.

이홍장의 아들 이경방(李經芳)의 초청(음모설도 있다)으로 갔다고 하나 산전수전을 겪은 노회한 71세의 이홍장이 무력한 청년 망명객의 얘기를 제대로 들어줄 가능성은 적다.

어쨌거나 김옥균은 가지 말았어야 했다. 왜냐하면 김옥균이 암살된 지 26일 뒤인 1884년 4월 23일 전봉준(全琫準)이 지휘하는 갑오 농민 봉기군이 전주를 함락시킨 대사건이 고국에서 일어났기 때문이다. 살아 있었다면 어떤 형태로든 관여하려 했을 것이다.

대세를 오판해 정변에 실패했고, 무리한 판단으로 목숨을 잃은 풍운아에겐 끝까지 운도 따라 주지 않았다.

갑신정변, 장기적으로는 긍정 평가

개화파가 정변으로 제거되면서 김홍집(金弘集), 어윤중(魚允中) 등 온건 개화 세력까지 된서리를 맞는 등 잠재 세력까지 위축되었으며 개화에 대한 사회 분위기가 보다 냉담해졌다.

정변에 참여하지는 않았으나 그 경과를 줄곧 지켜본 윤치호가 일기에서 〈개화-독립에 이르러서는 다시 혀를 놀리는 자가 없다〉고 쓸 정도로 그 후유증은 심각했다.

정변에서 입증되었듯이 당시 조선 사회 저변에는 전반적으로 반개화(反開化) 정서가 강했다. 1876년 제물포 조약으로 나라가 개방되면서 직·간접적으로 일반 민중의 피해와 희생이 속출해 불평불만이 쌓여 가는 가운데 위정척사 운동이 반개화의 불씨를 지피고 있었다. 그럼에도 불구하고 20퍼센트의 개화 상소가 나타난 데서 보듯이 개화에 대한 이해가 넓어지고 있는 추세였다. 그런데 정변이 찬물을 끼얹어 그 싹을 눌러 버린 셈이었다. 이는 개화를 추진할 동력(動力)의 실종이었다는 점에서 큰 손실이었다.

김옥균 등을 신임하고 지원, 육성해 주었던 개화의 구심점인 고종이 등을 돌린 것도 악재였다. 개화파를 중용한 국왕의 책임론까지 불거지고 있었기 때문에 개화 정책까지 부정하는 입장을 보이고 있었다.

사대수구당은 임오군란 이전에는 활발한 개혁 성향이었다가 상대적으로 보수화되었으나 정변에 대한 반동(反動)으로 골통 수구화의 길로 들어섰다. 가장 심각한 것은 청의 내정 간섭이 상대적으로 강화되면서 위안스카이의 〈10년 감국〉이라는 반식민지 상태에 빠지게 되었다는 점이다.

그 10년(1885~1894)은 한반도를 둘러싼 국제 간의 힘겨루기가 소강 상태였던 시기여서, 조선 왕조가 개혁을 추진할 수 있는 마지막 기회였으나 아쉽게도 그 기회를 살리지 못했다. 청의 지나친 내정 간섭이 독자적인 개혁 추진을 방해했기 때문이다.

조선의 잃어버린 10년은 갑신정변의 실패에서 비롯된 셈이었다. 정변이 없었다면 위안스카이가 크게 두각을 나타낼 일도 없었고 청이 내정에 깊이 간여하는 침략적 정책을 펴는 사태가 오지도 않았을 것이기 때문이다.

김옥균 등의 친일 성향이 폐해와 해독을 남긴 요인이 되었다.

일본은 갑신정변을 청일 전쟁을 가상한 시험 무대로 이용했고, 10년 뒤 김옥균이 죽은 다음에는 반청 여론을 자극해 청일 전쟁을 촉발하는 선전 도구로 활용했다. 국내 정치 불안과 들끓는 국민의 불만을 해소시킬 돌파구가 절실했던 일본 정부와 의회는 김옥균의 암살 배후에 이홍장이 개입되어 있다고 주장하는 등 반청 감정을 촉발하고 있었다.

한일 병합 이후 김옥균은 조선 근대화의 모델을 일본에서 찾고자 했다는 점을 공적으로 인정받아 충달공(忠達公)이라는 시호까지 받는 등 병합의 명분으로 이용되었다.

1915년 5월 김옥균과 친했던 우익의 거두 도야마 미쓰루(頭山滿)와 정치인 이누카이 쓰요시(大養毅, 총리가 되었다가 암살됨) 등이 김옥균의 은덕으로 한국 병합의 대업을 이루었다면서 표창을 건의했다.

일본 관민에 의해 김옥균이 한일 병합의 영웅으로 왜곡 미화되어 간 것이다.

또한 김옥균은 삼화주의(三和主義)의 주창자였다. 동양의 평화를 위해서는 조선·청·일 삼국이 화합하고 협조해서 공존공영해야 한다는 이상론이다. 일본인들은 이 삼화주의에서 대동아 공영권의 논리를 찾아 한국 침략을 합리화하는 구실로 삼았다.

조선의 친일파들도 김옥균을 일본을 맹주로 한 아시아 연대론의 선구로 삼아 그 유지를 받든다면서 자신들의 친일 노선을 합리화하려 했다. 김옥균이 마치 친일의 원조(元祖)라도 되는 듯 몰고 간 것이다. 김옥균이 한일 양국에서 그같이 이용당하게 된 것은 자업자득이라는 측면이 없지 않다. 일본을 통해 근대화 추진의 계기를 찾았고, 일본의 차관을 빌려 대개혁을 추진하려고 노력했다. 그 시도가 여의치 않자 일본의 무력에 의지해 정변을 일으켰고, 일본으로 망명한 뒤에도 일본인들의 도움을 받아 재기하려 했다. 원하든 원치 않았든 간에 일본에 너무 기울어 있었던 것이다.

개화 지상주의에 빠진 나머지 일본의 겉모습에 속아 내면에 감추어져 있는 제국주의적 침략 속성을 간파하지 못했다는 비판도 피할 길이 없다.

그렇다면 김옥균과 갑신정변은 부정적으로 볼 수밖에 없는가?

아마 그렇지는 않을 것이다. 위기관리의 관점에서 정변 참여자와 그 가족들의 수난사(受難史)부터 종합해 보자.

정변에 실패한 뒤 김옥균 등 주도자 아홉 명이 인천으로 도피하고 있을 때 고종 옆에 남아 있던 홍영식과 박영교, 사관 생도 일곱 명(일본 군사학교에 유학하고 귀국)은 청군에 의해 현장에서 즉결 처형되었고 윤영관 등 장사패 네 명은 성난 군중들에게 뭇매를 맞고 죽었다. 나머지 관련자들도 그 뒤 대부분 체포되어 극형에 처해졌다. 정변에 참여했던 44명이 모두 목숨을 잃었다.

사건 수습에 나선 친청(親淸) 수구당은 정변 참여자들에 대한 추적과 함께 그 가족들에 대한 색출 작업에 들어갔다. 그때까지도 조선은 역모(逆謀)의 경우 대명률(大明律)의 연좌법(緣坐法)을 적용했기 때문에 친가의 직계, 방계와 외가 등 가족들도 처벌 대상이었다.

주도자의 가족은 죽음을 면할 수가 없었다. 많은 가족들이 사대당의 무자비한 보복을 피해 스스로 목숨을 끊거나 달아나는 등 풍비박산이 되었다.

김옥균의 친아버지 김병태는 10년간 감옥에 수감되었다가 아들이 암살된 뒤 교수형에 처해졌고, 어머니는 음독자살했다. 어머니와 함께 음독했다가 미수에 그친 누이동생은 도망 다니며 살아야 했고, 동생 각균은 대구 감옥에서 옥사했다. 부인 유씨는 잠적했다가 붙들려 관청의 노비(官婢) 노릇을 하는 등 고초를 겪었다.

박영교·박영효 형제의 아버지 박원양(朴元陽)은 열 살 된 손자(박영교의 아들)를 죽이고 자살했다. 3형제 중 막내인 박영호는 산속으로 달아나 숨어 살면서 목숨을 건졌다.

홍영식의 아버지인 전 영의정 홍순목(洪淳穆)은 손자를 죽인 뒤 노부부가 함께 자살했고, 부인도 음독해서 목숨을 끊었다. 갓 시집간 조카딸은 시가에서 쫓겨나 거지처럼 떠돌아다니며 살았다.

서광범의 아버지 서상익(徐相翊)은 복역하다가 옥사했고, 어머니는 살아 있다가 10년 뒤 아들과 재회할 수 있었다.

서재필의 아버지 서광언(徐光彦)은 부인과 함께 자살했고, 형은 감옥에서 죽었으며, 정변에 함께 참여했던 동생 재창(載昌)은 체포되어 처형되었다. 부인도 음독자살하는 바람에 두 살 된 아들은 돌봐 주는 사람이 없어 굶어 죽었다.

이데올로그 역할을 하던 57세의 유홍기는 정변 실패 소식을 듣자 곧바로 입산(入山), 다시 세상에 나타나지 않았고 그의 부인은 체포되어 옥사했다.

주도자들의 재산은 모두 압수되었고 홍순목의 대저택은 그 뒤 미국인 의사 앨런에게 넘어가 병원이 되었다.

정변 주도자들이 명문 양반가 출신들이어서 불꽃이 가문에까지 튀었다.

안동 김씨의 경우 김옥균의 균(均)자 돌림을 규(圭)자로 하는 등 여러 가문에서 항렬자(行列字)를 바꾸는 소동이 뒤따랐다.

일본에 망명 중인 김옥균과 박영효를 제거하려는 암살자가 줄을 이었고, 10년 뒤 상하이에서 암살된 김옥균의 사체는 서울에 옮겨져 사지가 찢기는 육시형(戮屍刑)을 당해야 했다.

위기관리는 수많은 형태로 존재하지만 사람이 기본적으로 가장 중시하는 위기관리는 아마도 자신의 생명에 관한 것이 될 것이다. 보통 사람들은 목숨을 돈이나 명예, 지위와 바꿀 수 있다고 생각지 않는다. 그러나 이념이나 사상의 구현(具現), 종교나 정치의 대의(大義)를 위해 목숨을 아까워하지 않고 희생하는 경우가 종종 있다. 보통 사람들이 가질 수 없는 사명감을 가진 사람들이 그 같은 경우에 해당될 것이다.

갑신정변 주도자들은 명문 양반 가문 출신으로 과거를 거친 선택된 계층이었고 장래가 촉망되는 엘리트들이었다. 현실과 타협하며 잘 살아갈 수 있는 기득층의 일원이었다.

그런데 위에서 설명한 것처럼 비극적인 자기희생, 가족들의 불행을 담보로 거사했다. 나라의 자주독립과 근대화를 이룩해야 한다는 대의가 그들에게 거사의 동기(動機)를 부여했다. 권력을 잡으려고 한 것은 대의를 실천할 수 있는 힘을 확보하려 한 것이지 권력욕을 만족시키기 위한 것만은 아니었다.

그들의 초심(初心)은 결과에 따라 해석이 달라질 성질의 것이 아닌 것이다.

1884년 시점에서, 개화파의 입장에서 보면 두 개의 위기 국면에 처해 있었다. 하나는 친청 수구당이 개화파를 제거하기 위해 좁혀 오는 정치적 압박으로 당파적인 것이었고, 또 하나는 내정 간섭을 강화하기 시작한 청의 대외 압력으로 국권(國權)에 관한 것이었다. 친청 수구파에 반대한다는 것은 반(反)수구파이면서 반(反)청을 의미하기 때문에 두 가지 위기는 결국 뿌리가 한 줄기였다.

소수당인 개화파에 두 가지 위기를 한번에 해결할 수 있는 대안이 가능했을까?

수구당만 제압하는 일은 어려운 것이 아니었다. 군 지휘권을 가진 민영익 등 네 명만 제거해도 승산이 있음은 정변에서 입증된 바 있다. 고종의 지지와 비호가 큰 힘이 되는 것이다.

문제는 청군의 존재였다.

김옥균은 외세(外勢)의 도움이 가능한지 여부를 계속 타진했다. 고종도 같은 생각인 것을 알고 있었기 때문에 더욱 그랬을 것이다. 그러나 영국 총영사는 청의 대조선 종번(宗藩) 체제를 지지하는 본국 정책에 따라 관망하는 자세였고, 미국 공사는 호의적이었으나 개인 차원이었다.

결국 서울에 150명의 공사관 경비 병력을 갖추고 있는 일본밖에 대안이 없었다. 김옥균이 청을 몰아내기 위해 일본을 택한 것은 이이제이(以夷制夷)의 전략이었다. 그 전략은 19세기 한반도에서 낯설지 않은 정치 기법이었다. 이홍장이 이이제이 전략의 대가(大家)라는 것(131면 〈위기관리의 해결사 이홍장, 이이제이로 열강 견제 시도〉 참조)은 널리 알려진 일이었다.

일본도 도쿠가와 바쿠후가 붕괴될 때 바쿠후파는 프랑스, 유신파는 영국의 지지를 업고 상대를 제압하는 이이제이 전략을 쓴 경험을 가지고 있었고, 한반도 정세의 부침에 따라 친청·반청, 친러·반러 정책 등을 바꾸어 가면서 구사해 왔다. 영국도 세력 균형 정책에 따라 청을 이용해 러시아의 남진(南進)을 견제하는 동방 정책을 썼고 일본이 우세해지자 일본을 러시아를 지키는 번견(番犬)으로 삼았다. 세력 균형 전략은 본질에 있어 서양의 이이제이인 것이다.

고종이나 민비도 상황에 따라 친청·반일, 친일·반청, 친미·반러, 친러·반청 등 이이제이 전략을 구사하는 줄다리기 외교에 매달렸다.

이론상으로나 현실론으로나 김옥균의 이이제이 전략은 가능한 책략이었다고 할 수 있다. 실제로 청일 간의 병력 차가 근소했다면 정변은 어렵지 않게 성공할 수도 있었다.

설령 정변에 성공했다 하더라도 일본의 손아귀 속이라는 것은 별도로 따질 문제인 것이다.

일본의 침략 속성을 간파하지 못한 것은 김옥균만 겪은 시행착오가 아니다.

19세기 일본 메이지 유신의 성공은 비열강 국가나 약소국들에게 하나의 신화였고 닮고 싶은 모델이었다. 일본의 각계 지도층이 성공의 노하우를 나눠 줄 수 있다는 듯 처신한 것도 역사적 사실이었다. 김옥균도 그랬지만 중국의 량치차오(梁啓超), 캉유웨이(康有爲), 위안스카이, 쑨원(孫文)도 일본을 믿었다가 나중에 속은 것을 알게 되었다.

『월남 망국사』를 써서 한국 지식인들의 심금을 울렸던 베트남의 개화 세력 대표 판보이쩌우(潘佩珠)가 일본의 도움을 얻기 위해 일본 무대에 등장했을 때 일본을 믿지 말라고 충고해 준 인물이 량치차오였다. 그는 일본군이 베트남에 가면 프랑스군보다 더 큰 재앙이 될 수 있다고 경고했다.

김옥균도 어느 정도 일본을 경계하고 불신하는 수준에는 가 있었다. 일본 정부의 변심을 우려해 훈령을 배달하는 우편선이 일본에서 오기 전에 서둘러 거사했고, 정변 때 작전 지휘도 자신이 주도하려고 노력했다. 의지하려는 것이 아니라 이용하려 했던 것이다.

일본을 이용하려 했다는 점은 박영효의 행적에서도 드러난다. 그는 일본이 열강의 하나라는 점을 인식하고 있으면서도 조선의 자주(自主)를 우선시하는 시국관을 가지고 있었다. 그는 일본의 도움을 받으면서도 일본의 지나친 간섭에는 반발했고, 일본에 일방적으로 질질 끌려간다고 해서 김홍집 총리대신과 싸웠다.

갑신정변 때 망명했다가 1895년 일본이 청일 전쟁에서 이긴 뒤 귀국할 수 있었던 박영효였지만, 일본의 입장이 아니라 자주적 입장에서 개혁을 추진하려는 모습을 보였다.

갑신정변에 대한 역사의 평가는 정변 개입, 한일 병합 등 일본 변수를 어떻게 보느냐에 따라 상반(相反)된다. 시대와 관점의 변화에 따라 옹호와 비판이 다양하게 반복되는 양상을 보여 왔다.

위기관리의 관점에서 접근해 본다면 단기적(短期的)으로는 일본 요소의 비중이 높아 부정적 측면이 돋보이나 장기적(長期的)으로 보면 근대 한국 민족주의의 시작이고 근대화의 시점(始點)이라는 점에서 긍정적 평가가 높아진다.

역사학자 강만길(姜萬吉), 신용하(愼鏞廈)의 평가와 궤(軌)를 같이한다고 할 수 있다.

강만길은 김옥균 등이 대외적으로는 청과의 종속 관계를 청산하려 했고, 대내적으로는 전제 군주 체제를 입헌 군주제로 바꾸려 했다는 점에서 선구자였다고 평가했다.

신용하는 갑신정변이 〈위로부터의 개혁〉에 의해 부강한 근대 국가를 건설하려고 한 자주 근대화 운동이었고 개화 운동에 일정한 방향을 정리해 주었다고 평가했다. 갑오개혁, 독립 협회, 만민 공동회 운동, 애국 계몽 운동이 갑신정변을 비판적으로 계승, 발전시킨 흐름이라고 보는 것이다.

김옥균 등 개화 세력은 근대화를 추진하는 국제 경쟁에서 탈락한 나라의 후진성을 극복하고 선발 국가를 따라잡아야 한다는 게 목표였다. 지각 사관(57면 〈조선의 쇄국은 대원군만의 책임인가〉 참조)의 관점에서 보면 지각 상태에서의 탈출을 시도한 최초의 선각자들이다. 수단(일본 이용)의 부적절성을 이유로, 그 목표가 안고 있는 대의(大義)를 평가하는 데 인색할 필요는 없다.

7 고종과 그의 오른팔이자 왼팔, 민비

대원군의 하야와 고종의 친정

5세의 어린 나이에 황제 자리에 올랐던 청나라의 동치제(同治帝)가 1873년 17세가 되면서 친정(親政) 체제에 들어가게 된 것이 고종에게는 큰 자극이면서 큰 힘이 되었다.

당시 고종은 22세의 청년 국왕으로 성장해 있었기 때문에 누가 보아도 아버지 대원군의 10년 섭정이 막을 내릴 때가 되었다. 그러나 어느 누구도 대원군 앞에서 떠날 때가 되었다는 점을 진언할 수 없었고, 진언한 사람도 없었다.

국왕보다 한 살 위인 왕후 민비가 친정 오라버니 민승호(閔升鎬)와 조 대비의 조카 조영하(趙寧夏) 등을 시켜 조용히 반(反)대원군파를 결속시키면서 친정 체제를 은밀하게 추진했다.

고종의 친정 체제를 공론화시킬 수 있게 분위기를 잡아 준 것은 전·현직 대신 등 백여 명이 고종의 존호(尊號)를 올리겠다고 계청한 데서 비롯되었다. 대원군의 바로 위 형 이최응(李最應)과 영의정을 지낸 이유원(李裕元)이 주도했다. 이최응은 동생이 자신을 냉대하는 것에 불만이었기 때문에 민비 측에 쉽게 포섭되었고, 이유원은 오래전부터 대원군과 정적 관계에 있었다.

존호 올리기 계청은 친정을 실현하자는 캠페인의 시작이었던 것이다.

고종은 엄청난 파문을 일으킬 수 있는 친정 문제에 관해서는 언급하지 않는 신중한 자세였으나 종전과는 다르게 국정 각 분야를 직접 챙기는 모습을 보여주었다. 민원 대상이던 성문세(城門稅) 등을 실시한 당사자인 대원군의 의견도 묻지 않고 철폐해 버리는 결정을 내렸다.

승정원에 대한 인사도 단행해 좌승지에 김시연(金始淵), 우부승지에 심이택(沈履澤), 동부승지에 최익현(崔益鉉)을 임명했다. 세 사람 모두 반(反)대원군파였다.

최익현을 기용한 것이 말하자면 태풍의 핵이었다.

최익현은 나는 새도 떨어뜨린다던 대원군의 위세에 눌려 모두가 할 말을 제대로 하지 못할 때 대놓고 대원군의 폐정을 비판하는 상소를 올렸던 최초의 인물이었다. 1868년 경복궁 중건 공사 중지, 원납전 징수 중지, 당백전 혁파 등을 주장하는 파격적인 상소를 올렸다가 분노한 대원군의 보복으로 유배당한 일이 있었다.

서원 철폐가 계속되고 남인·북인의 등용이 계속 이루어지는 것에 분개하던 최익현(골수 노론이었다)은 민승호가 대원군에 대한 탄핵 상소를 종용하자 흔쾌히 붓을 들었다.

최익현은 우선 1차 상소를 올려 정치판을 에둘러 비판하면서 대원군을 압박해 나가는 공략법을 썼다. 그는 1873년 10월 〈근래에 옛 법도를 바꾸는 데도 사람들은 복종에 익숙해 있습니다. 대신과 여섯 판서는 정책을 건의한 적이 없으며, 언관들과 시종들은 일을 좋아한다는 비방을 피하려고만 합니다. 조정에서는 속된 논의만 자행되고 정론이 사라졌으며, 아첨하는 자들이 뜻을 펴고 참된 선비는 은둔합니다. 세금과 부역이 그치지 않아 생민이 어육(魚肉)이 되고, 윤리가 무너져 사기가 꺾였습니다〉라고 썼다.

누가 보아도 정계 최고 실세인 대원군을 겨냥한 것이 분명했으므로 충격이 거셀 수밖에 없었다. 조정의 여론이 발칵 뒤집혔으나 고종은 〈충성된 마음으로 과인을 깨우치게 했으므로 매우 가상히 여긴다〉는 의외의 반응을 보였고, 한 걸음 더 나아가 호조 참판(재무 차관 격)으로 승진시켰다.

대원군이 불같이 화를 난 것은 당연한 일이었고 대원군 계열의 좌의정 강노(姜㳣)와 우의정 한계원(韓啓源)이 상소를 철회시키고 중벌을 내려야 한다고 진언하게 되었다. 하지만 고종은 두 대신의 진언을 묵살해 버렸다. 그러자 대원군은 측근을 동원해 사간원과 사헌부 관리들에게 최익현 규탄 상소를 올리게 했고, 성균관 유생들이 동맹 휴학(捲堂)에 들어가게 했다.

상황은 아버지 대원군과 국왕 아들 간에 벌어지는 권력 투쟁의 양상으로 확전되었다.

고종은 단호하게 대처했다. 규탄 상소를 한 대간들을 파직시키고 동맹 휴학한 유생들의 과거 시험 응시 자격을 박탈했다. 반면에 장령 홍시형(洪時衡)이 최익현을 지원하는 상소를 올리자 홍문관 부수찬으로 발탁하고, 원납전과 연강세(沿江稅)를 즉각 폐지케 해 상소 내용을 국정에 반영시켰다.

11월 3일, 최익현의 2차 상소가 올라왔다. 그것은 대원군을 하야시키는 계기를 만든 결정타였다.

최익현은 〈지금 나라의 일을 보니 폐단 없는 곳이 없으며 이름이 바르지 못하고 말이 순하지 못한데도 바로잡지 못합니다. ……이 같은 모든 일이 국왕이 어릴 때 이루어진 것이므로 이제 친정(親政)을 단행하여…… 옛 제도를 모두 복구해야 합니다〉라고 강조한 뒤 〈대원군은 정치에 간여하지 못하도록 하고 작위를 높이며 녹봉을 후하게 주는 것으로 그쳐야 합니다〉라고 주장했다. 대원군의 실정(失政) 책임을 물어 퇴임시키고 국왕이 국정을 맡아야 한다고 못 박은 것이다.

모두 숨을 죽이고 고종의 거취를 지켜보았다.

11월 15~16일, 좌·우의정과 영돈령부사 홍순목(洪淳穆), 그리고 육조 판서들이 집단 사직서를 내고 대간들까지 가세하는 등 거센 반발이 일어나자 고종은 한발 물러나 〈상소 내용이 과격하다〉는 이유로 최익현을 해임시킨 뒤 제주도에 유배 안치케 조치했고, 최익현의 처벌을 주장한 관리 세 명도 유배시켜 양비론으로 사태를 무마하려 했다. 그러면서도 고종은 대원군파들의 위해로부터 최익현을 보호하기 위해 사람의 접근이 어려운 제주도로 격리시켰다.

이어 친정 선포가 내려지고 대원군만 드나드는 대궐 전용 문은 폐쇄되었다.

1개월도 안 되는 사이 홍순목, 강노, 한계원을 포함한 대원군 계열 세력이 조정에서 쫓겨났고 이유원이 영의정, 이최응이 우의정으로 들어서게 되었으며 조두순(趙斗淳), 조영하, 안동 김씨계의 김병국(金炳國) 등이 요직에 기용되었다. 고종이 자신을 지지하는 세력으로 친정 체제를 짜는 데 성공한 것이다.

고종이 왕권을 되찾는 과정은 권력 투쟁의 양상이지만 위기관리 관점에서 보면 외유내강형의 지도력을 보이고 있음을 알게 해준다. 물론 왕후 민비와 민씨 척족들이 도와주고 있다고 하지만 정치 무대에서의 주역은 고종 자신이고, 고종은 소심하고 나약한 인물이라는 일부 역사의 평가와는 다른 강한 면모를 과시하고 있었던 것이다.

사실 고종의 왕권 챙기기는 쉬운 일이 아니었다. 대원군이 10년 동안 섭정을 맡아 오면서 군부와 조정을 완전히 장악한 데 비해, 국왕은 이렇다 할 지지 세력을 확보하고 있지 못했기 때문에 어설프게 속셈을 보였다가 정면충돌로 가서는 예기치 않은 낭패를 볼 수도 있었다.

성리학적 체제에서의 국왕의 법통성을 앞세우고 신중하게 합리적인 절차와 단계적인 접근을 통해 다가가는 것이 위기관리의 상책이었다.

고종은 존호 올리기 운동, 청나라 동치제의 친정 강조, 원납전·성문세 철폐 등 왕권의 행사, 국왕 지지 세력의 기용 등으로 전체적인 분위기를 자연스럽게 친정 체제 쪽으로 끌고 가는 데 성공했다.

대원군을 공격하는 기수로 최익현을 선택한 것도 발군의 발상이었다.

위정척사 논리를 체계화한 당대 최고의 유학자 이항로가 서거한 뒤 전국에서 가장 촉망받고 영향력 있는 유림 인사가 바로 이항로의 수제자 중 하나였던 최익현이었다.

이미 대원군의 실정을 비판하는 상소를 올린 적이 있는 그는 불같은 성정(性情)을 가진 인물인 데다 정치 감각이나 정치 술수도 뛰어나 목숨을 걸고 대원군을 직격할 수 있는 최고의 적격자였다.

최익현의 2단계 상소 작전도 매우 효과적이었다. 그는 1차 상소에서 대원군을 직접 겨냥하지 않고 노련하게 외곽을 때리며 포위망을 구축하면서 반(反)대원군 여론을 결집시켰고, 분위기가 익어 가자 2차 상소로 승부를 결정지어 버렸다. 고종이 대원군 계열의 대신과 조정 신하들이 거세게 반발할 것을 미리 예상하고 적정 수준에서 강온책을 섞어 써가며 단호한 태도를 견지해 간 것도 돋보이는 대목이다.

물론 고종의 친정 체제는 영리하고 지모 있는 민비의 지원과 민씨 척족과 새로운 근왕 세력의 협조가 있었기 때문에 가능했다. 또 성리학적 대의명분에서 불리한 입장에 있던 대원군이 분수를 지켜 무모한 반발을 자제한 것도 고종의 친정 체제 출범을 가능케 한 결정적 요소였다.

그렇다 해도 정치의 전면에 나서서 사태를 침착하게 성공으로 끌고 간 고종 자신의 위기관리 지도력이 제1의 공로자였음을 의심할 여지는 없다. 어설프게 양보하거나 우유부단했다가는 사태가 예기치 않은 국면으로 꼬일 수도 있었던 것이다.

어떤 면에서 고종의 왕권 찾기 성공은 결정적인 정치적 승리를 의미하고 있는지 모른다. 하야한 대원군이 죽을 때까지 복수를 위해 재기의 노력을 아끼지 않은 것을 보면 권력을 빼앗길 때의 아픔과 배신감, 패배감, 충격을 일생 동안 잊지 못했다는 것을 의미하고 있기 때문이다.

일본 농간 끝에 함포 외교 벌여

아버지 대원군을 상대로 초강수를 두어 자신의 권력을 챙긴 고종에게 가장 큰 현안은 나라의 개국 문제였다. 대원군의 쇄국(鎖國) 정책이 잘못된 것이기 때문에 이를 조정해야 한다는 것이 고종과 민비의 생각이었으므로 친정 초기부터 신경을 써야 했다.

고종은 친정 첫해인 1874년, 각 지방에 암행어사를 보내 체제를 강화하는 포석을 놓는다. 이때 경상좌도(경상남도)에는 박정양(朴定陽, 후에 내각 총리가 됨)을 보내 대일 수교가 난항이 된 경위를 조사케 했다. 고종은 박정양의 조사 보고를 기초로 해 대원군 사람인 경상도 관찰사 김세호(金世鎬), 동래 부사 정현덕(鄭顯德), 왜학훈도 안동준(安東晙) 등이 대일 수교를 방해하는 원인을 제공했다고 단정, 이들을 교체하고 처벌했다.

그리고 현석운(玄昔運)을 새로운 왜학훈도로 임명, 대일 교섭 재개를 지시했다. 1874년 9월 3일, 현석운은 일본이 파견한 외무성 관리 모리야마 시게루(森山茂)와 회담을 벌여 조선 측이 일본의 황제 칭호 사용을 문제 삼지 않기로 하고 새로운 외교 문서를 주고받기로 합의했다.

보고를 받은 조선 조정은 고종의 개국 의지와 일본의 화친 의사를 존중해 이를 추인했다.

일본 정부도 고종이 보인 외교 노선의 수정 의지에 부응해 모리야마를 외무소승(小丞, 국장급)으로 승진시켜 다음 해 2월 24일 부산에 다시 파견했다. 그런데 모리야마가 다시 제출한 외교 문서가 한문으로 된 이전의 것과는 달리 일본어로 작성되어 있는 등 문제점이 지적되었다.

고종은 이에 대해 〈일본의 동정이 의심스러운 것이 없는 게 분명하다〉면서 되돌려보내 고치도록 해야 한다는 주장을 물리쳤고, 일본의 외교관들이 기선을 타고 온 데 대한 비판에 대해서도 〈청나라도 이용하고 있다〉면서 시비를 잠재움으로써 수교에 대한 분명한 의지를 관철해 나갔다.

수교 회담을 난항에 빠뜨린 것은 조선 측이 아니라 일본이었다. 관례로 행해지는 일본 외교관 환영 연회에 연미복(燕尾服)을 입는 등 서양식 복장을 하고 정문을 통해 들어오겠다는 통고였다. 지금의 관점에선 하잘것없는 문제지만 왜양일체(倭洋一切)의 관점을 가지고 있는 척사파가 유림의 여론을 끌어가고 있던 조선에선 간단치 않은 도발이어서 이를 거부하게 되었고, 심하게 대립하는 국면이 다시 벌어졌다.

조선은 연회를 이번에 한해 구례(舊例)로 하고 서계를 수리하겠다는 유연한 태도를 보였으나 모리야마는 〈일본 외교관의 복장에 대해 시비하는 것은 내정 간섭이고 일본 정부에 대한 무례, 모멸이다〉라는 내용의 구술서를 조선 측에 보내고 귀국해 버렸다. 군사적 위협을 배경으로 교섭해야 한다는 강경론을 이미 청훈해 놓고 한국에 왔던 모리야마는 교섭 재개를 희망하는 조선 측 사자(使者)를 만나는 것조차 거부하는 교만한 태도를 보였던 것이다.

이노우에 요시카(井上良馨, 나중에 해군 대장-원수가 됨) 해군 소좌가 함장인 운요호(雲揚號)가 강화도 수역에 도착한 것은 9월 20일이었고, 그와 별도로 모리야마가 부산을 떠난 것은 9월 21일이었다. 이를 보면 일본 정부는 겉으로는 평화적 해결을 내세웠으나 비밀리에 함포 외교를 추진해 왔음을 알 수 있다.

정상적인 조·일 수교의 시작을 바랐던 고종의 외로운 결단은 이렇게 일본 측에 의해 빛이 바래게 되었다.

그 뒤 조선은 적반하장 격으로 운요호 사건에 대한 책임을 묻는다면서 일본이 벌인 함포 외교에 밀려 강화도 조약을 체결하게 된다.

구로다 기요타카(黑田淸隆)를 특명 전권 대사로 하는 일본 대표단은 함대를 거느리고 인천 앞바다에서 무력시위를 벌여 조선 측을 회담장으로 끌어낼 수 있었다. 대원군 때부터 일본과의 무력 충돌을 우려해 왔던 것이 조선의 조정이었던 만큼 구로다의 무력시위가 적절한 때에 효과를 올린 셈이었다.

그러나 준비 기간이 길게 마련인 조약 체결 과정이 짧은 시간에 이루어질 수 있었던 것은 척사파들의 어떠한 반대가 있다 하더라도 개국(開國)을 계속 미루어 갈 수 없다는 국왕의 정치적 판단이 있었기 때문에 가능했다.

고종은 일본 대표단을 맞을 접견 대관으로 병인양요와 신미양요를 치른 전쟁 영웅 신헌을 임명했다. 문호 개방론자인 박규수(朴珪壽)의 추천을 받아들인 것이다. 그러나 일본 측이 무엇을 원하고 있는지를 알지 못했기 때문에 조약 체결을 위한 권한까지 준 것은 아니었다.

기요타카가 조약을 원한다는 보고를 받은 고종은 대책 회의를 주재한다.

처음 김병학(金炳學)이 일본의 태도가 수교가 목적이 아니라 전쟁을 도발하는 데 있다고 비난하고 이유원(李裕元), 이최응(李最應), 홍순목(洪淳穆) 등 원로 대신들이 동조했으나 구체적인 대응책을 내놓지는 못했다. 그러나 고종의 조약 체결-개국의 의지가 확고한 것을 알고 있던 이최응, 박계수가 조약 체결을 지지하고 나섰고, 이에 따라 분위기가 바뀌어 3일 뒤 일본의 요구를 수용키로 결정하게 되었다.

조정의 그 같은 움직임이 알려지자 고종의 친정 체제 실현에 일등 공신이었던 최익현이 이번에는 척사파를 이끌고 조약 체결 반대 운동을 펴게 되었고, 대원군도 조정 대신들에게 반대 압력을 넣고 있었다.

고종은 〈양인은 양인이고 왜인은 왜인이다〉라면서 척사파의 왜양일체론(倭洋一切論)을 부정하고 최익현을 흑산도로 유배시키는 등 단호한 입장을 취했다. 그리고는 신헌에게 전권을 주어 조약을 처리하라고 명했다.

근대 만국 공법 체계에서 나온 조약이 어떤 것인지 모르고 있던 무관 신헌은 당황해하며 재고해 달라고 요청했다. 그러나 고종은 국가의 안위에 관한 문제이기 때문에 두 차례 양요에서 공이 큰 신헌이 적합한 인물이라면서 재신임을 확인했다.

신헌은 알려진 대로 일본 측이 일방적으로 마련해 온 조약 안 초안을 기초로 회담을 진행하고 조약을 체결했다.

고종은 반대 공세에 흔들리고 있는 시원임 대신들에게 〈이번 일은 구호(舊好)를 닦는 것에 지나지 않을 뿐이고, 경들의 조처가 마땅하였으므로 무사히 타결되었다〉며 전통적인 한일 관계가 회복된 것이라고 주장함으로써 조약 체결의 정당성을 합리화했다.

강화도 조약 체결을 둘러싼 고종의 위기관리 지도력은 상반된 평가가 가능하다. 긍정적인 평가로는 25세 나이의 고종이 보여 준 소신과 의지, 추진력이 돋보였다는 점이다. 여론을 주도하고 있던 척사파나 조정에 강한 영향력을 끼치고 있던 대원군파의 완강한 반대에도 불구하고 개국을 실현할 수 있었다는 점은 긍정적인 평가의 대상이다.

부정적인 점은 불평등 조약을 체결했다는 사실이다. 22년 전인 1854년, 일본은 미국과 수교를 트면서 불평등 조약을 맺었다. 일본이 그때 얻은 시행착오의 경험을 조선을 상대로 재현한 것이 강화도 조약이다.

일본은 멋모르고 당했다고 하지만 후발 주자인 조선은 왜 후발의 이점을 제대로 살리지 못했을까?

조선은 그 불평등 조약을 맺은 뒤 5년이 지나고 나서야 뒤늦게 국제 조약 관련 정보를 수집했다. 속담 그대로 소 잃고 외양간 고치기였다.

1881년 일본에 파견된 신사 유람단의 단원 중 한 사람인 민종묵(閔種默)은 일본 외무성과 세관을 상대로 관계 자료를 수집했다. 그가 챙긴 자료 중 하나가 〈일본 각국 조약〉이란 제목이 붙은 국제법과 조약에 관한 것이다.

일본이 외국과 맺은 각종 조약들을 모두 정리 수록했는데, 관세라는 것이 무엇이고 얼마나 무섭고 중요한 것인지를 알게 해주고 있었다. 1850~1860년대 서양 열강과 맺은 조약들이 굉장히 나쁜 조건이며, 그로 인해 1880년대 초까지 일본 경제가 큰 피해를 입고 있음을 적시하고 있었다.

고종과 민비는 대원군의 쇄국 정책을 반대하는 입장이어서 친정을 서두르게 되었다. 그렇다면 친정에 들어섰을 때 개국·개화 정책을 미리 마련하고 있었어야 했다.

일본보다 먼저 1842년 영국과 난징 조약을 체결하는 등 열강과 조약을 맺은 청나라에 사람을 보내 알아보았더라도 불평등 조약을 피하는 방법을 알아낼 수 있었다. 청나라도 불평등 조약을 맺은 쓰디쓴 경험에 넌더리를 내고 있었기 때문이다.

고종은 청나라 동치제의 친정에 관한 동정, 열강의 침략에 대한 청의 대응 전략에 계속적인 관심을 보여 왔다. 그러나 개국 문제가 집약되는 조약에 대해 궁금해한 경우는 없는 것 같다. 그 점에 대한 대신들의 건의도 없었다.

조약의 선례를 챙겨 보자는 선각자가 몇 년 전에 있었더라면 한국의 개국사가 다르게 쓰일 위기관리의 성공 사례가 되었을지도 모른다.

여기서 더 큰 문제는 불평등 조약을 체결한 이후의 움직임이다.

일본은 1890년대까지 일본 외교의 최우선 목표를 불평등 조약 개정에 두었다. 조약 개정이 바로 선진국과 후진국을 가르는 분수령이라는 것을 간파했기 때문에 거국적인 노력을 기울였다. 그러나 조선은 불평등 조약 개정을 위해 집요한 노력을 기울이지 않았다. 무관세 조항을 문제 삼아 강화도 조약이 체결된 지 7년 뒤 개정하는 데 성공했으나 열강과 맺은 불평등 조약에 대한 개정 의지를 국가 목표로 등장시키지 못했다.

고종 시대의 대외 위기관리가 안고 있는 구조적 결함이 거기에도 있었다.

_강화도 조약, 왜 불평등 조약인가

1876년 2월 26일에 맺어진 강화도 조약은 12개조로 되어 있고, 8월 24일 추가로 체결된 조·일 무역 규칙, 조·일 수호 조규 부록 및 왕복 문서까지 포함된다.

조약의 제1조로는 널리 알려진 대로 조선이 자주국으로 일본과 평등한 권리를 가진다고 규정했다. 이는 화이사상(華夷思想) 중심의 국제 질서를 부정한 프랑스·베트남 간의 사이공 조약을 모방한 것으로, 청의 종주권을 공식적으로 부인한 것이다. 한국이 자주국임을 인정한다는 데 역점이 있는 것처럼 보이나 사실은 일본의 대한(對韓) 침략의 단서를 마련한 외교적 속임수이다.

제2조는 외교 사절의 상주 등 새로운 외교 관행으로의 전환을 시도한 것이고, 제3조는 외교 문서에 사용하는 언어를 다뤘다. 제4, 5조는 개항장 선정과 설치 운영 문제였고, 제6조는 바다에서의 조난 시 구조 송환 절차를 둔 것이다.

제7조는 일본의 조선 해안 측량을 허용, 일본 해군의 활동 근거를 마련해 준 셈이었다. 제8, 9조는 일본 상인의 개항장에서의 상업 활동에 관한 규정이었고, 제10조는 개항지 범죄에 관한 것이었다.

일본은 조약 체결 뒤 조선 측의 무지(無知)를 이용해 무관세를 원칙으로 하는 10개 조의 무역 규칙 안도 체결했다. 이 규칙 안은 일본의 경제 침투를 합법적으로 승인한 것으로 조선 측의 재정 손해가 막심했고, 1883년 7월 수정될 때까지 7년간이나 계속되었다. 특히 동 규칙 안 6조와 7조가 조선 경제에 큰 타격을 주었다.

6조는 조선국 항구에 주류하는 일본인은 양곡을 수출할 수 있다고 되어 있어 조선의 쌀이 대량으로 유출되는 길을 튼 것이고, 7조는 항세(港稅)를 납부치 않게 되어 있었다. 관세뿐 아니라 상품의 수출입세까지 면제받게 돼 있어 조선의 재정 수입에 막대한 결손을 초래했다. 이 두 조항은 치외 법권, 일본 화폐 유통권과 함께 일본 침략의 3대 수단이 되었다.

대미 수교, 미국 짝사랑의 근거

일본과의 강화도 조약을 체결한 지 6년 후 미국과 가진 수교 조약 때도 고종은 대미 수교를 주도했다. 그것은 국내외 정세가 변하는 데 맞추어 유연하게 위기를 관리하려는 고종의 판단과 의지가 돋보였다는 점에서 특징이 있다.

운요호 사건 당시 청의 이홍장은 남진하려는 러시아에 대비하기 위해서는 일본과 손을 잡아야 한다고 보았고, 때문에 조선 정계의 원로 이유원에게 밀함을 보내 조·일 수교를 권장했다.

당시 청은 러시아의 신장 성 이리(伊犂) 점령 문제 때문에 러시아와 대치하면서 러시아를 동북아 제1의 위협으로 절감하고 있던 때였다. 그러나 이리 문제에 매달려 있는 사이 일본이 1879년 청의 속방이었던 류큐(琉球)를 병합해 버리자 이홍장은 생각을 바꾸게 되었다. 침략주의로 나서기 시작한 일본의 다음 목표가 타이완과 조선이 될 것이라 예상하게 되었고, 그에 대한 이이제이 전략으로 이유원을 통해 조선이 열강과 조약을 맺어 일본을 견제해야 한다고 충고했다.

이래저래 고종은 국제 정세에 보다 많은 관심을 가지게 되었다.

고종이 1, 2차에 걸쳐 김기수(金綺秀)와 김홍집(金弘集)을 일본에 수신사로 보낸 것도 일본의 속셈과 근대화 등을 정탐하려는 것이 목적이었다.

청의 일본 주재 공사 허루장(何如璋)과 서기관 황쭌셴(黃遵憲)이 김홍집을 만나 강조한 것은 러시아의 남하를 막기 위해서는 미국에 문호 개방이 필요하다는 연미론(聯美論)이었다. 그 필답 내용을 정리한 것이 김홍집이 서울에 가지고 온 『조선책략』이다.

고종은 『조선책략』을 읽고 큰 감명을 받았는데, 그 뒤 그 내용이 고종 외교의 기본 틀이 된다.

고종은 김홍집이 귀국해 복명한 지 4일 만에 개화승 이동인(李東仁) 등을 도쿄로 보내 미국과의 수교를 주선해 달라고 요청했다. 그에 앞서 미국의 슈펠트 Shufeldt 제독은 일본을 통해 조선 측에 수교 여부를 타진하고 있었다.

그러나 수교 정책은 곧바로 추진되지 못했다. 고종이 여론을 설득하기 위해 공개한 『조선책략』이 오히려 격렬한 척사 운동을 촉발하는 역작용이 생겼고, 이유원 같은 사람이 반대 여론에 영합해 고종을 등지는 등 여건이 악화되었기 때문이다. 그 시점에서 대미 수교를 지지하는 조선 조정의 인물은 고종과 영의정, 그리고 두세 명의 대신뿐이었다.

영남 남인이 주도하는 신사(辛巳) 척사 운동은 더욱 격렬하게 전개되었고, 이에 고무받은 대원군 계열 인물인 전 형조 참의 안기영(安驥永, 상소로 최익현 처벌 주장 경력)이 대원군의 서장자(庶長子) 이재선(李載先)을 앞세운 쿠데타 음모를 추진하다가 사전에 적발되기도 했다.

그러나 그 와중에서도 고종은 대미 수교 방침을 견지해 나갔고, 결국 조정 신료의 70퍼센트가 지지하게끔 국면을 유도할 수 있었다.

고종은 조선에서 수교 협상이 어려운 점을 감안, 톈진에서 김윤식(金允植)으로 하여금 수교 협상을 진행시킬 생각이었다. 그러나 이홍장은 김윤식이 전권(全權)을 부여받지 않았다는 이유로 배척하고, 자신이 직접 대표 격으로 나서 슈펠트와 네 차례에 걸쳐 회담한 뒤 조약 초안을 합의했다.

조선은 1881년 3월 청의 대외 관계 전문가인 마건충(馬建忠), 정여창(丁汝昌)과 함께 서울에 온 슈펠트를 상대로 이홍장이 마련한 초안을 기초로 조미 수교 조약을 맺을 수 있었다.

서울로 슈펠트를 불러들여 자주적인 협상을 진행시키지 못한 것이 결점이었으나 완강하게 반대하는 척사 운동의 와중에서 여론의 향배와 형편을 살피며 이홍장에게 사절을 계속 보내 협상을 타결케 이끈 주역은 고종이었던 것이다.

이홍장은 조약을 대신 추진하면서 조선이 중국의 속방이라는 것을 명시하려는 악역(슈펠트의 거부로 실패)을 연출했으나 유사시 상호 간에 원조와 중재를 갖는 거중 조정(居中調整, *good offices*) 규정을 두도록 주장, 이를 관철함으로써 열강의 침략에 대비하는 공수 동맹(攻守同盟) 같은 효과를 내도록 하는 데 기여했다. 열강 상대의 외교 경험에서 나온 이홍장의 그 같은 발상은 당시 조선의 대신들로서는 상상할 수 없는 위기관리 방식이었다.

이 거중 조정 조항은 20세기 초 조선 왕조가 망할 때까지 고종의 대미 청원 외교가 추진될 수 있는 근거로 활용되었다.

임오군란, 외국군 주둔의 길 열어 줘

1882년 일어난 임오군란은 조선 왕조가 내리막길에 들어섰음을 예고하는 불길한 사건이 되었다. 구식 군대가 일으킨 단순 폭동에 정치적 재기를 노리는 대원군이 끼어들면서 내란 상태로 변질되었고, 이를 빌미로 청국이 속방을 구해 준다는 구실 아래 서울에 군대를 파견하는 국제 사건으로 부상했다.

그것은 한반도에 외국군이 주둔하는 길을 터준 계기가 되었고, 이후 청일 양국과 여러 열강들이 서로 힘을 겨루는 각축장이 되어 국망(國亡)의 길로 들어서는 단초가 되었다. 뿐만 아니라 120년이 지난 지금까지도 여전히 외국군(미군)이 주둔하고 있는 현대사로 이어지고 있다.

1882년은 고종이 친정 10년째를 맞는 해였다. 통상 〈통치 10년〉이면 군주의 관록과 역량이 무르익을 시기이다. 고종 역시 성공적으로 친정 체제를 구축했고, 개화·개국 정책도 점진적으로 주도해 가고 있었다. 그런데 왜 군란이라는 복병을 맞아 위기에 빠지게 되었는가?

그 해답은 고종의 개화·개혁 정책이 일관성 있는 사고 체계에서 출발하지 못하고 있었던 점과 관련이 깊다 할 것이다.

대원군 집정기 때 10대였던 고종은 아버지가 내건 쇄국주의의 영향을 받은 탓에 보수적이었다. 서구 제국주의 열강과의 관계 개선을 중시하는 청의 실력자 공친왕의 대외 개방 정책을 비판하는 등 반외세 성향을 보이고 있었는가 하면 아버지의 말버릇을 흉내라도 내듯 서양과의 화평을 말하는 자는 마땅히 매국(賣國)의 죄로 다스리겠다고 말하는 등 대원군의 축소판 같은 모습을 보였다.

그러다가 친정 체제를 확립하고 아버지의 그늘에서 벗어나면서 진보적인 개국주의 노선으로 돌았다. 그러나 사상과 철학이 뒷받침되는 철저한 변신이 뒤따르지 못했다.

제국주의 침략의 시대에서 개방과 자주국방은 동전의 양면 같은 것이었다. 자기 나라를 지킬 수 있는 충실한 국방력 없이 대외 개방을 하면 외침(外侵)을 불러들일 가능성이 높아지기 때문이다.

준비가 덜 돼 있다면 국방력을 강화하는 것이 정상적인 위기관리의 순서인데 고종은 진취적인 개방 정책을 택하면서 더 후퇴한 국방 정책을 택하는 모순을 보였던 것이다.

고종은 친정 체제에 들어가면서 최고 군사 기관인 삼군부(三軍府)를 유명무실하게 만들고, 병인·신미 양요 이후 강화돼 있던 강화도 진무영(鎭撫營) 체제를 약화시켰다.

삼군부는 대원군이 영의정이 이끄는 의정부(議政府)와 맞먹는 권력 기구로 만들어 강력한 국방 정책을 주도하게 했고, 또 자신의 권력 기반으로 활용한 정치 도구였다. 10년 동안 양성한 대원군 계열이 장악하고 있었다.

따라서 고종은 국왕에 대한 충성도가 의문시되는 그 조직을 의도적으로 기피하고 있었다고 할 수 있다.

고종은 또 대원군이 심혈을 기울여 요새화한 강화도 진무영에 대해서는 무인(武人) 출신의 진무사(鎭撫使)를 책임자로 삼는 외등단제(外登壇制)를 폐지하고 문신(文臣)도 무신과 교대로 책임자가 될 수 있는 유수제(留守制)로 바꾸어 버렸다. 이에 따라 막강했던 강화도 진무사 자리가 평범한 강화도 유수로 지위와 힘이 격하되었다.

대원군 시절 무신을 우대한다 해서 문신들의 불만이 컸던 만큼 표면적으로는 제도를 개선한 것이지만, 속셈은 역시 대원군 세력의 약화를 노렸다고 할 수 있다.

구한말 역사가 황현이 〈국왕은 행정 체제뿐 아니라 군사적인 면에서도 대원군의 시책의 옳고 그름을 가리지 않고 모두 철폐시켰다〉라고 논평했듯이 대원군의 무게와 영향력을 지나치게 의식한 나머지 누가 집권하더라도 일관성을 유지시켜야 할 국방 정책의 기조를 흔들어 혼선에 빠뜨린 것이다.

고종은 대원군이 남긴 군사 제도를 소홀히 다루면서 그 대안으로 무위소(武衛所)를 설치했다. 궁궐 수비를 강화해야 한다는 것이 무위소 설치에 대한 표면적인 이유였다. 그러나 속셈은 삼군부를 대신하는 최고의 군사 기구를 만들려는 것에 있었다.

고종은 주도면밀하게 무위소 설치 문제를 추진했다.

친정 출범이 4개월여 지난 1874년 4월 15일, 대궐 숙위군을 증원하고 훈련을 강화시켜야 한다며 말문을 열었다. 대궐에서 원인 모를 큰불이 일어나는 등 대원군 세력에 의한 방화로 추정되는 화재가 잇달았기 때문에 그 대책이 필요하다는 것이었다.

당시 대궐 숙위는 용호영(龍虎營)과 무예청(武藝廳) 병력 8백여 명이 맡고 있었다. 대원군 지지 세력과의 권력 투쟁이 진행되던 시기였던 만큼 정국이 불안정하다는 점을 감안하더라도 충분한 경비 병력이었다.

대신들이 예산을 이유로 증원을 계속 반대했으나 젊은 국왕은 고집을 꺾지 않았다. 2개월 뒤 무위소 설치를 끝내 강행했고, 무위소 병력은 2천여 명으로 늘어났다.

고종은 무위소 병력을 특별 대우하게 했고 지원 경비로 수십만 냥을 지출케 했으며 예산이 모자라자 최전선 격인 강화도 진무영에 배정된 돈을 전용하게 하는 등 집중 지원을 아끼지 않았다.

최고 지휘관인 무위소 도통사의 직급을 의정부와 동격으로 두는 등 삼군부와 같은 대우를 하게 하고 권한을 확대해 군사 업무 전반에 걸쳐 간여하는 길도 터주었다.

그러나 대원군의 경우 삼군부를 활용해 권력 기반을 확고히 하고 국방력도 강화한다는 두 마리 토끼를 잡는 데 성공했으나 고종은 그렇지 못했다. 결과적으로 삼군부-진무영 체제의 유명무실화와 무위소 설치가 운요호 사건이나 임오군란이라는 국난(國難)을 초래하는 원인이 되었기 때문이다.

강화도 진무영 체제를 흔들어 놓은 후유증은 1875년 일본의 해군 전함 운요호(雲揚號)가 강화도 해역에서 불법적인 무력 도발을 일으켰을 때 드러났다. 사기가 떨어져 있던 진무영군은 신미양요 때 지휘관 어재연(魚在淵)이 용감하게 진두에 서서 전투를 지휘하다가 장렬하게 전사하는 등 죽기를 각오하고 싸우던 때와 같은 군대가 아니었다. 영종 첨사(僉使) 이민덕(李敏德)은 6백 명의 포수를 거느리고 있으면서도 소형 전함에서 상륙, 공격해 온 소수의 일본군을 응격하지 않고 좌시만 하다가 영종진 요새가 유린당하도록 방치했다.

역사학자 최병옥(崔炳鈺)은 이에 대해 고종이 자신의 개인 안위만을 위해 중앙의 군사력을 궁궐 수비 위주로 운용하는 바람에 삼군부가 제구실을 할 수 없었고 진무영의 대외 방어력이 와해되는 결과를 빚게 되었다고 지적했지만, 따지고 보면 대원군을 부정하는 역사 지우기에 몰두하다 보니 외침(外侵)에 대비하는 국방 정책이 덩달아 실종한 셈이 되었던 것이다.

후유증은 그것으로 끝나지 않았다.

운요호 사건을 계기로 일본과 강화도 조약을 체결한 고종은 새삼스럽게 강병책의 중요성을 깨닫게 되었다. 그에 따라 군사력 강화를 위한 근대화를 서두르기 시작했다.

고종은 1880년대에 접어들면서 제1, 2차 시찰단을 일본에 파견하면서 군사 정보와 근대화 현황, 일본의 침략 의도 등을 파악해 오게 했고, 근대화 정책을 다룰 기구인 통리기무아문도 설치했다.

청의 이홍장과 협의해 무기 제조법과 군사 훈련을 받기로 했다. 무기 제조법을 배우기 위해 톈진에 유학생을 보내고 군사 훈련은 일본 쪽으로 바꾸었다. 톈진 유학생이 경비 때문에 중도 귀국한 것을 보면 군사 훈련이 일본 쪽으로 바뀐 것도 예산 사정 때문인 듯하다. 일본은 서울에 와 있는 공사관 무관 호리모토 레이조(掘本禮造) 공병 소위를 교관으로 추천했기 때문에 많은 경비가 필요하지 않았다. 호리모토는 정예 병사로 구성된 별기군(別技軍)의 훈련을 맡았는데 처음에는 병졸만 훈련시켰으나 나중에는 사관 생도도 모집해 교육시켰다.

시범 훈련을 참관한 고종은 〈교련 병대가 아주 정예하다. 병대가 이와 같지 않다면 어찌 병대라고 말할 수 있는가〉라면서 만족감을 표했다. 1882년에는 규모가 커져 병사 3백 명, 사관 생도 140명이 훈련을 받게 되었다.

그러나 일본식 훈련에 대한 내외의 시선은 탐탁지 않았다

척사파는 강병의 필요성을 외면한 채 군주가 정치를 잘하면 외적을 물리칠 수 있다는 보수적 내수외양론(內修外攘論)에 매달려 있었고, 강병책을 인정하는 대부분의 관료들이나 민중들도 〈하필이면 일본군이냐〉면서 냉담했다. 일본에 훈련권을 빼앗긴 청나라 측의 심기도 불편했다.

일본식 훈련을 지지한 것은 고종과 일부 관료들뿐이었다.

고종은 친정 출범을 전후해 대원군이 국고를 충실히 하기 위해 시행하던 성문세(城門稅), 원납전, 연강세(沿江稅)의 폐지, 대량으로 불법 사용되던 청나라 동전(淸錢)의 통용 금지를 내림으로써 개혁적인 면모를 과시했으나 그 때문에 세입이 갑자기 대폭 감소하는 부작용을 겪어야 했다.

비용이 많이 드는 무위소 설치를 강행한 것도 무리수였다. 같은 이유로 별기군의 설치와 훈련도 재정난을 가중시키는 요인이 되었다. 뿐만 아니라 무위소라는 새로운 권력 기구를 만들면서 정치권과 군부에 싹튼 불만도 계속 쌓여 가고 있었다.

결국 무위소 등장으로 생긴 차별 대우가 별기군의 출현으로 더욱 심해지자 구식 군인들의 불만은 폭발점을 향해 치닫게 되었다.

또 관리들의 부패 구조와 위기관리력 부재가 그 불만에 부채질을 하고 있었

다. 1882년 당시 군인들의 봉급을 다루는 선혜청 책임자는 민비의 양오빠(민승호)의 친동생인 민겸호(閔謙鎬)였다. 형이 폭사한 뒤 민규호(閔奎鎬) 등과 함께 새로운 실세로 등장해 인사권, 재정권을 휘둘렀는데 군인들에게 지급해야 할 양곡을 궁중의 잔치 비용으로 전용하기도 하고 적당한 구실을 내세워 빼돌려서 착복, 그 당시 민씨 척족 중에서 가장 부자였다. 밑의 부하들도 상전을 따라 양곡을 마구 빼먹는 바람에 창고가 바닥나 있었다.

봄 가뭄이 심하던 그해 6월, 구식 군인들은 13개월 만에 1개월 치 녹봉으로 쌀을 받았는데 형편없는 불량미였다. 모자라는 분량을 채우기 위해 겨와 모래를 섞거나 물에 불렸기 때문에 생긴 현상이었다.

쌀을 나눠 준 자는 선혜청 일까지 맡고 있던 민겸호의 집 청지기였다. 분노가 폭발한 구식 군인들이 항의하고 나서자 도봉소 관리들은 도망해 버렸다. 보고를 받은 민겸호가 난동 주모자들을 모두 사형에 처하겠다며 강경 진압에 나선 것이 오히려 역효과를 내고 말았다.

임오군란이 터질 수밖에 없는 한계 상황이었던 것이다.

임오군란을 위기관리의 관점에서 보면 서너 개의 해결책이 가능했다.

첫째는, 담당 책임자인 선혜청 당상 민겸호가 사건을 수습하는 방법이었다. 민겸호가 사태의 심각성을 재빨리 간파, 실무상의 잘못임을 인정하고 쌀을 재지급하는 수순(手順)을 밟는 순발력을 발휘했더라면 사태가 악화되지 않을 수 있었다. 항의하던 군인들도 처음부터 난동 사태로 갈 의사가 없었고, 주동자가 포교에 붙잡혀 간 뒤에도 즉시 군중 심리에 들뜨지 않고 누군가가 나서서 사태를 수습해 주기를 바라고 있었기 때문이다.

당시 조정 안팎에서도 구식 군인들의 딱한 처지를 모르고 있던 것은 아니었던 만큼 민겸호가 요령 있게 조기 수습을 하면 〈군인 편을 들었다〉며 역풍(逆風)을 맞을 공산도 적었다. 게다가 정권의 실세였던 만큼 내놓고 트집 잡을 사람도 없을 터였다. 그러나 권력에 도취한 인간들이 그러하듯 민겸호는 일벌백계로 기선(機先)을 제압하면 난동자들이 모래알처럼 흩어질 것이라고 보아 주저하지 않고 강경론을 택함으로써 대사를 그르치게 되었다. 사태의 본질을 제대로 파악하지 못한 고위 관리가 위기관리의 실패를 자초한 것이다.

그 뒤 민겸호는 성난 군중들을 피해 대궐에 숨어 있다가 붙잡혔고, 대원군에게 목숨을 구걸했으나 냉정하게 외면당한 채 매 맞아 죽었다.

두 번째 변수는 무위대장 이경하의 역할이었다. 주모자들이 잡혀가자 군인들은 자신들의 상사였던 무위대장 이경하를 찾아가 도와 달라고 요청했다.

대원군에게 발탁되어 금위대장, 병조 판서를 역임한 이경하는 대원군의 철권 정치를 뒷받침했던 군부의 실세였지만 고종의 친정 체제가 들어서자 대원군을 배신하고 고종의 신임을 받는 재빠른 변신(變身)의 솜씨를 보였다. 그는 변신의 솜씨 못지않게 보신(保身)에도 재빠른 사람이었다.

군인들의 폭동 사건에 잘못 말려 들어갔다가는 척족 정권과의 사이에 끼여 봉변을 당할 수도 있다는 점을 즉각 눈치 챘다. 이경하는 소개장을 써주겠다는 등 좋은 말로 얼버무리면서 꽁무니를 뺐다.

무위대장이 자리를 걸고서라도 합리적인 수습안을 내놓았더라면 수습할 수도 있었을 것이다. 그러나 무위대장은 장군답지 않게 나약했고 비겁하기까지 했다. 이경하의 직무 포기는 난동을 막을 위기관리의 최후 방어선이 무너진 것을 의미했다.

세 번째 고비는 재야에서 복수의 칼을 갈고 있던 대원군이 잡고 있었다.

구식 군인들의 폭동 소식을 듣고 대원군은 음식과 돈을 보냈다. 그 폭동이 자신의 정치적 재기를 위한 이용물로 보였던 것이다.

그리고 마지막으로 자신을 찾아온 구식 군인 대표들을 상대로 한편으로는 나라의 어른답게 달래면서 다른 한편으로는 심복을 통해 은밀하게 행동 지침을 내주는 이중 플레이를 폈다. 심복에게 몰래 군복을 입혀 현장에서 지휘케 하는 한편 〈민비를 제거해야 너희들이 산다〉라며 공격 목표까지 넌지시 일러 주며 선동하는 등 단순 폭동을 쿠데타로 변질시키려 했던 것이다.

대원군이 복수심을 자제(별로 가능성이 없었지만)하고 중재역에 만족했다면 조선의 근대사는 다시 쓰일 수 있었을 것이다.

마지막 변수는 청군의 파견 구실을 주지 않았더라면 하는 가정(假定)이다.

청 정부는 임오군란이 일어났다는 보고를 받자 군란 진압을 위해 이홍장이 직접 군대를 인솔해 서울에 가야 한다고 결정할 정도로 위기관리 자세가 단호하고 신속했다.

매사 느리기로 유명한 중국 쪽이 그토록 기민한 움직임을 보인 것은 일본의 영향력이 커지는 것에 대한 우려도 있었지만, 그해 조미 통상 조약 체결을 앞두고 조선이 사신(使臣)을 주고받았던 양국의 외교 관례를 상주(常駐) 사신 제도로 바꾸자고 제의했던 배경과 관련이 있었다. 조선의 제의는 미국과 대등하게 조약을 체결하는 시점에서 청과도 대등하게 공사(公使)를 주고받자는 얘기였다. 청은 그 제의에 의표(意表)를 찔린 채 침묵했다. 당시 이홍장과 청 정부는 조선과의 속방 관계를 만국 공법이 인정하는 근대적 식민지 관계로 전환시키려는 속셈을 가지고 있었기 때문에 조선 정부의 제의를 뜻밖의 도전으로 받아들였던 것이다.

그러던 차에 임오군란이 터지자 군대를 보내 고종과 척족 정권을 확실하게 장악할 수 있는 절호의 기회로 본 것이고, 조미 조약 체결 때문에 톈진에 와 있던 영선사 김윤식에게 군란이 고종이 원치 않는 사태임을 확인한 뒤 일방적으로 서둘러 파병하게 된 것이다. 대등한 외교 관계를 주장한 것이 청군 파병이 신속하게 이루어진 원인이 되었던 것이다.

조선 측이 공사 상주에 대한 제의를 그때 할 것이 아니라 나중에 했다면 임오군란 때 청군의 신속한 개입 가능성도 적었고, 고종의 요청을 받고 군란 수습을 위해 정권을 잡은 대원군의 통치가 계속될 수 있었을 것이다. 대원군은 민씨 척족 정권보다 더 유능하고 덜 부패한 것으로 평가되고 있었기 때문에 나라의 장래를 위해 더 나은 결과를 가져올 수도 있었을 것이다. 또한 위안스카이의 10년 감국 체제도 등장하지 않았을 것이다.

강병책을 추진하면서 혼선이 있었다는 점에서 고종의 책임이 있고, 구식 군인들의 난동을 효율적으로 대처하지 못한 고위 관료들의 무능력이 있으며, 사태를 재기의 발판으로 삼은 대원군의 야심이 있었으나, 그것은 어디까지나 내정(內政)에 관한 문제였다.

여기에 〈대등 외교 주장〉과 〈임오군란〉이라는 빌미는 서로 겹치면서 트로이의 목마(木馬)처럼 외국군을 서울에 끌어들이는 재앙의 씨가 된 것이다.

강병 육성 기회 놓친 〈잃어버린 10년〉

임오군란의 후유증으로 고종의 군 근대화 계획은 큰 차질을 보게 되었고, 한때나마 국토방위를 맡는 중앙군이 없는 나라가 되었다. 서울에 진주한 청군이 구식 군인들로 이뤄진 중앙군을 해체하고 일본군이 훈련시킨 별기군까지 해산시켜 버렸기 때문이다.

청군은 백지상태에서 중앙군 재건을 위해 자신들이 조선군의 훈련과 부대 창설을 돕겠다고 제의했다. 그 같은 제의의 이면에는 조선을 일본의 영향권에서 끌어내고 청과의 종속 관계를 다시 강화하겠다는 정치적 계산이 깔려 있었다.

청의 대외 정책을 맡고 있던 이홍장은 일본의 타이완 침공-오키나와 합병을 본 뒤 다음의 공격 목표가 조선이라 내다보고 이를 저지하는 한편 조미 수호 조약 체결 과정에서 드러나듯이 반청 분위기로 돌고 있는 조선을 확실히 장악해야 한다고 생각하고 있었던 것이다.

당장 궁궐 수비가 허술해진 데 불안을 느낀 고종은 건장한 청년 천 명을 선발해 청군에 넘겼고, 위안스카이가 이들을 맡아 청군식 훈련을 시켰다. 이들이 친군 좌·우영이다.

그 뒤 1882년 3월 광주 유수가 된 박영효가 일본식 훈련으로 양성한 5백 명과 무관 윤웅렬이 함경도에서 훈련시킨 5백 명 등을 합쳐 친군 전·후영이 창설되면서 친군 4영 체제가 등장했다.

갑신정변을 진압한 뒤 청군의 입김이 거세지자 조선군이 청군의 영향권 안에 들어가는 것을 싫어한 고종은 그 타개책으로 미국인 군사 교관을 활용할 생각을 하게 되었고, 초대 공사 푸트에게 교관 파견을 요청하기에 이르렀다. 미국인 교관이 훈련을 맡는다면 미국의 관심도 끌게 되어 청군의 영향력을 배제시키는 데 큰 도움이 될 것이라는 판단 때문이었다.

고종은 미국을 선호했다. 새롭게 열강의 하나로 등장했으면서도 약소국을 괴롭히지 않는 공정한 대국이라는 인식 때문이다. 미국이 가장 서열 높은 특명전권 공사로 초대 공사를 보낸다는 소식을 들었을 때 고종이 기뻐서 춤까지 추었다는 뒷얘기가 있다. 더구나 미국은 1년 전 체결한 조미 수교 조약에서 어려운 일을 당했을 때 서로 도와준다는 거중 조정까지 약속한 사이였다.

푸트 공사 자신도 조선이 열강의 틈바구니에서 생존하려면 다변(多邊) 외교를 전개해야 한다면서 미국에 보빙사 파견을 권고하는 등 조선에 대해 호의적이었다.

그러나 미국 정부의 입장은 반대로 가고 있었다. 한국에 대한 비중이 바뀌고 있었기 때문이다. 당초 미국은 한국이 금이 많이 생산되는 등 자원이 풍부한 나라라고 보아 파격적으로 일급 공사까지 보냈으나 자원 빈국인 데다 교역 시장으로서의 가치도 보잘것없다는 점을 뒤늦게 확인하면서 태도를 바꾼 것이다.

1884년 9월에는 공사의 지위를 변리 공사로 2단계 강등시키는 바람에 푸트 공사가 반발, 사임하는 소동까지 일어났다. 따라서 군사 교관 파견 문제는 물 건너갈 수밖에 없었다.

후임으로 공사관 무관이던 포크 소위가 대리 공사가 되어 군사 교관 문제의 해결을 시도했으나 본국 정부의 반응이 없었다. 포크 대리 공사는 1886년 2월 사임하면서 〈청의 간섭을 배제케 하고 조선 독립을 보장하는 데 미국의 개입이 필요하다〉는 건의까지 했다. 이에 대해 국무 장관 베이어드Thomas F. Bayard 는 〈서울은 청·일·러·영의 이해관계가 얽혀 있는 갈등의 중심지요, 적의(敵意)에 찬 음모가 벌어지고 있는 곳이다. 미국의 이익을 위해 초연한 태도를 취해야 한다〉면서 불간섭 정책을 밝혔다.

중국 시장을 중심으로 동북아 상대의 교역에 깊은 관심을 가진 미국은 이 지역의 헤게모니 싸움에는 끼어들 의사가 전혀 없었으므로, 한국은 잊힌 나라가 되었다. 그러나 고종은 미 공사가 바뀔 때마다 미 군사 교관 활용 의지를 고집스럽게 고수해, 결국 4년 뒤인 1888년 3월 성사시킬 수 있었다.

포크 임시 공사의 뒤를 이어 교관 문제를 다루던 록힐W. W. Rockhill 공사의 후임자가 된 딘스모어H. A. Dinsmore 변리 공사 때 결실을 맺어 1888년 4월 다이William McEntyre Dye 장군과 커밍스E. H. Cummings 대령, 리John G. Lee 소령 등 세 명이 내한했다. 다이 장군은 남북 전쟁에서 크게 활약한 베테랑 장교였다.

조선 정부는 이들이 오자 일종의 사관학교인 연무공원(鍊武公院)을 만들고 고위 관료 등의 자제 친척들을 모아 훈련을 시키기 시작했다. 초반에는 성과가 컸다. 그러나 학생들의 동기 부여가 제대로 돼 있지 않아 엘리트 교육은 시들해졌다.

그럼에도 불구하고 조선 조정은 일반 군인까지 훈련시켜 줄 것을 의뢰했다. 세 명의 교관으로서는 업무가 벅찼기 때문에 전체적으로 훈련이 부실해질 수밖에 없었고, 고종의 자주국방 의지가 청을 배제하려는 것임을 간파한 위안스카이가 방해하는 바람에 공원 운영에도 지장이 생겼다.

더구나 교관단이 온 지 2개월 뒤부터 봉급을 제대로 줄 수 없는 재정 궁핍이 결정적으로 훈련 계획에 차질을 가져왔다. 16개월 뒤 커밍스 등 두 명은 미국으로 되돌아가고, 다이 장군만 남아 훈련을 담당했지만 제대로 훈련을 시킬 수가 없었다.

고종의 군 근대화 정책은 시기별로 네 단계로 나눠 분석할 수 있다.

1단계는 고종이 즉위하는 1863년부터 1872년까지 있은 대원군의 집정기이고, 2단계는 고종의 친정이 시작되는 1873년부터 임오군란이 일어나는 1882년까지이다. 3단계는 1883년부터 청일 전쟁이 발발한 1894년까지, 4단계는 1895년부터 나라가 일본에 병합되는 1910년까지로 나눌 수 있다.

특히 1, 2단계가 걸쳐 있는 1860년에서 1880년대까지의 20년은 동북아에서 제국주의 열강 간의 각축이 소강 상태에 있던 힘의 공백기여서 조선으로서는 마음 놓고 강병책을 추진할 수 있는 시기였다. 당시의 청일 양국을 보면 그 점이 쉽게 이해가 간다.

19세기 중반까지 청의 군대는 만주족의 팔기(八旗)군을 주축으로 하고 한족과 몽골족을 보조로 하는 중앙군 체제로서 구식 무기와 편제, 전투력에 있어 구식 군대였다.

태평천국의 난, 염비의 난을 평정하면서 증국번, 이홍장이 이끄는 사군(私軍)이 근대식 무기로 무장한 정예군으로 등장했다. 이홍장은 그 뒤 1870년대 동양 최강(적어도 청일전 때 패하기 전까지는)이라는 북양 육군을 키워 냈고 10년 뒤에는 아시아 최초이자 최대인 북양 해군까지 발진시켰다.

중하위급 무사가 주도한 메이지 유신으로 근대화의 길에 들어선 일본에는 앞서 설명한 대로 오무라 마쓰지로 같은 전략의 선구자가 있어 근대 육군을 태동시켰고, 한반도에서 임오군란, 갑신정변을 치르며 군사력의 열세로 청군에 밀리는 결과를 빚자 청의 전력을 능가하는 군사력 증강에 박차를 가했다.

1880년대 들어와 상비군을 2배로 증강하고 서구식 징병제를 도입해 국민군 체제로 본격적인 군 근대화 계획을 강행했고, 1890년대에는 청에 대등한 해군력을 확보하기 위해 막대한 예산을 함대 구입에 쏟아 부었다.

그러나 비슷한 시기의 한국에는 군 근대화를 촉진시킬 태평천국의 난 같은 것도 없었고 일본처럼 군 근대화를 추진한 선구자들도 없었다.

대원군은 카리스마 넘치는 강력한 위기관리자였으나 근대화를 꿰뚫어 보는 예지 능력이 없어 복고적 국방으로 끝났고, 그 뒤를 이은 고종은 왕권 안보에 중점을 두다가 복고적 국방에서 오히려 더 후퇴했다. 병인·신미 양요를 치른 무관 신헌이 군사력 증강을 건의했고 고종도 그에 대한 필요성을 인식했으나 실제 정책에는 반영시키지 않았던 것이다.

그것은 군비 증강에 관한 한 결정적인 실기(失機)였고 잃어버린 10년이라 할 수 있었다. 그 뒤에는 그만한 대외 여건이 따라 준 때가 없었기 때문이다.

한국의 전력 증강은 심한 재정난 때문에 여건이 매우 열악했던 것은 사실이다. 그러나 제대로 된 군 근대화 계획까지 세우지 못할 이유가 없었고, 한도 내에서만이라도 정예군을 키우지 못할 이유가 없었다.

위기관리의 양면성 보인 민비

민비(閔妃, 후에 명성 황후[明成皇后]로 추존)는 한국 근세사를 수놓은 최고의 인물 중 한 사람이다. 그러나 화려한 명성과 묵직한 비중에 비해 남아 있는 기록이 빈약하고 연구 실적도 적은 듯하다. 막후 인물이었기 때문에 정규 사료(史料)에 반영되지 않은 탓도 있고 정적(政敵)에 노출되는 것을 꺼려 극히 제한된 인물들만 만났으며 그나마 그들도 관련된 기록을 남기지 않았기 때문이다.

단편적인 기록들을 살펴보면 민비에 대한 평가는 극(極)과 극(極)을 달리고 있음을 알 수 있다. 최고의 찬사에서 냉소적인 악담까지 다양하기가 이를 데 없다.

민비를 만나 본 외국 여성들만 본격적인 인상기를 남겼는데, 그 내용은 대체적으로 호의적인 것이 특색이다.

최초로 민비를 만난 외국 여성은 1883년 1월 초대 미국 전권 공사로 부임한 푸트의 부인 로즈Rose F. Foote였다. 그는 〈(민비가) 뛰어난 침착성과 언제나 무엇인가를 탐색하려는 듯한 눈빛을 지닌 총명한 인상〉이었다는 평을 남겼다.

그다음이 12년 뒤인 1895년 1월, 민비를 만난 영국의 저명한 여행가 비숍 Isabella B. Bishop이다. 그가 쓴 인상기에는 〈호리호리한 몸매에 까만 머리칼과 흰 피부가 인상적이고, 날카롭고 재기에 번쩍이는 눈은 지성적이었으며, 미소를 머금은 창백한 얼굴에는 애수가 깃든 듯했다〉라고 묘사되었다.

미국 선교사 언더우드Horace G. Underwood의 부인 릴리어스Lillias는 〈창백한 얼굴에 생김새가 날카롭고 총명한 눈을 가지고 있었으며, 그 얼굴에서 힘과 지성, 개성을 읽을 수 있었다. ……생기발랄함과 소박함, 재치가 더 큰 매력을 느끼게 했다. ……완벽한 귀부인이었고 유능한 외교관이었다〉라고 썼다.

동양적 신비를 무대 배경으로 깔고 있고 특별 대우를 받은 탓인지 외교 수사적으로 좋게 표현하고자 하는 분위기인데, 민비가 총명하고 재기 있는 인물이었음을 증언하고 있는 점은 공통적이다.

일본 쪽은 한 걸음 더 나아가 민비를 뛰어난 인물로 미화한 측면도 있다.

조선이 대원군과 민비의 중세기형 권력 투쟁의 후진 사회였기 때문에 일본의 식민 통치가 불가피했다는 식민 사관을 내세우기 위해서는 고종을 폄하하고 민비에 대한 평가를 상향해야 했기 때문일 것이다.

20세기에 들어와 『명성 황후, 최후의 새벽』이라는 민비의 시해기(弑害記)를 쓴 일본의 여성 작가 쓰노다 후사코(角田房子)가 민비에 대한 일본의 시각을 총정리해 〈여걸〉의 반열에 올리고 있다.

민비가 〈러시아, 청, 일본 등 여러 외국을 혀끝으로 농락한 여성〉, 〈러시아와 손잡고 일본 세력을 쫓아내려 꾀한 여걸〉, 〈대담하고 과감한 독재자 대원군을 상대로 국운을 걸고 싸워 한말의 역사를 화려하게 장식한 여성〉이라는 표현을 보고 놀랐다〉라고 쓰고 있다.

그러나 구한말의 역사가들이 남긴 기록은 부정적인 것이 압도적이다.

대원군이 집정 10년 동안 충실히 해놓은 국고를 민비가 1년 내에 탕진해 버렸다고 황현(黃玹)은 쓰고 있다. 서장자 완화군을 제치고 자신의 소생을 세자(순종)로 책봉받게 하려고 청을 상대로 거금을 쓰고, 몸이 약한 세자를 위해 금강산 등 전국의 명산과 유명 사찰을 대상으로 돈과 쌀, 포를 물 쓰듯 했으며, 국고가 바닥나자 관직 매매에 나서게 되었다고 쓰고 있다.

부패의 원흉으로 지목하고 있는 것이다.

임오군란 때 자숙할 것을 권했던 척족 대표 민태호(閔台鎬)를 죽이려 했고, 피신 길에 만난 경기 광주 지역 마을 여자들이 「중전인가 무엇인가 그것 때문에 난리가 났대」라고 욕한 것을 잊지 않고 있다가 나중에 마을을 쑥대밭으로 만들었으며, 대원군 계열의 사람들에게 가혹한 정치 보복을 가했다는 등 모질고 냉혹한 면을 지적한 것도 있다.

또 갑신정변 때 김옥균에게 살해된 환관 유재현의 양아들이 양화진에 전시된 김옥균의 사체(홍종우에게 살해된 뒤 서울에 운구)에서 간을 꺼내 씹었다는 얘기를 듣고 그 같은 복수를 하지 못한 민태호 등 여러 대신들의 자손을 못마땅해했다는 기록도 보인다. 능력과 인품이 아니라 자신이나 왕실에 대한 충성도로 사람을 발탁하는 관행을 꼬집은 것도 있다. 당시 여론에 비친 부정적인 모습은 이렇게 다양했다.

그러한 민비가 고종의 위기관리에선 어떤 자리를 차지할 수 있을 것인가?

민비는 자영(玆映)이라는 이름을 가진 소녀 때부터 선비 집의 아들들처럼 교육을 받았다. 아버지(閔致祿)로부터 『소학(小學)』, 『효경(孝經)』, 『여훈(女訓)』 등을 배워 기초를 닦았고 13세 때 왕비가 되어 궁중에 들어온 뒤에도 독서에 열중했다.

한 살 연하인 고종이 이 상궁을 가까이하고 있는 사이 고독한 민비는 『주역

(周易)』,『자치통감강목(資治通鑑綱目)』,『춘추(春秋)』,『춘추좌씨전(春秋左氏傳)』 등 궁중에 있는 유교 서적을 널리 읽었다. 『자치통감강목』은 중국 최고의 역사가인 사마광(司馬光)의 『자치통감』의 요약본으로 조선 전기 이래 역대 국왕들이 통치의 길잡이로 삼아 왔던 책이다.

『춘추』는 주(周)나라가 망한 뒤 제국들의 연합, 배신, 약육강식 등 춘추 시대 역사를 기록한 것이다. 노나라의 사관(史官)이 기초한 것에 공자가 보태거나 줄이는 등 손질을 가해 유명해진 책이고, 『춘추좌씨전』은 좌씨가 『춘추』에 대해 주석을 붙인 책이다. 외교 책략과 정략, 전략을 다룬 이 두 책 역시 조선 시대 선비들의 필독서였다.

민비는 역대의 치란(治亂)과 국가의 전고(典故)에 밝았다는 소리를 들었고, 고종으로부터 〈외교적 판단이 탁월했다〉는 평을 들었는데 그 바탕이 형성된 것이 10~20대의 풍부한 독서를 통해서였다.

민비는 21세 되던 해, 섭정 자리에서 막강한 권력자로 군림하던 대원군을 하루아침에 낙마(落馬)시키는 정치극을 연출하는 막후 인물이 된다.

상황 전개가 은밀하고 주도면밀했기 때문에 대원군이 아들(국왕)과 며느리(민비)가 쳐놓은 덫에 걸린 것을 한참 뒤에야 깨달을 정도로 완벽한 궁중 쿠데타였다. 민비는 기습이 성공한 뒤에는 대원군의 반격을 강·온 전략으로 대응하는 굳히기 작전에도 결정적인 역할을 했다.

고종의 친정 체제가 등장할 수 있었던 것은 민비의 판단력(시기 선택)과 기획력(여건 조성), 추진력(굳히기 작전)으로 이어지는 출중한 위기관리 능력이 뒷받침되었기 때문이었다.

민비에겐 운도 따라 주었다. 대원군을 실각시킨 뒤 아들 척(拓, 순종(純宗)이 됨)을 낳아 상궁에게 위협받던 국왕의 총애를 되찾음으로써 명실 공히 왕비로서의 지위를 확고하게 다졌다. 또 후계 구도까지 완벽하게 챙겼다.

민비는 이 상궁이 낳은 고종의 장남 완화군(完和君)을 세자로 책봉할 것이라는 청의 방침을 바꾸기 위해 아직 대일 국교가 정상화되지 않은 상태에서 일본을 활용하는 편법까지 동원했다.

국교 교섭을 위해 부산에 와 있던 일본 외무성의 하나부사 요시모토(花房義質, 나중에 주한 공사가 됨)에게 원로 대신 이유원을 보내 청국 주재 일본 공사 소에지마 다네오미(副島種臣, 후에 외무경이 됨)가 청 황제에게 세자 책봉 문제를 조선이 원하는 대로 해줄 것을 진언케 청탁했다.

또 청의 조정을 상대로 거액의 뇌물을 풀었다.

그 같은 편법 외교가 조정이나 유림의 여론에 반하는 것이었음에도 불구하고 가능했던 것은 권력을 위해 수단 방법을 가리지 않는 민비의 의지와 전략이 강했기 때문이다.

_민비, 세 번째 위기에서 목숨 잃어

민비는 두 차례나 목숨을 잃을 위기를 맞았으나 행운 때문에 무사할 수 있었고, 세 번째 위기 때인 1895년 일본 낭인 패들에게 시해되었다.

첫 번째 위기가 찾아온 것은 고종이 친정(親政)에 들어간 지 10년째인 1882년에 일어난 임오군란 때였다. 대원군은 군란을 일으킨 군졸들에게 〈너희들이 살고자 한다면 왕비를 죽여야 할 것〉이라고 민비 제거를 종용했다.

일본 교관 호리모토를 때려죽이고 일본 공사관을 습격한 뒤 전 영의정 이최응을 찔러 죽인 군졸들은 궁궐인 창덕궁으로 몰려가 폭력을 휘두르며 민비를 찾았다.

민비는 궁녀의 옷으로 갈아입은 뒤 가마를 타고 돈화문으로 탈출하려 했다. 한 궁녀가 「저게 중전이다」고 소리쳐 군졸들에게 끌려 내려졌다. 이때 무예별감 홍재희(洪在羲, 나중에 계훈(啓薰)으로 개명)가 나서 「상궁으로 있는 내 누이이다」라면서 들쳐 업고 달아나 위기를 일단 벗어날 수 있었다.

홍재희는 민비를 일단 교외에 있는 윤태준(尹泰俊)의 집으로 피신시켰다. 그리고 민응식(閔應植), 이용익(李容翊) 등과 함께 민비를 옹위해 민비의 고향인 여주로 내려갔다. 뒤이어 장호원 근처에 있는 국망산 골짜기에 거처를 잡았다.

민비는 이용익을 서울로 보내 고종에게 자신이 안전하게 피신해 있다는 사실을 알렸다.

한편 임오군란을 수습하라는 고종의 명을 받고 정권을 잡은 대원군은 〈민비가 죽었다〉고 공표케 하고 장례 절차를 밟게 했다. 행방불명된 뒤 시체를 찾은 것도 아닌데, 국장을 서두른 것은 민비의 죽음을 기정사실화하려는 것이었다.

그러나 대원군의 천하는 30여 일 만에 끝나고 말았다. 역사에 나와 있는 대로 청군에 납치되어 중국 톈진 근처의 바오딩 부(保定府)에 끌려가 유폐되었다. 만일 청군이 끼어들지 않고 대원군의 통치가 장기간 계속되었다면 민비는 살아남기 어려웠을 것이다. 청군의 개입이 나라의 장래에 결정적인 악영향을 끼쳤으나, 민비 개인에게는 절체절명의 위기를 벗어나게 한 생명의 은인이었다.

민비가 두 번째 죽을 고비를 맞은 것은 청일 전쟁을 앞두고 1894년 7월 23일 일본군이 조선 왕궁 점령 작전을 폈을 때였다.

일본 정부는 풍도(豊島) 해전이 일어나기 2일 전 청군과의 육상 전투를 준비 중이던 제5사단 혼성 여단장 오시마 요시마사(大島義昌) 소장에게 왕궁 점령 작전을 펴게 했다. 친청파의 배후 인물인 민비를 제거하고 민씨 척족 정권을 퇴진시킨 뒤 정적인 대원군이 정권을 잡게 함으로써 앞으로 있을 청일 전쟁에서 유리한 입지를 확보하기 위해서였다. 민비 제거의 아이디어를 낸 쪽은 한국의 국내 정세를 잘 알고 있는 주한 일본 공사관이었다. (고종의 대외 위기관리를 위한 이이제이 외교에서 국왕과 민비는 한 배를 탄 입장이었으나 청은 고종을 경계했고 일본은 민비를 경계하는 특징을 보였다. 어떻게 보면 그 자체가 절묘한 위기관리의 역할 분담이라 할 수도 있었다.)

왕궁을 점령한 뒤 대대장 야마구치 게이조(山口圭藏) 소좌가 고종을 알현하며 〈국왕을 보호하겠다〉고 통고했다. 국왕을 포로로 하겠다는 뜻이나 다름없었다. 고종은 자신을 근접 경호하고 있는 조선 병사들을 무장 해제시키려는 야마구치에게 〈아무 근거도 없이 남의 나라 왕궁에까지 들어와 호위병의 무장 해제를 요구하는 것은 있을 수 없는 일이다〉라고 호령해 제지시키고 〈외무독판을 교섭차 일본 대사관에 파견했으니 돌아올 때까지 유예하라〉면서 더 이상의 행동을 취하지 못하게 했다.

일본군은 경복궁 점령 작전의 주요 목표 중 하나인 민비 제거를 시도할 수가 없었다. 고종이 함화당(咸和堂)에서 민비와 함께 있었기 때문이다. 일본군은 국가 원수인 고종에게까지 위해를 가할 수 있다는 명령을 가지고 있지 않았던 것이다.

당초 일본군이 대궐을 공격했다는 보고를 받았을 때 고종은 집경당(集慶堂)에 있는 민비에게 「건청궁(乾淸宮)으로 피하는 것이 좋겠다」라고 했고, 그 말에 따라 행동하려 던 민비가 생각을 바꿔 함화당으로 와 고종과 합류했기 때문에 무사할 수 있었다. 홀로 피신하다 일본군 수색대에게 발견되었더라면 화를 면할 수 없는 위기 상황이었다. 다시 한 번 운이 민비를 살렸던 것이다.

민비에게 세 번째 위기가 온 것은 1895년 10월 8일이다. 이노우에 가오루 공사의 후임으로 온 미우라 고로 공사가 일본 군경과 낭인들로 구성된 암살대를 왕궁으로 보냈고, 민비는 이들에게 무참하게 시해되었다. 을미사변이 일어난 것이다. 따지고 보면 그 시해 사건도 피할 수 있었다.

고종과 민비의 신임이 두터운 주한 미 공사 앨런은 이노우에 일본 공사가 교체되기 직전 민비와의 상면을 주선해 준 일이 있었다. 일본에 출장 갔다가 돌아온 이노우에는 조선 왕실의 경계심을 누그러뜨릴 의도에서 「조선 왕실에 대한 반역 행위가 있을 경 우, 일본 정부는 무력을 써서라도 조선 왕실을 보호할 것이다」라고 말했다.

민비는 이노우에의 그 같은 언급이 믿을 수 있는 건지의 여부를 앨런에게 물었다. 께름칙한 느낌이 들어 그랬을 것이다. 앨런은 나라를 대표하는 공사의 발언은 공신력 이 있기 때문에 믿을 수 있다면서 〈일본이 세력을 잡고 있는 한, 왕후와 세자는 폭력 을 두려워할 필요가 없다〉고 단언했다. 그 말에 민비는 안심하고 방심한 상태에 있다 가 변을 당했다. 앨런이 교활한 일본인들을 철저히 경계해야 한다고 말해 주었더라면 민비는 별도의 안전 대책을 세울 수도 있었을 것이다.

결국 앨런의 잘못된 진언이 민비가 세 번째 위기를 모면할 행운을 앗아가 버린 셈 이 되었다.

민비, 부패 고리의 정점에 서다

민비가 대원군의 하야 뒤 주력한 것은 고종의 친정 체제를 뒷받침하는 측근 세력을 규합하는 일이었다.

민비는 노론의 명문가인 6대조 민유중(閔維重)의 자손과 민유중의 형 시중(蓍重)의 자손들을 중심으로 한 민씨 척족 정권을 형성했고, 민유중의 장인인 송준길(宋浚吉, 송시열과 쌍벽을 이루던 명유였다)의 자손, 송준길의 장인 명유 정경세(鄭經世)의 자손들까지 챙겨 외곽 울타리 세력을 삼았다.

민비는 20여 년 동안 과거를 통해 50여 명의 민씨 척족을 발탁, 기용했다. 당시 과거가 돈을 주고 합격을 살 정도로 기강이 문란해 있었기 때문에 민비가 발탁하고자 하는 민씨 일가는 누구라도 쉽게 과거에 합격할 수 있었다. 실제로 민문(閔門)이 과거를 독점한다는 불만불평의 소리가 많았다.

민승호-민규호-민태호-민영익-민영준-민영환 등으로 이어지는 민씨 척족이 핵심 권력이 되었고, 내외 요직에 대거 기용되었다.

1880년대까지 왕권이 안정적으로 유지될 수 있었던 데는 민비의 보좌가 큰 기여를 했음을 알 수 있다. 친정 체제 출범을 계기로 부상한 민비가 국왕과 권력을 함께 나누고 국정을 함께 나누는 파트너가 된 것이다.

왕후가 정치에 개입한 것은 조선 왕조에서 처음 있는 일이었다. 기본적으로 국왕을 보필할 수 있는 경륜과 능력 때문에 가능한 일이었지만, 당시의 대내외 위기 상황이 무대를 제공했다고 볼 수 있다.

권력 유지에 관한 위기관리 외에 민비의 진면목이 발휘되고 있는 분야는 대외 정책 면에서였고, 외교 감각이나 국제 정세에 대한 판단력은 고종에게 큰 도움이 된 듯하다.

일본과의 수교를 주장했던 민비는 임오군란 이후 청나라 측이 횡포를 부리자 이이제이 전략으로 영국과의 통상 조약을 체결해야 한다고 들고 나섰다. 민비는 〈영국, 독일 공사들이 정약하지 않고 돌아간다면 이는 청국인들을 기고만장하게 해 더욱 교만하고 업신여기게 될 것이다〉라면서 관세의 불이익을 감수하더라도 조약을 체결해야 한다고 강력하게 주장했다.

이홍장이 대원군의 귀국을 서두른 것도 민비가 인아거청 정책의 배후라 보고 이를 견제하려던 것이었다.

민비가 목숨을 잃게 된 것도 청일 전쟁 뒤 일본을 견제하기 위해 러시아에 접근하는 대외 정책을 주도하다가 일본의 견제를 받았기 때문이었다.

민비는 고종의 이이제이 정책, 균세 외교의 지지자였고 배후 기획자이기도 했던 것이다. 이는 민비가 타고난 동물적 위기 감각에 풍부한 정치적 상상력까지 겸비한 인물이었음을 알게 해주는 대목이다. 국제 관계에 관한 공부도 하지 않은 상황이고, 궁궐이라는 폐쇄된 공간에서 제한된 정보만 가지고 있으면서 노련한 외교관 출신처럼 발상한다는 것은 19세기의 한국 기준으로는 결코 쉬운 일이 아니었다.

그러나 유감스럽게도 통치 철학이나 군주의 성리학적 도덕·윤리 같은 나라를 다스리는 데 있어 근본이 되는 문제에 대해서는 매우 무감각했음을 확인할 수 있다.

당시 외국 옵서버들은 한국이 부패가 구조화된 봉건 국가이고, 그 정점에 국왕 부처가 있다고 판단했다. 그것은 정확한 진단이었다. 친정 1년여 만에 대원군이 모아 놓은 150만 냥, 쌀 20만 석 등을 모두 써버려 국고가 바닥나자 벼슬을 팔기 시작하면서 벼슬과 과거 급제를 파는 매관매과(賣官賣科)가 등장했다. 민비가 이조 판서인 민규호에게 지시해 벼슬 값 일람표를 만들게 하기도 했다.

초기 과거 초시(初試)의 매매가는 2백~3백 냥이었으나 1894년에는 1천 냥이 되었고, 중간 시험인 회시(會試) 때는 1만 냥이었다. 1877년 과거 때 의주 부윤은 10만 냥을 내고 아들을 수석 합격시켜 요직인 직각에 임명받을 수 있게 했고, 정(鄭) 아무개는 같은 자리를 두고 20만 냥을 상납했다고 한다.

벼슬도 참봉, 첨지, 오위장, 선전관 같은 내직(內職)뿐 아니라 현감, 군수, 부사, 목사, 관찰사 같은 대소 수령 자리까지 매매 대상이었다. 일급 군수나 부사 자리는 최소 5만 냥이었고 도지사 격인 관찰사 자리는 10만~20만 냥까지 값이 올랐다.

1894년 갑오개혁으로 과거제가 폐지되고 빈자리가 많아지면서 매관매직의 비율이 증가해 관직의 3분의 2가 돈 주고 산 벼슬아치들이었다는 주장까지 나왔다.

민씨 척족들이 벼슬을 파는 중간책이 되어 일부는 궁궐에 상납하고 일부는 사복을 채웠으며, 돈을 주고 벼슬을 산 지방 수령들은 백성이나 아전의 재물을 착복하거나 수탈했다. 민씨들은 민비의 지시에 철저히 승복해 각종 이권을 팔아넘긴 돈도 내탕고에 보내 국왕 부처의 비자금으로 쓰게 했다. 그 바람에 가렴주구나 착취에 시달리던 백성들의 민란이 끊임없이 일어났고 만주 등으로 피란 가는 게 유행이었다. 그러다가 터진 것이 동학 농민 봉기였다.

장도빈(張道斌)의 『한국 말년사』에 의하면, 몇 차례 위기를 넘기면서 자신의 정치 역량과 외교 감각을 과신한 민비는 〈사치와 연락(宴樂)이 전일보다 몇 배나 더 많고 기도 신사(神祀)도 전일보다 더 늘었다. 밤에서 낮으로 이어지는 유연(遊宴)과 천기백괴(千奇百怪)의 신사(神祀)는 항상 왕궁을 떠나지 않았다〉는 것이다. 낭비벽은 그것으로 끝나지 않았다. 민비는 자신을 치료해 준 주치의 미국인 여의사가 선교사 언더우드와 결혼했을 때 축하비로 수만 냥을 주는 등 씀씀이도 컸다. 당시 2천5백~3천 냥을 가지고 있으면 부자 소리를 듣던 시절이었다.

고종이 50세가 되던 1902년 만수성절(萬壽聖節)에는 여러 날 잔치를 열었는데, 잔치에 참여한 여광대들에게 준 금과 비단이 셀 수 없었고, 고위 관료에게 주는 금관자와 목관자까지 여광대들에게 주었다.

물론 민씨 척족의 부패상은 공식 기록이나 통계에 반영되어 있지 않다. 개개 부패설은 당시 나돌던 소문이나 유언비어를 수록한 역사서 등에서 비롯되었다. 사실과 다르거나 과장되거나 날조된 것도 섞여 있다는 얘기다.

역사학자 김영모(金泳謨)가 국왕의 1일 기록인 『일성록(日省錄)』에 기재된 원납자 수를 조사한 바에 의하면, 고종 1년부터 26년까지 즉 1863년부터 1889년까지 사이에 대소 52명에게 벼슬 자리 등을 판 것으로 나타났고, 동원 금액도 5천 냥에서 2만 냥 수준이었다. 소문보다 규모가 적게 나온 것은 그것이 관찬 기록이었기 때문이었을까?

오히려 주요 민씨들의 축재 과정을 보면 정확한 부패상의 윤곽을 잡을 수 있을 듯하다. 민비의 오라버니 민승호가 폭사한 뒤 민비의 신임을 받은 민규호는 이조 판서를 하면서 매관매직의 길을 열었고, 선혜청 당상으로 있으면서 궁궐의 연회비 등을 대며 사복을 채워 부자가 된 민겸호는 임오군란 때 성난 군중에게 매 맞아 죽었으며, 함남 관찰사였던 민영주(閔泳柱)는 자기 돈은 한 푼도 들이지 않고 뜯은 돈만으로 수백 칸짜리 집을 지었다 해서 〈망나니〉라 불리었다. 민영철은 평남 관찰사로 있을 때 평양으로 도읍을 옮길 것이라면서 백성들로부터 거액의 의연금을 모아 일부는 상납하고 나머지는 자신이 착복했다.

1880년대 중반까지 정권 실세였던 민영익은 홍콩 은행에 예치돼 있던 거액의 고종 비자금을 가지고 중국으로 달아났고, 수십 년간 요직에 있던 민영준(나중에 영휘〔泳徽〕로 개명)은 한국 최고의 부자가 되었다. 요즘 규모로는 제1의 재벌이 되었던 것이다.

대한 제국이 일본에 강제 합병되던 날 순국한 민영환도 동학 농민 봉기 때 전봉준(全琫準)이 가장 탐욕스러운 탐관오리로 손꼽았던 인물이었다.

민씨들이 당시 부패 구조에서 주도적인 역할을 하며 치부한 것이 사실임을 확인케 해주는 상황 증거라고 볼 수 있다.

민씨 척족 정권은 무능 정권이라는 소리도 들었다.

순조 때부터 철종 때까지 60여 년간 세도 정치를 펴던 안동 김씨들은 후기 봉건 체제가 와해되는 가운데 외우내환의 위기가 겹칠 때 이를 수습하고 극복할 위기관리 능력이 없었을뿐더러 위기관리 체제를 세울 방법도 알지 못했다.

고종 즉위 후 섭정을 맡은 대원군은 부분적이지만 개혁을 하고 강력한 통치를 통해 국방을 안정시키고 국고도 채울 수 있었다.

그러나 그 이후 정권을 맡은 민씨 척족은 대원군보다 더 부패했고 덜 유능했다. 근대화의 위기를 극복할 추진력을 가지고 있지 못했으니 무능하다는 소리를 들을 수밖에 없었다. 그 무능의 배후에 그토록 영리했다는 민비가 자리 잡고 있었다는 것은 앞뒤가 맞지 않는 역사의 모순이 아닐 수 없다.

민비는 동양의 역사에 밝았다고 했다. 그러나 활동 결과를 보면 권력 투쟁, 외교전에서 권모술수(權謀術數)나 정략(政略)에 밝았던 것으로 나타나 있고 국방, 민생, 왕도(王道) 정치 같은 통치 영역에서는 매우 미흡했던 것으로 드러나고 있다. 통치 철학의 불균형을 읽을 수 있는 대목이다. 그러한 불균형 속에서 고도로 균형감 있는 위기관리 감각이 가능할 수 있었을까?

민비는 고종의 오른팔이자 왼팔이었다. 절대적인 지원자이고 파트너였던 민비가 위기관리의 수훈자였으면서도 민생을 가장 우선적으로 챙겨야 하는 왕도 정치를 위해서는 통치 장애 요인이었다는 것은 역사의 딜레마가 아닐 수 없다.

8 본격적으로 외교에 눈뜬 고종

고종, 이이제이 외교 돌파 시도

고종이 본격적으로 외교 전략에 눈을 뜬 것은 김홍집이 1880년 제2차 수신사로 일본에 다녀오면서 가져온 『조선책략』을 읽은 뒤였다.

조선은 러시아의 남하를 두려워해야 하고 러시아를 막기 위해서는 중국과 친하고(親中國) 일본과 맺어져야 하며(結日本) 미국과 손을 잡아야 한다(聯美國)는 책략 내용에 고종은 깊은 인상을 받고 이를 공표해 널리 읽히게 했다. 국민들을 상대로 개방 의식을 일깨워 주고 싶었던 것이다.

결과적으로는 유림을 자극해 척사 운동이 격렬해지는 역효과를 냈으나 고종과 조정 관료들에게는 깊은 영향력을 끼쳤고, 조선 외교의 새로운 기본 틀이 되었다.

하지만 그 기본 틀은 임오군란 때 청군이 서울에 진주해 내정 간섭에 나서면서 변하기 시작했다. 고종은 『조선책략』이 규정하고 있는 〈친중국〉이 조선을 예속화시키려는 청의 속임수가 아닌가 생각하게 된 것이다.

따라서 고종은 반청 노선을 내건 김옥균 등 개화파를 옹호하고 키워 주며 개화 정책을 추진했다. 개화파가 일본에 기울고 있었지만 크게 개의치 않았다. 김옥균이 일본 차관을 얻어 오겠다고 했을 때는 주저함 없이 위임장까지 써서 주었다. 속으로는 일본의 도움을 얻어 청을 견제하기를 바랐을 것이다.

고종의 그 같은 속내는 영국을 상대로 제2차 한영 수교 조약을 체결하는 과정에서 이미 드러났다.

임오군란에 대한 사후 처리 문제로 일본에 파견된 박영효는 1882년 10월 16일 주일 영국 공사 파크스Parkes를 만나 같은 해 6월 맺은 한영 수교 조약을 영국 정부가 빨리 준비해 주도록 요청했다.

그보다 보름 전인 10월 1일 이홍장이 종속 체제를 실질적으로 강화시키기 위해 조청 상민 수륙 무역 장정을 강제로 체결케 한 뒤에서, 그 같은 요청은 상대적으로 덜 불평등한 한영 조약을 내세워 그 같은 횡포를 막아 보려는 고종의 의사를 대변한 것이라 할 수 있다.

이에 대해 파크스는 영국의 이익이 제대로 반영되지 못했다면서 한영 조약이 개정되어야 한다고 주장했고, 박영효는 개정 여부는 청을 거치지 않고 한영 간의 직접 교섭으로 결정하자고 제의했다. 노회하고 경험 많은 파크스는 조선 정부가 청의 속박을 벗어나 독립 외교의 길을 트기 위해 영국을 이용하려는 점을 간파하고 이를 역이용한다. 조약을 비준하지 말라고 본국 정부에 보고하고 버티다가 영국에 보다 유리한 2차 조약을 체결하는 데 성공한 것이다.

한영 조약은 그에 앞서 체결한 조미 조약보다 후퇴한 불평등 조약이었고, 다른 열강들이 뒤이어 채택한 그들의 모범 선례이기도 해서, 한국의 국익이 그만큼 손상되는 것이었다. 결국 고종은 독립 외교를 시도하다가 값비싼 수업료를 낸 셈이었다.

고종은 1884년 윤5월 15일, 러시아와 통상 조약을 맺었다. 러시아와의 조약 체결은 여느 열강의 경우와 달랐다. 고종이 외교의 기본 틀을 바꾸고 있다는 조짐을 보였기 때문이다.

2년 전 『조선책략』을 통해 러시아를 견제하는 전략을 수용했던 고종이 왜 갑자기 태도를 바꾸어 러시아를 수용하려 했던 것인가?

이홍장은 갑신정변 이후 조·청 간의 전통적이고 의례적인 속방 관계를 제국주의 열강의 식민지 형태로 몰고 가는 정책을 세웠고, 그에 따라 등장한 것이 청군을 앞세운 내정 간섭의 강화였다. 그것은 고종의 반청 심리를 더욱 자극했다. 고종은 열강이 한반도를 침략할 경우 청이 이를 막아 줄 능력이 없으면서 내정 간섭을 강화하고 있다고 인식하고 있었기 때문에 세계 최강국의 하나인 러시아와 원활한 외교 관계를 갖는 것이 청을 견제하는 방법이 될 수 있다고 보았다. 따라서 한·러 수교에 이어 고종의 거청인아(拒淸引俄) 정책이 등장하게 된다.

고종은 러시아의 블라디보스토크에 인편을 보내거나 묄렌도르프를 주일 러시아 공사관에 보내 본격적으로 인아 정책을 추진했다.

그러나 결과는 배보다 배꼽이 커지는 후유증으로 막을 내렸다. 친청파인 외무독판 김윤식이 고종의 비밀 외교에 관한 정보를 누설하고, 정부 내 반대론자가 많아지면서 없었던 일이 되고 말았다.

고종은 반발하는 청 정부를 상대로 자신이 무관하다는 것을 납득시키기 위해 노력해야 했고, 청은 이를 빌미 삼아 내정 간섭을 더욱 강화하는 계기를 삼으려 했다.

또 러시아의 남진 의도를 경계한 영국이 거문도(巨文島)를 점령한 사건과 맞물려 영국과 미국이 관계되는 국제적 사건이 되었고, 청일이 대결 자세를 누그러뜨리고 러시아 견제를 위해 야합(野合)하는 사태로 발전되어 갔다.

일본의 외무경 이노우에 가오루는 청을 지원해 러시아를 견제하는 것이 일본의 현상 유지책이 될 수 있을 것으로 보고 이홍장에게 8개 조항의 조선 외무 변법까지 제시하며, 미워하던 위안스카이를 한국에 파견하라고 권고까지 했다.

청의 내정 간섭을 견제하려던 위기관리가 더욱 복잡해지고 다극화된 새로운 위기를 불러온 것이다.

1차 한·러 밀약이 불발에 그쳤으나 고종의 인아거청 정책이 사라진 것은 아니었다. 이홍장이 바오딩 부에 유폐 중인 대원군을 서울에 귀환시켜 노골적으로 고종과 민비를 견제하려 하고, 일본에 망명 중인 김옥균이 대원군과 결탁해 일본 장사 패들을 몰고 쳐들어올 것이라는 소문까지 나돌자 이에 반발한 고종은 더욱더 인아거청으로 기울게 되었다.

이홍장이 위안스카이를 〈주차조선총리교섭통상사의〉라는 직책으로 승격시켜 조선 정부를 감시하는 〈감국(監國)대신〉으로 보낸 것이 이때였다.

그런 배경 속에 1886년 3월, 2차 한·러 밀약 사건이 발생했다. 조선 정부가 베베르 공사에게 러시아의 보호를 요청하면서 필요하면 군대를 파견해 달라는 문건을 전달했다고 민영익이 위안스카이에게 밀고하는 바람에 사건이 불거졌다.

위안스카이는 〈이번 기회에 청군을 출동시켜 고종을 폐위시킨 뒤 대원군의 손자 이준용(李埈鎔)을 새 왕으로 옹립해야 한다〉고 주장하고 나서는 등 강한 압박 작전을 폈다.

다급해진 고종은 1차 밀약 때처럼 자신은 관계가 없다고 해명해야 했고, 수습에 나선 이홍장이 서둘러 봉합하는 바람에 2차 밀약도 한 차례 소동으로 끝날 수밖에 없었다.

사건의 결과는 고종의 의도와는 정반대로 나타났다. 열강이 조선에 대한 청의 종주권을 인정하는 움직임으로 귀결되어 청의 입장만 보다 유리하게 되었던 것이다. 인아거청책을 지지하던 대신 등이 처벌되거나 거세되었고, 고종의 입지도 크게 손상되었다.

고종이 취할 수 있었던 반격 카드는 위안스카이와 밀착한 외무독판 김윤식을 폐위 음모에 개입한 혐의가 있다는 군색한 이유를 들어 파면한 일이다.

김윤식의 퇴진으로 위안스카이가 조선 외교에 끼치는 영향력도 한동안 주춤했다. 그러나 일시적이었다. 위안스카이는 민응식, 민영준 등을 새로 포섭하고 궁중의 환관도 매수해 밀고자를 두는 등 고종을 감시하는 체제를 다시 갖추어 갔다.

그러나 고종은 좌절하지 않았다.

고종은 그 뒤 정치 고문인 미국인 데니Owen Nickerson Denny와 미국 공사 딘스모어H. A. Dinsmore의 권고에 따라 열강 여러 나라에 외교 사절을 파견할 계획을 세웠다. 청을 견제하기 위한 이이제이식 발상의 연속이다.

그 첫 시도로 1887년 5월 16일 민영준을 일본 주재 공사(변리대신)로 파견했다.

위안스카이는 반응하지 않았다. 조선 정부의 재정난이 심각했으므로 일본 공사를 파견하는 것으로 일단락될 것으로 판단하고 있었기 때문에 일단 무시한 것이다.

10일 후인 5월 26일 박정양을 주미 전권 공사에, 심상학을 영국, 독일 등 5개국 전권 공사에 임명하는 후속 인사가 이어지자 위안스카이는 긴장했다.

보고를 받은 이홍장이 반대했으나 미국 정부가 강력히 항의하는 바람에 박정양의 파견이 가능했다. 고종은 사절 파견을 용인하는 대신 전권 공사를 삼등 공사로 격을 낮추어 보내라는 이홍장의 요구까지 거부했다.

당초 조미 조약 1조에 거중 조정(居中調整) 조항을 두어 조미 간에 협조의 길을 터준 인물은 이홍장이었다. 이홍장이 미국의 거중 조정에 의해 불이익을 당하는 역사의 아이러니가 연출되었던 것이다.

공식 요청이 먹혀들지 않자 이홍장은 내용적으로 외교권을 제한할 수 있는 술수(術數)를 동원했다. 준칙삼단(準則三端)이라는 조건을 내세웠다. 중대한 외교 문제에 대해서는 청 공사와 사전에 협의해야 하고, 청 공사를 상관처럼 모셔야 한다는 것으로서 공사 파견의 의의를 축소시키려는 농간이었다. 고종은 이 규정도 피해 보려 했으나 이홍장의 끈질긴 고집을 벗어나지 못했다.

이홍장과 위안스카이의 그 같은 압박을 여봐란듯이 무시한 인물은 워싱턴에 부임한 공사 박정양이었다. 박정양은 참찬관 자격으로 안내역을 맡았던 앨런의 설득과 도움을 받으며 삼단 규정을 무시하는 외교 활동을 펴 나갔다. 그렇게 해서 박공사는 고종이 위안스카이의 집요한 귀국 명령 요구를 차일피일 미루어 가는 사이 1년 동안 버틸 수 있었다.

고종은 그 뒤 귀국한 박정양을 처벌하라는 위안스카이의 요구를 콧등으로 흘리고 오히려 요직인 이조 판서로 영전시켰다.

고종의 강수(强手)는 그것으로 끝나지 않았다.

고종은 사절 파견 문제가 일단락되자 위안스카이의 소환을 이홍장에게 세 차례나 요구했다. 사절 파견 반대의 선봉이 위안스카이였으나 그 배후에 이홍장이 있다는 것을 잘 알고 있는 고종이 위안스카이를 물고 늘어진 것은 이홍장과 청 정부에 보내는 강력한 불만의 메시지였다.

고종은 위안스카이가 조선에 오랫동안 머물러 있으면서 일을 제대로 못한다거나 임기가 만료되어 간다는 이유 등을 들어 소환을 요구했다.

1차 요구는 사절 파견 문제를 협의키 위해 톈진에 파견되었던 외교 고문 데니를 통해 이루어졌고, 2차는 위안스카이의 임기가 만료되는 1888년 8월, 3차는 1889년 10월 26일에 있었다. 물론 이홍장은 고종의 요청을 단번에 거절했다.

고종의 사절 파견 문제는 청의 집요한 방해 공작 이외에도 세 가지 어려움에 부딪히고 있었다.

1) 사절 파견에 대해 미국과 러시아는 긍정적이었으나 영국, 일본, 독일은 부정적이었다. 영국 총영사 워터스Waters는 〈조선이 독자적으로 사절을 파견하면 열강은 조선이 중국의 속방이라는 점을 인정하지 않게 될 것〉이라면서 위안스카이에게 개입할 것을 사주했다.

2) 국내에서도 대부분의 대신들이 파사(派使)를 큰 실책이라면서 반대하고 나섰다. 친청파들이었던 만큼 청과 대립하는 것을 원치 않았다. 일부 개화파만

지지하고 있었다. 조정에서 고종이 몰리게 된 이유는 갑신정변 이후 개화파에 넌더리를 내어 새로운 개화파 인재들을 양성해 내지 않은 데다, 김윤식 같은 동도서기론자들을 적절히 포용하지 못하고 방기하고 있었기 때문이다.

3) 재정난 때문에 여러 나라로 사절을 보낼 경비를 염출하기 어렵다는 점이었다.

그러나 보다 근본적인 문제점은 위기관리의 관점에서 찾을 수 있었다. 그것은 고종이 지나치게 노출되는 바람에 쉽게 공격의 표적이 되고 있었다는 점이다.

고종은 조선의 사실상 국왕이라는 소리를 듣던 안하무인의 위안스카이를 견제한 유일한 인물이었다. 상황 판단이 빠르고 임기응변에 능한 위안스카이를 어렵지 않게 다룰 수 있었던 것은 노련하고 만만치 않은 위기관리 능력 때문이다. 그것은 고종이 소심하고 능력이 없다는 식의 일반 이미지와는 다른 모습을 보여 준 것이다.

그러나 거기에는 불가피하게 허점이 따랐다. 중간에 완충 역이 없기 때문에 위안스카이에게 직접 공격을 당할 수 있었던 것이다. 위안스카이가 들고 나온 폐위 음모가 대표적인 일이다.

종합적으로 볼 때, 고종의 외교가 여의치 못했던 것은 국왕의 외교력이 무능해서가 아니라 강력한 보좌 체제를 갖추지 못했고, 국력이 약해 열강을 상대로 제대로 된 영향력을 행사할 수 없었기 때문이었음을 알 수 있다.

_앨런을 보면 고종의 외교가 보인다

앨런 미 공사는 한미 수교 백 수십 년 역사에서 가장 두드러진 친한파의 한 사람이었다. 21년간 서울에 체재하면서 이권으로 돈도 벌었지만 열강 제국주의의 각축장이 된 한반도에서 한국의 자주독립을 지켜 주려고 헌신적인 노력을 기울였던 인물이다. 그를 보면 고종의 외교가 보이고 한미 관계의 원형(原型)이 보인다.

앨런은 미 오하이오 주에 정착한 개척자의 후손이다. 뉴잉글랜드 혈통의 증조부는 독립 전쟁의 영웅 중 한 사람이었고, 아버지는 오하이오 주의 개척자였다. 태어날 때부터 청교도적인 의무감과 근면성, 그리고 의협심, 패기, 모험심을 지닌 전형적인 양키였다.

웨슬리언 대학 신학과와 마이애미 대학 의과를 졸업한 앨런은 1884년 9월 20일 의료 선교사 자격으로 한국에 왔다. 당시 한국은 기독교 선교를 금하고 있었고, 서울에는 양의사가 없었기 때문에 주한 미국 공사관부 무급 의사의 타이틀을 가지고 활동했다.

도착하던 해 겨울에 일어난 갑신정변이 그에게는 기회를 가져다주었다. 김옥균 일파의 칼을 맞고 중상을 입은 민영익을 수술로 살려 낸 것이다. 당시 한의사들로서는 속수무책이었기 때문에 앨런의 외과 수술에 의한 치료는 획기적인 것이었다. 이 일로 앨런은 고종과 민비의 건강을 돌보는 왕실 의사가 될 수 있었다.

앨런이 서울에서 광혜원(廣惠院, 갑신정변 때 역적으로 몰려 몰살된 홍영식 가문의 대저택 자리. 고종이 앨런에게 하사했다)을 열고 본격적으로 환자를 치료하면서 자리를 잡아 가는 사이 청의 위안스카이가 〈감국대신〉으로 와 한국에 대한 내정 간섭을 강화해 가고 있었다.

앨런은 거들먹거리고 방자하게 행동하는 위안스카이를 몹시 싫어했고, 종주권을 강화하려는 청의 정책을 반대했다. 반면에 기회 있을 때마다 한국의 자주독립을 외치는 일본에 대해서는 고지식하게 호감을 가졌다. 반청 친일의 입장이었다.

앞서 지적한 대로 1888년 1월 박정양 공사와 함께 미국에 갔을 때 자주 외교를 펴게 한 수훈갑은 앨런이었다. 갈팡질팡하면서 고민하는 박정양 공사에게 앨런이 청의 강요에 굴복한다면 그만두겠다고 협박, 결정적인 쐐기를 박았던 것이다.

의사보다는 외교관으로서의 활동을 원하던 앨런은 1890년 정식으로 공사관 서기관이 되었고, 계속해서 총영사, 대리 공사, 전권 공사로 1905년까지 한국에 머물렀다. 앨런이 꿈을 이룰 수 있었던 데는 고종도 한몫을 했다. 고종은 〈오래전부터 나와 조선의 소중한 친구인 앨런을 공사로 임명해 달라〉고 미국 정부에 요청했다. 당시 미국은 아직 외교관 제도가 틀이 잡히기 전이었기 때문에 선교사가 외교관으로 발탁될 수도 있었고, 고종의 요청이 효과를 낼 수도 있었던 시기였다.

청일 전쟁에서 일본이 승리한 뒤 일본의 지배권이 강화되어 가자 고종과 민비는 인아거일 정책을 써 러시아로 하여금 일본을 견제케 하려고 시도했다. 민비를 배후로 하는 친러파가 친일파 세력을 압박하는 사태로 진전돼 가자 일본 정부는 미우라 고로 공사를 내세워 민비 시해 작전을 폈다.

앨런은 민비 시해 사건을 계기로 반청·친일에서 반일·친러 노선으로 선회했다. 일본을 견제하기 위해서는 러시아의 힘을 빌려야 한다는 고종의 이이제이 외교에 동조한 것이다. 앨런이 갑자기 반일 성향을 띠게 된 것은 개인적인 분노까지 겹쳤기 때문이었다.

앞서 설명한 대로 앨런은 민비에게 이노우에 공사가 한국의 왕실을 보호한다고 약속한 것을 믿어도 좋다고 단언했다. 그러나 얼마 뒤 민비 시해 사건이 발생, 이노우에의 약속이 속임수였음이 드러나자 〈이노우에의 기만적인 왕실 보호 연막전술에 민비가 희생되었다는 데 자책감을 통감했다〉고 자신의 심경을 미 국무부에 보고했다.

앨런은 민비 시해가 이노우에가 연출하고 미우라 고로 공사가 주도한 범죄라는 심증을 가지고 이들이 시해의 주범임을 국내외에 폭로하는 일을 수행했고, 이를 은폐하려는 일본 정부의 외교적 노력을 무산시키는 데 앞장섰다.

친일 내각이 발표한 민비 폐후 조칙을 위조된 것이라면서 승인하지 않았고, 본국 정부의 중립 지키기 훈령도 어기고 외교 구락부를 통해 영국, 프랑스, 독일, 러시아 등 열강 공사들도 조칙을 인정하지 못하도록 외교가의 여론을 주도했다.

이 같은 앨런의 적극적인 반일 외교 활동은 미 국무부를 당황하게 만들었다. 국무장관 올니Richard B. Olney는 〈한국의 국내 문제와 정치에 간섭하지 말고 미국의 국익 보호에 국한하라〉며 잇단 견책 전문까지 보냈다. 그러나 앨런은 이를 무시하고 소신대로 가고 있었다.

앨런은 친미·친러파의 모임인 정동 구락부가 고종을 정동 외국인 마을로 빼돌리려는 춘생문(春生門) 사건을 배후에서 도왔고, 1896년 2월 11일 단행된 고종의 아관 파천 때도 깊이 개입했다. 러시아 공사관에 온 고종이 앨런을 불러 새 내각에 기용할 인물들을 추천하라고 한 것을 보아도 당시 앨런의 비중과 신임도가 얼마나 컸는지를 알 수 있다.

앨런의 외교 노선은 아관 파천 뒤 다시 반전(反轉)한다.

베베르 공사의 후임으로 한국에 온 대외 강경 노선의 스페예르 공사가 반미, 반선교적 외교를 펼치면서 한국에서의 정치적 영향력을 강화해 가자 이에 대항하기 위해 반(反)러·친일 정책으로 돌아서게 된 것이다. 그러나 러시아가 영국과 미국의 지원을 받은 일본에 밀려 1898년 3월 군사 교관과 재정 고문을 철수하면서 영향력을 상실하자 앨런의 생각은 또다시 반전했다. 반일·친러 정책으로 급선회하게 되었다.

한국의 자주독립을 바란다는 일본의 공약이 새빨간 거짓말임을 뒤늦게 인식하여 한국의 독립을 보전하고 미국의 경제적 이권을 지키기 위해서는 일본을 견제해야 한다고 생각을 다시 고치게 된 것이다.

청은 이제 견제력을 상실했고 러시아도 일본과의 전쟁을 벌일 경우 승산이 적기 때문에 일본을 견제할 나라는 미국밖에 없다는 것이 앨런의 판단이었고, 때문에 미국은 러시아를 지원해 일본을 견제하는 정책을 채택해야 한다고 결론지었다.

앨런의 대한(對韓) 정책은 앞에서 열거한 것처럼 한반도의 주도권을 쥐는 강대국의 얼굴이 바뀔 때마다 변했다. 일본과 러시아에 번갈아 가며 호의를 보이기도 하고 견제책을 쓰는 등 균세(均勢) 정책을 보이고 있는 것인데, 고종의 이이제이 외교와 궤를 같이하는 경우가 대부분이었다.

미국은 당시 동북아에 대해 중립 노선이었다. 그런데 미 공사인 앨런이 왜 시시각각 노선이 변하는 줄타기 외교를 하게 되었을까?

기본적으로 앨런이 한반도의 지정학적 특성을 중심으로 전략 판단을 하고 있었기 때문이라고 할 수 있다.

앨런은 청, 일, 러시아의 한반도에 대한 야욕을 간파하고 있었기 때문에 어느 한 나라가 독주하거나 강력한 지배자가 되어서는 안 된다고 보았다. 그럴 경우 상업 이권을 포함한 미국의 국익을 지키기 어렵고, 한국은 자주독립을 보전하기가 어렵다고 판단한 것이다.

앨런의 그 같은 노력은 물론 고종의 극진한 정성과도 관련이 없지 않았다.

고종은 헌신적이고 열성적인 앨런이 결정적일 때 미국의 거중 조정 역을 이끌어 낼 수 있게 하기 위해 한국 최대의 금광인 운산(雲山) 금광의 채굴권과 경인 철도 부설권을 내주었고 한국 최초의 발전소, 전차 부설권, 수도 건설권도 주었다. 그것은 이권으로 열강을 서로 견제케 하려는 고종의 이이제이 외교의 시작이었다.

앨런은 미국인들을 신뢰했고 세계를 개명시킬 사명이 그들에게 있다고 믿었다. 한국인들을 구하는 일은 미국인들만이 해낼 수 있다고 생각했다. 그는 오랜 해외 생활을 하면서 미국인들이 열강 여러 나라 사람들보다 덜 침략적이고 덜 탐욕적이며 보다 공정하고 보다 도덕적이라는 생각을 가지게 되었던 모양이다. 실제로 한국 근대사에 긍정적인 족적을 남긴 외국인 대부분이 공교롭게도 미국인들인 것을 보면, 앨런의 아전인수 격인 미국인관이 그렇게 과대 포장된 것만은 아님을 알 수 있다.

초대 공사 푸트, 2대 대리 공사 포크, 묄렌도르프의 후임으로 부임했다가 친한파가 되었던 정치 고문 데니, 르젠드르, 언더우드와 아펜젤러, 게일 등 선교사, 군사 훈련을 맡았던 다이 장군, 앨런 이후 고종을 도왔던 그레이트하우스, 허버트 등의 면면을 보면 개인적인 야심이나 목표는 있었지만 고종을 적극적으로 도왔다는 점에서는 침략의 도구로 충실했던 당대 청, 일, 러시아인들과는 좋은 대비가 된다.

그러나 당시 조선 현지의 미국인들과는 다르게 미국 정부는 한국에 대해 공정하지 않았다. 처음에는 대외 시장으로는 빈약하다는 이유로 관심을 거두었고, 한반도의 지정학적 가치가 오른 뒤에는 러시아를 견제할 수 있는 일본에 우선하는 바람에 한국을 무시하는 정책을 폈다.

고종이 국제 관계에 눈뜨면서 열강 여러 나라 가운데 가장 선호한 나라는 앞서 지적했듯이 미국이었다. 앨런을 포함한 서울의 미국인들이 보여 준 처신은 고종의 미국관을 더욱 굳히게 하는 요소였다. 고종은 체험을 통해 그 시대의 가장 양질이었던 외국인은 역시 미국인들이라 확신했고, 자신의 이이제이 외교를 깊이 이해해 주고 도와준 앨런이나 다른 미국인들을 보고 미국 정부도 같은 입장이 될 것으로 보았다. 그래서 일본에 합병된 뒤에도 끈질기게 거중 조정을 요청하는 집념을 보였다.

국익에 따라 움직이는 국제 정치의 메커니즘을 몰랐던 고종으로서는 어쩔 수 없는 한계였는지 모른다.

동학 봉기, 초기 때 수습할 수 있었다

동학 농민의 봉기는 역사의 분수령이었다.

고종과 민씨 척족 정권이 농민 봉기를 적절히 처리할 위기 대처 능력이 없음이 드러나면서 조선은 내란 상태가 되었고, 이를 빌미로 청일 양국 군이 한반도에 개입했다. 전형적인 내우외환(內憂外患)이 되었다.

청일 전쟁에서 일본이 승리함에 따라 한반도에 대한 주도권이 일본으로 넘어갔고, 일본의 대한(對韓) 침략은 본격화되었다.

동학 농민 봉기에 대한 위기관리의 실패가 총체적인 국가 위기로 확대, 발전되어 갔다.

위기관리 관점에서 동학 농민 봉기와 그 대처의 허실(虛實)을 짚어 보자.

동학교도들이 집단화 움직임을 보이기 시작한 것은 1892년 말부터였다. 동학교가 중점적으로 포교되던 충청도와 전라도에서 〈동학 금령〉이 발동되고 탄압이 심해지자 반발 움직임이 표면화된 것이다.

1892년 11월 동학교도 수천 명이 전라도 삼례(三禮)에 모여 정부에 잡혀 처형된 초대 교주 최제우(崔濟愚)에 대한 신원(伸寃)을 요구했다. 전라 감사 이경직(李耕稙)은 동학교도들의 요구를 조정에 전해 주기로 약속하고 해산시킨 뒤 오히려 집회를 주도한 서병학(徐丙鶴)을 수배하는 등 탄압을 계속했다.

제2대 교주 최시형(崔時亨)은 1893년 2월 손병희(孫秉熙), 김연국(金演局) 등 젊은 교도 수십 명을 서울에 보내 상소 운동을 펴게 했다. 그러나 고종은 이단(異端)은 인정할 수 없다면서 교도들의 상소를 받아들이지 않았다.

그 뒤 충청도 보은(報恩)과 원평에서 대대적인 동학교도의 집회가 열렸다. 이들은 접주(接主, 동학의 조직책)의 지휘 아래 척왜양(斥倭洋)과 부정부패 근절 등을 선언하는 등 정치색을 띠기 시작했다. 이들의 모임에는 빈민층이나 불평불만에 가득 찬 세력들이 가담하고 있었다.

사태가 심상치 않자 고종은 어윤중(魚允中)을 선무사로 보내 이들을 달래게 해 해산시키는 작업을 펴는 한편, 난민이 서울로 쳐들어오는 것에 대비해 군(軍)까지 동원할 계획도 세웠다.

서울 주둔의 경군(京軍)을 동원하자는 건의가 나왔지만 궁궐 수비가 최우선이라는 생각을 가지고 있던 고종은 청의 원병을 요청하자고 제의했다. 이 제의는 대신들이 청병의 진주는 양곡과 병비 등 문제가 따른다는 이유로 반대해 일단 무산되었다.

그 뒤 한동안 전국적으로 소규모의 민란은 있었으나 큰 민중 봉기는 일어나지 않았다.

동학 접주 전봉준(全琫準)이 농민들을 이끌고 고부 민란을 일으킨 것이 이때였다. 고부 군수 조병갑(趙秉甲)은 1892년 부임 이래 각종 구실을 내세워 백성들을 착취했고, 만석보를 쌓으며 징수한 수리비를 착복하는 등 가렴주구가 심했다.

전봉준은 농민들을 지휘해 고부 관아를 습격하고 만석보를 파괴한 뒤 자진 해산했다. 습격 소식을 듣고 변장한 뒤 전주 감영까지 달아난 조병갑은 전라 감사 김문현(金文鉉)에게 토벌군 파견을 요청했다.

김문현이 농민 봉기를 가볍게 여겨 관군 50명을 보내 전봉준 등을 체포하라고 지시했으나, 현지에 온 관군들이 농민들에게 잡혀 처형되었고 이 때문에 상황은 더욱 악화되었다.

김문현의 민란 봉기 보고를 받은 중앙 정부는 장흥(長興) 부사 이용태(李容泰)를 진상 조사를 맡는 안핵사(按覈使)로 임명했다.

고부에 나타난 이용태는 민란의 책임을 동학교도와 농민들에게 일방적으로 덮어씌우고 체포에 나서는 한편 갖은 횡포를 부렸다. 주모자들을 잡는다면서 부자들을 족치고 남자들을 닥치는 대로 잡아가면서 돈을 우려냈다. 도지사 격인 감사 김문현도 그 판에 끼어들어 부자들을 상대로 민란에 관련이 있다고 협박, 뇌물을 뜯어냈다.

전봉준은 3월 20일 전국 각지에 사발통문(이때부터 전국적으로 유행어가 되기 시작했다)을 보내 일제히 봉기하자고 제의하는 한편, 보국안민(輔國安民)의 기치를 앞세우고 백산에서 무장 봉기했다. 동학 농민 전쟁이 일어난 것이다.

왜 소규모 민란이 전쟁으로 칭할 정도로 규모가 확대되었는가?

조선 왕조 말기 순조 이래 홍경래(洪景來)의 난 등 크고 작은 민란이 있었다. 안동 김씨의 세도 정치 60년 기간 중 삼정 문란으로 민란이 끊이지 않고 있던 게 당시 현실이었다. 그 경향은 대원군-고종 친정 때도 이어지고 있었고, 고부 민란이 일어나던 해만도 전국 20여 개소에서 대소 민란이 있을 정도로 민심이 흉흉했다. 현지 관청의 대처 능력에 따라 그럭저럭 봉합해 가는 형편이었다.

그러나 고부의 경우에는 현지 관청은 물론 상급 관청까지 수령들이 부패하고 무능력했기 때문에 사태를 수습하기는커녕 오히려 악화시키고 있었다. 잘못된 위기관리가 호미로 막을 수 있는 일을 가래로도 막지 못하는 총체적 위기로 치닫고 있었다.

위기의 불씨를 지핀 장본인인 고부 군수 조병갑은 대왕대비 조씨의 먼 조카 뻘이었고, 좌의정 조병세(趙秉世), 전 충청 관찰사 조병식(趙秉式) 등과 항렬이 같았다. 문중 실력자의 후원으로 곡창인 만경 평야의 노른자위인 고부에 올 수 있었다. 매관매직으로 자리를 꿰찬 다른 수령들처럼 조병갑도 수단 방법을 가리지 않고 백성들을 상대로 노략질을 하며 축재에 나섰다.

고부군을 가로지르는 동진강(東津江)에 구축한 만석보(萬石洑)의 수세(水稅)를 마구 거두어들여 착복(양곡 7백 섬)했고, 만경 평야의 미개간지를 무세(無稅)로 개간하라고 했다가 약속을 깨고 세금을 거두었다. 군민들에게 불효나 간음을 했다는 등 엉뚱한 누명을 씌우고 돈을 받았는데 모두 2만 냥이 되었다. 또한 구휼미인 대동미(大同米)를 가지고 가난한 농민들을 수탈했다. 참다못한 농민들이 조병갑을 찾아가 민원을 호소했지만 주동자가 감옥에 갇히거나 관아에서 모두 쫓겨났다.

그러나 11월 말 조병갑이 익산(益山) 군수로 전임되어 가는 바람에 고부에서의 횡포는 잊히는가 했다. 그런데 39일 만에 다시 고부 군수로 재임명되는 촌극이 벌어졌다. 감사 김문현이 뇌물을 받고 〈세금 청산을 위해서는 조병갑의 유임이 불가피하다〉는 장계를 올렸고, 현지 사정을 알 턱 없는 국왕이 이를 받아들였기 때문이다.

1894년 1월 고부 농민들이 다시 조병갑을 상대로 등소(等訴)했는데 전봉준의 아버지 전창혁(全彰赫) 등 세 명이 주도했다. 전창혁은 심한 고문을 당한 끝에 목숨을 잃었다. 전봉준이 죽창을 든 농민들을 이끌고 관아로 쳐들어가게 된 것이 그때였다.

그런데 안핵사 이용태가 도리어 사태를 악화시켰다. 진상 조사차 현지에 온 이용태는 고부 민요(民擾)가 만석보에 불법 과세를 한 것 등 여러 문제점에서 비롯된 것이라는 사실을 정확히 파악했다. 조병갑의 실정(失政)과 부패가 문제의 본질임을 꿰뚫고 있었다.

그러나 이용태는 조병갑의 처벌을 서울에 상신하지 않았다. 그 자신이 악명 높은 탐관오리였던 이용태는 농민 중에 이교도로 단정한 동학교도가 많이 포함되어 있는 점에 착안, 이교도가 민요를 선동하고 주동했다는 식으로 사건의 성격을 변질시켜 버렸다. 게다가 8백여 명의 역졸을 몰고 온 이용태는 동학교도들을 잡는다면서 마을마을을 뒤지고 앞서 말한 대로 횡포와 수탈에 혈안이었다. 이용태는 세금으로 거둔 쌀을 서울로 운반하는 책임자인 전운사(轉運使) 조필영(趙弼永) 등과 짜고 곡창 지대인 김제(金堤), 부안(扶安), 정읍(井邑) 등에서 농민들에게 무거운 세금을 거두어 착복하기 시작했다. 이리를 몰아내려 한 것이 오히려 호랑이를 불러들인 꼴이 되고 말았던 것이다.

이에 따라 전봉준 등은 무력 대응으로 해결할 수밖에 없다면서 무력 봉기에 나섰고, 4월 들어 동학 농민군이 승승장구하는 사태로 진전되자 조정에선 이용태를 유배시키고 조병갑을 잡아들이는 등 뒤늦게 법석을 떨었으나 때를 놓친 뒤였다.

위기관리 관점에서 초기의 상황을 살펴보면 사태를 원만히 처리할 가능성이 여러 차례 있었다. 조병갑이 농민들의 연이은 민원에 귀를 기울여 자숙하는 자세를 보였더라면 고부의 민심은 더 이상 나빠지지 않을 수 있었다. 감사 김문현이 고부의 민심을 제대로 읽고 조병갑을 재임명하지 않았어도 역시 사태가 일어나지 않았을 것이다. 또한 섣불리 주모자 체포 작전을 서두른 것도 악재였다. 진상 조사차 현지에 출동한 안핵사 이용태가 동학교도의 대거 개입을 문제 삼아 무자비한 탄압과 수탈을 벌이지 않았더라도 소강 상태로 가고 있던 사태가 재연되면서 악화되지 않을 수 있었다.

고부 사태가 원만해질 수 있는 가능성을 보여 준 것은 조병갑의 후임으로 온 군수 박원명(朴源明)이 증명해 주고 있다. 박원명은 부임 초 난민들을 위로하는 잔치를 벌여 생업에 돌아가라고 달랬고 농민 대표를 뽑아 폐정 시정을 논의하는 등 유화책을 썼다. 그 효과가 당장 나타나 4개월에 걸친 집단행동은 끝나는 듯했다. 제대로 민심을 챙기고 행정을 펴는 수령이 있으면 위기관리가 성공할 수 있다는 징후였다.

그러나 박원명의 노력은 보름 후에 나타난 안핵사 이용태의 편파적인 사태 처리와 수탈 행위 때문에 허사가 되고 말았다.

결국 달걀 노른자인 고부에서 일확천금을 노리던 조병갑의 물욕, 세도 실세의 하나인 조씨 문중의 비위를 건드리지 않고 중간에서 실속을 차리려던 감사 김문현의 기회주의가 위기관리 시스템을 마비시켰고, 이용태가 아예 파괴해 버림으로써 한 고을의 작은 위기가 체제 위기로 전면 확대되어 간 것이다.

동학 농민 봉기가 청일 전쟁의 빌미로

안핵사 이용태의 탄압과 수탈 행위를 지켜보며 무장 항쟁 이외의 방법이 없다고 깨달은 전봉준은 무장(茂長)으로 가 동학교도들에게 큰 영향력을 가지고 있는 친구 손화중(孫化中), 태인(泰仁)의 동학을 이끄는 김개남(金開男)과 손을 잡고 백산(白山)에서 기병했다.

처음 병력은 2천 명 수준의 동학교도와 농민 연합 부대였다. 〈호남창의대장소〉의 이름으로 전국에 격문을 보냈다. 탐학한 관리와 양반 부호, 외국 세력을 적으로 삼아 민중들이 힘을 합해 일어나자는 것이다.

거사일은 동학 교주 최시형(崔時亨)의 탄생일인 1894년 3월 21일이었다.

전봉준이 이끄는 동학 농민군은 군청을 습격해 죄수를 석방시키고 무기고를 부수고 얻은 무기로 무장한 뒤 황톳재에서 이용태와 김문현이 이끈 관군을 기습, 전과를 올렸다.

백산 기병과 황톳재 전투에 대한 보고를 받고 서울의 조정은 긴장했다. 종교를 정신적 지주로 하고 체제에 도전하는 무장 세력이라는 점에서 청의 태평천국(太平天國)의 난을 연상했기 때문이다.

고종은 장위영 영관 홍계훈(洪啓薰)을 양호 초토사로 임명했고, 홍계훈은 장위영 병사 8백 명과 야포 2문, 기관포 2문을 이끌고 1894년 4월 4일 청국 군함 편으로 인천을 떠나 군산항에 도착했다.

홍계훈이 이끈 장위영 병사는 미국인 교관 다이 장군이 훈련시킨 조선군 최정예 부대였다. 그러나 전주까지 행군하는 과정에서 330여 명이 중도에 달아나고 없었다. 1만 명 규모로 소문이 나 있던 농민군과의 대규모 전투에 미리 겁을 먹고 탈영한 것이다. 이는 최정예 군사들조차 사기와 기강이 해이해지고 제대로 된 전투력을 가지고 있지 못했음을 의미했다.

홍계훈은 즉시 작전을 전개할 엄두를 내지 못하고 신중하게 탐색전을 펴야 했다.

전봉준도 근대 무기로 무장한 정부군과의 접전을 피해 남진(南進)을 시작하여 고창(高敞), 무장(茂長), 함평(咸平)을 거쳐 장성(長城)에 와 진을 쳤다. 농민군의 수는 4천여 명으로 늘어나 있었다.

양군은 황룡촌(黃龍村)에서 첫 전투를 벌였다. 초반에는 홍계훈의 군대가 우세했다. 그러나 산 위로 올라간 농민군이 수십 개의 장태(대나무로 엮어 만든 일종의 방탄 무기)를 내려 굴리며 공격하자 전열이 흩어졌고, 그사이 농민군이 3면에서 공격하자 패주해 달아났다.

정부군을 깨고 북진에 나선 동학 농민군은 4월 27일 호남 곡창 지대의 수부(首府) 전주성에 무혈입성했다. 서문 밖에서 열린 장날, 장꾼으로 가장하고 입성한 농민군 선발대가 서문을 열자 농민군 본대가 일제히 입성했고, 전주성을 지키던 감사 김문현은 제대로 싸워 보지도 못하고 공주로 달아나 버렸던 것이다.

전주성을 둘러싸고 10여 일간 간헐적인 전투만 있을 뿐 본격적인 공방전은 없었다. 정부군이나 농민군 양쪽 모두 전력투구할 입장이나 형편이 되어 있지 않았기 때문이다.

양호 초토사 홍계훈은 중앙군과 지방군을 합친 정부군의 전력만으로는 동학 농민군을 진압할 수 없다고 여겨 청군의 지원을 요청하고 있었던 만큼 무리하게 공격 작전을 펼 의도가 없었고, 농민군을 상대로 계속 효유문을 보내면서 농민군의 요구 사항을 조정에 알려 시정하겠다고 달래는 데 주력했다.

전봉준의 입장에서도 장기전은 큰 부담이었다. 동학교의 주류로 북접(北接)을 이끌고 있는 2대 교주 최시형이 전봉준이 이끄는 남접(南接)의 무력 봉기에 냉담한 데다 대규모 농민군에 대한 양곡 지원이 점차 어려워지고 있었기 때문이다. 정부가 청군의 지원을 요청했고 일본군까지 출동하려는 등 외세의 개입 가능성이 압박감을 더해 왔다.

이 같은 양측의 사정을 파악한 신임 감사 김학진(金鶴鎭)이 동학 농민군의 요구를 수용하면서 전주 화약(全州和約)이 맺어지게 되었다.

농민군은 폐정(弊政) 개혁 24개조와 전라도 53개 군현에 집강소(執綱所)를 설치케 해줄 것 등을 요구하고 전라 감사가 수락하자 전주성에서 철수했다.

청의 위안스카이는 초토사 홍계훈이 전주에 파견될 때 서방걸(徐邦傑) 등 청군 장수를 함께 보내 농민군의 전세를 염탐케 했다. 위안스카이는 관군이 농민군을 진압하기 어렵다는 점을 확인하고, 조선 정부 측 파트너인 민영준에게 정식으로 청병 지원을 요청케 했다.

홍계훈과 김문현으로부터 1일 보고를 받아 전세가 불리한 사실을 알고 있던 민영준은 고종을 설득, 전주성이 함락된 뒤 청병을 요청하는 문서를 청에 보냈다. 이에 따라 엽지초(葉志超)와 섭사성(聶士成)의 지휘 아래 청군 육전대 1천 5백 명이 5월에 아산만에 상륙했다. 청군이 인천 이남 지역에 상륙한 것은 서울 지역에 있는 일본군과의 충돌을 피하기 위해서였다.

한편 청병 파견을 미리 예상하고 있던 일본 정부는 〈조선에 변란이나 중대 사건이 일어나 일국이 파병할 시에는 상호 통보한다〉는 톈진 조약 3조에 따른 것이라며, 같은 시기 인천에 5백여 명의 선발대를 급파했고 이어 인천과 부산을 통해 1개 전투 사단을 투입해 서울에 진주케 했다.

일본은 전주 화약(和約)이 이루어진 것을 이유로 군대의 철수를 요구하는 조선 정부의 통고를 묵살하고 경복궁 점령 작전을 펴 고종을 볼모로 잡은 뒤 개화 정권을 세우게 된다.

청일 전쟁을 계획했던 일본은 전쟁터가 될 조선에서 작전 편의를 확보하기 위해 개화 정권에 조·일(朝日) 맹약을 맺도록 강요했다. 그 맹약의 골자는 조선은 미리 양향(糧餉) 등 제반 사항을 마련해 일본군에 편의를 제공해야 한다는 것으로, 식량 조달 같은 지원 역할을 담당해야 한다고 못 박은 것이다.

농민 봉기가 결과적으로 일본군이 개입하는 빌미가 되자 이에 놀란 전봉준과 최시형 등 동학교의 남·북접은 힘을 합해 일본군 퇴치 작전을 위해 다시 봉기했다. 그러나 화승총과 죽창, 칼로 무장한 농민 봉기군은 대포와 근대식 소총으로 무장한 일본군과 관군 연합군의 화력이나 전투력에서 일방적으로 열세여서 병력의 우세라는 이점을 전혀 살리지 못했다. 통계에 의하면, 일본 병사 한 명이 농민군 2백 명에 필적하는 전투 결과가 나왔다.

그해 10~11월 사이 충남 공주의 우금치(牛金峙) 전투에서 농민군 주력이 대패하며 대세가 기울었고, 일본군과 관군 토벌대의 추격에 쫓겨 분산 도주하게 되었다.

전봉준과 김개남, 손화중 등은 체포되어 처형되었고 동학 농민 봉기와 관련, 20만~30만 명의 동학교도나 농민들이 목숨을 잃는 피해를 입었다.

국가의 위기관리 측면에서 보면 농민 봉기는 조선이 내란을 수습할 군사력도 없는 약소국이라는 점을 또 한 번 내외에 부각시켰다. 나라의 국방력이라는 것은 외침을 막고 내부의 변란을 막는 것이 임무이다. 그러나 조선의 군대는 외침은커녕 민란에도 무력한 종이호랑이임이 다시 드러난 것이다.

10여 년 전 임오군란 때도 폭동을 일으킨 군대를 제어, 진압할 수 없었기 때문에 청군의 지원을 받았다. 그로 인해 10여 년간 청의 속방 정책 밑에서 시달려야 했다. 그런데도 그로부터 또 10년이 지난 뒤 다시 민란을 맞아 청에 병력 지원을 요청하는 악순환이 빚어졌다. 일본이 개입하지 않고 청군만의 지원으로 봉기가 진압되었더라면 아마도 이홍장은 내놓고 속국 정책을 식민지 정책으로 바꿔 갔을 것이다.

왜 10여 년간 고종은 부국강병을 외쳤으면서도 강한 군대를 양성하지 못했는가?

앞서도 지적한 것처럼 일관성 있게 지속될 수 있는 군 발전 장기 계획이 없었고 재정 형편이 열악했기 때문이다. 고종은 미국의 도움을 얻기 위해 어렵게 미군 교관을 세 명이나 확보했지만 교관 봉급을 제대로 주지 못해 두 명은 출국했고, 다이 장군만 남아 친위대 등 전군의 훈련을 맡았다. 혼자 힘인 만큼 제대로 된 훈련을 시킬 수 없었고, 나중에 드러나지만 중대 전투 이상의 훈련을 가져 본 적도 없었다. 홍계훈 지휘의 정부군이 1만 명 수준의 농민군에 패한 것에서 보듯 처음부터 작전 능력에 한계가 있었던 것이다.

군 지휘관에도 문제가 있었다. 홍계훈은 무예별감 출신으로 임오군란 때 민비를 업고 달아난 공로로 벼락출세한 인물이다. 민란 수습의 경험이 많거나 병법·전술에 밝은 출중한 지휘관이라 할 수 없었다.

그러나 관군이 모두 무력했던 것은 아니다. 동학 농민군은 나주성(羅州城)을 함락시키지 못했다. 여러 성이 무너지고 있었으나 나주 목사 민종열(閔鍾烈)이 유능한 영장 이원우(李源祐)의 활약에 힘입어 나주성을 지킬 수 있었다. 농민군이 공격했으나 목사와 영장이 상호 지원하면서 효율적으로 방어 작전을 전개해 격퇴했다. 농민군은 견고한 나주성을 놔둔 채 우회할 수밖에 없었다.

우금치 전투 때도 공주 영장 이기동(李基東)은 소속 병사들을 장악하며 농민군과의 전투에서 뛰어난 활약을 보여 공을 세웠고, 홍주 영장 홍건(洪楗)은 농민군과의 홍주성 공방전 때 계략을 써서 성을 지키는 데 결정적 역할을 했다.

중앙 관군도 초기에는 무력했으나 일본군과 연합 작전을 펴면서 전투력이 되살아났다. 유능한 지휘관의 확보와 무기, 사기 등 전투 여건이 개선되었기 때문이다.

위와 같은 예를 볼 때 중앙 정부의 위기관리 체제가 상당 수준 작동할 수 있었다면 최악의 상황을 초기에 극복할 수 있는 잠재력은 가지고 있었다.

외세 개입의 빌미를 준 일이 농민 봉기의 가장 뼈아픈 자책점이다. 봉기를 수습할 위기관리 능력이 없다는 점이 빌미의 결정적 원인이지만 봉기가 발생한 시점 자체가 조선 입장에서는 불리했다.

청나라는 한반도에서의 우위를 굳히기 위해 한반도를 식민지화하려는 구상을 하고 있었다. 때문에 이홍장은 봉기 소식을 보고받자 호기(好機)라면서 기다렸다는 듯 발 빠른 대응 조치를 취했다. 임오군란·갑신정변 이래 청에 빼앗긴 우위를 되찾아오기 위해 거국적으로 군사력을 증강해 오던 일본이 청군의 전력을 꺾을 절호의 기회가 왔다고 판단하고 있을 때, 청일 간에 개전이 되면 작전을 지휘하게 될 일본 육군 참모 차장 가와카미 소로쿠(川上操六)가 전쟁터가 될 조선의 지형 조사 등을 마치고 때가 무르익기를 기다리고 있을 때 동학 농민 봉기가 발생한 것이다.

동학 농민 봉기는 강대국 사이에 있는 약소국의 내우(內憂)가 강대국이 끼어
드는 외환(外患)으로 연결될 수 있다는 점을 확인시켜 준 사건이었다.

속오군, 위기관리의 주역이었으나……

동학 농민 봉기 때 지방 속오군(束伍軍)의 영장(營將)들은 농민군을 상대로
한 싸움에서 선전 분투했다. 앞 장에서 기술했듯이 서울에서 내려온 최정예 부
대까지 무력하게 패퇴하는 상황에서 이례적인 현상이라 할 수 있었다.

그러나 따지고 보면 그것은 우연히 발생한 성과는 아니었다.

임진왜란 때 창설되어 3백여 년간 국가 위기관리의 주역으로 활약해 온 속
오군의 전통과 정신이 녹슬지 않았음을 보여 준 사례가 된 것이기 때문이다. 그
것은 군 근대화를 부르짖으면서도 속오군의 대안(代案)을 마련하지 못한 고종
의 위기관리력과 좋은 대조를 이룬다는 점에서 교훈적이다.

조선에 속오군이 창설된 것은 임진왜란 2년째 해인 1594년이었다. 전쟁 초
기 괴멸한 육군을 재건하기 위해 명나라 장군 척계광(戚繼光)의 절강 전법(浙
江戰法)을 도입하면서 동 전법에 따라 속오군을 편제하고 훈련도감을 창설해
훈련에 들어갔다.

당시 선조(宣祖)의 조정이 절강 전법을 채택한 것은 동 전법이 기병 중심인
중국 대륙의 기존 병법과 달리 일본군처럼 조총과 칼을 사용하는 군대에 대응
하는 보병 전술이어서, 조총 부대를 앞세운 일본군과 전쟁 중인 데다가 산악 지
대가 많은 조선의 지형에 알맞고 건장한 농민이면 단기간의 훈련만으로도 전
투력을 확보할 수 있다는 판단에 따른 것이었다.

영장을 지휘관으로 하는 속오군 편제는 같은 마을 출신으로 대(隊)를 편성하
고 초(哨)도 이웃 마을들과 합하는 것이기 때문에 동원 시간과 거리가 짧고 훈

련 비용이 적게 드는 데다 유사시 전시 동원이 수월하다는 이점이 있었다. 같은 마을이라는 연대감 때문에 결속력이 강한 것도 장점이었다.

속오군은 주력 전투 부대로 명군과 연합 작전을 펴며 일본군이 철군할 때까지 각 전선에서 크게 활약해 국난(國難)의 위기를 극복하는 주역이 되었다.

전쟁이 끝난 뒤 속오군은 땅에 떨어진 국왕과 조정의 권위를 되살리고 통치력을 재건하는 대내용 위기관리의 도구로 전용(轉用)되었다. 마을 단위로 속오군을 편제함으로써 면리(面里) 단위의 촌락까지 통제할 수 있게 된 이점을 살려 약화된 중앙의 권력 체제를 보완해 갈 수 있었다.

통치 위기에 대처한 하부 구조의 조직화였다고 할 수 있는 것이다.

선조는 이 하부 구조를 활용해 의병 조직의 향촌 지배력 강화에 견제구를 던질 수 있었다. 흙담처럼 무너졌던 관군과 달리 일본군을 상대로 수많은 전과를 올린 의병들은 향촌에 〈소왕국〉을 건설하고 있었고, 중앙 정부의 통제력은 그만큼 약화되었다.

선조의 조정은 관군인 속오군을 보강한다는 명분을 앞세워 의병장과 그 수하 세력을 수용하거나 분산시킴으로써 쉽게 통제해 나갈 수 있었다. 또 병역 의무에서 제외되었던 일부 양반과 중인, 노비 천민까지 징병 대상으로 삼아 백성들의 불만을 해소했고, 노비를 많이 가지고 있는 권문세가나 토호들의 경제력을 위축시킴으로써 역시 중앙 권력을 강화하는 효과를 올릴 수 있었다.

속오군 제도는 광해군(光海君) 시대에 와서 한동안 흐지부지되다가 정묘·병자 호란으로 곤경을 치른 인조(仁祖) 대에 와서 다시 강화되었다. 영장 자리를 문관에게도 내주었다가 침입군을 눈앞에 두고 갈팡질팡하느라 방어선이 무너지게 되었다는 점이 강화 이유였다.

뿐만 아니라 쿠데타로 집권한 인조는 명분에서 약하다는 태생적 한계로 백성들의 지지가 적었고 잦은 변란을 겪어야 했다. 이괄(李适)의 난, 유효립의 난, 이인거(李仁居)의 난, 이충경(李忠慶)의 난 등이 잇달아 일어났다.

난이 일어날 때마다 중앙에서 토포사가 파견되었고, 이들은 영장들이 지휘하는 속오군 등 지방군을 지휘해 난을 진압했다. 지방군이 정부를 위협하는 내부 위기의 해결사가 된 것이다.

북벌주의자였던 효종(孝宗)도 무인을 우대하는 영장 제도를 선호하는 정책을 폈다. 효종은 좌수(座首) 등 향촌 사회 지배 세력에게 속오군의 편성이나 무기 관리를 맡기게 한 뒤 잘못했을 경우 처벌할 수 있는 권한을 영장에게 부여함으로써 영장을 통해 중앙 정부의 장악력을 확실하게 높여 가기도 했다.

18대 현종(顯宗) 때도 속오군은 큰 공을 세웠다. 1664년 정부의 억불 정책과 지방 관청의 수탈에 반발해 중들의 반란이 일어났을 때 군수들이 조총으로 무장한 승병 부대를 감당하지 못하자 영장이 출동, 속오군을 출동시켜 진압했다.

21대 영조(英祖) 때도 속오군의 활동은 활발했다. 1728년 3월 이인좌(李麟佐)의 난이 일어났다. 경상, 충청, 전라도의 소론과 남인의 강경파를 주축으로 해서 일어난 이 난은 그때까지 왕조가 겪은 변란 중 가장 규모가 컸고 그만큼 정국에 큰 영향을 주었다.

이인좌 등은 경종(景宗, 20대)이 영종에 의해 독살되었다는 뜬소문을 기정사실화하고 불법으로 즉위한 영조를 축출하자는 것을 거병의 명분으로 삼았다.

영조는 같은 소론인 오명항(吳命恒)을 도 순무사로 내세워 중앙군(어영군, 금위영 등)과 지역의 속오군을 지휘해 진압 작전을 펴게 했다. 이때 속오군 소속 영장들이 큰 공을 세웠고, 관련자들의 체포와 수색 작업에도 동원되어 난을 평정하는 데 기여했다.

1811년 12월(23대 순조 11년)에 일어난 홍경래(洪景來)의 난 때 양서 순무사 이요헌(李堯憲)이 현지에 도착하기 전 홍경래군의 선봉(홍총각 지휘)과 전투를 벌여 예기(銳氣)를 꺾은 것도 영장을 겸직하고 있던 평안 병사(平安兵使)가 인근 지역의 영장들을 지휘해 얻은 전과였다. 이들 영장들은 중앙군이 온 뒤 홍경래군이 퇴각하는 과정에서 난군이 점령했던 지역을 탈환하는 작전에서 큰 공을 세웠다.

25대 철종(哲宗) 때인 1862년 삼정 문란과 안동 김씨 세도 정치의 부패로 전국 70여 개 지역에서 농민이 주도하는 민란이 일어났다. 임술(壬戌) 민란이다.

이때도 정부는 영장제를 활용해 민란 주모자와 적극 가담자들에 대한 체포, 추적을 통해 민란을 진정시키려 했고, 큰 효과를 보았다.

치안에도 활용했다. 도적에 대한 수사는 중앙의 경우 포도청이 맡고 지방의 경우 병사(兵使)의 지휘 아래 각 지역 수령이 책임을 맡았다. 영장이 지방 수령을 겸직한 곳이 실적이 좋자, 영장에게 토포사(討捕使) 직을 겸직케 했다.

속오군은 수리 공사를 위한 둑 쌓기 공사 노역에 동원되기도 했다. 자연재해로 인한 위기를 해결하는 도구로도 전용했던 것이다.

역사학자 서태원(徐台源)이 지적했듯이, 임진왜란의 후기 전투에서 성과를 올리고 통치 권력 회복에 기여했던 속오군 제도는 장기간에 걸친 평화 시대를 맞아 내란, 변란, 민요 등을 대처하는 데 활용되는 등 전천후 국가 위기관리 도구로 쓰였다.

속오군 제도는 전쟁이 없는 시기가 오래 계속되면서 군역 제도를 근본적으로 개선하지 못해 점차 부실해져 갔다.

그럼에도 불구하고 충실한 위기관리 수단으로 생존할 수 있었던 것은 상소나 비변사 논의 등을 통해 여론을 수렴하면서 3백 년 가까이 수정, 개선 과정을 이끌어 온 공론 정치의 유연성이라는 뒷받침 때문에 가능했다. 문치주의(文治主義)를 통해 위기관리 체제 유지에 성공하고 있었던 것이다.

고종 때 와서 군 근대화 정책이 등장하고 신식 군대가 창설되면서 영장제는 사실상 유명무실해졌다. 그러나 역설적이게도 농민 봉기처럼 결정적인 국가 위기 때 두드러진 활약상을 보인 군대는 사양길에 접어든 영장들이었다.

왜 고종은 영장제의 감투 정신과 근대식 군대의 효율성을 결합시킬 수 없었을까?

갑오개혁, 타율인가 자율인가

동학 농민 봉기 진압을 구실로 한반도에 파병된 일본 육군의 선발대(1개 여단)는 1894년 7월 경복궁 점령 작전을 펴 고종을 볼모화한 뒤 친청파 민씨 척족 정권을 퇴진시키고 대원군을 수반으로 하는 김홍집의 1차 개화 정권을 발족시켰다. 청일 전쟁을 일으킬 구실을 마련하기 위해 조선의 내정 개혁을 주장해 온 일본은 조선 정부가 일본 주도 방식을 반대하며 완강하게 버티자 무력을 동원해 정권을 교체케 한 것이다.

일본은 내치, 외교 문제를 다루는 초법적 기구인 군국기무처(軍國機務處)를 내각에 두고 갑오개혁을 추진케 했다. 군국기무처에는 반청 노선이던 김홍집, 김윤식, 어윤중 등 온건 개화파와 조희연(趙羲淵), 김가진(金嘉鎭), 유길준 등 친일파, 대원군 계열, 중도파 등이 포진했다.

군국기무처는 5백 년 가까운 조선 왕조 치하에서 금기시(禁忌視)되어 오던 주요 현안 등을 포함한 208건의 개혁안을 무더기로 의결했다.

갑오개혁(갑오경장이라고도 한다)에 들어간 것이다.

개혁 안의 주요 내용을 보면 국왕의 전통적인 통치 보좌 기구였던 의정부제를 내각제로 고쳐 왕권을 견제케 하고 권력을 분산시키게 했으며 지방 관제도 개선했다.

행정 기관이 다루던 재판 제도도 독립시켜 인권 보호의 길을 열었다. 여러 기구에 권한이 나뉘어 있어 비효율적이고 부패의 온상이던 회계, 출납, 조세, 화폐, 은행 등 업무를 탁지부(度支部)에 일원화시켜 재정 업무를 체계화했다.

조선 왕조 체제의 근간인 양반 제도도 과감하게 철폐했다. 양반의 특권과 함께 문벌(門閥)이 부정되고 문무(文武)의 차별도 없어지게 되었다. 과거 제도가 폐지되고 대신 귀천(貴賤)에 관계없이 인재가 등용될 수 있는 새로운 관리 선발 방안이 마련되었다. 공사(公私) 노비 제도도 없어져 인신매매가 금지되었고 역인(驛人), 재인(才人), 백정(白丁) 등 천인이 멍에를 벗게 되었다. 남녀의 조혼, 과부의 개가(改嫁) 금지도 폐지되었다.

혁명이 아니면 불가능할 거대한 개혁이 추진되고 있었다. 안건 하나하나가 기득권의 철벽에 부딪혀 단기간에는 정상적 개선이 불가능한 것이 현실이었던 만큼 일본의 무력이 혁명을 대신하는 역할을 한 형국이었다.

그러나 역사적 평가는 부정적이다. 일본이 배후에서 영향력을 행사한 〈일본제 개혁〉이라고 보기 때문이다. 개혁 구상 자체가 일본의 한반도 침략 작전의 일환으로 등장했고, 일본 공사관에 의해 추진 세력이 발탁되었으며, 개혁 프로그램 내용도 일본 메이지 유신의 것을 그대로 베낀 것에 불과한 데다 개혁 과정에도 일본이 영향을 끼쳤다는 것이다. 말하자면 타율론(他律論)이다.

개혁 대상과 범위가 광범위한 데 비해 개혁 주도 세력이 미약하고 개혁 기간도 짧았다(1894. 7~1896. 2)는 점 등을 놓고 보면 타율론은 설득력이 더 커진다. 더구나 의정부제를 없애고 내각제를 출범시킨 것이 정치 발전을 위한 것이 아니라 일본에 호락호락하지 않은 고종의 왕권을 견제, 제약하기 위한 포석이었던 만큼 음모론까지 나올 만하다.

입헌 군주제가 아닌 군주 전제국 조선에서 절대 군주인 국왕의 권력을 내각이 나눌 수 있게 한 것은 앞뒤가 맞지 않는 억지 편법에 불과한 것이었다.

그렇다면 위기관리의 관점에서 갑오개혁을 어떻게 볼 것인가?

결론부터 말한다면 타율론에 쉽게 동의할 수 없다. 타율론은 일본의 입장만을 볼 때 나오는 소리이고, 그 당시 조선 정부 측 입장이나 국내 여건에서 보면 오히려 자율론의 비중이 높다고 보이기 때문이다.

갑오개혁은 일본이 타이밍을 선점(先占)했고 형식을 빌려 주었으며 자국 이익을 위해 공작을 편 대상이었던 점은 부인할 수 없는 사실(史實)이지만, 봉건제 국가의 말기적 증상이 가져오는 총체적 위기를 절감하고 개혁을 부르짖은 쪽은 조선 민중들이었고, 조정이나 식자층(유생)에도 그에 상응하는 흐름을 보이고 있었다. 자율 개혁의 여건이 어느 정도 무르익어 가고 있었던 것이다.

그런 점에서 토지 제도, 세금 제도, 신분제 등의 개혁과 탐관오리 처벌 등의 내용을 담은 폐정 개혁 안을 조정에 낸 동학 농민군의 주장은 괄목할 만한 것이다. 농민이 바로 국민이었던 농업 국가 조선에서 백만 명이 궐기했다는 동학 농민군의 소리는 바로 국민의 여론이라고 볼 수 있기 때문이다.

백성들만 개혁을 바라는 입장도 아니었다. 국왕이나 민비도 나라의 근대화를 바랐다. 부국강병의 관점인 만큼 민생 중심인 농민들의 입장과 달랐으나 개혁을 원칙적으로 수용하고 있었다는 점에서는 같았다고 할 수 있다. 왕권을 빼앗기게 되는 것이 아니냐는 우려와 대원군이 권력을 잡는 것이 두려워 갑오 정권을 견제하거나 애매한 처신을 한 것뿐이다.

척사 입장이던 대원군도 그즈음엔 개화의 필요성을 인정하고 있었다. 다만 개화·개혁 주도권을 자신이 잡기를 원했기 때문에 일본 공사관이나 갑오 정권과 다투었던 것이다.

개혁의 물꼬가 트이지 않았을 뿐이지 개혁을 가능케 하는 여건이 어느 정도 형성되어 있는 상태였던 것이다.

가장 주목되는 점은 군국기무처에 투입된 인물들이 정도의 차이는 있지만 대부분 개혁 성향의 개화파 지도층이었다는 점이다. 김홍집, 김윤식, 박정양, 어윤중은 이미 1880년대부터 일본, 중국, 미국을 드나들며 근대화의 필요성을 절감해 왔던 온건 개화파였다. 이론과 실무를 겸비한 당대 최고의 정예 관료 출신들이었다.

갑신정변에 관련해 일본, 미국에 망명했다가 돌아온 박영효나 서광범, 그들과 사상적 동지였던 유길준은 그 누구보다 근대화에 대한 식견과 열정을 가진 인물들이었다. 특히 민씨 척족들에게 찍혀 불우하게 야인 생활을 해야 했던 김홍집, 박정양 등은 동학 농민 봉기의 원인에 공감하며 긍정적인 평가를 하고 있었기 때문에 봉기군의 폐정 개혁 안을 개혁에 반영시킬 의사를 가지고 있었다.

실제로 신분제 개선 등 주장 일부를 개혁안에 수용시켰다.

이들은 기회주의자이거나 친일파라는 비난을 받고 있지만 개인적인 식견이나 역량, 애국심에서 보면 일방적으로 일본제 개혁을 대변하는 꼭두각시였다고 폄하하기는 힘들다. 일본이 개혁 시기를 선점(先占)하지 않고 개입하지 않은 상태에서 집권했다 하더라도 독자적으로 개혁을 시도했을 사람들이기 때문이다.

그들의 독자성(獨自性)이나 자주성(自主性)은 대표적인 인물 두 사람을 통해 실제로 확인되고 있다.

그중 한 사람이 갑신정변 뒤 일본에 망명했다가 10년 만에 귀국해 본국 정계에서 재기한 박영효다. 일본의 전폭적인 지지를 등에 업고 내무대신으로서 정권 실세로 부상한 박영효는 일본 공사관의 요구를 무시하는 등 협조를 거부하고 독자적인 행보를 시도해 일본에 충격을 주었다. 결국 박영효는 일본 공사 이노우에 가오루가 보복책으로 깔아 놓은 덫(역모 혐의)에 걸려 낙마하고 일본으로 망명하지만 갑오개혁 당시까지는 가슴속에 갑신정변 때의 개혁 초심(初心)을 그대로 간직하고 있었음을 알 수 있다.

또 한 사람은 내각 총리대신이던 김홍집이다. 아관 파천 때 러시아 공사관에 간 고종이 제일 먼저 한 일은 갑오 내각의 수반 김홍집 등에게 내린 포살령(捕殺令)이었다. 왕권을 무력화시킨 데 대한 정치적 응징이고 보복이었다. 그러나 김홍집은 생명이 위태롭다는 주위의 만류에도 불구하고 고종을 만나기 위해 러시아 공사관을 찾아가던 도중 성난 군중들에게 잡혀 뭇매를 맞고 길 위에서 비명횡사했다.

김홍집이 피신할 생각을 하지 않고 죽음을 무릅쓴 모험을 감행한 데에는 그만한 이유가 있기 때문이었다. 그것은 개혁 정책을 추진한 것은 일본의 앞잡이로서가 아니라 왕실과 나라를 위했던 것임을 설득하고 군신 사이의 충성을 복원(復元)시킬 수 있다는 자기 확신과 신념이 동기 부여를 했기 때문에 가능했을 것이다.

위에 열거한 설명들은 개혁 여건이 10년 전 갑신정변 때보다 많이 개선되어 있고 자발적 개혁론이 낯설지 않은 시점에 이르렀음을 알게 해준다.

그런데 갑오개혁은 왜 단명(短命)으로 끝나고 실패한 개혁으로 평가받게 되었을까?

일본이라는 외세(外勢)가 개입해 있고 반일 정서가 거국적이었기 때문임은 앞서 지적한 바 있지만, 국내 정치판의 권력 투쟁이 복합적으로 얽혀 있는 등 대내외 여건이 장애 요인이 되었기 때문이다.

일본이 갑오 내각을 출범시킨 것은 반일 노선인 국왕을 견제하고 민비의 정치 간여를 막기 위해서였다. 군국기무처를 만든 것은 일본이 원하는 대로 움직이지 않는 대원군을 무력화시키기 위해서였고, 대원군이 제거되자 군국기무처도 폐지됐다. 조선 정부 조직의 개편이나 각종 개혁안이 그때그때 일본의 정략(政略)에 필요한 도구로 이용되고 있었다. 일본 외상 무쓰 무네미쓰가 자서전 『건건록(蹇蹇錄)』에서 회고하고 있듯이 한국의 개혁 자체에는 전혀 관심이 없었던 것이다.

따라서 처음부터 군주를 구심점으로 삼아 여러 정파를 결속시켜 개혁 주도 세력으로 삼은 뒤 국민을 설득하는 메이지 유신형 개혁 체제를 확보할 수가 없었다.

일본은 장기판 위에 말을 쓰듯 무더기 개혁 안을 조선 정부 길들이기로 사용했고, 갑오 내각은 개혁 성향이었으나 급조된 탓에 기본적이고 구체적인 개혁 구상을 할 틈도 없었다.

또 일본은 기본적으로 고종을 견제키 위해 대원군을 영입했고 친청파를 누르기 위해 친일 세력을 동원했는데, 그것이 권력 투쟁을 가열시켰다. 국왕과 대원군, 두 사람과 군국기무처 사이에 갈등 구조가 형성되었고, 대원군 계열이 친일파를 상대로 암살극을 벌이는 일까지 등장했다.

갑오 내각 안에서도 온건 개화파의 지도자인 김홍집과 일본의 전폭적인 지원을 받고 있던 박영효 사이에서 정국 주도권을 둘러싼 싸움이 벌어졌다.

갑오 내각은 개혁에 관한 한 운신의 폭이 처음부터 좁을 수밖에 없었다.

시대의 흐름도 갑오 내각에 불리하게 전개되었다.

일본이 농민 봉기를 빌미로 한반도 침략에 나서게 된 데 충격을 받은 동학교 수뇌가 1894년 9월 척왜양(斥倭洋)의 기치를 들고 다시 거병해 항일 투쟁에 나섰다. 동학 농민군은 갑오 내각을 친일 매국 정권이라고 규탄, 퇴진을 요구했다. 그러나 내각은 일본의 강요에 따라 일본군과 연합으로 농민군 진압 작전에 나설 수밖에 없었으므로 상황은 더욱 꼬여 갔다.

반일 감정이 전국적으로 확산되면서 정권의 지지 기반은 붕괴되어 가고 있었고, 중부 지역과 경상도 지역 정도에서 통치력이 통하고 있었을 뿐이었다.

김홍집 내각은 그 위기를 조절, 수습할 권위와 조직, 자체의 물리력이 없었기 때문에 누군가가 조정 역(調整役)이 되어 주어야 했다. 대원군이 적임자였으나 일본과 갑오 내각을 적(敵)으로 삼은 그는 오히려 동학군과 청군을 잇는 연합 작전을 펴 대반격을 꿈꾸고 있었다. 청군이 일본에 대패(大敗)하는 바람에 물거품이 되었지만 스케일이 큰 전략의 구사라는 점에서는 대원군이 갑오 내각보다 한 수 위였다.

역사에 나와 있는 대로 그 뒤 청일 전쟁과 민비 시해 사건이 일어나고 일본의 강요로 단발령이 공표되면서 전국적으로 의병 궐기가 일어나는 사태를 빚게 되었고, 아관 파천이 발생하면서 갑오 내각이 붕괴되는 단계가 온 것이다.

개혁 작업 자체에도 심각한 문제가 있었다.

나라의 기틀을 근본부터 흔드는 정치, 경제, 사회 등 통치 분야 전반에 걸친 방대한 개혁인 만큼 치밀한 분야별 사전 연구와 준비, 전문 인력의 양성과 확보 같은 것이 선결 과제였다. 일본의 메이지 유신처럼 유럽에 인력을 파견해 배워 오게 하거나 필요한 외국인 고문들을 대량 고용하는 등 방대한 실무 능력의 뒷받침이 있어야 했다.

그러나 급조된 갑오 내각은 위에 열거한 조건들이 존재하지 않는 가운데 졸속 개혁을 강행할 수밖에 없었다. 어설픈 개혁은 곧 〈준비 부족〉의 장벽에 부딪히게 되었다.

개혁 법안은 의결시켜 놓았지만 뒤따라야 할 시행령이나 시행 규칙을 마련해 놓지 않았기 때문에 사실상 개혁 작업이 진전되기 어려웠던 것이 대표적인 예이다. 일본이 개혁 작업 절차에 필요한 노하우까지 친절하게 일일이 가르쳐 줄 리가 없었던 것이다.

개혁에는 일단 큰 그림이 있어야 한다.

일본은 메이지 유신을 통해 천황제를 구심점으로 하는 대개혁 프로그램을 만들었으나 일본에 의해 급조된 조선의 갑오개혁에서 준비된 그림이 존재할 리 없었다.

조선의 쇠망은 삼정(三政) 문란에서 비롯되었고, 동학 농민 봉기 때의 폐정 요구에서도 조세 문제가 가장 심각했다. 그러나 갑오 내각의 역량으로는 본격적인 토지 개혁을 추진할 수 없었다. 부분적으로 접근했을 뿐이다. 혁명 등을 통해 체제 개혁을 하기 전에는 농민들이 요구하는 토지의 균등 분작(均等分作) 요구를 현실적으로 수용할 방법이 없었다. 결국 조세 개선책으로 미봉할 수밖에 없었다.

탐관오리 척결 문제는 후기 조선 왕조의 부패 구조의 근본적 해결이라는 점에서 파격적인 대수술이 불가피한 개혁 과제였다. 그러나 결과는 민씨 척족 정권의 실세이자 대표적인 탐관오리로 몰린 선혜아문 당상 민영준 등 세 명을 처벌하는 데 그쳤다. 국왕으로까지 연결되는 부패 고리의 제거는 갑오 정권이 감내하기에는 벅찬 뇌관이었던 것이다.

일본은 청일 전쟁 중에는 갑오개혁에 대해 불간섭주의 원칙을 지켰기 때문에 갑오 내각이 독자 노선을 지켜 갈 수 있었다. 그러나 승전하자 태도를 돌변해 간섭주의로 나왔다. 이노우에 공사는 군 근대화를 명분으로 사실상 조선군을 해체시키는 공작을 폈고, 지방 재정 조직을 일본인 재정 고문을 내세워 장악케 하는 등 경제 침략의 길을 놓기 시작했다. 일본 화폐가 한국에서도 통용되게 해 일본 상인들이 대거 몰려드는 여건을 만들었다.

역사학자 이기백(李基白)이 지적했듯이, 갑오개혁은 일본의 성장 자본주의가 침투할 수 있는 대로(大路)를 열어 주었고, 갑오 내각이 친일 매국 정권, 매판 정권으로 매도당하는 결과를 빚었다.

개혁 성과에 대해서는 실패한 개혁이라든가, 해놓은 것이 아무것도 없다는 등의 혹평이 나왔고 일본에 이용당했다는 부정적 측면이 부각되었다.

그러나 이야기는 거기서 끝나지 않는다.

4~5년 뒤 출범한 대한 제국의 광무(光武)개혁이 한국의 근대화를 시작한 시기라고 보는 내재적 발전론을 수용한다면 갑오개혁은 근대화 시작의 기점(起點)이라는 얘기가 된다. 왜냐하면 광무개혁이 갑오개혁의 성과를 기틀로 삼고 출발했기 때문이다. 그것은 갑오개혁이 일본의 간섭이라는 타율에 의해 시작되었으나 김홍집 내각의 추진력과 한국 사회의 잠재력이 자율적인 개혁 성과를 만만치 않게 일구어 냈음을 의미한다.

가장 대표적인 성과가 국가 지배 세력의 교체라 할 수 있다.

광무개혁을 주도한 인물들은 전통적인 정치 세력인 명문가 양반 출신들이 아니라 서자, 서얼(庶孼) 등 비주류 양반이거나 중인, 평민 또는 천민 출신들이었다. 그것은 과거로 선발된 극소수 양반들만 권력을 독점해 온 조선 왕조의 지배 구조가 서서히 무너지면서 일반 백성들도 권력에 접근, 참여하는 길이 열린 것을 의미했다. 기득층인 양반들의 거센 반발로 타협이 이루어지기도 하고 새로이 국왕 측근으로 부상한 비주류 양반 세력에 대한 인사가 파행이라는 등의 과도기적 흠결은 있으나 지배 세력의 교체는 갑오개혁을 상징하는 개혁 성과라 할 수 있었다.

신분제 해방을 촉구하는 동학 농민 봉기와 갑오개혁이 없었더라면 고종은 자신의 측근 세력을 그와 같이 포진시키는 것을 꿈도 꾸지 못했을 것이다.

갑오개혁에서 광무개혁으로, 광무개혁이 일제 강점기를 거쳐 단절과 보완 단계를 거치며 해방 이후 근대화 작업으로 맥을 이어 갔다고 할 수 있다.

그 같은 점에서 우리는 갑오개혁의 특성을 심도 있게 역추적해 보아야 하는 것이다.

9 고종의 위기관리 능력

아관 파천, 고종의 위기관리 작품

고종의 〈아관 파천〉은 나라의 체면을 구긴 수치스러운 사건이었다. 한 나라의 군주가 자국의 수도에 주재하고 있는 외국 공사관으로 피신해 감으로써 생명과 왕권을 지킬 수 있었다는 희귀하고 구차스러운 역사의 예를 만들었기 때문이다.

그러나 위기관리 관점에서 보면 고종의 피신 결정은 잘못된 선택이라고 할 수 없다. 최선은 아니지만 차선(次善)의 위기관리 방식이었다고 볼 수 있는 것이다. 고종은 일본군의 손아귀에 놓인 경복궁을 탈출함으로써 생명의 위협, 왕권 고사의 위기에서 벗어날 수 있었고, 친일 내각을 붕괴시키고 친미·친러 내각을 발족시킴으로써 왕권을 되찾을 수 있었다. 가장 주목되는 점은 민비를 시해하고도 뻔뻔스럽게 한반도 침략 공작을 계속 벌이고 있던 일본에 회심(會心)의 일격을 가할 수 있었다는 사실일 것이다.

뿐만 아니라 통치 파트너인 민비 없이도 홀로 서기로 나라를 이끌어 갈 수 있다는 점을 내외에 과시할 수 있는 계기도 만들었던 것이다.

아관 파천은 한반도를 둘러싼 외교에도 파장을 주어 한편으로는 인아거일의 외교 노선이 결실을 맺게 되었는가 하면 다른 한편으로는 러시아와 일본이 당사자인 한국을 제쳐 놓고 비밀리에 타협하고 야합하는 외교를 벌이게 되는 간극을 초래하기도 했다.

그렇다 하더라도 러일 전쟁 전까지 한반도에서 열강 간의 세력 균형이 이루어질 수 있었던 것은 대외 환경의 산물이기도 하지만 그 기점이 아관 파천에서 비롯되었다는 점을 간과할 수 없을 것이다.

1895년 10월 발생한 민비 시해 사건 뒤 고종을 둘러싼 내외 환경은 악화되어 가고 있었다. 독살 위협에 노출된 고종은 식사도 제대로 챙겨 먹기 어려웠고 일본인 고문과 친일 내각에 의해 권력으로부터 소외되어 허수아비가 되어 가고 있었다.

아관 파천이 있기 전인 11월 28일, 고종을 경복궁에서 빼돌리려던 춘생문 사건이 미수에 그치자 일본은 〈구미인(歐美人)들이 춘생문 사건을 일으킨 것이나 민비 시해 사건에 일본인이 관련된 것이나 잘못된 것은 마찬가지이다〉라는 논리를 내세우며 민비 시해의 범인인 미우라 고로 공사 등 50명에게 무죄 판결을 내렸다. 고종은 심한 충격을 받았다.

김홍집 내각은 연말인 12월 30일, 단발령을 내렸다. 일본인 고문들이 개혁을 강행함으로써 정국의 주도력을 강화할 수 있다 해서 내놓은 발상이었다. 이 단발령이 기름 위에 던져진 불씨였다.

왕후 시해에 분노를 느끼고 있던 일반 백성들이 전국에서 들고일어났던 것이다. 의병 궐기는 중·남부에서 시작해 북상했고 일주일 사이에 일본인 36명이 살해되었다. 일본인 고문들이 위기 돌파용이라고 내놓은 비상 정책이 거꾸로 악수(惡手)가 되었던 것이다.

일본군의 지휘를 받던 서울의 친위대 병력의 주력이 의병 진압을 위해 지방 여러 곳에 파병되면서 서울의 궁궐 경비가 느슨해졌다. 1896년 2월 11일 새벽,

고종과 왕세자는 궁궐의 나인들이 타는 가마를 타고 궁궐을 무사히 탈출해 정동의 러시아 공사관으로 들어감으로써 아관 파천이 성공한 것이다.

아관 파천이 이루어지기까지는 한·러 양국 당사자들의 치밀한 준비가 선행되었다. 을미 의병의 궐기로 나라 분위기가 강력한 반일 정서로 흐르자 러시아 공사관이 바빠졌다. 1996년 1월 8일 베베르 공사는 멕시코 공사로 전임 발령되었고, 주일 러시아 공사관 서기관 스페예르가 후임으로 임명되었다. 러시아 정부는 서울의 사태가 긴박하게 돌아가자 한국통인 베베르에게 계속 서울에 잔류하라고 지시, 이례적으로 2개월 가까이 신·구 공사가 함께 근무하는 체제에 들어갔다.

친러파인 이범진(李範晉) 등이 고종의 궁궐 탈출 의사를 러시아 공사에게 전하는 중간 역할을 맡았고, 고종 자신도 알현 장소에서 스페예르 공사의 주머니에 러시아의 지원을 요청하는 내용의 밀지(密旨)를 넣어 주며 자신의 의사를 확인했다.

두 공사는 이 사실을 본국에 보고하고 인천항에 군함 1척을 파견케 했으며 수병 백여 명이 공사관 경비를 구실로 서울에 들어왔다. 고종은 러시아 공사관의 자체 경비가 충분하다는 점을 확인한 뒤 아관 파천을 단행했다.

고종이 러시아 공사관에 간 뒤 제일 먼저 한 일은 권력을 되찾는 일과 민비 시해에 대한 복수였다.

김홍집의 친일 내각을 무너뜨리고 역적으로 규정해 포살령(捕殺領)을 내렸다. 총리대신 김홍집과 농상공부 대신 정병하(鄭秉夏), 탁지부 대신 어윤중(魚允中) 등이 성난 군중들에게 맞아 죽었고, 유길준 등은 다시 일본으로 망명해 목숨을 건졌다.

고종은 아관 파천을 도운 앨런의 추천에 따라 박정양을 수반으로 하는 친미·친러 내각을 발족시키고 친정 체제에 들어갔다.

고종은 권력을 되찾으면서 일본의 강요로 이루어진 것이라면서 갑오개혁의 무효화를 선언, 국정의 정통성도 되찾았다.

왕후의 국상(國喪) 문제를 거론하는 국상 정치를 통해 노련하게 국론을 결집시키고 자주독립 국가 건설을 위한 장기 계획도 추진했다. 이 시기에 대한 제국 구상의 틀이 잡힌 것이다.

아관 파천은 단기적으로 러·일 양국의 한반도 정책에 큰 영향을 끼쳤다. 무엇보다 일본의 충격이 컸다. 민비 시해 사건의 뒤처리를 위해 공사로 부임했던 주한 공사 고무라 주타로(小村壽太郎)가 〈천자(天子)를 빼앗겼으니 이제 만사는 끝이 났다〉고 한탄한 것이 일본의 경악도를 단적으로 나타내는 일화이다.

일본에 있어 아관 파천은 러시아와의 대결에서 패한 것이 되었다. 일본이 청일 전쟁을 일으킨 것은 1882년의 임오군란, 1884년의 갑신정변 때 청에 밀려 빼앗겼던 한반도에 대한 주도권을 되찾기 위한 전략 때문이었다. 청일 전쟁 뒤 러시아가 주도한 삼국 간섭으로 랴오둥 반도 점령을 포기해야 했던 일본은 민비 시해라는 극약 처방으로 한국 정부의 인아거일 노선을 무력화시키려 했다. 그러나 고종과 러시아가 아관 파천으로 반격하는 바람에 오랜 기간의 노력이 한순간에 물거품이 되어 버린 셈이었다.

거센 반일 감정 때문에 뜻밖의 횡재를 한 러시아 측은 매우 신중한 위기관리의 행태를 보여 대조적이었다. 러시아 공사관은 아관 파천 직후 단행된 고종의 개각 때부터 뒤로 빠졌다. 일본과 영국 등 열강을 자극해 모처럼 얻은 불로 소득(不勞所得)을 송두리째 날리지 않겠다는 치밀한 계산에서였다.

우선 미 공사관의 앨런이 추천하는 친미 내각을 전면에 세우게 했고, 아관 파천의 주역이자 친러파의 리더인 이범진을 한동안 시일이 지난 뒤에야 기용케 하는 등 용의주도함을 보였다.

베베르와 스페예르 공사는 내정 개입을 최소화하려 애썼고, 고종의 자문 의뢰에도 고사했다. 단발령을 국민의 자유의사에 맡기기로 수정하는 일에 개입한 것 이외에 일본이 배후에서 추진한 개혁에 손을 댐으로써 일본을 자극하는 일도 하지 않았다.

민비 시해 사건 조사에 미국인 고문 그레이트하우스Clarence R. Greathouse를 참여시키고 영국의 재정 고문 브라운John McLeavy Brown에게 폭넓은 권한을 부여케 하는 등 영국과 미국 측을 배려했다.

고종과 엄비, 시녀들의 생활이 불편하지 않게 세심히 배려했고 베베르의 처남의 처형이던 손탁Antoinette Sontag으로 하여금 서양식 식사를 고종에게 대접하게 했다. 국왕과 대신들로 하여금 행동의 자유를 누릴 수 있게 했고, 조속히 환궁해야 한다고 충고하는 제스처도 잊지 않았다.

나중에 스페예르가 강경파로서의 마각을 드러내 위안스카이를 뺨치게 오만방자해지지만 이때만큼은 단기적이나마 돋보이는 위기관리력을 연출하고 있었던 것이다.

아관 파천 뒤 러·일의 대한 정책은 어떻게 변해 갔는가?

러시아 공사관은 겉으로는 한껏 자세를 낮췄으나 속으로는 제국주의의 날카로운 발톱을 감추지 않았다. 스페예르는 러시아의 재정 원조와 군사 지원(한국군 양성)을 바라는 고종의 요청을 앞세워 한반도 공략을 활성화하자고 본국에 촉구하고 있었다. 누가 보아도 러시아에 기회가 온 것은 틀림없어 보였다.

그러나 외무대신 로바노프Rostovsky Robanov는 시기상조라면서 스페예르의 건의를 묵살했다. 러시아는 청의 영토인 만주 공략에 주력하고 있었기 때문에 한반도에 대한 관심이 상대적으로 낮았던 것이다.

러시아 정부는 아관 파천으로 공을 세운 스페예르를 일본 공사로 영전시켜 보내고 멕시코 공사로 발령이 나 있던 베베르를 1급 공사인 특명 전권 공사로 승급시켜 다시 유임시켰다. 일본을 견제하는 현상 유지 노선을 택한 것이다.

한편 충격을 받았던 일본은 러시아를 상대로 한 다각적인 외교 접촉 끝에 러시아의 한반도에 대한 속셈을 정확하게 읽어 낸 뒤 그에 대비해 장·단기 대책을 세워 나갔다.

일본은 러시아의 기본 전략이 일본의 한반도 독점을 저지하는 것임을 확인했다. 러시아는 한반도를 합병할 의사가 없고 준비도 전혀 하지 않고 있다는 점을 꿰뚫었다. 러시아는 극동 지역에 소수의 육해군 병력밖에 없어 유사시 바다를 통해 지구를 반 바퀴나 돌아 군수 물자를 운송해야 하며, 그 경우 세계 최강의 해군력을 확보하고 있는 영국의 벽을 넘을 수 없기 때문에 시베리아 철도가 완성되어 육로 지원이 대량화되기 전까지는 전쟁을 치를 능력이 없다고 판단했다.

반면 청일 전쟁 때부터 러일 전쟁에 대비한 군비 증강에 나서고 있던 일본은 아관 파천이 일어나던 해에 이미 육군 병력을 13개 사단으로 늘리고 무기와 장비도 개선하는 등 전력 증강에 박차를 가하고 있었고, 해군도 같은 해 10년 계획으로 전함, 순양함, 구축함 등을 건조하기 시작했다. 일본의 계획은 시베리아 철도 완공 전에 대러시아전을 치러 승리하는 데 있었다.

따라서 일본은 전력 증강에 사력을 다하는 한편 당분간 러시아와는 외교적으로 타협하는 길을 모색하게 되었다. 러시아도 철도 완공 때까지 시간을 벌어야 하므로 일본이나 일본을 배후에서 지원하는 영국의 반발을 사기보다는 타협 노선이 필요했다.

러·일 양국의 그 같은 필요에 따라 〈베베르-고무라 각서 *Veber-Komura Memorandom*〉가 1896년 5월 14일 체결됐다. 한반도 문제를 다루면서 당사자인 한국을 제쳐 놓은 제국주의의 야합(野合) 외교가 시작된 것이다.

〈베베르-고무라 각서〉는 고종의 환궁 충고, 온건파 대신 임명 권고 등 러시아 주도권을 수용하고 러시아 군대의 주둔권도 인정하면서 양국 군의 충돌을 막아 보자는 것이 내용의 골자였다. 일본으로서는 러시아로부터 한반도에서의 기득권을 인정받는 소득이 있었다.

그 내용에 관해서는 다음에 판단하겠지만, 〈각서〉의 문제는 러시아가 자국을 믿는 고종도 모르게 한국의 국익(國益)에 반(反)하는 방향으로 일본과 이면 협상을 진행하는 이중성(二重性) 외교를 보였다는 점이다.

러시아와 일본은 23일 뒤 모스크바에서 러시아 외상 로바노프와 러시아 황제 대관식에 참석한 일본의 특사 야마가타 아리토모 사이에서 한국 문제와 관련, 〈로바노프-야마가타 의정서〉를 체결한다. 의정서는 기본적으로 〈베베르-고무라 각서〉를 재확인하고 양국의 고위층이 공개 조항과 비밀 조항에 합의한 것이다.

공개 조항은 러·일 양국이 한국의 재정 문제와 군대, 경찰의 창설과 유지 문제에서 단독으로 권고하거나 원조할 수 없다고 규정했다. 비밀 조항도 한국에서 비상사태가 돌발할 경우 양국 군대의 충돌을 피하기 위해 중립 지대의 설치 등에 관해 규정했다.

일본은 이 의정서 체결을 통해 러시아를 견제하면서 일본 세력이 한반도에서 완전히 밀려 나가는 사태를 막았고, 러시아는 실질적으로 일본을 대적할 수 있는 극동의 전력이 강화될 때까지 시간을 벌며 일본을 견제하는 장치를 마련한 셈이었다.

그러나 〈의정서〉를 체결한 시점에서 볼 때 러시아와 일본의 입장이 달랐다는 데 변수가 있었다. 일본은 전쟁(청일 전쟁)에서 승리함에 따라 청을 구축했기 때문에 한반도 문제를 놓고 러시아만 상대하면 되었지만 러시아는 일본 이외에도 청과 한국을 상대해야 하는 입장이었다.

러시아의 동아시아 정책이 최우선 과제로 꼽고 있는 것이 만주 진출이었고 한반도 문제는 부수적이었기 때문에 청과의 외교가 우선(優先)이었고 일본 상대는 부수적이었다. 한국이 반일·친러 노선으로 접근해 왔기 때문에 한국과의 관계 개선 문제도 새로운 현안이었다.

때문에 러시아는 황제 대관식에 한, 청, 일의 3개국 특사가 온 것을 계기로 삼중(三重) 외교를 펼친다. 협상 안이 각국의 국익과 상충하거나 반(反)하기 때문에 비밀 협상을 해야 했고, 때로는 외교 농간을 부리게 되었다.

삼중 외교의 첫 번째 상대는 청의 이홍장이었다. 러시아는 대관식 특사로 오는 이홍장을 파격적으로 예우하며, 러·청 비밀 협정을 맺었다. 한반도에서 밀려난 청의 입장을 두둔하는 조항을 두어 일본의 공격을 받을 경우 러·청 양국은 상호 원조한다고 합의했다. 공수(攻守) 동맹의 성격이 짙었다. 이홍장에게 50만 루블이라는 거액의 뇌물까지 주었다.

러시아가 이홍장에게 그같이 공을 들인 것은 블라디보스토크에서 만주를 횡단하는 둥칭 철도의 부설권을 노리고 있었기 때문이다. 시베리아 철도가 완공되면 블라디보스토크는 종착역이었다. 시베리아 철도와 둥칭 철도를 연결하는 것은 러시아에 만주 공략의 꿈이 현실화되는 것을 의미했다.

러시아는 이러한 청나라와의 비밀 협정을 감춘 채 일주일 뒤에는 야마가타를 상대로 러·일 간의 한반도 내 협조를 내용으로 하는 〈의정서〉를 체결한다.

일본을 가상 적국으로 하는 러·청 비밀 협정은 러·일 간의 평화적 협조를 합의한 의정서의 기본 정신에 반하는 것이다. 러시아가 일본을 상대로 외교적 속임수를 쓴 셈인데, 러시아로서는 시베리아 철도와 둥칭 철도가 부설될 때까지 시간을 벌기 위해 일본과의 협상을 부차적으로 벌였다는 얘기가 된다.

그 뒤 러시아는 대관식 특사로 온 민영환과 군사, 재정 지원 문제를 협의케된다. 이번에는 일본과 맺은 의정서와 상충되는 미묘한 현안을 다루게 된 것이다.

민영환은 1) 만족할 만한 수준의 군대가 창설될 때까지 국왕의 호위를 러시아 군대가 맡아 줄 것, 2) 군사와 경찰의 훈련을 위해 교관을 파견해 줄 것, 3) 내각과 산업 및 철도 분야를 지도할 고문을 보내 줄 것, 4) 3백만 원의 차관을 허용해 줄 것, 5) 한국과 러시아를 연결하는 전신선 설치에 동의해 줄 것 등을 요청했다.

민영환이 제시한 요구의 핵심은 군사 훈련, 재정 지원 등인데, 이는 〈의정서〉에서 러·일 양국이 단독으로 지원할 수 없다고 못 박은 규정과 정면으로 상충되는 현안이었다.

일본과 일전을 치를 준비가 돼 있지 않은 러시아로서는 한국 측의 요구를 수용해 전쟁 위기를 자초할 의사가 없었고, 그렇다고 해서 요구를 거절해 러시아 품을 찾아든 한국을 내칠 수도 없는 입장이었다.

러시아는 교관 문제 파견을 수용하고 재정 전문가 파견 등 절충안을 제시한 뒤 나머지 문제는 뒤로 미루는 애매한 태도를 보였다.

그래서 귀국 길에 오른 민영환이 거둔 가시적 성과는 뿌차타Putiata 대령 등 13명의 군사 교관과 함께 귀국하는 선에서 끝났다.

한국 측은 러시아 측의 그 같은 미지근한 성의에 크게 실망했다. 민영환 특사 파견에 베베르 공사가 처음부터 적극적으로 개입했고 러시아 정부에 제시한 요구 사항을 작성할 때도 관여했기 때문에 한국 정부는 러시아 정부의 지원을 믿어 의심치 않았다. 베베르 공사가 러시아 정부의 정책을 대변하고 있다고 믿었기 때문이다. 베베르는 미 공사관의 앨런과 함께 고종의 신임을 가장 많이 받고 있던 외교관이었다.

그러나 베베르는 본국 정부의 복잡한 삼중 외교의 틀을 알 만한 처지가 아니었고, 러시아의 입지를 강화한다는 원칙론에서 한국을 도왔을 뿐이었다.

결과적으로 한국은 러시아 외교의 속임수에 넘어간 셈이어서, 이때를 계기로 한국은 러시아와 멀어지게 되고, 정부의 입장을 알게 된 독립 협회가 반러 운동을 벌이게 되었다.

냉각기로 들어서던 한·러 관계는 러시아의 동아시아 정책을 주도하던 재무상 비테Sergey Yulevich Witte가 그 뒤 둥칭 철도 부설권 획득이 어려워지자 공략 우선순위를 한국으로 돌리면서 새로운 국면이 열렸다.

1897년 9월 2일, 주일 공사에서 주한 공사로 온 스페예르가 고종과 한국 정부를 상대로 위협 외교를 펼쳤다.

러시아 군사 교관의 추가 계약 추진, 재정 고문 알렉세예프Alekseev의 초빙과 영국 세무사 브라운의 해고, 부산 절영도의 석탄고 기지 설치 등의 문제로 압력을 넣었다.

당시 고종의 환궁 후에도 궁궐 경비병에 대한 지휘권을 러시아 장교가 가지고 있었기 때문에 강경파인 스페예르는 아관 파천 때의 신중했던 위기관리의 탈을 벗어던지고 10년 전의 위안스카이를 능가하는 안하무인이 되어 있었다. 스페예르는 비테의 정책을 성공적으로 집행하고 있었다.

그러나 외무대신 로바노프가 죽은 뒤 후임인 무라비예프Mikhail Nikolayevich Muravyov가 황제의 신임을 얻어 재무상 비테 대신 정책의 주도권을 잡으면서 상황은 다시 반전됐다.

1898년 3월 27일 러·청 간에 뤼순-다롄 항 조차(租借) 협정이 맺어져 부동항 문제가 해결되고 한국에서는 독립 협회 등이 주도하는 반러 운동이 거세지자 러시아는 일본과 〈로젠-니시 협정〉을 맺으면서 한반도에서 한발 후퇴했다.

〈로젠-니시 협정〉은 앞서의 〈베베르-고무라 각서〉와 〈로바노프-야마가타 의정서〉의 한국 관련 조항을 재조정한 것으로 러시아의 행동 범위를 한정하고 일본에 과거보다 유리한 입장을 회복시켜 준 것으로 평가된다.

러시아가 그와 같이 일본에 양보한 것은 일본을 앞세워 러시아를 견제하는 영국의 동북아 정책까지 감안했기 때문이라고 할 수 있다.

아관 파천에서 비롯된 고종의 대외 전략은 이렇다 할 성과를 내지 못한 채 현상 유지 수준으로 끝났다. 한반도에 열강 간의 세력 균형이 온 것은 앞서 지적한 대로 러시아, 영국, 일본 등 열강끼리 벌인 파워 게임의 결과였을 뿐이다. 그렇지만 1904년 러일 전쟁이 발발할 때까지 계속된 소강 상태는 한국에 또 한 번의 기회였다. 고종이 대한 제국을 선포하고 광무개혁을 추진할 때가 바로 이 시기였던 것이다.

_미모의 손탁, 고종의 외교 도와줘

고종의 이이제이 외교에서 가장 뚜렷한 모습을 보여 준 외국인이 미국 공사 앨런이라면 그다음쯤 되는 인물이 알사스 출신의 독일 여성인 손탁Antoinette Sontag일 것이다.

앨런의 체한 기간인 21년보다 4년 더 긴 25년을 한국에서 보낸 미모의 독신녀 손탁은 고종의 외교 업무를 도왔고, 청일 전쟁 뒤 반일·친러 정책이 진행될 때는 여러 모로 활동을 폈다.

서울 정동에 한국 최초의 호텔인 손탁 호텔을 짓고 전문 프랑스 요리 솜씨를 보이며 외교관들과 반일·친러 계열인 정동 구락부 인사들의 모임을 주선하는 등 서울 외교가의 꽃이었다.

초대 러시아 공사 베베르의 처남의 처형이었던 손탁은 1885년 32세 때 한국에 왔다. 베베르가 영어, 독어, 프랑스어, 러시아어 등 4개 국어에 능통한 손탁을 고종에게 추천, 궁내부의 외인 접대계 촉탁으로 특채되었다. 통역이었다.

손탁이 처음 서울에 왔을 때는 위안스카이가 내정 간섭을 강화하던 시기였다. 재빨리 한국어를 배운 그녀는 민비를 상대로 밤늦게까지 궁궐에 남아 서양 각국의 풍물, 습관, 풍속 그리고 역사까지 얘기해 주었다.

그 시기는 1884년 7월 한·러 수호 통상 조약을 맺은 공로로 한국에 초대 공사로 온 베베르가 부인과 함께 국왕 부처를 상대로 미소 외교를 펴 성공해 가던 때였다. 손탁은 베베르의 외교를 돕는 역할을 했다.

두 차례에 걸친 한·러 밀약 사건이 미수에 그치면서 오히려 청의 속방 체제를 강화시켜 주는 결과로 끝났으나, 손탁의 경우는 국왕 부처의 신임을 더욱더 깊이 얻었다.

손탁이 한국 외교에 깊이 개입하게 된 것은 청일 전쟁이 끝난 1894년 말이었다. 일본이 1894년 12월 17일, 김홍집을 내세워 친일 내각을 발족시키자 일본에 반대하는 친미·친러파가 모여 정동 구락부를 발족시켰다. 앨런의 지원을 받아 박정양, 이완용, 이상재 등 친미파가 세력을 규합한 것인데, 모두 박정양의 주미 공사 시절 워싱턴에서 한솥밥을 먹던 사이였다.

이어 이범진 등 친러파가 가세했다. 민비는 이들을 뒤에서 움직여 인아거일(引俄拒日) 정책을 추진하기 시작했다.

〈정동 구락부〉라는 이름이 나온 것은 이들이 서울 정동(貞洞)에 있는 손탁 사저(私

邸)에서 모임을 갖고 서울 주재 외교관, 선교사 등 외국인들의 단체인 외교 구락부 인사들과 어울렸기 때문이다. 당시 외교 구락부의 멤버는 미국, 프랑스, 러시아 공사와 앨런 등 외교관과 아펜젤러, 언더우드 등 선교사, 르젠드르, 다이, 헐버트 등 한국 정부 고용 외국인들이었다.

손탁은 자신의 저택이 반일·친미·친러 운동의 활동 무대가 되면서 자연스럽게 민비와 정동 구락부, 외교 구락부를 연결하는 중간 역할을 맡았다. 조선 정부의 주요 위기관리의 축이 된 것이다.

손탁이 숨 가쁜 위기관리의 현장에 더 깊이 개입하게 된 것은 1895년 10월 8일, 일본이 민비를 시해한 뒤였다.

정동 구락부는 민비 시해 뒤 내놓은 김홍집 내각의 〈민 왕후 폐서인 조칙〉이 일본의 범행을 은폐시키기 위한 조작 문서라 규탄하고 친일파 제거, 김홍집 내각 타도, 복수 역토를 목표로 내거는 한편 불안과 공포에 떨고 있는 고종을 구출해 내는 작전을 준비했다.

을미사변(민비 시해) 뒤 일본군과 일본군이 훈련시킨 훈련대가 경복궁을 포위 경계하고 있었기 때문에 고종은 사실상 감옥에 갇힌 수인 같은 입장이었다.

이완용 등 정동 구락부 인사들은 앨런의 적극적인 후원을 받아 고종을 경복궁에서 구출하려는 작전(후일 춘생문 사건이라 불림)을 세우고 손탁 관저에서 자주 만나 모의를 가졌다. 무장한 미국인들의 적극적인 지원을 받아 실행하려던 이 구출 작전은 내부의 배신자가 밀고하는 바람에 실패로 끝났고 정동 구락부 인사들은 미국 공사관으로 피신해야 했다.

춘생문 사건이 있은 지 75일 뒤인 1896년 2월 11일, 정동 구락부의 친러파 이범진과 러시아 공사 베베르의 협조 아래 제2차 탈출 작전(아관 파천)을 단행했다. 이때 이범진과 베베르 사이의 연락책이 손탁이었다.

아관 파천 이후 1896년 2월 11일부터 1897년 2월 20일 환궁할 때까지 고종의 수라상은 손탁이 전담했다.

고종은 환궁한 뒤 손탁이 생명의 은인이라면서 손탁 사저 근처에 방 다섯 개가 달린 양관(漱玉軒)을 지어 하사했고, 손탁은 이를 외국인들이 숙박할 수 있는 궁내부 소속 손탁 빈관으로 활용했다. 당시 서울에는 서구식 호텔이 없어 외국인들이 불편해했다.

1902년, 한국 정부는 국빈용 영빈관이 필요하자 손탁 사저를 허물고 그 자리에 양

옥을 신축해 손탁에게 운영권을 주었고, 손탁은 이를 개수해 호텔 영업을 하기 시작했다. 을사 늑약 체결을 위해 서울에 온 이토 히로부미가 머물면서 유명해진 손탁 호텔이 그렇게 등장한 것이다.

3년간 자신의 사저를 정동 구락부의 활동 무대로 제공한 손탁의 역할은 평가할 만한 것이다. 치외 법권 지역에서 반일 인사들이 수시로 만나 세력을 규합할 수 있는 기회를 제공했고, 이들은 고종의 아관 파천을 단행시켜 일본 세력을 결정적으로 견제하는 데 성공하게 했다.

뿐만 아니라 손탁은 배일 활동을 편 영국인 베델Ernest T. Bethel이 경영하는 반일지 대한매일신보에 운영 자금도 지원케 하는 역할도 폈다. 베델이 구독료만으로 신문사 경영이 어려운 형편임을 고종에게 직접 보고하고 하사금을 받아 전달했던 것이다.

손탁에 대한 부정적 시각도 없지는 않다. 정부 예산이 2천 수백만 원이던 시절(황실 재정도 1천 수백만 원 규모), 정식 고문도 아닌 그의 연봉이 1만 원이었던 것은 지나친 대우였다는 점이 첫 번째이다.

두 번째는 손탁 빈관이나 호텔이 이권 운동의 아지트로 활용된 측면이 있다는 관점이다. 그러나 손탁은 32세에 와서 57세에 떠날 때까지 독신으로 지내며 스캔들이 없었고, 1909년 한국을 떠날 때 친절한 마음씨와 관대한 성격, 청렴, 정직한 강직성을 칭찬받았다. 손탁 호텔이 고종의 하사로 이루어진 사적 재산이었는데도 자신의 사망 후 한국 황실에 기증할 것을 약속했고 이를 지켰다.

손탁에 대한 역사적 평가는 누가 대의(大義)를 위해 살았느냐를 중요한 척도로 삼을 때 어렵지 않게 나온다.

손탁은 한국의 엘리트 관료들이나 유력 인사들이 친일파가 되어 나라와 국왕을 배반하던 시대에 다른 나라의 대의를 위해 위험을 무릅쓰고 헌신했던 인물이다. 역사의 스포트라이트를 받았다 해서 과찬이라고 할 수 없다.

러시아는 과연 강국인가

19세기 말 열강의 각축장이던 한반도에서 기본 대결 구도는 청, 일과 러시아의 대치였다. 세 나라가 상황에 따라 합종연횡을 되풀이하면서 상호 협조 또는 견제 정책을 번갈아 폈다. 영국과 미국이 배후에 포진해 있었으나 직접 개입하지는 않고 청일을 이용해 남진(南進)하려는 러시아를 견제하는 전략을 앞세우고만 있었다.

때문에 이이제이책을 구사하려던 고종이 한반도를 지배하려는 야욕을 보이는 청일 양국을 상대로 손쉽게 동원할 수 있는 견제 카드가 러시아였다. 1880년대 속방 체제를 강화하려는 청을 견제하려고 한·러 밀약을 추진한 것이나 일본의 침략을 막기 위해 아관 파천을 감행한 것 등이 대표적인 예가 된다.

그러나 한국이 러시아를 신뢰하는 정도에 비해 러시아를 잘 알고 있지 못한 것이 문제였다. 한·러 밀약이 추진되던 1880년대에는 청이 신장 성의 국경 문제로 러시아에 휘둘린 경험 때문에 러시아에 대한 무지(無知)가 그런대로 통했지만, 1890년대 들어와 러일 전쟁이 일어날 수 있는 상황이 등장함으로써 사정이 달라졌던 것이다.

한반도가 전쟁터가 될 것이라고 예상되었기 때문에 한국은 일본 못지않게 러시아에 대해 깊이 알아 두어야 했던 것이다. 게다가 한국은 러시아가 일본을 견제해 주기를 바라고 있었기 때문에 러시아 공부가 더욱 절실한 입장이었다.

그러나 한국은 러시아 공사 베베르가 개인 차원에서 유사시 러시아 황제가 한국을 도울 것이라고 약속한 것만을 철석같이 믿고 있었다. 러시아 동아시아 정책의 허실이나 과연 일본을 압도할 수 있는 강국인가 하는 점 등 실체에 접근하려는 노력을 충분히 기울이지 않았다.

그것은 오랫동안의 정보 축적으로 한반도를 손바닥처럼 들여다보고 있는 일본이나, 여러 차례 군사 탐험대를 한반도에 보내 필요한 군사 정보와 지리, 경제 등 실정을 파악하고 있던 러시아와는 대비가 되는 위기관리의 자세였다.

그런 관점에서 1896년 황제 니콜라이 2세의 대관식에 참석한 민영환 특사의 러시아행은 다소 늦은 감은 있었다 해도 큰 뜻이 있었다. 한국의 정예 관료가 직접 보고 들으면서 러시아의 실상(實像)에 접근할 수 있는 모처럼의 기회였기 때문이다.

민영환은 1896년 4월 1일, 서울을 떠나 중국-캐나다-미국-영국-독일-폴란드를 거치는 등 지구 반 바퀴를 도는 여정 끝에 모스크바에 도착하여 대관식에 참석했다. 그리고 고종의 국서를 전달한 뒤 회답을 받기 위해 1개월간 페테르부르크에 머물면서 황제가 휴가에서 돌아올 때까지 각종 산업 시설 등을 돌아볼 수 있었고, 귀국 길에는 시베리아를 경유해 블라디보스토크에 도착하는 등 모두 6개월이나 되는 관찰 기간을 가질 수 있었다.

당시에는 시베리아 철도가 일부만 부설되었기 때문에 기차, 마차, 배 등을 이용해 러시아 대륙 지역을 폭넓게 관찰할 수 있었다.

그렇다면 민영환은 얼마만큼 러시아의 현실에 접근할 수 있었을까?

민영환은 청일 양국의 견제 때문에 처음부터 러시아 당국의 냉대를 받았다. 황제, 외무대신 로바노프, 재무대신 비테 등을 만나면서도 외로운 외교 행각을 벌여야 했다.

민영환과 만나기 전에 이미 청, 일과 따로따로 비밀 협상을 가진 러시아는 민영환이 제시한 5개 항의 요구에 소극적이고 애매하게 나올 수밖에 없었다.

몸이 단 민영환은 고종이 가장 중시하는 국왕의 경비에 러시아 군인을 동원하는 문제에 대해 러시아가 거부 의사를 밝히자(로바노프-야마가타 의정서에 반하기 때문) 군사 교관 파견 쪽으로 대안을 제시하는 등 사력을 다해야 했다.

베베르 공사의 말만 믿고 큰 기대를 걸고 왔던 민영환은 러시아 고위층의 냉담한 대응에 부딪히자 크게 좌절하여 숙소에서 두문불출하면서 깊은 고민에 빠지기도 했다.

러시아의 지원을 구하는 것이 거의 마지막 카드인데, 이조차 불가능하다면 〈이제 나라는 결딴이 났다〉면서 비관적인 결론을 내리기까지 했다. 그러나 러시아가 왜 예상 밖으로 냉담한 태도를 보이고 있는가 하는 본질적인 의문에는 생각이 미치지 못했다.

러시아가 동아시아 정책을 둘러싸고 삼중 외교 행각을 벌이리라는 것을 누구도 예측하지 못했고, 구체적인 정보 없이 그 같은 움직임을 짐작할 수도 없는 일이었던 만큼 민영환이 현지에서 겉돌게 된 것은 당연한 일이었다.

문제는 러시아의 적나라한 현실을 눈앞에 마주하고서도 선입견으로 형성된 가상(假想)의 이미지에서 벗어나지 못하고 있었다는 데 있었다. 민영환의 러시아 관찰기는 고종에게 복명하는 자리에서 드러났듯이 〈러시아는 세계 최대의 군사 대국이다〉라는 결론이었다. 〈육군이 66만여 명이고 군함이 368척이나 되고…… 만국을 호시탐탐하여 병탄의 뜻을 가집니다. ……시베리아 횡단 철도까지 완성된다면 동아시아를 심각하게 핍박할 수 있을 것입니다. ……내수(內修)의 방략을 준비해야 합니다〉라고 시무책인 『천일책(千一策)』에서 주장하고 있다.

민영환의 러시아관은 1880년 『조선책략』에 의해 한국에 널리 알려진 러시아관의 연장선상에 있었다. 러시아 공포증에 노출돼 있던 시기, 중국이나 일본의 방아(防俄) 의식에 맞춰 의도적으로 과장된 이미지가 현지 관찰에도 불구하고 수정되거나 달라진 것이 없었다.

그것은 민영환보다 7년 늦게 1903년 여름, 시베리아 철도편으로 러시아를 횡단 여행하고 통찰력 있는 여행기를 남긴 주한 미 공사 앨런과 매우 흥미 있는 대조를 이룬다.

앨런은 러시아의 농가가 한국의 농촌보다 나을 것이 없다면서 그 후진성과 정체성을 지적했고, 러시아 관공서의 비능률적인 형식주의를 체험하면서 일본과 전쟁을 치르면 러시아가 패전할 것이라고 예견했다.

앨런은 서구의 군사 전문가들이나 외교관들이 대부분 러시아의 승리를 점치고 있을 때 단호하게 반대 의견을 내놓았고, 전쟁에 대한 그의 예견은 적중했다. 앨런의 통찰력이 돋보이는 대목이다.

러시아는 대외적으로 군사 강국이었으나 대내적으로는 경제 빈국이었다. 1870년에 들어와 유럽의 산업화를 뒤따르는 후발 제국주의 국가로 청일에 비해 나을 것이 없는 형편이었다. 귀족들의 착취, 농민과 농노의 생활고 가중, 관료들의 부패로 짜르(황제)의 전제 군주 통치 체제가 뿌리째 흔들리고 있었고, 군대의 사기와 질, 전투력도 강군이었던 어제의 모습이 아닌 것이 현실이었다. 앨런은 그 같은 점을 러시아 횡단 여행에서 꿰뚫었던 것이다.

나이가 비슷한 민영환(1860년생)과 앨런(1857년생)은 서로 잘 아는 사이로 국제 정보가 부족한 서울에서 함께 살고 있었고, 고종에게 영향력을 끼칠 수 있다는 점에서 공통적인 사람들이었다. 그런데 어떻게 해서 이렇듯 상반된 러시아 관찰기가 나오는 것일까?

민영환은 대원군의 장인인 민치구(閔致久)의 손자로 민씨 척족의 중견 중 한 사람이다. 1878년 과거에 급제한 뒤 대사성, 형조 판서를 역임했고 모스크바에 특사로 다녀온 뒤 유럽 6개국 특명 전권 대사 직을 거친 한국의 대표적 외교통이었다. 앨런이나 베베르 등으로부터 개혁성을 인정받는 몇 안 되는 한국의 엘리트 관리이기도 했다. 그러한 위상의 민영환이 피상적인 러시아관을 벗어나지 못했다는 것은 매우 안타까운 일이다.

그러나 민영환 개인을 탓할 수는 없다.

사람은 아무리 여러 가지를 보여 주어도 보고 싶은 것만 본다. 손쉽게 고정 관념의 틀을 벗어나지 못하는 게 인간의 특성이고 한계이기도 하다.

앨런이 민영환과 다를 수 있었던 것은 미국에서 고등 교육을 받은 미국인으로서 젊은 시절부터 의료 선교사와 외교관으로 활동해 오면서 타자(他者)를 객관적으로 관찰, 분석할 수 있는 국제 감각과 안목을 키워 왔기 때문일 것이다.

앨런이 러·일 관계를 어떻게 보느냐는 시각 차이로 루스벨트 대통령과 정반대 입장에 놓여 곤욕을 치르게 되는 것을 보면 미국 외교관으로서 제한적으로나마 접하는 해외 정보가 도움이 된 것도 아니었던 것이다.

민영환이 앨런처럼 접근할 수 있으려면 제3자의 눈으로 보는 훈련을 가졌어야 했다. 외국 유학이나 장기간의 외교관 경험이 필요했다. 그러나 당시의 한국에는 그 같은 훈련을 가능케 할 학교나 외교관 제도 등 인프라가 거의 마련되어 있지 않았다. 제2, 제3의 민영환이 계속해서 나올 수밖에 없는 사정이었다.

그것은 고종 외교력의 한계를 드러내는 바로미터이기도 했다.

고종, 인재를 키우지 못했다

일본은 1854년 미국 페리 제독의 함포 외교로 개항하면서 불평등 조약을 강요당했다. 그 뒤 일본은 함포 외교와 불평등 조약 강요 수법을 열강으로부터 재빨리 소화한 뒤 22년 만인 1876년 강화도 조약을 통해 조선을 제물로 삼았다. 짧은 시간 내에 외교 역량을 급성장시킬 수 있었다는 얘기가 된다.

그렇다면 조선은 개항 20년 뒤 외교 역량을 얼마나 키울 수 있었는가?

민영환의 러시아 특사 경우가 말해 주듯, 신통치 않은 결과가 나왔음을 앞서의 장에서 확인했다.

왜 그렇게 되었는가를 구체적으로 따져 보자.

조선이 일본과 강화도 조약을 맺게 된 것은 운요호를 앞세운 함포 외교 수법에 밀린 탓도 있지만, 불평등 조약이 체결된 정확한 원인은 양국 외교 역량의 차이 때문이었다.

일본은 열강과의 잇단 조약에서 얻은 시행착오를 기초로 해서 자국에 유리하고 조선에 불리한 조약 초안을 치밀하게 연구한 뒤 가져온 데 비해 〈조약〉이라는 단어가 무엇을 의미하는지 아는 사람이 없던 조선은 국가 명칭에 관한 자구 수정을 요구해 반영했을 뿐이다.

조선은 강화도 조약 체결 이후 조선의 대일 수출이 전무(全無)한 가운데 일방적으로 밀려오는 일본 상품에 대해 관세를 물리지 못하게 된 상호 무관세 규정이 잘못된 것임을 뒤늦게 확인하고 이에 대한 수정을 추진하는 과정에서 불평등 조약의 실체를 체감했다.

1880년 9월, 김홍집이 일본에서 가져온 『조선책략』을 통해 미국과의 수교(聯美論)를 결심하게 되면서 근대적인 국제 공법 체제에 대한 대비에 들어갔다. 그해 겨울 외국과의 교섭 및 통상, 군사력 증강 문제 등을 담당하는 새로운 기구로 통리기무아문을 설치하고, 그동안 청일 양국을 드나들었거나 일본 시찰단으로 참가했던 인물들을 통리기무아문에 포진시켰다. 당시로서는 그들이 대외 문제에서 가장 밝은 인물들이었던 것이다.

개방 개혁을 통해 부국강병을 이룩해야 한다는 생각을 굳힌 고종은 완고한 척사 사상의 유림, 쇄국주의를 고집하는 대원군 세력, 국왕에게 대외 신중론을 권하는 대신들 등 세 갈래의 견제와 저항을 무릅쓰고 1882년 조미 수교 조약을 맺었다.

서울에서 수교 회담을 열 형편이 되지 못하자 청의 이홍장에게 조선 정부를 대리해 미국 전권 슈펠트와 회담을 진행시켜 달라고 의뢰했다. 슈펠트가 마지막 단계로 조약 체결을 위해 서울에 왔을 때는 강화도 조약 때 병인·신미 양요 전투를 지휘한 경력이 외세를 겪어 본 경험이라고 해서 접견 대관으로 발탁되었던 무장 신헌이 같은 이유로 협상 대표가 되었다. 그러나 강화도 조약의 재판(再版)은 아니었다. 일본에 수신사(修信使)로 다녀와 외교 경험을 쌓게 된 젊은 엘리트 관료 김홍집을 부대표로 내세워 사실상 협상 마무리의 주역을 삼음으로써 모양과 내실을 함께 다지는 모습을 보여 주었다.

15일 뒤인 6월 6일, 영국과 1차 수교 조약을 맺을 때는 청의 이홍장과 교류하고 있던 조영하(趙寧夏)가 전권이었고, 미국과의 조약 때는 부전권이었던 김홍집을 다시 동원했다. 그러나 영국 측이 조약 내용에 불만을 품고 비준을 하지 않고 있다가 재차 협상, 1차 조약보다 조선이 불리한 한영 신조약을 체결하게 될 때 우리 측 협상 주역은 민영목(閔泳穆)으로 바뀌어 있었다.

독일과의 조약 체결 때 정·부 대표는 영국과의 1차 조약 때 협상 팀이었던 조영하, 김홍집이었고, 2차 협상 대표는 민영목이었다.

한·러 밀약 때는 막후에서 외교 고문인 독일인 묄렌도르프가 지원하는 가운데 대외 접촉 경험이 없는 위정척사파 계열의 원로 정객 김병시(金炳始)가 우리 측 대표를 맡았다.

프랑스와의 조약 때는 한성 판윤 김만식(金晚植)이 대표였다. 당초 대표는 청과의 교류 경력도 있고 동도서기론자인 온건 개화파 김윤식(金允植)이었으나 위안스카이와 지나치게 밀착해 있다고 해서 교체당한 것이다. 당시 고종은 내정 간섭을 심하게 하려는 위안스카이와 파워 게임을 벌이고 있던 중이었다.

위에서 설명한 열강과의 수교 협상 과정을 보면 초기에는 청의 자문이나 도움을 얻어 협상을 마무리했으나 후반에 와선 독자적으로 추진했음을 알 수 있다. 위정척사론 등 개국 반대 여론이 강했던 만큼 김병시 같은 보수파나 중도 성향의 인물이 협상 대표가 되기도 했지만 가급적이면 개화파가 자주 기용되었고 김홍집이 대표적인 외국통으로 부각되고 있었다.

청과 일에 사신으로 다녀오는 사람들이 늘었고, 청일의 관료나 학자들로부터 근대화에 대해 지도와 충고를 받게 되었다. 이 과정에서 개화사상을 가지게 된 김옥균과 박영효 등 젊은 엘리트 관료들이 반청(反淸) 의식을 가지고 있던 고종의 비호를 받으며 외교 문제에 발언권을 높여 갔다. 고종은 이들 개혁파들의 반청·친일 노선을 용인하는 노선을 견지했다. 그러나 갑신정변이 실패로 끝나고 김옥균 등 급진 개화 세력이 거세되면서 민씨 척족 세력이 친청(親淸) 노선을 강화하게 되었고 민비의 지원을 받는 민영익이 정가의 실세로 부각된다.

민영익은 총명하고 재능도 있었기 때문에 큰 인물이 될 소지가 있었으나 한·러 밀약 사건과 관련, 고종과 위안스카이 사이에서 벌어진 힘겨루기에 말려들어 낙마(落馬)하자 중국으로 망명해 버렸다.

인재를 키우려면 시간이 많이 걸린다. 최소한 한 세대 30년 안팎의 시간을 투자할 수 있어야 한다.

그런 의미에서 고종은 1863년 즉위한 지 20여 년이 지났지만 그 시대가 요구하는 인재를 충분히 양성할 기회를 가질 수 없었다. 대원군의 하야-임오군란과 갑신정변-한·러 밀약-청의 내정 개입 등 정치적 사건이 일어날 때마다 주도 세력의 일부나 전체를 교체해야 했기 때문이다.

개화나 수구, 청·일·러시아 등에 대한 친-반 노선 등과 국내외적 요인이 복합적으로 얽혀 있었기 때문에 교체된다는 것은 당사자들의 정치 생명에 치명적이었다. 당쟁(黨爭) 시대처럼 목숨을 빼앗기기도 했고, 유배(流配)도 당했으며, 재기 확률이 아주 적었다.

그 뒤 1890년대 들어와서도 청일 전쟁 뒤 일본이 지원하는 친일 내각이 등장했다가 아관 파천으로 친미·친러 내각이 나타나는 등 격변을 치르며 주도 세력에 대한 물갈이가 계속된 것을 감안할 때 당시 조선 왕조에서 안정적이고 장기적인 인사 정책은 존재하기가 어려웠다.

살벌한 권력 투쟁이기도 한 정권 교체가 주기적으로 일어나다시피 하는 척박한 정치 상황 속에서 인물이 제대로 커갈 수 없었다. 이 같은 상황은 자국의 역사에서 큰 비중을 차지하는 거물급 국가 위기관리의 주역들을 키워 낸 이웃 청일 양국과 좋은 대비가 된다.

두 나라는 한국에 비해 인재 확보 사정이 훨씬 좋았고 청보다는 일본이 질과 양에서 더 나았다. 역사에서 승자가 되었던 순서로 인재 확보의 수준이 비례해 갔다고 할 수 있다.

청의 경우에는 태평천국의 난을 평정한 군벌 출신의 이홍장이 자신이 양성한 북양군의 뒷받침을 받으면서 수십 년간 요직을 차지하고 청의 국방·외교 문제를 전담했다. 국가 위기관리에서 절대적인 기여를 한 국제적 거물로 각광을 받았다.

일본은 메이지 유신의 원훈(元勳)들에 이어 권력을 승계한 이토 히로부미, 야마가타 아리토모 등이 강력한 사쓰마·조슈 번벌 세력의 배경과 토대 위에 장기 집권하면서 일본을 열강의 뒷자리에 올리는 위기관리의 성과를 올리는 데 많은 기여를 했다.

그러나 조선은 증국번이나 이홍장 같은 군벌이 등장할 수 있는 정치 풍토나 여건이 아니었고, 사무라이 세력이 강력한 파워 그룹을 형성한 일본처럼 결집된 세력이 존재하지도 않았다. 유림이 있었으나 현실과 철저히 동떨어진 원리주의의 척사 세력이 주류여서 조선 왕조는 실무자나 중견 관료들을 키우는 데도 성공하지 못했다.

1886년 육영 공원(育英公院)이 설립되어 통역 요원을 양성하는 교육에 들어갔다. 이는 1862년 설립된 청의 동문관(同文館)을 모델로 한 것이다. 동문관은 수많은 외교관과 통역관을 배출했고 많은 서양 서적을 번역함으로써 청의 근대화에 기여했는데, 조선에 육영 공원이 생길 때쯤에는 유럽에 졸업생을 파견하는 등 실적을 올리고 있었다.

그러나 육영 공원은 동문관의 실적을 뒤따르지 못했다. 정부의 지원이 빈약하고 학생들에게 동기 부여를 제대로 하지 못해 공부하는 열의가 떨어지는 바람에 흐지부지되었다. 학교 교육을 통해 인재의 저변을 마련하려던 계획이 좌절된 것이다. 역설적이게도 나중에 일본에 의해 총리대신으로 발탁되어 매국노가 된 이완용이 육영 공원이 배출해 낸 유일한 거물이었다.

제국주의 시대에서는 국가 위기관리의 주역 중 하나가 외교관이었다. 그러나 조선은 중견 외교관을 키우는 데도 실패했다. 재정이 궁핍해 청일 양국과 미국, 유럽 등 몇 곳에만 상주 공관을 둘 수 있었다.

그러나 한국의 독립 노선을 견제하려는 청의 내정 간섭 때문에 초대 미국 공사로 갔던 박정양은 1년도 못 견디고 귀국해야 했고, 영국 등 5개국 상대의 유럽 주재 공사는 부임도 해보지 못하고 주저앉고 말았다.

1880년대와 1890년대에는 외국인인 위안스카이, 묄렌도르프, 앨런, 베베르 등이 서울의 외교 무대를 주름잡았다. 한국은 가물에 콩 나듯 성장할 수 있었던 인재들도 서울에 와 있는 청나라, 일본, 미국, 러시아 등 외세에게 빼앗겼다. 개인의 출세나 이익을 위해 외세에 빌붙은 인재가 적지 않았던 것이 국가 위기관리가 안아야 할 장애 요인의 하나였다.

그렇다면 인재 부족 현상에 대한 책임은 모두 내외의 여건과 상황이 나빴기 때문이라는 상황론으로 돌려야 할 것인가? 최종적인 인사권을 가지고 있던 전제 군주 고종에게 책임은 없는가?

두 가지 점에서 고종은 무한 책임을 가지고 있었다.

첫째, 여러 차례 권력에 대한 도전을 받아야 했던 고종은 반대 세력을 견제하기 위해 대신 등 국내 정치 세력을 상대로 해서도 이이제이 책략을 썼다. 고종은 사실상 통치 파트너인 민비가 이끄는 민씨 척족들의 지원을 오랫동안 받았으나 특정 민씨에게 오래 힘을 실어 주지 않았다. 민씨 척족의 중심인물은 민승호-민태호-민영익-민영준-민영환 등으로 바뀌어 왔고 필요하면 중립적 인물들을 대거 기용해 견제했다. 고종은 민비가 시해된 뒤에는 비양반 계열을 중용해 명문 양반 계열을 견제했다. 또 대신 등 중직에 있는 신하들이 일본 공사관과 내통하고 있는지 모른다고 의심하여 서너 명씩 밀정을 붙여 감시케 하기도 했다.

그 같은 이이제이식 견제는 권력 관리에 도움이 될 수 있었지만 충성을 최우선시해야 하는 친위 세력을 양성하는 데는 장애가 되었다. 국왕이 원칙과 명분을 무시하고 자의에 따라 인사권을 남용한다면 승복하는 신하가 적을 수밖에 없고, 신하들을 믿지 못하고 밀정 정치를 편다면 누가 목숨을 걸고 충성을 다짐

할 수 있겠는가? 수십 년을 일관되게 충성한 심상훈(沈相薰) 같은 대신급 인물이 극소수였다는 것은 고종의 포용력이나 신하를 다루는 방식에 문제가 있었음을 의미한다.

19세기 조선을 대표하는 제1급의 고위 관료로 성장한 김홍집의 비극이 대표적인 예가 아닐까 싶다.

명문 양반가 출신인 김홍집은 과거에 급제한 뒤 관계에 투신, 일본에 수신사로 다녀오면서 자타가 인정하는 개화파로 두각을 나타냈다. 열강과의 수교 교섭에 가장 많이 투입된 외국통이 되었고 동도서기론자로서 온건 개화파의 간판이었다. 김옥균 등의 급진 개혁 노선에 거리를 두는 입장이어서 갑신정변 때도 살아남았다. 국제적인 식견과 균형 감각도 있는 유능한 정통 관료였다.

그러나 갑오개혁 때 친일 내각에 참여하면서 친일파로 매도되는 불운을 겪었고 야심가인 박영효와 불화를 겪으며 우유부단하고, 일본인들에게 저자세라는 비판을 받았다. 왕권을 제약하려는 일본 측이 내세운 총리대신으로서의 역할을 충실히 하고 민비 시해를 호도하려는 일본의 공작을 도와주었다 해서 고종이 증오하는 대상이 되었다.

그러나 김홍집은 아관 파천 뒤 자신에게 포살령이 내렸음에도 불구하고 러시아 공사관으로 고종을 만나러 가다가 군중에게 뭇매를 맞고 길거리에서 죽었다. 김홍집은 빨리 피신해야 한다는 주위의 권고와 제지를 뿌리치고 국왕을 찾아 나서는 결단을 보였다가 참변을 당했다. 내각의 동료 대신 유길준 등이 일본으로 달아나 목숨을 건진 것과는 좋은 대비가 된다.

그의 결단은 어디에서 나왔을까?

김홍집은 고종이 왜 자신을 미워하고 있는지 누구보다 잘 알고 있었을 것이다. 그럼에도 불구하고 위험을 무릅쓰고 만나려 한 것은 고종의 오해를 풀고 자신의 충정을 직소하려는 생각을 가지고 있었기 때문이었는지 모른다. 친일 성향으로 몰리고 있지만 속으로는 국왕과 나라의 장래를 걱정하고 있는 입장임을 고백하고 싶었을 것이다.

김홍집은 19세기 조선이 낳은 탁월한 정통 관료였고 근대화 의식을 터득한 마지막 선비 세대였다.

고종이 갑신정변 뒤 개화파 계열이라 해서 무조건 내칠 것이 아니라 포용력과 관심을 가지고 지속적으로 중용해 갔더라면 개죽음을 당하는 일도 없었을 것이고 누란의 위기를 반복하는 조선을 위해 유능한 국제적 해결사로 성장해 갈 수 있지 않았을까? 그의 죽음이 안타까운 소이는 거기에 있다.

_심상훈, 고종의 위기관리 해결사

고종은 격동기의 47년 동안 재위에 있었지만 국제적인 거물이 될 만한 신하를 키워 내지 못했다. 앞 장에서 지적했듯이 외세(外勢)에 휘둘리는 척박한 통치 환경 아래 인재를 키우기가 힘들었고, 대내 정치 환경도 열악했으며 당사자의 용인술에도 문제가 있기 때문이었을 것이다.

그러나 수십 년간 충실히 고종의 위기관리 해결사 역할을 한 심상훈(沈相薰, 1854~1907)을 보면 반드시 그렇지도 않았음을 알 수 있다. 개인의 자질과 노력만 따라 준다면 인재가 클 길이 전혀 없지는 않았던 것이다.

선조 때 조정의 관료들이 동인, 서인으로 양분되어 당쟁(黨爭)이 시작될 때 서인의 선봉장이던 심의겸(沈義謙)의 12대손이었던 심상훈은 대원군 부인의 여동생의 큰아들로 고종에겐 두 살 아래 이종 사촌 동생이었다. 전주 이씨 출신의 관료가 아버지 대원군의 추종 세력이 되어 있었고, 민씨 척족이 대부분 민비에 기울었기 때문에 자신의 직할 세력이 적었던 고종에게는 타고난 심복일 수밖에 없었다.

심상훈은 23세 때 고종의 특별 배려로 요직인 홍문관 교리가 되었고, 이어 규장각 직각(直閣)으로 승진했다. 민영익이 민비의 총애를 받으며 젊은 실세로 부상하고 있을 때 김옥균, 어윤중 등과 어울려 민영익의 집을 드나드는 8학사의 한 사람이었다.

그러다가 28세 때인 1882년 임오군란 때 고종의 위기 해결사로서의 길에 들어섰다. 장호원으로 피신하는 민비를 옹위해 가는 역할을 맡았고, 고종과 민비 사이를 오가는 밀사가 되었다. 또한 민비의 청병 요청 밀계를 고종에게 전했고 대원군 납치, 청병 출병 등 왕궁과 서울의 근황을 민비에게 전달했다. 그 공으로 출세 가도를 달리기 시작해 경기 관찰사로 승진했다.

1884년 갑신정변이 났을 때 경기 관찰사 심상훈에게 또다시 기회가 왔다.

고종의 밀지를 받고 궁중에 들어온 심상훈은 개화당에 추종하는 척하면서 사대당 중진들이 살해된 것 등 정변의 진상을 알려 주고 청병의 도움을 구해야 할 것을 은밀하게 건의하고 돌아갔다.

민비는 청군의 원조를 구하는 밀서를 음식 그릇 밑에 숨겨 밖으로 내보냈고, 사대당과 위안스카이는 심상훈을 다시 밀사로 들여보내 고종으로부터 청병의 작전 개시를 윤허받았다.

박영효가 심상훈이 수상하다면서 입궐을 막았을 때 민영익의 사랑방 시절부터 친하게 지냈던 김옥균이 〈둘도 없는 나의 친구〉라고 우기는 바람에 위기를 넘길 수 있었고, 그 덕에 갑신정변을 진압하는 결정적인 수훈을 세웠다.

1894년 6월, 일본군이 경복궁을 무력으로 점령하고 친일 개화파 정권을 세움으로써 고종이 무력화되던 무렵 선혜청 당상이던 심상훈은 해임되어 고향 제천으로 낙향했다가, 1895년 3월 고종이 다시 권력을 되찾자 장예원경으로 정계에 복귀했다.

심상훈은 내무대신이던 박영효가 고종의 폐위 음모를 꾸미고 있다는 사실을 알아내고 이를 고종에게 직보(直報)해 박영효를 실각시켜 일본으로 다시 망명케 하는 등 해결사 역할을 계속했다.

민비가 시해된 뒤에는 탁지부 대신 직을 사직하고 서울에 머무르며 뮈텔 주교를 상대로 프랑스의 도움을 얻어 일본 세력 축출을 시도했으나, 여의치 않자 제천에 내려가 을미 의병 궐기에 관여했다. 오도 창의소(五道倡義所) 결성에 참여했고, 기록에는 충청도 총장으로 임명된 것으로 적혀 있다.

이항로의 화서 학파의 〈맥〉을 잇는 위정척사파의 거두로 최대의 의병장이 된 유인석(柳麟錫)과는 이때 알게 되었다.

심상훈은 을사 늑약 체결 뒤에는 후기 의병 궐기에도 다시 깊이 관여했다.

1906년 말, 심상훈은 의병장 이강년(李康秊)을 후원해 거의(擧義)케 했고 충북, 강원, 경북 지역을 무대로 활동한 전과를 고종에게 보고해 도 체찰사로 임명받게 주선해 주었다.

심상훈의 지원으로 의병장의 권위가 높아진 이강년은 거물급으로 성장해 항일 운동에 큰 족적을 남겼다.

심상훈은 전·후기에 걸쳐 제천 지역에서 일어난 세 차례의 의병 운동에 모두 깊이 관여했다. 제천 의병은 전국 각 지역 의병 중 가장 활발한 활동을 폈고, 일본군이 진압을 위해 가장 고심하던 의병 궐기 지역이 되었다.

1907년 1월, 이토 히로부미가 자유롭게 궁궐 출입을 허가받은 수백 명의 별입시(別入侍)들이 고종의 뜻에 따라 재야 세력의 의병 궐기를 부추기고 있다면서 출입증을 50장만 허락하겠다고 했을 때 궁내부 대신이던 심상훈은 6백 장을 발행하겠다고 우기는 뚝심을 부리기도 했다.

심상훈은 1897년부터 죽기 전해인 1906년까지 군부대신, 탁지부 대신, 궁내부 대신, 참정대신, 시종무관장 등 최고위 요직을 두루 거쳤다.

고종이 군을 직접 장악하기 위해 원수부를 창설했을 때는 육군 부장(副長) 직을 맡아 실질적으로 군 조직을 지휘하는 핵심이 되었다. 일생을 통해 정치, 재정, 군사 등 주요 통치 분야에서 충성스러운 충복이었고 유능한 위기관리의 해결사였으며 측근이었다.

그러나 1896년 들어 독립 협회가 등장하면서 갈림길과 마주치게 된다.

심상훈은 혈연 등 특수 관계 때문에 누구보다 철저한 근왕파였다. 때문에 같은 근왕파라는 점에서 유림과는 항일 의병 궐기를 위해 어렵지 않게 연대할 수 있었다. 그러나 군민공치를 주장하는 독립 협회의 노선은 수긍할 수 없었다.

심상훈이 보기에 독립 협회는 혁명을 일으켜 왕조 체제를 전복하려는 잠재적 반동 세력이었고 불온한 정적(政敵) 세력이었다. 국민을 정치에 동참시키는 길이 나라를 지키는 힘을 강화하는 첩경이라는 독립 협회의 주장을 이해하지 못했다. 왕권을 유지·강화하는 길만이 국권(나라)을 지키는 길이라는 고정관념에 사로잡혀 있었기 때문에 국권을 지키는 데 성공해야 왕권도 존립할 수 있다는 역(逆)논리에까지 생각이 미치지 못한 것이다.

따라서 정치관이 다른 자신을 탄핵한 독립 협회와 여러 차례 갈등을 겪었고, 그에 따라 기회 있을 때마다 독립 협회를 배척했으며, 고종과의 사이를 이간(離間)시키는 자세를 고수했다.

통치자의 입장에서 신하가 갖출 덕목(德目) 1호는 충성심이다.

열두 살에 즉위한 이래 수많은 신하들의 음모, 배신, 변절, 역적 모의 등을 겪어 본 고종은 그 누구보다도 믿을 수 있는 신하가 필요했다. 더욱이 민비가 시해되고 홀로

서기에 나서면서 심복의 필요성을 더욱 절감했을 것이다.

그런 점에서 심상훈은 어느 모로 보나 최고의 적격자였다.

심상훈은 충성도에서는 한족(漢族)이면서도 만주족 황제에게 철저히 충성한 청의 이홍장이나, 국왕에게 충성하여 죽을 때까지 두터운 신임을 받는 원로가 된 이토 히로부미에 비해 손색없는 인물이었다.

다른 게 있다면 아마도 국제적 식견, 경륜, 능력, 강력한 의지나 리더십을 겸비하지 못했던 점이었을 것이다. 만일 심상훈이 두 사람처럼 여러 가지 덕목을 갖춘 인물이었다면 어떠했을까?

독립 협회와 공생공존 여부를 놓고 고민하는 고종을 위해 단순 해결사가 아닌 역사적 해결사의 역할을 펼 수 있었을 것이고, 누란(累卵)의 위기에 빠진 대한 제국을 지키는 중신(重臣)의 반열에 오를 수 있었을 것이다. 그러나 심상훈은 앞에서 보았듯이 그릇이 큰 인물도 아니었고, 독립 협회 탄압에 앞장선 것처럼 대도(大道)도 걷지 못했음이 드러나고 있다.

심상훈의 정계 활동에 대해서는 〈좋으면 나오고 어지러우면 들어가기로 유명한 박쥐 대신〉이라는 평이 있고, 제천 지역에서의 의병 운동 연대와 관련하여 〈자라 대감이라 불리었다〉는 평이 남아 있다. 상황의 유·불리에 따라 기회주의적 처신을 한다는 인상을 주었다는 얘기다. 작은 위기에는 강하나 대국을 넓고 깊게 통찰하지 못하고 뚝심과 배짱이 약해 국가적 큰 위기를 감당하기에 적합한 인물이 아니었음을 스스로 증명해 주고 있다.

결국 심상훈이 보다 큰 인물이 되지 못한 것은 환경이나 고종의 탓만이 아니라 자신이 모자랐기 때문인 것임을 확인할 수 있다. 고종이 일관성 있게 기회를 주었지만 이를 크게 살릴 자질과 준비를 갖추고 있지 못했던 것이다.

_한반도 상황, 왜 백 년 전의 재판인가?

한반도가 분단국가가 된 것은 2차 세계 대전 말 대일전(對日戰)을 앞두고 미국과 소련이 당사자인 한국을 제쳐 놓고 38선에 합의했기 때문이라는 것은 누구나 알고 있는 역사적 사실이다. 19세기 말에 이미 한반도 분할 안이 열강 사이에 나돌고 있었던 사

322

실도 아는 사람은 안다. 그러나 누구에 의해 몇 차례나 분할 안이 등장했었는지 구체적으로 아는 사람은 적다.

열강 사이에 끼여 있는 한반도는 호두까기 기계 *nut cracker* 속에 갇힌 호두 같은 존재이거나 샌드위치 같은 입장이라는 말이 지금도 유행한다. 세계 13대 경제 대국으로 성장했으면서도 전형적인 약소국이던 백 년 전과 비교해 지정학적 특징은 달라지지 않았다. 주변 열강 역시 발전했기 때문에 상대적인 힘의 격차는 여전한 것이다.

19세기 분할 안의 역사를 되돌아보면서 21세기 한반도의 지정학적 현실을 정리해 본다.

1894년 7월, 영국은 동학 농민 봉기를 진압한다는 구실을 붙여 한반도에 출병한 청일 양국 군대의 공동 철병을 제안하고 나섰다. 해양 세력인 영국은 동아시아에서 청을 지원함으로써 남진하려는 대륙 세력인 러시아를 견제해 왔고, 새롭게 해군 강국으로 발돋움하고 있는 일본도 러시아 견제 구도에 끼워 넣어 이용할 생각이었다. 때문에 자국의 앞잡이가 될 두 나라가 전쟁에 돌입하는 것을 막아야 했다. 청의 이홍장이 대일전을 피하기 위해 영국의 조정을 요청해 오고 있었던 만큼 일본을 설득하는 게 관건이었다.

그래서 청일 전쟁이 일어나면 러시아만 어부지리를 얻게 된다고 일본을 위협하고, 열강의 공동 개입을 끌어내 일본의 철병을 압박하는 등 두 가지 방법을 동원했다. 그러나 열강이 영국의 제안에 개입하기를 거부해 실패로 끝났다. 그러자 영국은 마지막 외교적 수습책의 하나로, 한반도 공동 점령 안을 제시하기에 이르렀다.

1894년 7월 18일, 영국의 킴벌리Kimberly 외상은 청이 한반도 북쪽을 차지하고 일본이 남쪽을 점령하는 안을 제시했고 이홍장은 이에 동의했다. 그러나 청과의 전쟁에서 승산이 있다고 판단하고 있던 일본은 거부했다. 임오군란, 갑신정변 이래 청나라에 한반도 주도권을 빼앗긴 일본은 전쟁을 통해 일거에 국면을 반전(反轉)시킬 수 있다고 보았기 때문에 양보하지 않았던 것이다.

두 번째 분할 안은 1년 7개월 뒤 일본에 의해 제기됐다. 1896년 2월, 니콜라이 2세의 대관식에 참석한 일본의 특사 야마가타 아리토모가 러시아 외상 로바노프와 한반도에 관한 의정서를 합의하기 전 39도선을 경계로 한반도를 분할 점령하자고 제의한 것이다.

일본은 청일 전쟁에서 승리한 뒤 한반도에서 유리한 위치를 차지할 수 있었으나 삼국 간섭으로 상황이 유동적이었다. 고종과 민비가 인아거일책을 쓰면서 러시아 세력이 고개를 들기 시작했다. 일본은 인아거일의 배후인 민비를 시해까지 하면서 상황을 되돌리려 했으나 한국의 여론이 악화되는 등 상황은 더 나빠지고 있었다. 그러는 사이 아관 파천이 일어나고 친일 내각인 김홍집 내각이 붕괴되면서 결정적으로 쫓기는 입장이 되었다.

그렇다고 상황을 자국에 유리하게 돌리기 위해 러시아와 전쟁을 일으킬 형편도 아니었다. 시베리아 철도가 완공되기 전에 전쟁으로 결판을 내야 한다는 속셈으로 전력 증강에 박차를 가하고 있었으나 준비가 아직 미흡하다는 게 일본 정부의 판단이었다.

일본 정부는 러시아 제휴론을 펴왔던 야마가타를 특사로 보내 러시아와의 관계를 조정하면서 시간을 벌어 보기로 한 것이고, 한국 분할론은 그 미끼였던 것이다.

하지만 러시아는 일본의 그 같은 제의를 거부했다. 러시아는 기본적으로 동아시아 정책의 제1목표가 만주 공략에 있었던 만큼 시베리아 철도가 완성될 때까지 영국과 미국 등을 자극하는 국제 분규를 한반도에서 일으킬 의사가 없었기 때문에 분할 안으로 평지풍파를 일으키고 싶지 않았던 것이다.

4년 뒤인 1900년, 이번에는 러시아가 일본에 한반도 39도선 분할 안을 제기했고, 일본이 이를 거절하는 사태가 일어났다.

청에서 의화단(義和團) 사건이 일어나 5만 명의 러시아군이 만주로 출병, 점령 작전에 나섰다.

일본 외상 아오키 슈조(靑木周藏)는 일본과 러시아가 한국과 만주에서 각기 자유행동을 할 수 있도록 세력 범위를 정하자는 내용의 만한(滿韓) 교환론을 제의했다. 이에 대해 러시아가 만주에 대해 일본은 지분(持分)을 주장할 입장이 아니며, 한반도에서도 러시아가 양보할 이유가 없다면서 39도 분할 안을 일본에 역제의하게 된 것이다.

이때 일본의 내각은 야마가타가 총리가 되어 이끌고 있었다. 야마가타 내각은 러시아의 만주 점령에 대응해 한반도를 점령해야 한다는 생각이었으나, 내각이 사퇴하는 바람에 그 같은 계획은 무산되었다.

한 해 뒤인 1901년, 러시아는 주일본 공사 이즈볼스키A. P. Izvolsky를 시켜 일본 외상 가토 다카키(加藤高明)에게 열강이 공동 보증하는 한국 중립화 안을 제안케 했다. 이 제안은 일본이 만주까지 중립화시켜야 한다고 반격하고 나오는 바람에 흐지부지되어 버렸다.

한반도를 둘러싼 일본과 러시아의 공방은 1904년 러일 전쟁이 일어날 때까지 계속되었다.

1903년 8월 12일, 주러시아 일본 공사 구리노 신이치로(栗野愼一郎)는 러시아 정부에 대해 일본은 한국을 자국의 세력 아래 두고 만주에 대한 러시아의 권한은 철도 경영에 한정하자는 내용의 일본 측 제안을 전했다.

러시아 정부는 이에 대한 대안으로 39도선 이북을 중립 지대로 하자는 역제안을 제시했고, 다시 일본은 만한 국경에 남북 50킬로미터의 중립 지대를 설정하자고 수정 제안하면서 양국 교섭이 지지부진한 가운데 러일 전쟁이 일어났다.

21세기 한반도 주변 상황은 백 년 전과 어떻게 다른가?

물론 19세기형의 제국주의 분할 안이 나올 가능성은 희박하다. 그러나 한반도의 유사시를 가상한 시나리오를 전제해 보면 전망은 매우 유동적이다.

한반도 주변 열강인 미국, 중국, 일본, 러시아의 4개국 구도는 겉으로는 19세기와 큰 차이가 없어 보인다. 그러나 4개국의 국력, 국제적 위상 변화나 영향력에 따라 실체는 크게 달라져 있다.

미국은 열강의 하나였던 19세기의 위치에서 세계 초강국이 되어 있고, 청일 전쟁에서 패해 반식민지로 전락했던 중국은 이제 그런 미국에 도전하는 새로운 강국으로 부상하고 있다. 그러나 미국과 양극 체제를 이루던 소련이 붕괴된 뒤 러시아는 전날의 위력을 가지고 있지 못하고 있고, 신흥 군사 대국이던 일본은 경제 대국으로 전환되어 미국의 핵우산 속에 소리 없이 전력을 강화해 가고 있는 상황이다.

한반도 주변을 둘러싼 열강의 힘겨루기가 백 년의 세월이 지난 뒤 미국과 중국의 주도 구도로 재편된 것이다. 이 같은 국제 역학의 변화 구도에 따라 한국의 대외 위기 관리도 숨 고르기에 들어가 있다.

전통적인 친미 노선을 지키는 가운데 1980년대 이래 중국과의 수교, 무역 확대 등 새로운 중국과의 관계를 추진해 왔다. 예상치 못한 변화가 오기 시작한 것은 김대중(金大中), 노무현(盧武鉉)의 좌파 정권이 들어선 뒤부터이다. 중국과는 더 가까워지고 미국과는 더 멀어졌다. 한미 관계가 냉각기에 들어갔다는 소리가 공공연하게 나돌았다.

그러나 2007년 보수 우파인 이명박 정권이 등장하면서 한미 관계는 복원(復元)되고, 대신 중국과의 관계는 미묘해지는 국면을 맞게 되었다.

19세기 때 고종은 미국의 힘을 빌려 일본 등 한반도 주변 열강의 침략을 저지해 보려고 균세 외교를 폈으나 미국은 시종일관 냉담했다. 미국의 국가 이익에 도움이 되는 것이 없다는 판단 때문이었다.

그 같은 미국이 20세기 들어 초강대국이 된 뒤 세계 전략을 수립하면서 한반도의 전략적 가치를 높이 평가하게 되었다. 소련과 중국이 이끄는 공산화의 도미노를 막기 위해 북한이 감행한 한국 전쟁 때 파병하기에 이르렀고, 이후 한국의 안보를 지켜 주는 안전판이 되었다. 주한 미 대사가 위안스카이나 스페예르처럼 영향력을 행사하는 친미 정권이 집권했다.

노무현 대통령이 집권한 뒤 미국을 향해 〈No〉라고 외치면서 한미 관계에 변화가 왔다. 그때까지 지구 상에서 가장 반미 성향이 없었던 한국의 그 같은 급변은 미국인들을 놀라게 했다.

이명박 정권의 출범으로 한미 간에 형성된 먹구름은 걷혀 가고 있으나 과거와 같은 일방적인 친미 시대는 다시 오지 못할 것이다. 60여 년 만에 한미 관계의 궤도 수정을 가져온 변화가 이미 큰 흐름을 형성하고 있기 때문이다. 그 점에서 반미 노선을 부추겼다는 비난을 보수 쪽으로부터 받고 있던 노무현 대통령이 역설적으로 대외 위기관리의 균형을 찾는 계기를 마련해 준 셈이다.

반면 중국과의 관계는 이제 새로운 탐색기를 지나 본격적인 조율에 들어간 것으로 볼 수 있다.

역사적으로 한중 관계를 보면 중국 대륙을 평정한 제국이 전성기를 구가할 때 한반도에 대한 영향력이 강했다. 진(秦), 한(漢), 수(隋), 당(唐), 원(元), 청(淸)이 그랬다. 6·25 때는 한국과 중국은 전쟁까지 치르는 적대 관계였다. 지금 중국은 고도성장을 이루는 가운데 중화 민족주의가 떠오르고 있다. 동북 공정이나 티베트 사태의 공통점은 한족 중심의 민족주의를 기반으로 체제를 재편해 가려는 게 아니냐는 관측을 갖게 한다는 점이다. 언제 적(敵)과 친구의 분기점에 설지 모르는 것이다.

한국은 이제 익숙해진 미국보다는 변화의 와중에 있는 중국에 더 신경을 써야 할지도 모른다. 미국에게 한국은 세계 전략의 하나에 불과하지만 중국과는 핵심적인 국가 위기관리와 직결되기 때문이다. 중국 카드의 부상은 남·북, 한·미, 한·일, 한·미·일 관계에 새로운 파장을 던지고 있다.

고종이 백 년 전에 시도한 균세 외교 과정의 시행착오는 그래서 시사하는 바가 더욱 크다.

아관 파천을 계기로 홀로 서기에 성공한 고종

고종은 유약하고 무능한 군주였다는 평을 받아 왔다.

일본의 식민 사학자들이 식민 통치를 합리화시키기 위해 의도적으로 고종을 대원군과 민비 사이에서 우왕좌왕했던 소심하고 주변 없는 인물로 폄하한 것이 그 같은 평가의 시작이었고, 일본의 침략에 제대로 대응하지 못하고 나라를 빼앗긴 역사적 현실 때문에 한국인들이 부지불식간에 그에 동의하면서 정설(定說)처럼 굳어진 것이다.

따라서 고종이 1897년 선포한 대한 제국(大韓帝國)에 대한 역사 평가도 부정적일 수밖에 없었다. 조선 왕조가 쇠망해 가는 과정에서 무능한 군주에 의해 형식적으로 등장했던 마지막 과정에 불과하다고 보았기 때문이다.

그러나 위기관리의 관점에서 접근해 보면 고종이 무능하고 유약했다는 단답(單答)형으로 결론이 쉽게 나오지 않는다. 특히 후반기를 맞아 고종은 대원군과 민비가 없는 정치판에서 원숙하고 노련한 통치술을 발휘하는 홀로 서기에 성공했으며, 1910년까지 14년간 계속된 대한 제국은 만만치 않은 위기관리의 종합판이라는 성격을 안고 있다.

결과론으로 볼 때, 국망(國亡)의 책임 때문에 논리의 무게가 제대로 나가지는 못하지만, 고립무원의 한계 상황에서 세계적인 강국으로 부상한 일본을 상대로 나라를 지키기 위해 기울인 다양한 위기 대응 노력을 무시하거나 과소평가할 수만은 없을 것이다.

이 같은 위기관리의 관점은 고종과 대한 제국을 긍정적으로 평가하는 일부 국사학계의 주장과 궤를 같이하고 있어 흥미롭다.

러시아 공사관으로 피신한 1896년의 아관 파천은 집권 후반기를 맞은 고종의 위기관리 능력이 돋보이는 대목으로, 고종이 〈홀로 서기〉에 성공하는 계기를 가져다주었다는 점에서 의의가 크다.

열두 살에 즉위한 이래 10년은 아버지 대원군이 사실상 국정을 이끌어 간 시기였고, 이후 20여 년은 지모(智謀)와 정략(政略)에 능한 민비를 국정 파트너 삼아 민씨 척족들의 지원 속에 숱한 내외의 도전과 시련 등 위기를 넘길 수 있었다.

이제 45세 장년의 나이가 되어 노련해지고 원숙해진 고종이 주변에 대원군이나 민비 같은 버팀목 없이도 만성적인 국가 위기 체제를 극복하기 위해 홀로 서기를 시도, 성공하고 있었던 것이다.

아관 파천 당시 고종은 러시아 공사관에 가자마자 일본이 강요했던 내각제를 폐지하고 다시 의정부제를 되살리면서 빛이 바랬던 국왕의 권위와 권력을 되찾았고, 각종 조세를 탕감하는 조치를 내리는 등 민심 수습에 나섰다.

1개월 뒤 민비의 국상(國喪)을 무기한 연기시키면서 국상 정치를 펴기 시작했다. 고종의 위기관리 지도력의 백미라 할 수 있는 대목이 등장한 것이다.

민비에 대한 추모의 정이 높아지면서, 일본인들에 의해 시해된 점을 부각하는 춘추 복수론이 여론의 급물살을 타게 되었다. 복수론의 강화는 역적 토벌, 국왕의 위상 강화, 국가 주권 강화 요구로 이어졌다. 러시아 공사관에서 나와 대궐로 다시 돌아가야 한다는 여론이 국왕의 환궁을 촉구하는 국론으로 바뀌었다.

경운궁으로 환궁하면서 갑오개혁 때의 폐단을 시정하는 등 정치 개혁을 단행, 유약하고 소심하다는 이미지를 벗어나 강한 의지를 과시하기에 이르렀다.

〈이번에는 조선도 중국이나 일본처럼 황제 국가가 되어야 한다〉면서 고종의 황제 즉위를 요청하는 상소가 때맞춰 올라오기 시작했다. 국장을 또다시 연기해야 할 새로운 정국이 형성되었다. 고종이 황제를 칭하게 되면 민비도 따라서 황후로 승격되기 때문에 준비 기간이 필요했던 것이다.

1897년 5월, 전 승지 이최영이 최초의 칭제 상소를 올렸다. 뒤이어 재야 유생들이 황제의 지위에 오르는 것이 조야 신민의 바람이라는 상소를 올렸고, 원로 대신인 80세의 중추원 의관 임상준(任商準) 등이 뒤를 이으면서 분위기가 고조되었다. 그러나 고종은 〈만만불가하다〉면서 상소를 받아들이기를 완강하게 거부하는 제스처를 썼다.

잇단 칭제 상소로 6월 6일로 예정되었던 국장을 자연스럽게 3차로 연기하게 되었다. 국상과 정치가 하나의 흐름을 형성하게 된 것이다.

조선 왕조 역대 임금의 치적을 정리하기 위해 사례소(史禮所)가 설치되었고, 은밀하게 대한 제국 법도를 준비했다. 그사이 국장은 네 번째 연기되었고 74세의 근왕파 심순택(沈舜澤)이 의정부 의정으로 임명되었으며, 칭제 운동과 황후에 대한 추앙 운동이 더욱 강력하게 전개되었다. 중국의 천자(天子)와 대등하게 고종이 하늘에 제사를 지낼 수 있게끔 환구단(圜丘壇)이 설치되기로 결정된 날, 농상공부협판 권재형(權在衡)과 외부협판 유기환(兪箕煥)이 잇달아 칭제를 요청하고 나섰다. 그동안 재야의 칭제 상소가 있었으나 관료들이 대거 가세한 것은 권재형 등 두 사람이 처음이었다. 그리고 90세 원로 대신 김재현(金在顯)까지 나서서 716명의 연명을 받은 대규모 집단 상소를 올린 것이 절정을 이루었다.

9월 30일, 의정 심순택이 현직 대신들을 데리고 고종을 면담, 칭제를 공식 촉구하는 단계까지 발전했다. 국왕은 완강하게 사양하고 심순택은 강청하는 실랑이가 벌어졌고 칭제 요청은 다음 날에도 계속됐다. 전국 각지의 유생들뿐 아니라 서울의 상인들까지 참여하게 되었다.

고종은 아홉 번에 걸친 고사 끝에 10월 3일 칭제를 수락하는 비답(批答)을 내렸다. 왕후의 장례를 2년 이상 지연시켜 가면서 1년 가까이 계속된 여론 수렴 과정을 통해 기회가 무르익을 때까지 참고 기다린 것이다.

그것은 일부 척사파의 반대가 있었으나 민주적, 평화적 수단과 절차를 밟은 합의 과정의 산물이었다. 국민의 반일 정서와 자주독립 정신을 자극해 가면서 상향식 여론몰이에 성공한 고종의 노련하고 노회한 통치술이 만들어 낸 작품이었다.

황제로 즉위하면서 위기관리 주역으로

고종은 빈한한 방계 왕족에 불과하던 철부지 12세 때 갑자기 국왕으로 낙점되었기 때문에 전래의 왕세자 교육을 받지 못했다.

유교를 국시로 삼았던 조선 왕조에서 정치의 이상(理想)은 왕도(王道) 정치의 구현이었다. 어질고 착한 국왕이 선정을 베풀어 위로는 하늘의 복을 받고 아래로는 백성들이 화답하여 태평성대를 이룬다는 것이 요체였다. 때문에 어질고 착한 국왕을 만들기 위한 교육의 중요성이 일찍부터 강조되어 왔고 왕세자 때부터 제왕학을 가르쳤다. 왕세자를 위한 교육 기관은 서연(書筵)이라 했고, 국왕 상대의 교육 기관을 경연(經筵)이라고 했다. 당대 최고의 유학자나 학문 깊은 신하들이 서연과 강연에서 강의했다.

그 같은 전통에서 볼 때 고종은 서연 교육을 받지 못했기 때문에 경연이 중시되었는데, 1천3백여 회의 경연을 통해 학문이 깊은 신하들로부터 제왕학과 역사 등을 배웠다. 뿐만 아니라 불면증 때문에 잠을 이룰 수 없자 새벽까지 책을 읽는 버릇이 생겨 가문의 역사인 보학(譜學)에 박식해졌다. 조선 왕조 5백년사에 족적을 남긴 명문가의 집안 사정에 통달했고 명문가의 학맥, 인맥, 혼맥을 꿰고 있었다. 신하들이 역대 선왕의 선례를 고종에게 물어 정책 결정을 할 때가 많았다.

고종이 임금이면서 나라의 스승까지 겸비했다 해서 군사(君師)를 자처한 정조를 역할 모델로 삼은 것도 위와 같은 공사(公私)의 교육 덕이었다.

그러나 고종의 박식함은 호랑이같이 무섭고 위엄 있었다는 아버지 대원군이나 정치 외교 감각이 남다르고 책략(策略)에 능하다는 왕후 민비의 빛에 가려 그늘에 묻혀 있었다.

두 사람이 사라지고 나서야 고종의 박식이 경륜으로 나타나고, 홀로 서기의 결심이 단호한 자주 노선 추구로 나타나기 시작했던 것이다.

고종은 1899년 8월 17일, 오늘날의 헌법에 해당되는 대한국 국제(大韓國國制)를 반포한다. 그 요지는 대한국은 자주독립한 제국이고, 황제는 무한 불가침의 군권(君權), 즉 입법, 사법, 행정의 전권을 갖는다는 내용이다.

대외적으로는 수백 년간 지속된 중화 체제에서 벗어나 만국 공법상의 근대 국가임을 알리고, 주변 열강으로부터 속박을 받지 않겠다는 의지를 나타내는 등 조선 왕조 사상 가장 강력한 권력을 가진 군주임을 선언한 것이다.

고종은 1876년 대외 개방을 한 이래 한반도 주변 열강을 상대로 이이제이 전략을 써왔다. 국력과 군사력이 약한 한국의 입장에서는 열강이 서로 견제하는 구도 속에서 줄타기 외교를 통해 버티는 생존 전략이 불가피했던 것이다. 청이 열강을 상대로 펼친 이이제이 정책이 실패했던 데서 보여 주듯 약소국이 강대국을 상대로 하는 이이제이 외교는 성공하기 어려웠다. 그러나 19세기 한국에서는 뾰족한 다른 대안이 없었다.

고종이 대한 제국을 선포할 때는 러·일 양국이 서로 상대를 자극하지 않기 위해 한반도에서 한 발을 빼고 있었다. 고종은 이 틈새를 포착해 세계를 상대로 외교의 외연(外延)을 넓혀 보려고 했다. 동북아 중심의 이이제이 외교에서 한 걸음 더 나아가 세계 열강들로부터 영세 중립국으로 인정받아 보려는 의도를 가지고 있었던 것이다. 고종의 시도는 일단 먹혀들었다.

고종은 대한 제국을 선포한 뒤 서울 주재 각국 외교관에게 이를 알려 본국 정부의 승인 여부를 알려 달라고 촉구했다. 각국은 일단 대한 제국의 성립과 황제의 등장을 직·간접적으로 승인했다. 어제의 속방인 한국의 칭제 움직임에 대해 가장 불쾌해했던 청나라까지 양국 황제가 대등한 자격으로 체결하는 한·청 통상 조약을 받아들였던 것이다.

황제의 이름으로 군권 강화를 명시한 것은 대내적으로 획기적인 일이었다.

조선 왕조는 전제 군주 국가였으나 왕권에 대한 구체적인 규정이 없었다. 성리학적 가치관과 막연한 개념의 왕권을 놓고 군신 간에 갈등과 투쟁이 있었고 초기에는 군강신약, 중기 이후에는 군약신강 체제가 굳어졌다. 세도 정치기는 군약신강 체제의 이상(異狀) 형태라 할 수 있었다. 때문에 군권을 강화하고 이를 명시한 대한 제국의 국제는 짧게 보면 갑오개혁 때 일본에 의해 내각(김홍집 내각)에 넘어간 왕권을 되찾아오고 왕실의 권위를 되살린 조치였으나, 장기적인 안목으로는 조선 왕조 초기의 군강신약 체제로의 복귀 선언이었다고 할 수 있다.

고종은 강화된 군주의 권력을 뒷받침하는 장치로 원수부를 세워 군대를 직접 장악하는 조처도 취했다. 조선은 문치(文治)의 나라였기 때문에 국왕이라 하더라도 마음대로 군대를 움직이지 못했다. 문신인 병조 판서(군부대신)를 통해 간접적으로 군령권을 행사해야 했다. 고종은 조선 왕조에서 최초로 군대에 직접 명령을 내릴 수 있는 강력한 군주의 위치를 확보한 것이다. 이로써 정적(政敵)을 쉽게 견제하거나 제압할 수 있게 되었고, 군주의 신변 경호를 강화할 수 있었다.

고종은 또한 황제와 황실을 전담하는 궁내부(宮內府)를 권력의 핵으로 삼아 비사대부 세력을 근왕 세력으로 결집시켜 광무개혁을 주도하게 만들었다.

궁내부는 갑오개혁 때 일본을 모델로 삼아 만들어진 기구이지만 그 성격은 일본의 것과 전혀 달랐다.

일본은 국가의 상징으로 군림하는 국왕을 중심으로 정부를 궁중(宮中)과 부중(府中)으로 나눠 국왕과 왕실을 전담하는 책임을 궁중에 두고 통치 행위는 정부 격인 부중에 맡겼다. 메이지 유신 초기 궁중의 참모들이 정치에 간여하려 했으나 사쓰마·조슈 번벌 세력이 이를 차단하는 제도를 정착시켰다. 초대 내각 총리대신이 된 이토 히로부미가 궁내부 대신을 겸직한 것에서 보듯이 국왕의 권위와 내각의 권력이 상호 절충·융합하는 독특한 구조였다.

그 같은 궁중·부중 분리 원칙이 한국에서도 취해진 것은 1894년 갑오개혁 때였다. 형식은 같았으나 그 내용은 한국과 일본이 서로 달랐다. 부중을 친일 성향의 한국인들에게 맡겨 사실상 일본이 내각을 장악하게 하고, 궁중을 소외시킴으로써 고종의 왕권을 무력화시킬 의도였던 것이다.

그런데 고종이 권력을 되찾으면서 궁내부를 강력한 집행 기구로 만드는 바람에 일본 제도와 성격이 정반대가 되었다. 따라서 고종 치하에서 부중에 해당되는 의정부는 정책 결정 기구로 제한된 역할만 맡게 되었다.

한국의 궁내부는 방대한 권력 기관이 되었고, 황실 재정을 맡는 내장원(內臟院)을 비롯해 근대화 사업에 관련된 기구들을 모두 거느렸다. 대한 제국에서는 궁내부가 사실상의 정부였던 셈이다.

고종이 국상 정치를 펴면서 여론몰이를 통해 홀로 서기를 시도했을 때 강력한 지지를 보였던 세력은 전직 관리, 재야 유림과 관학 유생, 정부 대신 등 관료들이었다. 이들의 집단 상소를 바탕으로 형성된 여론을 업고 고종은 대한 제국을 출범시킬 수 있었다.

그러나 황제가 된 뒤 고종은 유림과 명문 사대부들을 외면하고 비사대부 세력을 중용해 황제 직속의 궁내부를 강화하고 정통 관료들을 의정부, 육조 등 형해화된 기존 체제를 현상 유지하는 데 투입했다.

함경도 평민 출신의 이용익(李容翊)을 비롯해 안경수(安駉壽), 홍종우(洪鐘宇), 길영수(吉永洙), 이근택(李根澤), 조병택(趙秉澤) 등 실무 능력이 뛰어난 하층 양반이나 서자·서얼 등이 발탁되었고, 근대적 교육을 받고 외국어에 능숙한 이학균, 현상전 등 일부 지식인들도 외교 참모로 기용되었다. 고종은 궁내부 중심의 친정 체제를 굳힌 뒤 내장원이 황실 재정을 전담케 하고 정부 재정까지 관장케 했다.

1896년부터 1904년까지 심상훈(沈相薰), 박정양(朴定陽), 민종묵(閔種默), 민영기(閔泳綺), 민영환(閔泳煥) 등 과거 출신 사대부가 탁지부 대신을 역임했으나 실제로 재정을 주도한 것은 이용익이었다. 미천한 신분 출신의 이용익이 최고 실세가 되어 있었던 것이다.

이용익을 비롯한 비사대부 출신들이 새로운 근왕 세력으로 떠오른 것은 당시로서는 획기적인 변화였다. 큰 흐름으로 볼 때 조선 왕조를 지배해 왔던 엄격한 양반 제도가 폐지되면서 일반 국민들이 역사의 전면에 등장한 것을 의미했다. 작게 보면 고종의 국정 장악력이 어느 때보다 강화되었다는 점이 특징이었다.

1863년 즉위한 고종은 그때까지 강력한 국왕 친위 체제를 구축하지 못했다. 대원군과 민비의 존재 때문에 국왕으로서의 독자적인 인맥 구축이 어려울 수밖에 없었기도 하지만 대원군에서 비롯되는 반역 음모와 청, 일, 러시아 등의 앞잡이가 된 고위 관료들의 견제와 배신, 변신으로 믿을 만한 인물들이 적었다. 뿐만 아니라 신구 세력이 혼재되어 있어 신임할 만한 인재들을 구별해 내기도 쉽지 않았다.

그런 점에서 비사대부 세력은 황제의 용인난(用人難)의 고충을 해결해 주었다고 볼 수 있다. 비사대부 세력은 신분상 양반과 평민 사이에서 뿌리 내리기 어려웠던 양반집의 서자·서얼 등 변경인(邊境人)이거나 미천한 평민 출신이라는 태생적(胎生的) 신분의 한계와 사회적·물적 기반의 취약성 때문에 고종에게 충성하는 길만이 두터운 사대부 기득층의 견제와 탄압을 극복하고 살아갈 수 있는 계층이었다. 고종은 충성파를, 비사대부 세력은 권력을 얻으면서 상호 공존 체제를 갖추게 된 것이다.

고종은 새로운 충성파들을 축으로 삼아 대한 제국을 근대화하는 정책을 추진했다. 새로운 측근 세력이 광무개혁을 추진하면서 적지 않은 성과를 올렸음은 역사에서 증명되고 있다. 그러나 비사대부 세력은 지식이나 전문성이 정통 사대부 출신들에 비해 떨어지는 데다 관료 사이에서 인망과 권위가 낮았기 때문에 능력과 역할에 한계가 있었다. 또 결정적일 때 고종을 배반하고 일제의 앞잡이가 된 자들도 많았다.

대한 제국 시기의 고종은 노련한 통치자이고 근대화 의지가 있는 개혁 군주로서의 면모가 엿보인다. 자신을 독일의 빌헬름 황제와 쌍벽이라고 자찬한 것을 과장이나 허세로만 볼 수는 없다. 손색없는 위기관리력도 연출하고 있었다. 그러나 자신을 뒷받침할 최고의 인재군을 대거 확보할 수 없었던 현실 여건이 통치력을 약화시킨 측면이 있다. 그것은 을사 늑약 등 중대한 국가 위기 때 확인할 수 있다.

_고종, 〈보통 사람들의 시대〉의 원형 보여 줘

대한 제국에서 최고의 실세로 날리게 되는 이용익은 함경도 평민의 물장수 출신으로서, 1882년 임오군란 때 발걸음이 빠른 것을 이용해 충주에 숨어 있던 민비와 서울의 민영익 사이에 오간 서찰 연락을 담당해 출세의 계기를 잡았다.

이용익은 1897년 11월 화폐 주조를 담당하는 전환국장에 임명되고, 1897년 2월 내장원경에 임명되면서 대한 제국의 재정을 주무르는 실세로 떠올랐다.

1904년까지 수익이 높은 홍삼 전매와 광산 관리의 삼정(參政) 등의 책임자가 되기도 했다. 광무개혁을 위해 황제 직속이 된 서북 철도국, 양지아문, 중앙은행 등의 총재직도 맡았다.

군부대신을 역임하고 독립 협회 회장도 지낸 안경수(1853~1900)는 서자였고 무과 출신이었다. 1883년 일본에 가서 방직 기술을 배우고 귀국했다가 주일 공사 민영준의 통역관이 되어 출세의 길을 밟았다. 친일 관료였으나 삼국 간섭 뒤 근왕파로 변신해 경무사, 군부대신을 역임했고 아관 파천 뒤에는 일본과 결탁해 조선은행 은행장, 대조선 저마(苧麻) 주식회사 사장을 지냈으며, 1898년 반황제파로 또다시 변신해 황제 양위 음모를 꾸몄다가 일본에 망명했다. 나중 귀국했다가 처형당한 안경수는 전형적인 출세주의자로 배신을 일삼는 등 경계인(境界人)의 특징을 잘 드러낸 인물이었다.

김옥균을 암살한 공로로 발탁되어 출셋길에 오른 홍종우는 몰락한 양반 출신으로, 36세 나이에 법률 공부를 위해 프랑스 유학을 갔던 인물이다. 최초의 해외 유학생으로 기록될 홍종우는 파리의 기메Guimet 박물관에서 촉탁으로 일하면서 『춘향전』과 『심청전』 등 한국의 고전을 프랑스어로 번역했다.

1893년 귀국 길에 일본에 들른 그는 김옥균을 상하이까지 따라가 권총으로 암살하고 귀국, 특별 전시를 통해 과거 급제의 특전을 받고 홍문관 교리가 되면서 고종의 측근으로 일했다.

민비 시해 사건 뒤 아관 파천, 고종의 칭제 운동에 참여했고 황국 협회를 만들어 독립 협회 탄압에 앞장서는 등 고종의 친위대 역할을 맡았다. 중추원 의관, 평리원 재판장 등 요직을 거쳤으나 대신급에 이르지는 못하고 제주 목사를 끝으로 관직 생활을 마감했다.

1899년 평리원 재판장이던 홍종우는 독립 협회와 황국 협회의 대결 때 자신의 정적(政敵)으로 부상했던 청년 이승만(李承晩)을 재판할 때 사형을 무기 징역으로 감형해 목숨을 건지게 한 일화를 남겼다. 정치관은 달랐지만 이승만의 인간 됨됨이와 이상(理想)을 높이 보는 안목과 열린 사고방식이 있었기에 보복 대신 관대한 처분을 내릴 수 있었다. 홍종우는 고종의 하수인뿐만이 아니라 군주권 강화가 조선이 살길이라고 믿는 보황론(保皇論)의 이론가이기도 했다.

홍종우와 함께 보부상 조직인 황국 협회를 만들어 고종의 친위대 역할을 한 길영수는 경상도 상주의 백정 출신 무관이었다. 과천 군수로 있을 때 고종의 신임을 얻어 무시로 궁중을 드나드는 별입시가 되었고, 육군 참령, 진위대 연대장, 한성 판윤까지 지내는 실세가 되었다.

홍종우, 길영수와 함께 황국 협회를 이끌면서 각자의 성(姓)이나 이름에서 한자를 딴 〈홍-길-동〉이라 불리던 3인방의 하나인 이기동(李基東)도 평민의 하급 무관 출신으로 대한 제국 출범 뒤 고종의 총애를 받으면서 출세, 중추원 의관, 농상공부협판, 황국 협회 회장 등을 역임했다. 길영수와 함께 이용익의 오른팔이 되었다.

보부상을 이끌고 고종을 위해 정치 폭력을 일삼다가 발탁되어 군부대신을 지낸 이근택도 무명의 무관 출신이었고, 조병택은 민영환의 가신이었다가 소가죽 무역으로 돈을 벌어 입신한 인물이었다.

아관 파천 때 통역을 맡았다가 고종의 신임을 받고 벼락출세해 비서원승, 학부협판, 귀족원경의 지위에까지 오른 김홍륙(金鴻陸)은 함경도의 미천한 집안 출신이었다. 러시아에 이민해 러시아어를 익힌 뒤 통역으로 발탁되어 아관 파천 때 각광을 받았는데, 러시아 공사의 위세와 고종의 총애를 등에 업고 정계를 농락했다. 러시아 세력이 밀려난 뒤 고종을 독살시키려던 독차 사건을 꾸몄다가 처형되었다.

갑오개혁-아관 파천-대한 제국에 걸쳐 일정 시기에 고종에게 발탁되었거나 정계에서 활동했던 인물들 중에는 서자나 서얼 출신이 많았다.

아관 파천에서 가장 큰 공을 세웠던 이범진(李範晋)은 대원군 시절 용명을 날린 포도대장 이경하의 서자였고, 이윤용(李允容)은 이완용의 서형(庶兄)이었다. 그 밖에 김가진(金嘉鎭), 민상호, 윤응렬(尹應烈)도 서자였고 윤치호(尹致昊)도 윤응렬의 서출이었다. 반면 고영희(高永喜), 오세창(吳世昌), 현제복(玄濟復), 이근영(李根永) 등은 중인 출신들이었다.

1864년부터 1894년까지 30년 동안 고위 직인 당상관(堂上官) 직에 오른 375명 중 서얼과 중인 출신이 각각 2명과 1명이었으나 양반 제도가 폐지된 갑오개혁 이후에는 군기처 의원 20명 중 12명이 서얼이거나 비과거 출신이었다.

양반 중심의 신분 체제가 해체되어 가던 19세기 당시 시대 상황에서 고종이 택할 수 있는 인재 풀은 크게 보아 네 개로 구분할 수 있었다. 성리학 체제를 근간으로 하는 전통 사대부 관료군, 개신 유학자나 독립 협회 등을 축으로 하는 개화파, 재야 사족, 그리고 비사대부 출신 신흥 관료층 등이었다.

고종은 그 가운데 신흥 관료층을 택해 힘을 실어 주었다.

전통 관료들은 군약신강 체제의 전통에 따라 군권을 견제하는 데 익숙해 있었고 외세(外勢)와 밀착하는 경우가 많아 신뢰하기 어려웠다. 개화파는 군민공치(君民共治)를 주장하고 있었기 때문에 전제 군주제를 선호하는 고종과 대치하는 세력이었다. 재야 사족은 근왕파가 많고 반일 정서에서 같은 입장이었으나 반개화 성향이어서 시대 환경과 부합하지 않았다. 반면 1880년대부터 성장하기 시작한 신흥 관료층은 고종의 노선이나 성향이 맞아떨어지고 있었다.

신흥 관료층은 민비 사후에 생긴 공백을 메워 줄 충성파들을 제공했다. 이들은 개인적인 동기 이외에도 사상적으로 성리학적 구조를 탈피하거나 부정하는 입장이었고, 불우한 처지에서 생존해 왔다는 점에서 봉건 체제의 구습에 얽매이지도 않았다. 황제를 구심점으로 해서 근대화를 추진하는 데 이의가 없는 입장이었다.

고종이 이들을 중용한 것은 위기관리의 관점에서 볼 때 불가피한 선택이었다고 할 수 있다. 게다가 고종은 양반 시대에서 평민 시대로 가는 시대의 흐름을 수용한 의의까지 살릴 수 있었다. 말하자면 고종이 의도했건 아니했건 간에 1980년대에 유행한 〈보통 사람들의 시대〉의 원형을 80년 전에 보여 준 셈이라 할까……

10 위기관리의 해결사 독립 협회

구국의 위기 해결사 등장

대한 제국이 출범하는 것을 전후해 1896년부터 1898년까지 햇수로 3년간 존속했던 독립 협회는 열강의 먹이 사냥 대상이 된 한반도를 지키기 위한 위기 관리의 전략 무기가 될 잠재력을 가지고 있었다. 제2세대의 개화 세력으로, 고종이 추진하는 광무개혁에 동참해 추진력을 크게 보강할 수 있었고, 군민공치(君民共治)로 가는 기틀을 쌓아 정치 발전의 길을 열어 갈 수도 있었다. 일본의 본격적인 한반도 침략에 맞서 국론을 결집시키고 항일 전선을 펴게 하는 선도 세력이 될 수 있었고, 외교에 있어 고립무원이던 고종에게 강력한 외교 무기가 되어 줄 수도 있었다. 그러나 군주인 고종과 공존공생의 접점(接點)을 찾는 데 실패하여 공중 분해되는 비운을 맞았다. 그것은 민족사의 불행이었다.

독립 협회의 등장은 갑신정변이 실패한 뒤 미국에 망명했던 서재필(徐載弼)의 귀국에서 비롯된다. 갑신정변 때 부모와 처자를 모두 잃고 혈혈단신이 된 서재필은 22세 때 일본을 거쳐 미국으로 망명했다. 그는 필립 제이슨(Philip Jaisohn, 재필 서에 비슷하게 작명한 것)이라는 이름으로 의학 공부를 마치고 의사가 되어 미국 여인과 결혼하고 정착했다.

서재필에게 처음 손을 뻗친 쪽은 일본이었다. 1894년 갑오개혁 때 일본에 협조하는 새로운 정치 세력을 키우려던 일본은 박영효를 귀국시키면서 미국에 있는 서광범과 서재필의 귀국도 주선했는데, 서광범은 이에 응해 귀국해 법무 대신이 되었으나 서재필은 일단 거절했다.

서재필이 귀국을 결심하게 된 것은 박영효가 미국에 왔을 때 그로부터 본국 사정을 전해 듣고 난 뒤였다. 망명한 지 11년 만인 1895년 12월 25일, 그는 고국의 땅을 다시 밟았다.

민비 시해 사건, 춘생문 사건 등의 여파로 국내 정세가 불안정했다.

서재필은 일본 공사관의 영향력이 크고 고종이 친일 김홍집 내각을 탐탁잖게 여기는 정국의 이상 기류를 보고 다시 미국으로 돌아갈 생각이었으나 〈우리나라의 독립은 교육을 통해 국민을 계몽하는 데 달려 있다〉고 판단해 생각을 바꿔 신문 발행 계획을 세웠다.

서재필은 대신급인 중추원 고문관으로 임명되었고, 이어 독립 협회의 모태가 되는 건양(建陽) 협회 결성을 추진하고 한성 상무 회의소 발족, 석유 직수입 회사 설립을 추진해 나갔다.

그 같은 활동은 일본의 활발해진 경제 침투를 견제하기 위한 것이어서 즉각 일본 측의 반발과 방해를 촉발했다. 일본 측은 서재필과 함께 위의 산업을 추진해 온 전 농상공부 대신 김가진을 구속시키게 함으로써 석유 수입 사업을 포기케 만들었던 것이다.

서재필은 일본의 견제에도 불구하고 잇단 공개 강연의 연사로 나서 민족혼을 일깨우는 신선한 연설 활동을 펴 한국 사회에 큰 충격과 파문을 일으켰다.

서재필의 여러 가지 활동은 아관 파천이 일어나 김홍집 내각이 붕괴되면서 일단 정지되었다. 그러나 앨런의 추천으로 후임 내각을 맡은 박정양이 신문 발행의 필요성을 잘 알고 있는 데다 〈정동파(貞洞派)〉 시절의 동지인 서재필을 적극 도와줄 의사가 있었기 때문에, 1896년 4월 7일 우리나라 최초의 근대 신문인 〈독립신문〉을 창간할 수 있었다. 창간호로 천 부를 발행하고 이어 3천 부로 늘렸다. 내외의 반응이 뜨거워지면서 전국적으로 구독 신청자가 급증했기 때문이다.

독립신문 발행이 궤도에 오르자 서재필은 1896년 6월 중국 사신을 맞이하던 영은문(迎恩門)을 헐어 그 자리에 독립문을 세우고 독립 공원을 조성하기 위한 계획을 구상했을 뿐 아니라, 이 사업을 추진하는 기구로 〈독립 협회〉를 결성하는 데 앞장섰다.

독립 협회는 국왕의 재가를 받고 왕태자의 하사금과 고위 관료들의 참여 속에 1896년 7월 7일 외부 관사에서 창립총회를 열고 출범했다.

그것은 서재필과 고종의 이해관계가 접점을 찾은 결과라 할 수 있다.

갑신정변이 대중의 무관심 때문에 실패한 것으로 생각하고 있던 서재필은 나라의 개화와 독립을 이루기 위해서는 민중 속으로 파고들 계기가 필요했고, 대한 제국을 선포할 것을 구상하고 있던 고종에게는 자주독립의 상징으로서 독립문이 필요한 데다가 중인 등 평민들까지 참여한 신흥 세력의 지지가 절실했기 때문이었다. 독립 협회의 발기인 14명이나, 창립총회에서 구성된 임원들의 면면을 보면 고종의 입김이 강하게 작용했음을 확인할 수 있다.

독립 협회 발기인 14명의 면모를 보면 경무사 안경수(전 군부대신), 외부대신 이완용(전 학부대신), 중추원 일등 의관 김가진(전 농상공부 대신), 군부대신 이윤용(전 경무사), 비서원경 전의사장(典醫司長) 김종한(金宗漢), 법부협판 권재형(權在衡), 외부협판 고영희(高永喜), 학부협판 민상호(閔商鎬), 농상공부 협판 이채연(李采淵), 내각 총서 이상재(李商在), 내장 사장 현홍택(玄興澤), 외부 교섭국장 김각현(金珏鉉), 내부 위생국장 이근호(李根澔), 내부 토목국장 남궁억(南宮檍) 등 모두가 전·현직 관료들이었고 외국 사정에 밝고 실무 능력도 겸비한 개혁 지향적 인물들이었다. 이완용, 이채연, 이상재 등 정부의 새로운 실세로 등장한 정동파가 주력이었다.

창립총회에서 회장은 춘생문 사건의 주모자로 몰려 징역 3년형을 받았다가 아관 파천이 일어나자 경무사로 발탁된 안경수가 맡았고, 회장 부재 시 회장을 맡을 위원장 자리는 현직 외부대신인 이완용의 차지였다.

독립문 건설의 실무를 맡기 위해 선임된 10명의 간사들도 정부의 국장급 등 모두 중견 관리들이었는데, 국왕의 재가가 난 뒤 협회에 합류하는 결정이 내려졌다.

산파역인 서재필에겐 국적이 미국인이라는 이유로 고문 직이 주어졌다.

창립 당일 발기인 16명이 510원을 갹출하면서 의연금(독립문 건설 비용) 모집에 나섰고, 황태자가 1천 원의 거금을 하사한 뒤 본격화되어 다음 해 8월 26일까지 7천여 명으로부터 5897원 19전 2리를 모았다.

정부가 나서서 전국 단위로 모금할 수 있게끔 지원하기도 했지만, 80퍼센트 이상의 기부자가 1원 이하의 소액을 낸 서민층이라는 점에서 성공적인 출발이라 할 수 있었다.

1896년 11월 21일, 독립문 정초식에 협회 회원을 비롯해 정부 대신, 고위 관료, 외교 사절단, 일반 시민 등 수천 명이 참석해 조선의 자주독립 의지를 과시한 것도 큰 소득이었다. 뿐만 아니라 정초식이 고종이 대한 제국 출범을 염두에 두고 서울에 대한 대규모 개조 사업을 벌이기 시작할 때 열렸다는 점이 특기할 만하다.

역사학자 이태진(李泰鎭)은 이에 대해 양자가 하나의 체계 속에서 추진되고 있었음을 의미한다고 풀이했다. 고종의 국가 위기관리라는 큰 틀 가운데 하나의 흐름이었다고 볼 수 있다.

계몽 활동에서 정치 단체로 변신

독립 협회는 1897년 5월 23일, 독립관 현판식을 계기로 정부 내 고위 관료들이 추가로 가입하면서 관변 단체로 굳어질 흐름이었다. 이때 민영환 특사를 수행해 러시아에 갔다가 귀국한 윤치호가 8월 5일 서재필을 찾아가 협회의 성격을 계몽 단체로 정하고 주간 토론회를 개최해야 할 것임을 역설하고 동의를 받아 내면서 성격이 바뀌었다.

미국 유학생 시절 약육강식(弱肉强食)의 제국주의 논리인 사회 진화론에 빠져 있던 윤치호는 열강의 틈바구니에 끼인 약소국 조선이 살아 나갈 길은 점진적 개혁뿐이라는 결론을 내렸고, 한국 사회를 계몽시키는 일이 첫 단계라는 생각을 가지고 있었다. 이때 윤치호는 34세의 젊은이였으나 40~50대가 있는 협회 내에서 핵심 지도 인물로 부상한다.

독립 협회는 8월 29일, 76명의 회원이 참가한 가운데 〈조선의 급선무는 인민의 교육으로 작정함〉이라는 주제를 놓고 첫 토론회를 가진 뒤, 계속해서 신교육 진흥, 산업 개발, 위생 및 치안, 민족 문화, 미신 타파, 신문 보급 등 조선 사회를 계몽시키는 데 초점을 둔 찬반 토론회를 진행시켰다. 토론회의 결론은 찬반 토론을 지켜본 참석자들의 투표로 결정하는 민주적 방식을 도입했다.

민주 계몽기라 할 수 있는 토론회 개최 기간은 20개월 남짓 계속되었다. 이 기간 중 독립 협회는 독립문, 독립관, 독립 공원을 세우면서 국민들을 상대로 독립 의지와 애국정신을 고취해 갈 수 있었다. 또 신문, 잡지, 강연회 등을 통해 국권 민권 사상을 계몽했다.

독립 협회는 1898년 2월 20일, 이상재 등 회원 135명이 고종에게 구국 운동 상소문을 올리는 것을 계기로 정치적 개혁 운동으로 방향을 돌리게 되었다.

역사학자 김신재(金信在)는 이 기간을 독립 협회의 민중 운동 준비기(제1기), 1898년 2월 21일부터 9월 20일까지의 약 7개월을 정치 운동기(제2기),

1898년 9월 11일부터 독립 협회가 해산되는 12월 25일까지 4개월간을 참정 요구기(제3기)로 구분했다.

제2, 3기에 들어와 협회의 활동과 변화의 진행 속도가 급속히 빨라지고 활동 강도가 높아지는 것은 시국의 위기 템포가 그만큼 심각해지는 과정을 말해 주고 있다. 말하자면 한반도를 둘러싸고 한동안 소강 상태였던 열강 간의 세력 균형이 러시아에 의해 흔들리면서 국제 정세가 불안정하게 돌아가자 독립 협회가 한가하게 계몽 운동에만 전념할 수 없다는 위기의식이 형성되었던 것이다.

러시아 공사 베베르는 내정 불간섭 노선을 지키며 고종의 신임을 받았으나, 팽창주의자로 알려진 후임 공사 스페예르는 강경 노선이었다. 러시아 교관 증파, 러시아인 재정 고문 초빙, 한·러 은행 설치를 강요했고 대신의 인사에도 간여했으며, 블라디보스토크 군항과 연결시킬 속셈으로 부산 앞 절영도를 조차해 줄 것도 요구했다.

독립 협회의 대변지인 독립신문은 그 같은 주권 침해에 강력히 반발하는 논설을 연일 게재해 반(反)러 캠페인을 벌였다. 국내에서 반러 운동을 조직화할 수 있는 유일한 세력은 독립 협회뿐이었다.

독립 협회가 미, 영, 일에 대해서는 호의적이면서 유독 반러 입장을 견지해 가자 러시아 공사관 측은 강한 불만을 표했고, 나중에는 24시간 내에 러시아의 지원을 받을지 여부를 회답하라는 최후통첩까지 정부에 보냈다. 고종이 러시아의 지원을 거부할 수 없을 것으로 보고 강수(强手)를 두었던 것이다.

독립 협회는 3월 10일 우리나라 최초의 근대적 정치 집회로 꼽히는 제1차 만민 공동회(萬民共同會)를 열어 러시아의 내정 간섭 행위를 규탄하고 군사 교관과 재정 고문 철수 결의안을 채택했다. 만여 명의 시민들이 참여해 질서 정연하게 대회를 진행시켜 주한 외교 사절들이 감탄할 만큼 성숙한 한민족의 자주의식을 대내외에 과시했다.

고종이 러시아의 지원을 거부하는 공문을 보내자 러시아 측은 기다렸다는 듯이 즉각 교관단과 재정 고문을 철수한다는 결정을 통보해 왔다.

러시아의 그 같은 예상 밖의 반응을 대한 제국의 반대나 독립 협회의 반대 캠페인 때문에 비롯된 대응 조처로 보기는 어렵다. 그것은 러시아의 동북아 외교 정책이 만주 공략에 집중하는 것으로 변경되었기 때문에 취해진 후속 조처였다. 뤼순-다롄 항을 확보하면서 만주에 거점을 마련하는 데 성공한 러시아는 한반도도 동시에 공략한다는 인상을 일본과 영국에 주어 마찰을 일으킬 이유가 없다고 보아 한반도에서는 일단 발을 빼는 결정을 내렸다고 할 수 있다. 말하자면 러시아의 외교 노선 수정과 독립 협회의 반대 캠페인이 오비이락(烏飛梨落) 격으로 맞아떨어졌다고나 할까. 그러나 그 같은 러시아의 속사정을 알 리 없는 독립 협회는 반대 캠페인이 이끌어 낸 정치적 승리라면서 기세를 올렸다.

독립 협회는 1898년 5월 정부에 강력한 건의를 올려 프랑스의 광산 채굴권 요구를 거부케 했고, 같은 해 6월 29일 금광 채굴권을 빨리 처리해 주지 않는다는 이유로 외부대신 서리를 모욕한 독일 영사에 대해 인책이나 추방 조치하라고 만민 공동회를 통해 규탄함으로써 독일 영사의 사과를 끌어냈다.

러시아 철수 건에서 탄력을 받은 독립 협회는 다른 열강에 대한 견제에까지 나서는 등 고종과 대한 제국 정부를 대신해 위기관리의 해결사 역할을 수행했다. 이 시기를 전후해 고종이 회장 윤치호를 불러 압력 캠페인을 부탁하는 것을 보면 고종이 독립 협회의 역할과 효과를 잘 파악하면서 활용하고 있음을 알 수 있다.

그러나 독립 협회는 1898년 9월 15일, 고종이 황실 경호를 강화하기 위해 외국인 용병 30명을 고용하자 이에 대해 강력한 반대 운동을 펴면서 독립신문을 통해 비판하고 규탄 군중대회까지 열었다. 고종은 1년 치 고용비를 주고 용병들을 그대로 출국시킬 수밖에 없었다.

그것은 심상치 않은 조짐이었다. 열강을 비판하던 협회가 고종 황제나 정부를 공격하는 내부 비판자로 변신하기 시작한 것이기 때문이다. 더욱이 고종의 용병 고용은 표면적으로는 러시아 교관단이 훈련시킨 경비 병력에 대한 불신에서 비롯된 것이지만, 독립 협회가 이끄는 대규모 시위로 국내 정정(政情)이 불안해지는 것을 위기로 느끼기 시작한 것을 의미하기도 해 독립 협회의 입장에선 불길한 징조였다.

독립 협회는 1898년 10월 김홍륙(金鴻陸) 독차(毒茶) 사건 처리에 심각한 문제가 있다면서 친러 수구파로 구성된 정부의 퇴진을 요구하는 대규모 집회를 연달아 개최하면서 고종 황제를 압박했다.

아관 파천 때 러시아 공사의 통역으로 등장했다가 고종의 신임을 받았던 김홍륙은 당대 실력자로 부상하면서 고종도 마음대로 제어할 수 없을 정도로 오만해졌다. 그러나 러시아 세력이 후퇴하면서 실세(失勢)하고 유배까지 당하자 커피에 아편을 넣어 황제를 독살하려고 했다가 적발되었다. 이른바 독차 사건이다.

문제는 사건 조사 과정에서 심한 고문이 이루어지고 김홍륙이 재판도 받지 못하고 처형되었다는 데 있었다. 이 사건을 계기로 갑오개혁 때 폐지된 노륙법(拏戮法, 죄수를 참형하는 제도)과 연좌법(緣坐法)을 부활시키려는 움직임이 뒤를 이었다.

이에 독립 협회는 국민의 생명과 재산에 대한 기본적 인권을 침해하는 것이며, 시대에 역행해 법률을 개악(改惡)하는 것이라면서 10월 1일부터 민중 대회를 열고 법부대신 겸 중추원 의장 신기선(申箕善)의 파면을 요구하고 노륙법 등의 부활을 규탄했다. 친러파 정부는 오히려 노륙법 등의 부활 추진을 강행하는 반응을 보였고 고종은 이를 지지했다.

독립 협회는 이에 반발, 친러파 정권의 퇴진과 새로운 개혁파 정권의 수립을 요구하기에 이르렀다. 서울 시내와 전국 각지에서 백성들이 호응했다. 이에 힘입어 대규모 집회를 열면서 두 차례나 상소를 올렸지만 고종은 종전의 입장을 바꾸지 않았다. 10월 10일경에는 서울 시내 상인들까지 철시하면서 독립 협회의 정권 교체 요구에 참여했고, 10월 12일에는 학생들까지 가세하는 상황으로 발전했다.

사태의 심각성을 뒤늦게 인식한 고종은 의정부 참정 윤용선(尹容善) 등 친러파 대신 전원(7명)을 면직시키는 조치를 취했다. 이어 독립 협회의 지지를 받는 박정양을 수반으로 하는 개혁파들을 임명, 개혁파 정권이 등장하게 되었다.

정치사의 관점에서 보면 독립 협회가 전제 군주 국가인 조선에서 민주주의적 하의상달(下意上達) 방식을 통해 개각을 실현시킨 것은 정치 발전의 새로운 역사를 창출한 것이다.

그러나 위기관리의 관점에선 부정적 시각이 가능하다. 현실 여건이나 상황을 제대로 감안하지 않은 상태에서 정치 공세라는 실력 행사를 계속할 경우 집권층의 반격을 불러일으켜 개혁이 좌초될 가능성이 높은 것이다. 유연하고 치밀한 장·단기 전략에 의하지 않는 한 단기적인 효과는 있을지 몰라도 장기적으로는 오히려 역풍(逆風)이 우려될 수 있기 때문이다.

군주가 절대 권력을 가지고 있는 대한 제국에서 때가 무르익기도 전에 황제 고종의 실망, 배신감, 불안감, 적대감을 증폭시키고 반대 세력을 결집시켜 주는 부작용을 일으킨 점은 불리한 조건이었다.

독차 사건에는 고종이 독립 협회를 못마땅하게 볼 그럴 만한 사정이 깔려 있었다. 당시 커피 맛이 이상하다고 느낀 고종은 커피를 토해 내 무사했지만 몇 모금 마신 황태자는 생명에는 지장이 없었으나 그 뒤 후유증으로 정신 질환을 앓아야 했다.

김홍륙의 제거라는 것은 당시 정가의 여론이나 법 감정으로는 당연하다고 할 수 있는 단죄(斷罪)였다. 고종은 정권을 농락하는 김홍륙을 조처하고 싶어도 러시아 공사가 두려워 건드리지 못했다. 새로운 공사 마튜닌N. Martunine이 내정 불간섭 정책으로 나오면서 김홍륙을 소외시킴으로써 보호막에서 제거되자 측근인 이재순(李載純)을 시켜 살해토록 지시할 수 있었다. 그러나 자객

네 명은 경상만 입히고 미수에 그쳤다.

그 뒤 고종은 김홍륙이 권력을 남용해 축재하고 조정에 불리하게 통역해 온 것을 문제 삼아 흑산도로 유배시켰다. 그러자 김홍륙은 그에 대한 보복으로 궁궐 내의 하수인을 시켜 독차 사건을 일으켰던 것이다.

독차 사건의 본질은 역적 김홍륙의 제거에 있고 고문 여부는 절차 문제였다. 고종이 보기에 독립 협회는 김홍륙의 권력 남용과 황제 부자 살해 시도라는 사건의 본질을 외면하고 절차 문제에 매달림으로써 황제 부자의 안위는 안중에 없는 것으로 보는 것 같았던 셈이다.

독립 협회, 의회 설립 반보 직전까지

독립 협회는 박정양 내각이 들어서자 다음 날인 10월 13일 의회 설립을 위한 협의 요청 공문을 정부에 보냈다. 쇠뿔도 단김에 빼라는 속담이 항상 유용한 것이라면 발 빠른 포석이라 할 수 있었다.

박정양 내각은 협의에 응하겠다는 회답을 보내왔고, 독립 협회는 중추원을 개편해 의회(上院)를 설립하되 의원의 절반은 정부에서 추천하고 나머지 반은 독립 협회에서 투표로 선출하며, 의장은 정부 추천 의원 중에서 부의장은 협회 선출 의원 중에서 뽑는 것을 요점으로 한다는 〈조규 2안〉을 의결했다.

박정양 내각은 협상을 통해 독립 협회의 〈조규 2안〉을 검토 수용키로 했다.

그러나 독립 협회의 잇단 정치 공세에 심기(心氣)가 불편해진 데다가 원칙적으로 황제의 전제 권력이 침해당하는 것을 원치 않던 고종은 의회 설립을 위한 양자의 합의가 빠르게 진행되는 것을 바라지 않았다.

고종은 10월 17일 조병식(趙秉式)을 의정부 찬정에 재기용하는 등 친러 근왕파들을 내각에 다시 포진시켜 박정양 내각을 견제하는 포석을 놓았고, 대중 집회를 억누르기 위한 조처로 언론과 집회의 자유 금지, 독립 협회가 있는 건물을 떠나 다른 곳에서 집회를 열 수 없는 이차(離次) 개회의 금지 조치를 내렸다. 대세에 끌려는 가지만 시간을 벌면서 탄력적으로 대응하겠다는 의사 표시라 할 수 있다.

독립 협회는 개혁 내각이 들어선 지 8일 만에 다시 대규모 집회를 열고 철야 시위를 통해 황제의 조치에 항의하고 재진출한 근왕파 대신들을 규탄했다.

다시 궁지에 몰린 고종은 박정양 서리를 의정부 참정(參政)으로 승진시키고, 중추원 의장에 한규설(韓圭卨), 부의장에 윤치호를 발탁한 뒤 중추원 관제를 개정하라는 조칙을 내리는 양보를 했다.

독립 협회는 자문 기관이 아닌 의회형 중추원 관제 개정안을 만들어 정부에 보냈고, 정부 측은 협회의 골격을 받아들이되 중추원 의관 50명 중 민선 의원 25석을 독립 협회와 황국 협회가 나누어야 한다는 조건을 붙였다. 중추원 의석의 과반수 이상을 차지함으로써 주도권을 장악해야 한다는 고종의 견해를 철저히 반영한 것이다.

독립 협회는 협회에 25석을 위임하거나 황국 협회에 위임하는 양자택일 안을 제시하고 황국 협회에 위임할 경우 독립 협회는 참여하지 않겠다는 최후통첩을 보냈다. 그와 함께 관민(官民) 공동회를 열어 고종 황제와 그 측근 세력을 압박하는 양면 작전을 폈다. 10월 28일 서울 종로에서 열린 관민 공동회에는 4천여 명의 회원이 참석해 세(勢)를 과시했고, 다음 날 고종의 친위 세력인 황국 협회와 독립 협회의 자매단체, 일반 민중 등 만여 명이 모인 가운데 당시로서는 엄청난 규모의 대중 집회를 열었다. 이 관민 공동회에서 〈헌의 6조〉로 불리는 유명한 국정 개혁 강령이 결의되었다.

〈헌의 6조〉의 요지는 1) 외국인에게 의부(依附)하지 않고 합력해서 전제 황권을 견고케 할사, 2) 광산, 철도, 석탄, 삼림 및 차관, 차병(借兵)과 모든 정부와 외국인과의 조약의 일을 각부 대신과 중추원 의장이 합동으로 서명 날인한 것이 아니면 시행치 못할사, 3) 재정의 탁지부에의 통일과 예산, 결산 제도의 확립, 4) 공개 재판 제도와 증거주의 확립, 5) 칙임관 임명에 있어서의 정부 자문의 의무화와 전제 군주권 제한, 6) 장정(章程)의 실천 등이다.

헌의 1조의 〈전제 황권을 견고케 할사〉는 말하자면 고종과 독립 협회 사이를 연결해 준 타협의 산물이었다. 군주권 침해를 두려워하고 있던 고종을 안심시키면서 군주권의 일부를 제한하는 내용만을 조심스럽게 반영한 것이다.

독립 협회가 주도하는 대중 집회의 열기에 불안을 느껴 왔던 고종은 〈헌의 1조〉에 대해 일단 만족하고 안심했던 것 같다. 30일, 중추원 장정을 개정 실시하는 등의 소측 5조를 내려 관민 공동회에 대한 지지의 뜻을 밝혔던 것이다. 독립 협회로서도 회장 윤치호 등 다수가 한국은 아직 국민들의 선거로 민선(民選) 의원 등을 뽑는 것(하원)이 시기상조라는 입장이었기 때문에 상원 설립이라는 고지를 일단 확보하는 것만으로도 성공이었다.

박정양 내각은 황제의 재가를 얻어 11월 4일 〈중추원 신관제〉를 공포했다. 그것은 한국 최초로 등장한 의원(상원) 설립법이었다. 독립 협회가 준비했던 원안과 달라진 점은 민선 의관 25명을 선출하는 데 있어 전원을 독립 협회 회원에서 뽑지 않고 다른 민간 협회도 참가할 수 있게끔 문호를 개방한 것이다.

사학자 신용하는 이 중추원 관제가 입헌 군주국인 영국, 독일, 일본 등의 상원보다 훨씬 더 공화주의적 요소를 도입한 선진적인 것으로 평가하고 있다.

11월 4일, 박정양 내각은 민선 의원 선출은 당분간 독립 협회가 담당한다는 제16조에 따라 다음 날까지 의관 25명을 선출해 명단을 보내 달라고 요청했다. 독립 협회는 이에 따라 11월 5일 선거를 실시한다고 공고했다. 그러나 한국에서 상원 시대는 열리지 못했다.

역사에 나와 있듯이 상원 시대의 개막을 원치 않는 수구 세력의 방해 작전으로 고종 황제가 번의하는 사태가 뒤따랐기 때문이다.

강제 해산, 고종의 역사적 실수

1898년 11월 4일, 서울 광화문 밖 요소요소에 독립 협회를 역모(逆謀)로 모는 익명서(匿名書)가 나붙었다. 〈조선 왕조가 이미 쇠퇴했으므로 만민 공동하여 윤치호를 《대통령》으로 선출하면…… 개명 진보를 이룰 것〉이라는 내용이었다.

이 익명서는 고종의 측근 세력인 의정부 찬정 조병식, 군부대신 서리 유기환 (兪箕煥), 법부협판 이기동 등이 중추원 의원제의 출범을 막기 위해 연출한 정치 공작의 작품이었다.

보고를 받고 놀란 고종에게 조병식 등은 한술 더 떠 다음 날 독립 협회가 박정양을 대통령, 윤치호를 부통령, 이상재를 내부대신, 정교(鄭喬)를 외부대신으로 하고, 국체를 공화정으로 개편하려 한다고 모함했다.

고종은 기다리고 있었다는 듯 사실 여부를 조사 확인하는 단계도 없이 즉시 독립 협회 간부들을 긴급 체포하라고 명령했다. 이상재, 정교, 남궁억 등 협회 간부와 중추원 의관으로 선출된 회원 17명이 체포되었고, 윤치호 등 3명은 도피했다.

고종은 이어 독립 협회 등 각종 협회를 혁파한다는 내용의 칙령을 발표하고 독립 협회를 도와 〈헌의 6조〉를 올린 박정양 내각을 사퇴시켰다.

24일 만에 다시 정권을 장악한 조병식 내각은 독립 협회의 혁파를 재확인하고 중추원 관제와 헌의 6조를 무효화하는 의결을 하기에 이르렀다.

하지만 그 같은 사태의 반전(反轉)은 시민들의 반발을 촉발하면서 상황이 악화되기 시작했다. 정부의 조치에 항의하는 수천 명의 시민과 학생들이 독립 협회 일부 회원들과 함께 새로운 만민 공동회를 형성해 조직적인 투쟁에 나섰다. 1898년 11월 5일, 수천 명의 시민들이 경무청 앞에 모여 체포된 독립 협회 요원 17명을 석방하든지 아니면 항의 시민들을 모두 체포하라면서 철야 농성에 들어갔고, 다음 날은 시정 상인들도 모두 철시하고 시위에 합류했다.

11월 7일, 경무청은 이상재 등 17명을 고등 재판소로 이송했고, 시민들은 뒤따라가 재판소 앞에서 만민 공동회를 열었다.

참가자가 점점 늘어나 수만 명 규모였다. 시민들의 강력한 반발 사태에 직면하자 고종은 다시 한발 물러섰다. 한편으로는 독립 협회 등으로부터 신망을 얻고 있는 한규설을 법부대신 겸 고등 재판소장에 임명해 국면 전환을 준비하게 하고, 다른 한편으로는 체포된 협회 주모자들을 처형하자고 주장해 온 친위 세력의 강경파 이기동(전 법부협판 겸 고등 재판소장)을 시위대 대대장으로 임명해 사태가 더욱 악화될 것에 대비하는 이중 플레이를 벌였다.

군부대신 유기환은 탄압 구실을 만들기 위해 여러 차례 군대를 동원해 시위 군중과의 충돌을 시도했으나 여의치 않았다. 일부 군인들이 만민 공동회에 동감, 명령을 어기는 일도 일어났다.

만민 공동회의 농성이 6일째인 11월 10일 고종은 익명서를 조작했던 조병식 등 대신들을 해임했다. 양면 작전을 펴던 고종이 일단 민원의 대상만을 형식적으로 후퇴시킨 것이다. 그 점은 후임자들이 모두 황제파에서 기용된 점을 보면 알 수 있다.

고종은 재판을 맡은 한규설에게 명령해 체포된 독립 협회 요원 17명에게 가벼운 형(태형 40대)을 선고케 하고 모두 석방케 했다.

협회와 시민들의 6일간의 철야 시위가 승리를 거둔 셈이었다.

고종은 위기를 진정시키기 위해 그 같은 무마책을 썼으나 생각처럼 사태가 쉽게 마무리되지 않았다. 만민 공동회가 1) 헌의 6조의 실시, 2) 조병식 등의 추방, 3) 독립 협회 복설이 달성될 때까지 싸워야 한다는 회장 윤치호의 주장에 따라 종로로 자리를 옮겨 집회를 계속키로 했기 때문이다.

만민 공동회는 정부와 신경전을 벌이며 13일에 걸쳐 철야 농성을 폈고 전국 각지에서 지지와 성원이 몰려들었다.

이때 등장한 것이 전국 보부상들의 모임인 황국 협회이다. 황국 협회는 겉으로는 보부상의 권익을 옹호키 위한 단체임을 표방하고 있었으나, 사실은 고종의 측근들이 독립 협회나 만민 공동회 같은 민회(民會)에 대한 대항마로서 황제의 하사금 1천 원을 투입해 급조한 친위 돌격대였다.

11월 21일 길영수, 홍종우 등이 지휘하는 황국 협회 회원 2천여 명이 몽둥이로 무장하고 인화문(仁化門) 앞에서 농성 중인 만민 공동회를 습격, 무력으로 해산시켰다. 이때 만민 공동회의 젊은 리더로 부상하고 있던 청년 이승만은 배재학당 쪽으로 달아나 몽둥이 뭇매를 피할 수 있었다.

17일째 철야 시위로 지치고 지친 상태에서 황국 협회의 공격은 결정타가 되었지만 사태는 수그러들지 않았다. 이번에도 일반 서울 시민들이 들고일어났기 때문이다. 보부상들이 만민 공동회를 습격했다는 소식이 전해지자 분노한 시민들이 모이기 시작해 만민 공동회 때보다 훨씬 큰 규모의 집회를 열었다. 보부상들은 시민들의 기세에 눌려 모두 도망쳤다.

11월 22일 집회에 참가한 시민 수만 명 중 일부가 몽둥이로 무장한 보부상 부대와 마포에서 충돌하는 사태가 일어났다. 그러나 대세는 이미 만민 공동회 쪽으로 기울고 있었다.

고립무원의 상태로 몰리자 고종과 측근들은 또다시 유화책을 들고 나왔다. 고종은 조병식, 유기환, 이기동 등을 재판에 회부하도록 하고 길영수, 홍종우 등을 유배시키라고 명령했다. 독립 협회 회장 윤치호를 불러들여 군중을 해산시킬 것을 종용했으나 역부족이었다.

고종은 한 발짝 더 물러나 독립 협회의 복설을 승인할 수밖에 없었다.

만민공동회는 1) 조병식 등 8역(逆)에 대한 처벌, 2) 보부상의 해산, 3) 현명한 대신 기용 등 3개 조건을 내걸고 일단 정부의 해산 명령을 받아들여 11월 23일 해산했다. 그러나 2일간의 시한이 지나도 정부가 요구 사항을 이행치 않자 11월 26일 다시 수만 명의 시민들이 종로에 모여 대규모 집회에 들어갔다.

고종은 황제 스스로 나서 사태를 수습하려는 마지막 카드를 빼들어 하오 2시

30분, 돈례문의 군막에서 수백 명의 친위대가 경비를 서고 각부 대신과 외국 사절들이 지켜보는 가운데 만민 공동회 측 대표들을 만났다.

만민 공동회 측 대표들은 1) 독립 협회를 복설할 것, 2) 대신들을 잘 선택해 임명할 것, 3) 보부상회를 혁파할 것, 4) 헌의 6조를 실시할 것, 5) 조병식 등 8명을 처벌할 것 등을 상주했다. 이에 대해 고종은 〈독립 협회는 복설하되 정부의 정책 시행에 대한 용훼는 불허하고, 조병식 등은 재판을 받도록 하겠으며, 보부상 혁파는 이미 조칙을 내렸으니 다시 확인해 민폐가 없도록 할 것이고, 헌의 6조는 차례로 실행하겠다〉고 회답했다.

고종은 하오 4시에 보부상 2백여 명도 만나 요구 조건을 듣고 칙어를 내렸다. 군주가 대궐 밖까지 나와 국민의 대표들을 만난 것은 조선 왕조 최초의 일이었다.

그리고 약속대로 11월 29일 중추원 의관 50명을 선정 지명했다.

독립 협회와 만민 공동회 쪽이 17명, 황국 협회 쪽이 16명, 황제 직속이 17명이었다. 황제 측이 3분의 2를 차지해 의결권을 확보하고 있었다. 그러나 그 밖의 주요 약속은 애매하게 이행되거나 묵살되는 상태였다. 행정부를 개편하면서 개혁파인 민영환을 참정, 박정양을 농상공부 대신으로 내세웠으나 만민 공동회가 규탄하던 민영기, 심상훈, 박제순(朴齊純) 등은 재기용했다. 보부상들도 완전히 해산되지 않고 있었다.

만민 공동회의 급진파들이 12월 6일 다시 집회를 열고 황제가 약속을 이행할 것을 촉구하고 연이어 상소를 올렸다. 그리고 연일 집회를 열면서 정부 쪽을 압박하자 고종은 중추원을 개원시키는 방안으로 대처한다. 의장에 황제 측의 이종건(李鍾健)이 선출되었고, 부의장에 독립 협회 회장 윤치호가 뽑혔다.

그러나 중추원에서 새로운 돌발 사건이 터져 사태를 다시 악화시켰다. 독립 협회 출신 의관 최정덕(崔廷德)이 명망 있고 유능한 인사 11명을 정부에 추천하자고 제안한 것이 단초였다. 그 제안이 통과되어 의관들은 민영준, 민영환, 이중하, 박정양, 한규설, 윤치호, 김종한, 박영효, 서재필, 최익현, 윤용구 등 11명을 투표로 뽑아 정부에 천거했다. 그 명단에 박영효가 끼여 있는 것이 문제를 일으켰다.

갑신정변 때 일본에 망명했다가 귀국한 박영효는 내무대신으로 기용된 뒤 갑오개혁을 주도하다가 또 다른 역모 혐의를 받아 재망명했고, 그 뒤 다시 입국해서 재기를 위해 친일 세력을 배후 조종하며 독립 협회에도 동조 세력을 포진시키고 있었다.

고종은 자신의 기피 인물이고 대역 죄인의 죄명을 지고 있는 박영효를 천거한 것을 트집 잡아 독립 협회와 만민 공동회를 강제 해산키로 결정했다.

고종은 군대를 동원하려 했으나 영국과 미국 공사들은 군대의 정치 개입을 반대하는 견해를 밝혔다. 그러나 독립 협회의 반러 활동에 원한을 품고 있던 러시아가 군대 동원에 동의했고, 독립 협회의 세력이 커져 반일(反日)화되는 것을 두려워해 대한 제국 정부와 정면충돌하도록 비밀 공작을 펴오던 일본 공사 가토 마쓰오(加藤增雄)도 메이지 초기 때 군대가 민회를 제압한 일이 있었다면서 군대를 통한 실력 행사를 권고하고 나섰다.

만민 공동회가 집회를 재개해 18일째인 12월 23일 군대가 동원되어 강제 진압에 나섰고, 2일 뒤 고종은 칙어로 만민 공동회와 독립 협회의 불법화를 선포하고 강제 해산케 했던 것이다.

일본이 〈독립 협회〉 가치 더 잘 알아

아관 파천 이후 고종이 대한 제국을 출범시키고 광무개혁을 추진하는 등 자주적인 위기관리 정책을 펼 수 있었던 것은 한반도를 둘러싼 러·일 간의 힘겨루기가 일시 소강(小康) 상태에 빠져 있던 시기였기 때문에 가능했던 일임을 앞서 지적한 바 있다.

러시아는 시베리아 철도를 완성하기 위해 전력(全力)을 다하고 있었다. 시베리아 대륙을 가로지르는 열차 편으로 병력과 전쟁 물자를 대량 수송하는 시대를 연다는 것은 러시아의 동북아 진출 정책이 강력한 추진력을 확보하는 것을 의미했다. 어느 나라보다 이 점을 잘 알고 있던 일본은 시베리아 철도가 완성되어 러시아 전력(戰力)이 동북아에서 우위를 보이기 전에 서둘러 전쟁을 일으켜 러시아를 패퇴시켜야 한다고 여겨 필사적으로 육해군을 증강하고 있었다. 러·일 간의 전쟁은 이제 시간문제였다.

고종과 대한 제국이 그 점을 모르고 있을 리 없었다. 전쟁이 터지면 당장 전쟁터가 되어 엄청난 인적, 물적 피해를 감수할 수밖에 없는 한반도로서는 나름대로 대응 전략이 필요했으나 마땅한 수단이 없었다.

고종은 대한 제국군을 3만 5천 명으로 증강했지만 러시아나 일본군의 한반도 내 작전을 저지할 전력이 되지 못했다.

열강 상대의 외교에 의존하는 길만 남아 있었다. 그러나 그것도 여유롭지 못했다. 전통적인 우방 청나라는 청일 전쟁에서 패한 뒤 열강의 반식민지로 전락해 무력(無力)했고, 한반도에 관심 있는 영국과 미국은 러시아의 남진(南進)을 견제하는 일본을 지지하고 있었기 때문에 한국의 곤궁한 처지를 외면했다.

고종의 중립화를 추진하는 외교는 메아리 없는 외침에 불과했다. 동의나 지지는커녕 관심조차 두지 않았다. 독일의 프레데리크 대제(大帝)가 일찍이 말했다는 〈무기 없는 외교는 악기 없는 음악과 같은 것이다〉는 말이 시의적절한 상황 설명이 되고 있었다.

때문에 군사력이 약하고 외교적으로 고립무원인 상태에서 가능한 돌파구는 군주를 정점으로 전 국민이 결속하는 길밖에 없었다.

그렇다면 19세기 말의 한국에서 전 국민이 결속할 수 있는 가능성은 있었을까?

근왕 세력이 있었지만 국론을 결집시키는 일을 주도하기에는 역부족이었다. 비사대부 세력이 고종의 측근에 포진되어 있었으나 조직화된 힘이 없었다.

위정척사 세력은 전국에 산재해 있었으나 그 또한 역할에 한계가 있었다. 낡은 충군(忠君) 사상이나 성리학의 위도(衛道) 사상으로는 민중을 선동해 동력화하기가 힘들었다. 때문에 의연금을 모아 의병들을 모집해야 할 형편이었다. 또 의병들은 1894년 동학 농민 봉기 때 10여 만의 농민군이 2천여 명에 불과한 일본군과 정부군에 괴멸된 것에서 볼 수 있듯이 근대식 무기와 훈련을 받은 열강의 군대와 전력의 차이가 너무 컸다. 게다가 위정척사 세력은 외국인들과 접촉할 창구도 없어 나라의 억울한 입장을 해외에 알릴 능력도 구비하지 못했다.

여러 가지 측면에서 독립 협회나 만민 공동회는 대안(代案) 세력이 될 수 있었다. 개혁이나 정치 발전을 추구하는 개화 세력이면서 나라의 자주독립을 위한 국가 위기관리에도 참여할 수 있는 잠재력을 안고 있었다.

그 잠재력은 어떤 것이 있었을까?

첫째, 비주류 양반이나 중인 등 개화사상으로 무장한 새로운 엘리트들이 독립 협회를 주도하고 있었고, 이들은 전국적으로 민중들을 규합해 갈 수 있는 조직 능력을 가지고 있었다.

둘째, 독립 협회는 대중의 마음을 휘어잡고 열정의 세계로 끌고 가는 선동적인 연설을 하는 웅변가들을 양성해 놓고 있었다. 자신이 명연설가이기도 했던 서재필이 배재학당에서 대중을 상대로 하는 서양식 기법을 젊은이들에게 가르치기도 했다.

위정척사파는 말할 것도 없고 동도서기론자들도 상상할 수 없는 여론몰이의 무기를 확보하고 있었다. 만민 공동회가 당시로서는 엄청난 규모의 군중인 1만~2만 명의 시민들을 끌어 모을 수 있었던 것은 한국 최초의 토종 대중 연설가로 각광받기 시작한 배재학당 출신의 이승만 등 젊은 연설가들의 선동이 가져온 설득력, 흡인력 때문이었다. 폐부를 찌르는 듯한 그들의 날카롭고 신선한 연설을 듣고 자극을 받거나 충격을 받은 시민들이 성금이나 의연금을 다투어 냈고, 물푸레나무 몽둥이로 무장한 보부상과 용감하게 몸싸움을 벌였으며, 구속된 독립 협회 지도부의 석방, 독립 협회 복설을 외치며 공권력과 맞선 마라톤 철야 집회를 계속했다. 젊은이들의 연설이 민중의 야성(野性)을 일깨운 것이다.

셋째, 독립 협회와 만민 공동회는 자신들의 활동을 측면 지원하고 여론을 주도해 간 독립신문, 황성신문 등의 여론 매체를 가지고 있었다.

독립신문이 한국 최초의 신문인 점에서 나타나듯이 공론의 장을 만들어 여론을 형성하며 이권 침탈 반대 운동을 펴고 여론 정치를 시도하는 등 괄목할 만한 역할을 했다.

독립신문은 3천 부를 발행해서 판매했는데 신문을 돌려 가며 보는 것이 유행이어서 한 부의 독자가 2백~3백 명이었다. 여론 형성에 결정적인 역할을 하고 있었음을 알 수 있다. 또 독립신문의 자매지인 영문판 『인디펜던트 Independent』는 외국인이 한국의 실정을 이해하고 한국의 입장을 알게 해주는 길잡이였다.

그러나 고종과 그 측근 세력은 독립 협회의 잠재적 전략적 가치를 읽지 못했다. 권력에 도전하는 정적(政敵)의 관점에 몰입된 나머지 국가 안보에 결정적 우군(友軍)이 될 수 있다는 점을 간과해 버린 것이다.

독립 협회는 고종과 그 측근 세력이 황제의 권력이 침해되는 것이라 해서 의회(중추원) 설립을 저지하려는 움직임을 보이자, 1898년 10월 23일 상소를 올려 〈황제권-군권이라고 하는 것은 밖으로 다른 나라의 군주들과 평등하게 어깨를 나란히 하는 자주독립과 부강의 권리요, 민권이라고 하는 것은 국토를 지키고 정법을 문란하게 하는 대신들이 있으면 탄핵하여 성토하는 권리로 나뉘어 있는 것이기 때문에, 정부 대신이 민권이 성하면 군권이 감소된다고 주장하는 것은 무식한 소치이며, 오히려 민권이 강해지고 성해져야 나라가 더 자주독립하고 부강해져서 군권이 강화되는 것이다〉라고 설득하고 있다.

독립 협회의 주장은 민권을 강화하는 것이 군권을 강하게 해주는 길이고, 그 길이 나라의 독립(國權)을 지키는 길로 통한다는 것을 명백히 인식하고 있었다.

독립 협회의 잠재력을 먼저 꿰뚫어 본 쪽은 역설적(逆說的)이게도 대한 침략을 추진해 가고 있던 일본이었다. 가토 마쓰오 일본 공사가 그 주인공으로서, 독립 협회가 반(反)러 운동을 펼 당시에는 협회에 동조적이고 호의적이었다. 적(敵)의 적은 친구라는 논리였다. 그러나 반러 운동이 열강 모두의 이권 침탈 반대로 성격이 변해 가면서 일본까지 타도 대상이 되자 경계하기 시작했다.

가토는 독립 협회의 투쟁 전략과 대중 동원력이 점차 조직화 조짐을 보이면서 규모를 넓혀 가자 일본의 대한(對韓) 침략에 최대의 장애물이 될 수 있다고 보고, 안경수 등을 동원해 강경 노선을 추구케 해 정부와 정면충돌을 유도하는 등 협회 해산 음모를 꾸미는 한편 고종에게는 군대 동원을 강력하게 권고하는 이중 플레이를 폈다.

가토는 1898년 11월 16일 일본 신문과의 회견에서도 공공연하게 〈독립파(독립 협회를 지칭)에 의해 한국이 부강해지기 전에 일본은 목적을 달성해야 한다〉고 주장했다. 실제로 가토가 일본에 출장 가 있는 사이 일본 대리 공사는 대한 제국의 독립 협회 강제 해산(군대를 동원한)에 사전 동의했다는 사실을 본국 정부에 보고하고 있다.

가토의 예상은 5년 뒤 적중했음이 역사에서 드러나고 있다.

1904년 독립 협회가 강제 해산된 지 5년 뒤 을사 늑약을 강요하기 위해 일본 정부의 특사로 서울에 나타난 이토 히로부미는 고종을 협박하다가 고종이 〈대신과 백성들을 상대로 상의하는 절차를 거쳐야 한다〉면서 빠져나가려 하자 〈조선은 전제 군주국이다. 언제 국민들에게 정책을 물은 적이 있는가. 폐하가 결정하면 끝이다〉고 다그쳤다.

궁지에 몰린 고종은 제대로 답변조차 하지 못했다. 이토의 촌철살인(寸鐵殺人) 같은 따끔한 지적은 고종에겐 등 뒤에 꽂힌 비수처럼 차갑고 뼈아픈 것이었다.

고종이 독립 협회와 만민 공동회를 상대로 합의한 중추원 개편 안을 시행하고 군민공치 개념을 수용했더라면 대신과 백성들을 상대로 상의해 보겠다는 고종의 논리는 현실적으로 강력한 무게가 실릴 수 있었고, 이토의 방약무인한 발언도 쉽게 나오지 못했을 것이기 때문이다.

상원에 해당하는 중추원이 일본의 강요에 강력히 반발하고 유능한 연설가들을 전국 각지에 보내 국민의 궐기를 호소할 수 있었다면 의병 세력의 가세 등으로 범국민 투쟁이 가능할 수 있었고, 독립신문의 해외판을 통해 대한 제국의 어려움을 세계에 널리 알려 국제 여론을 형성시킬 수도 있었을 것이다.

당시 서울에 와 있던 열강의 공사들도 독립 협회의 활동을 크게 주목했다. 앨런 미(美) 공사는 중추원 설립이 일종의 국민 회의A sort of popular Assembly를 말하며 민간인들이 의원의 반수를 획득하는 데 성공했다고 본국에 보고했고, 영국 공사는 상원을 넘어 하원의 성격까지 있다고 보아 반하원(半下院), 국민 의회Semi-popular Assembly라고 보고했다.

열강의 각축전에 휘말려 있는 세계의 마지막 은둔국인 조선이 비록 초기 형태이지만 이처럼 자력으로 민주주의의 길에 들어서게 되었다는 것은 세계적으로 주목할 만한 일이었다. 고종의 균세 외교가 열 번 움직여도 가능하지 않은 국위 선양과 국제 외교의 성과가 이루어지고 있었기 때문이다.

고종의 이이제이식 독립 협회 해산은 결과적으로 황제와 대한 제국을 지키는 데 필요한 전략 무기를 스스로 해체한 위기관리의 실패 사례가 된 것이다.

고종과 독립 협회는 접점이 없었나?

고종은 1870년대 들어 개국을 하면서 외국의 정체(政體)에 관심을 가지게 되었다. 일본이 천황 중심의 입헌 군주제를 택해 메이지 유신에 성공할 수 있었고, 서양에는 전제 군주국, 입헌 군주국, 공화국 등이 있어 군민공치(君民共治)나 군민동치(君民同治)가 세계적으로 대세를 이루고 있음을 알고 있었다.

그러나 고종은 서양의 정체를 연구하게 하는 등 전문 지식을 확보하는 단계로 나아가지는 않았다. 1880년 초 일본에 시찰단을 보냈을 때, 관심의 초점은 부국강병을 어떻게 추진했는가였다.

그 뒤 임오군란·갑신정변 같은 변란을 겪으며 내정이 불안정해지는 바람에 정체에 관한 관심을 더 이상 가질 여유도 없었다. 1890년대 들어 고종은 서양의 정치 제도를 그대로 모방해서 따라갈 것이 아니라 조선 전래의 전제 군주제에 서양식을 보완해서 운영하면 손색이 없다는 결론을 내린 듯하다.

고종이 닮고 싶어 한 개혁 군주의 모델이 18세기 한국의 탕평 군주 정조(正祖, 조선 왕조 22대)였다는 점이 그 같은 추론을 가능케 한다.

할아버지 영조(英祖)의 뒤를 이어 탕평책을 썼으면서도 궁극적으로 당쟁 해소책을 마련하지 못했던 정조는 치세(治世) 후기에 들어서자 국왕도 일반 사대부와 같은 신분이므로 신하와 권력을 나누는 게 당연하다는 노론의 오래된 성학론(聖學論)을 깨는 길이 당쟁의 근원적 해법이라고 믿게 되었다.

국왕이면서 학문이 깊어 나라의 스승(君師)이 되었다고 자부하던 정조는 스스로 성인 군주론(聖人君主論)을 정립해 강력한 왕권을 구축해 보려고 노력했다. 군신공치의 틀 속에서 신하를 권력 분점의 존재가 아니라 국왕의 통치 보좌로 역할을 축소해, 노론이 구축해 놓은 군약신강(君弱臣强) 체제를 무너뜨리고 국왕이 직접 백성을 상대로 통치하겠다는 민국(民國) 이념을 제시했다.

정조의 그 같은 구상은 당쟁으로 인해 생기는 위기를 국왕의 강력한 통치력으로 해결하자는 발상이었다. 그 해법은 정조가 재위 24년이 되는 49세 한창 나이에 갑작스럽게 병사함으로써 물거품이 되었으나 고종에게는 큰 영향을 준 듯하다.

고종이 정조의 총애와 기대를 한 몸에 받았고 실학을 집대성한 다산(茶山)

정약용(丁若鏞)을 가장 높이 평가하고 〈요즈음은 왜 그와 같은 대학자가 없는 가〉라고 한탄하면서 다산의 저서를 챙겨 두루 탐독한 것을 보면 정조를 벤치마 킹하는 열의가 예사롭지 않았음을 알 수 있다.

다산은 노론의 견제로 불우하게 생을 마친 남인 출신의 천재 이론가였다. 남 인은 왕권을 강화해야 한다는 성왕론(聖王論)을 펴 군강신약을 주장함으로써 노론과 반대 입장이었고, 정조는 그 같은 노선의 남인을 중용해 노론의 독주를 견제해 왔다.

결국 아관 파천 이후 홀로 서기에 나선 고종이 출범시킨 대한 제국은 정조의 성인 군주론에 서양 군주제의 외피(外皮)를 입힌 형태라는 해석이 가능하다.

대한 제국 선포 일주일 뒤 고종이 강조한 구본신참(舊本新參)과 신구절충(新 舊折衷)의 원칙에 그에 대한 설명이 압축되어 있다. 구본은 조선 전래의 전제 군주제를 강화해 유지하자는 것이고, 신참은 서양식 부국강병과 식산 홍업 등 을 도입하자는 것이며, 신구절충은 말할 것도 없이 양자를 균형 있게 조화시켜 나라의 자주독립과 근대화를 추진해 두 마리 토끼를 잡자는 메시지였다고 할 수 있다.

1899년 8월 17일 반포된 전문 9조의 대한국 국제를 보면 조선이 만국 공법 상의 당당한 독립국인 점과 5백 년 전통을 이어, 앞으로도 전제 정치를 유지할 의지를 명문화했다. 군권(君權)의 무한성과 군권을 침손하지 않는 것이 신민의 도리임을 규정함으로써 군권 강화를 분명히 했고 군사 법률 제정, 인사권, 조약 체결권 등 황제의 권한을 명시했다.

그러나 국민의 기본권이나 인권, 삼권 분립에 관한 규정은 하나도 없었다. 서양 제도를 참고해 헌법에 해당하는 국제를 만들면서 황제의 권력 부분만 반 영시킨 것이다. 말하자면 『경국대전』 등이 규정했던 막연한 왕권의 전통적인 개념을 처음 구체적으로 명문화한 것인데, 정조의 성인 군주론의 20세기판 버 전이라고 할 수 있다.

그러나 대한국 국제에는 명문화시키지 않았지만 성장하고 있는 시민 사회의 존재를 고종이 무시하고 있었던 것은 아니다.

고종은 1882년 임오군란 직후 신분제 폐지를 예고했고, 1894년 갑오개혁 때 이를 공식적으로 시행했으며, 과거제를 대신해 실무 능력을 관료 선발의 원칙으로 삼았다. 외국어 학교, 법률 학교 등을 설립해 전문 관료들을 양성하기 시작했고, 이미 중견으로 성장한 실무 관료들이 측근의 요직으로 진출하고 있었다. 근대 국가를 형성하는 데 필요한 시민 사회의 기본 형태가 본격적으로 형성되기 시작했고, 고종은 실질적으로 시대의 변화를 수용해 가고 있었다. 군민공치 시대로 가는 과도기 단계에 들어가고 있었다고 해석할 수 있다.

고종이 시민 사회의 성장과 형성이라는 대세를 사실상 수용해 가는 전향적 모습을 보였음에도 불구하고 대한국 국제에서 황제권 강화에만 매달린 이유는 무엇일까?

두 가지 이유가 있다고 할 수 있다.

하나는, 권력이 강화된 황제를 구심점으로 나라를 끌어가는 것이 부국강병으로 가는 지름길이라고 생각했기 때문이다. 명분론이다.

둘째는, 군민공치를 받아들이면 군주의 권력이 약화되거나 심한 경우 권력을 빼앗길지도 모른다는 우려와 불안이 깊이 깔려 있었기 때문이었을 것이다. 실질론이다.

고종은 입헌 군주국이 된 일본에서 국왕이 실질적인 권력을 가지고 있지 않은 상징적 존재임을 알고 있었고, 갑오개혁 때 내각 제도가 등장하면서 왕권이 무력해졌던 경험을 스스로 체험했다.

고종은 독립 협회가 단순 자문 기관인 중추원을 서양의 상원(간선제)과 유사하게 개편하자고 건의했을 때 즉시 거부했다. 측근 세력이 중추원 개편은 의회 설립이고, 그것은 혁명 같은 것을 일으키는 것이라고 독립 협회를 상대로 반격한 것을 보면 고종의 본심이 잘 나타나 있다.

고종이 독립 협회와 만민 공동회가 건의한 헌의 6조를 수용한 것은 대규모 집회를 통한 여론의 압력에 밀린 측면도 있지만, 고종을 안심시키기 위해 독립 협회 측이 헌의 1조에 〈황제권을 견고하게 한다〉는 점을 강조하는 조항을 넣었기 때문에 가능했던 것이다.

독립 협회는 고종의 그 같은 입장과 성향을 잘 알고 있으면서 왜 공생공존의 틀을 마련하는 데 실패하게 되었는가?

여기에는 직·간접적인 원인들이 깔려 있다. 먼저 간접적인 원인을 따져 보면 독립 협회가 활동 속도를 조절하는 데 실패했다는 점이다. 독립 협회가 토론회를 열고 계몽 운동을 펴면서 자주독립, 민권, 자강 개혁으로 요약되는 근대화 사상을 한국 사회에 정착시키려면 충분한 시간과 전국 조직이 필요했다.

그러나 대외 환경의 악화 등 시간에 쫓겨 이를 등한시하고 곧바로 대중을 동원하는 정치 운동을 전개한 것이 과속이 되었고 무리수(無理數)로 연결되었다.

출범한 지 얼마 안 되는 독립 협회는 황제의 권력을 옹호하는 근왕파 등 비호 세력은 말할 것도 없고 위정척사 세력에 비해서도 세력이 약했다.

위정척사 사상을 정립한 이항로(李恒老) 계열의 제3세대 지도자인 유인석(柳麟錫) 등이 이끄는 성리학적 민족주의가 전국 유림에 큰 영향을 끼치고 있었고 일반 민중에까지 그 기세가 파급되고 있었다. 활발한 의병 활동을 통해 보여 주었듯이 위정척사 세력은 사상적 토대와 전국적인 조직력을 가지고 있는 편이었다.

그러나 독립 협회는 독립신문을 앞세우고 계몽에 나서면서 폭발적인 호응을 끌어내는 데 일단 성공했으나 그 영향력이 서울 지역에 국한되어 있었고, 해산 12일 전에야 겨우 지방 지회를 결성하기 시작하는 등 조직 강화 확대의 때를 놓치고 있었다. 독립 협회는 전국적으로 조직을 확대하는 데 소극적이었다가 1898년 9월 지방 인사들의 강력한 요구에 의해 대구(大邱), 이어 선천(宣川), 의주(義州)의 지회(支會) 설치를 인가해 주었다. 12월 중순께 강제 해산되지 않았더라면 전국적으로 지회망을 구성해 갈 수 있었을 것이라는 전망이 가능했다.

조선의 개화 세력은 1884년의 갑신정변 때 역사의 문을 두드렸으나 실패했고, 그 뒤 침체기에 들어갔다가 10년 뒤 독립 협회를 통해 재기했다.

독립 협회는 갑신정변 때의 김옥균 등 개화파보다 인재를 폭넓게 수용하고 만민 공동회를 통해 1만~2만 명의 군중을 모을 수 있는 대중 동원력까지 과시하는 등 진일보했으나, 소수의 한계를 벗어나지 못한 점에서는 대동소이했다.

독립 협회는 치밀한 준비와 장기 전략이 없다는 점에서 갑신정변의 실패로부터 배운 것이 적었다. 또한 지도력이 약해 결정적일 때 정부와 타협할 수 있는 조정 능력을 가지고 있지 못했다. 정부 쪽에 황제라는 구심점이 있고 재야 위정척사파에는 유인석 같은 정신적 지도자가 있었으나, 독립 협회에는 카리스마 있는 리더십이 존재하지 않았다.

갑신정변의 경험, 장기간의 미국 유학과 폭넓은 식견, 탁월한 대중 연설 능력 등 관록을 겸비한 서재필은 독립 협회의 산파역이자 정신적 지주였다. 그러나 미국 시민권을 가지고 있음을 강조하고 있는 입장이어서 지도자로서의 정체성(正體性)에 결정적인 흠이 있었다. 설령 나선다 하더라도 훗날 독립 운동 과정에서 드러나듯이 신문 발행을 통한 계몽 운동 이상의 정략(政略)을 펼 준비가 돼 있지 않았다.

상황과 시세에 따라 변신이 능한 이완용이나 안경수는 기본적으로 지도자로서는 결격자였다. 중국, 일본, 미국에 유학하고 귀국해서 협회 회장이 된 윤치호는 당대 최고의 개화파 지식인으로 국제 감각과 식견이 높았고 한국 근대 사상 최초의 실용주의 노선을 편 현실주의였으나, 34세의 책상물림이어서 결단력이나 추진력이 약했고 만민 공동회의 활동으로 모처럼 기회가 와도 이를 살려 내지 못했다. 게다가 이렇다 할 자신의 직할 세력도 확보하지 못하고 있었다.

갑신정변뿐 아니라 갑오개혁 때 귀국해서도 왕권을 상대로 음모를 꾸몄던 박영효가 배후에서 안경수 등 친일 세력을 조종해 협회 노선과 어긋나는 정치 공작을 집요하게 펴간 것이 그나마의 협회 지도력마저 손상시켰다. 위기에 대응하기 위해 등장한 독립 협회가 위기관리의 지도력에 취약하다는 딜레마를 안고 있었던 것이다.

그 같은 지도력의 취약성은 결국 독립 협회가 한목소리를 낼 수 없게 만들었고, 고종과의 타협에서 실패케 하는 직접적인 원인을 제공하게 된다.

역사학자 주진오(朱鎭午)에 의하면, 독립 협회의 주도 세력은 윤치호·남궁억(南宮檍)을 중심으로 하는 정치 구조 개편 운동과 박영효의 사주를 받는 안경수, 정교(鄭喬) 등으로 이어진 강경 세력의 권력 장악 운동 노선으로 양분되었다.

독립신문을 이끈 윤치호와 황성신문(皇城新聞)을 발간하던 남궁억은 황제를 구심점으로 삼아 나라의 개혁을 추진해야 한다는 데 공감하고 있었기 때문에 고종과의 협상 여지가 가능하다고 할 수 있었다. 그러나 고종이 무능하기 때문에 갑오개혁 때처럼 유능한 관료 중심의 권력 구조 개편이 필요하다는 노선을 펴는 안경수, 정교 등은 만민 공동회의 투쟁을 통해 권력을 장악해야 한다는 생각이어서 돌출 변수가 될 수밖에 없었다.

독립 협회 간부 구속 등 정부와의 갈등이 심화된 이후 안경수 등의 지원을 받은 과격파들이 앞장서면서 고종과 근왕파들의 반격을 유발해 독립 협회 강제 해산의 빌미를 제공하게 되었다.

상황을 더욱 악화시킨 것은 이 과정에 일본 공사관의 정치 음모가 끼어들었다는 점이다. 앞서 지적한 대로 독립 협회의 성장이 일본의 대한 제국 침략에 걸림돌이 될 것을 이미 예측한 일본은 독립 협회를 지원하던 종래의 방침을 바꾸어 정치 투쟁을 벌이게 사주함으로써 대한 제국과의 충돌을 유도했던 것이다.

사실 고종을 축출해야 한다는 과격 노선은 현실성이 희박했다. 대한 제국 정부가 평화적 대중 집회의 압력에 밀려 굴복하거나 붕괴될 수 있는 것은 아니었기 때문에 민중 혁명 노선으로 이끌어 갈 수밖에 없었다. 그러나 과격파는 혁명에 필요한 민중 기반 세력이나 조직을 확보하고 있지 못했다. 황제의 군대와 싸울 준비가 전혀 돼 있지 못했다.

당시로는 대규모인 1만~2만 명의 군중이 만민 공동회 집회에 참가하고 있었지만 대부분 서울 주민들로 국한되어 있었고, 성격도 선동 연설에 고무되어 군중 심리에 의해 집단행동에 나서는 평화적 시위 단계였다. 황제의 친위대 격인 보부상들과의 충돌에선 용감했으나 군대가 진압 작전에 나설 경우 맞서 싸울 의지와 능력이 없었다.

만민 공동회가 그나마 장기적인 시위를 통해 기세를 올릴 수 있었던 것은 외국 공사들의 강력한 반대와 저지로 고종이 군대 동원을 주저하고 있었기 때문이다.

만에 하나, 혁명 사태로 진전돼 갔다면 위기 국면이 보다 심각해지고 복잡해질 수 있었다. 임오군란, 갑신정변, 갑오 농민 봉기 때처럼 주변 열강이 한반도의 불안한 내정을 빌미로 군대를 동원하는 악순환이 반복될 수 있었던 것이다.

따라서 국내외 여러 가지 여건이나 상황을 보면 고종과 독립 협회의 접점은 고종의 정체관과 맥이 통하는 윤치호-남궁억 노선을 상대로 찾는 것이 가장 현실적인 대안이었다.

중추원 신관제를 운영하면서 공존의 길을 모색해 갈 수도 있었을 것이다. 그 경우 고종이 그즈음 들어 노련한 정국 운영의 능력을 보이고 있었기 때문에 온건파와 강경파를 분리 대처하는 데 큰 어려움이 없을 수 있었다.

고종이 근왕파 대신들의 독립 협회에 대한 정치 모략을 액면 그대로 받아들여 곧바로 해산 카드를 뽑아 들지 않았더라면 야심적인 정치 실험을 역사에서 구현해 볼 수 있었을 것이다.

11 고종의 위기

근대 국가 향한 8부 능선에 올랐으나……

고종의 독립 협회 다루기를 국가 위기관리의 관점에서 어떻게 종합 평가할 것인가?

독립 협회의 강제 해산은 정권 안보 차원에서는 성공한 정책이라는 평가가 가능하다. 고종은 독립 협회와 만민 공동회가 벌이는 평화적 집단 시위를 통한 정치 투쟁에 고전했다. 왕조 통치의 관례대로 한다면 그 같은 움직임을 왕권 도전의 대역(大逆)으로 몰아 유혈 숙청극을 펼칠 수 있는 기회였으나 마지막까지 냉정과 인내를 잃지 않고 위기를 관리했다.

국내외 여론을 저울질하며 강온책을 번갈아 쓰는 등 유연하고 신축적인 대응 자세를 보였다. 조선 왕조 사상 처음으로 국왕(황제)이 대궐 밖으로 나와 백성의 대표들을 만나 대화를 통해 설득하는 열린 마음, 열린 사고의 무대도 연출했다.

그때까지 민란이나 민요(民擾) 때 나라를 대표해 대신급의 진무사나 안핵사를 현장에 파견하는 것이 관례였다. 고종의 그와 같은 파격 행동은 입헌제 군주국에서나 볼 수 있는 광경이었다.

형식이나 내용에 있어 고종은 근대 국가를 향하는 길목의 8부 능선쯤 오른 개명 군주로서의 가능성을 대내외에 과시한 것이라 할 수 있었다.

그 같은 위기 대응 자세와 정책 때문에 독립 협회 해산 등 역사를 후퇴시키는 마무리를 지었음에도 불구하고 불안정한 정국을 일단 진정시키는 데는 무난하게 성공했다고 평가할 수 있다.

그러나 국가 안보의 관점에서 보면 평가가 상반된다.

내정 위기의 극복이 대외 위기에 대한 대응력을 제고시킬 수 있다는 것이 상식일 텐데, 독립 협회 파동의 경우는 그렇지 못했다. 내정 위기 해소가 오히려 대외 위기 대응에 역효과를 부른 측면이 있다. 이는 19세기 말 복잡하고 어려운 한반도 정세의 특수성으로 인해 생긴 현상 때문일 것이다.

러일 전쟁을 앞두고 한반도에 대한 공략을 본격화해 가고 있던 일본이 두려워하는 존재는 고종과 그 측근 세력, 고종의 군대가 아니라 한국 국민이었다. 반일(反日) 성향의 국민 정서에 불을 지르고 광범위한 반일 전선에 나서게 할 수 있는 위기 대응 동원력이었다. 일본은 그 동원력의 주역이 될 수 있는 독립 협회의 가능성을 미리 읽고 싹을 자르는 공작에 착수하는 등 재빠르게 움직였다.

그러나 고종은 독립 협회 같은 민간 세력의 대외 전략 도구로서의 가치와 잠재력을 일본처럼 깨닫고 있지 못했다. 반러시아 캠페인이나 열강 상대의 반(反) 이권 운동에서 나타난 가능성을 보았으면서도 앞으로 닥칠 외세의 본격적인 침략에 맞설 수 있는 황제의 우군이고 원군이라는 점을 상상해 내지 못했다.

줄기차게 권력에만 도전하는 귀찮은 존재라는 생각을 뛰어넘지 못했다. 이는 결정적인 순간에 강제 해산이라는 초강수를 미련 없이 꺼내 들어 사태를 속전속결(速戰速決)로 밀어붙인 것을 보면 고종의 생각을 잘 알 수 있다.

결국 고종은 한반도를 둘러싼 내외 정세와 여건에 대한 통찰력과 정치적 상상력에서 한발 앞선 일본에 위기관리의 이니시어티브를 빼앗겼던 것이다.

고종, 의병 궐기의 구심점이었다

구한말(舊韓末)의 항일(抗日) 의병 운동은 자발적으로 일어난 것이고, 위정 척사파 등 유림과 해산 군인, 포군, 평민 등 재야 세력이 이끈 것이라는 게 사학계의 일반적인 통설이다. 민중 중심론의 입장에서 볼 때 후기 의병 때 의병 활동은 유림 의병장(義兵將) 중심에서 평민 의병장 주도로 발전해 갔다는 시각이었다.

그러나 최근의 연구는 상당수 의병 활동이 고종의 측근 세력인 동도서기파가 위정척사파와 연대해 조직적으로 전개한 것이고, 그 배후에서 고종이 영향력을 행사했다는 점을 밝히고 있다.

역사학자 오영섭(吳瑛燮)에 의하면, 고종은 1894년 6월 갑오경장 이후 단발령, 을미사변, 춘생문 사건, 아관 파천까지 2년여의 전기 의병기와 1904년 러일 전쟁에서 승리한 일본이 대한 침략을 구체화하기 시작한 황무지 개척권 강요 때부터 한일 의정서, 을사 늑약 체결, 군대 해산, 고종 강제 퇴위, 경술국치에 이르기까지의 후기 의병기 때 각종 항일 운동과 의병 전후의 배후에서 직·간접적으로 간여했다는 것이다.

1894년 4월 일본군은 경복궁을 무력 점령하고, 고종과 민비를 무력화(無力化)시킨 후 대원군을 수반으로 하는 친일 내각을 내세웠다.

원래 일본을 싫어하던 대원군은 꼭두각시 역할을 거부하며 일본 세력을 축출하기 위해 청군에 밀서를 보내고 전봉준에게 농민 재궐기를 지시하는 등 한·청 연합 전선을 꾀하고 있었다. 이때 고종과 그 측근들도 별도로 재야의 유림 세력을 상대로 의병 봉기를 모색했다.

고종은 친일 내각이 빼앗아 간 권력을 되찾기 위해 성리학적 충효 사상으로 무장된 근왕 세력을 동원한다는 데 착안했던 것이다.

1895년 8월 민비 시해 사건이 터진 뒤 고종은 국모의 원수를 갚고 친일 내각을 타도하자면서 항일 의병의 궐기를 구체적으로 추진하는 한편 대외 청원 활동도 펴기 시작했다. 그해 11월 단발령이 선포되면서 민중의 반일 감정이 폭발하여 의병 궐기 계획은 본격화되었다. 친일 세력에 밀려 낙향한 고종의 측근 세력이 유림들을 지원했고 유림 지도자들이 의병장으로 나섰다.

이 시기가 전기 의병기이다.

고종 측근 세력이 전기 의병기에 세운 전략은 친일 세력을 구축하고 친일 내각에 빼앗긴 권력을 되찾는 것이었다. 이 전략은 아관 파천에 성공함으로써 목표가 달성되었다.

친러파의 우두머리인 이범진(李範晉)이 고종의 지시에 따라 러시아 공사 베베르와 고종의 러시아 공사관 파천을 추진했다. 파천 계획이 성사되기 위해서는 왕궁을 지키는 친일파 내각 지휘의 군대를 분산시켜야 할 필요성이 있었다.

이범진은 재야의 거병을 촉구하는 고종의 밀지(密旨)와 밀사를 전국 각지로 보냈고, 그에 따라 여러 곳에서 의병이 일어났다. 김홍집 내각은 왕궁을 지키는 친위대 2개 대대 8개 중대 중 5개 중대를 의병 진압을 위해 파견할 수밖에 없었다. 지방 진위대의 전력으로는 의병을 제압할 수 없었기 때문에 서울에 있는 정예 부대를 투입한 것이다.

경비 병력의 주력이 빠져 경계가 느슨해진 틈을 이용해 고종과 왕세자는 궁녀가 타는 가마를 이용해 왕궁을 탈출하는 데 성공할 수 있었다.

고종은 전기 의병 때 거병한 거물급 의병장들과 직·간접적으로 연계되었다.

을미 의병 때 수천 명이라는 최대 규모의 의병을 이끌었던 유인석(柳麟錫)을 비롯해 문석봉(文錫鳳), 이소응(李昭應), 김하락(金河洛), 민용호(閔龍鎬), 노응규(盧應奎) 등 주요 의병장들에게 밀지를 보내 거의(擧義)할 것을 종용하거나 촉구했고, 허위(許蔿), 기우만(奇宇萬), 최문환(崔文煥) 등도 다른 의병장들에게 보낸 밀지의 사본을 받아 보고 의병을 일으켰다.

고종의 측근 세력인 이범진, 민영환, 송근수(宋近洙), 신응조(申應朝), 송도

순(宋道淳), 심상훈(沈相薰), 민종식(閔宗植), 민형식(閔炯植), 민응식(閔應植), 민영기(閔泳綺) 민영소(閔泳韶), 민영달(閔泳達), 이용직(李容直) 등이 고종과 의병 사이에 중간 역을 맡거나 사재를 털어 거병을 거들었다. 한때 위안스카이의 지원을 받아 최고의 실세이기도 했던 민영준이 청일 전쟁 때 중국에 망명했다가 되돌아와 의병 활동을 배후에서 돕는 등 많은 민씨 척족들이 의병 활동을 지원했다. 민비와 함께 나라를 결딴냈다는 비난을 한 몸에 받고 있던 민씨 척족들이었지만 나라가 위기에 빠지자 지도층으로서의 의무*noblesse oblige*를 수행하려 했음이 밝혀지고 있다.

의병장들에게 고종의 밀지가 위력과 영향력이 있었던 것은 밀지가 의병장으로서의 정통성과 권위를 인정해 주는 표지여서 부호층을 상대로 공식적으로 군자금을 거둘 수 있었고, 구식 군인들이나 동학 농민군 출신 등 병사들을 초모하기가 용이했기 때문이다.

후반기 의병은 일본이 러일 전쟁에서 승전한 뒤 한반도 침략을 본격적으로 추진하는 과정에서 궐기하는 계기를 잡았다.

일본이 1904년 황무지 개척권을 요구하며 한반도의 토지를 수탈하려는 침략의 첫 수순을 밟아 가려 하자 고종은 측근 세력을 동원해 이에 반대하는 의병 궐기를 종용했고, 이를 계기로 전국에서 거병 분위기가 조성되었다.

최초로 반대 운동을 일으킨 인물은 을미 의병 운동 이후 고종의 측근으로 출세했던 평리원 판사 허위(許蔿, 많은 후진 독립 운동가를 배출시킨 거물 의병장이 되었다)였다. 허위는 황무지 개척권 요구는 일본이 한국 국토를 침탈하려는 술책이라고 지적하는 〈항일 창의〉 촉구 운동문을 전국에 발송했고, 이에 따라 대규모의 반대 상소 운동이 뒤따르고 가을에 접어들어 의병 궐기를 촉구하는 통문들이 각지로 돌았다. 그런 가운데 을사 늑약이 체결되고 대한 제국이 사실상 일본의 식민지로 전락하자 반일 의병이 전국적으로 일어났다. 일본 군에 의해 강제 해산된 대한 제국 군인들이 의병 대열에 참여하면서 전력이 보강되었다.

고종은 측근 세력을 통해 충청 우도의 민종식(閔宗植), 호남의 최익현(崔益鉉), 영남 좌도의 정환직(鄭煥直) 등에게 밀지를 보내 의병 봉기를 종용했고, 인근 지역에 큰 영향력을 가지고 있던 세 사람은 밀지의 사본을 각지에 보내면서 동참을 촉구, 의병 운동이 전국화되는 데 촉매 역할을 했다.

을사 늑약 전후에 궐기한 원용팔(元容八), 정운경(鄭雲慶), 노병대(盧炳大), 고광순(高光洵), 김도현(金道鉉), 정용기(鄭鏞基), 이인영(李麟榮), 이은찬(李殷瓚) 등과 대한 제국 군대가 일제에 의해 강제 해산된 뒤 봉기한 이강년(李康秊), 박기섭(朴箕燮), 안중근(安重根), 유인석(柳麟錫), 심남일(沈南一) 등 기라성 같은 의병장들도 고종의 밀지를 받거나 밀사를 통해 거의를 종용받고 의병을 일으켰다.

고종은 의병 궐기를 촉발했을 뿐 아니라 의병들에게 은밀하게 거액의 군자금까지 보냈다. 고종이 내린 군자금의 규모는 기밀(機密) 사항이라는 특성으로 미루어 전모를 알 수는 없고 일부만 알려져 있다.

기록에 의해 확실하게 밝혀진 군자금 내역의 일부는 1905년 8월 고종이 시종관 정환직에게 거의를 일으키라는 밀지와 함께 군자금 3만 냥을 주었고, 정환직은 경남 거창을 거점으로 인근 각지의 의병 활동을 총괄했으며, 의병장 허위에게도 군자금 2만 냥을 하사했다.

의병장 민종식도 고종의 밀지와 함께 군자금 10만 냥을 받고 충남에서 의병 수천 명을 초모, 의병사(義兵史)에서 최대 규모의 전투 중 하나로 꼽히는 홍주성 전투에서 일본군과 싸웠다.

궁내부 주사 김현준(金賢峻)은 고종으로부터 밀지와 3만 냥의 군자금을 받고 영남·충남 지역으로 내려가 의병장 이강년의 창의(倡義)를 돕는 등 의병 봉기의 배후 역할을 수행했다.

고종의 군자금은 초기 의병 초모 단계에서 다 쓰이고 장기간 군사 작전을 펴는 데는 태부족이었다. 그래서 대부분의 의병 조직이 지방 부호들에게서 징발하거나 기부를 받아 비용을 충당해야 했다.

초모 단계에서부터 비용이 많이 든 것은 당시 의병 병사의 주력이 지원자가 아닌 해산 군인, 포군, 동학군 보부상, 생계형 농민들이어서 봉급을 주어야 했기 때문이다.

고종은 후기 의병기 때 상징적인 면에 있어서나 현실적인 면에서 항일 투쟁의 구심점이 되었다. 이에 따라 일본군도 고종과 의병을 잇는 중계 역인 측근이나 별입시(別入侍)들을 고종과 차단시키기 위해 필사적인 노력을 기울이고 있었다.

그러나 고종의 의병 동원 전략은 근본적인 의문이 따른다. 정규군을 확보하고 있는 황제가 왜 구차스럽게 비정규군인 의병에 의존하게 되었는가 하는 점이 쉽게 납득이 가지 않는다.

이는 고종이 다음의 설명처럼 정규군을 동원할 수 없는 입장이었기 때문이라고 보아야 할 것이다. 전기 의병기에는 권력을 장악한 김홍집 내각이 군 작전권을 가지고 있었기 때문에 고종이 무력했고, 후반 의병기에는 고종이 작전 지휘권을 장악하고 있었으나 일본 주둔군과 친일 고위 장교들이 군 동원의 길을 사실상 차단해 버렸기 때문이다.

고종은 대한 제국 출범을 전후해 스스로 군의 원수(元帥) 자리를 차지함으로써 군령권, 작전권을 직접 장악하고 막대한 재정 적자를 감수해 가며 3만 5천 명의 정규군까지 양성해 놓고 있었다. 그러나 러일 전쟁을 앞두고 일본 측이 친일 고위 장교들을 앞세워 군을 재편한다면서 농간을 부려 고종의 군 통수권 행사의 길을 막아 버렸다.

따라서 고종이 일본군과 친일 군부의 감시의 눈을 피해 동원할 수 있는 전투력은 의병뿐이었다. 역사학자 오영섭은 고종의 그 같은 의병 활용 정책을 성동격서(聲東擊西) 전략이라고 풀이했다.

고종이 의병을 전국적으로 일어나게 한 것은 일본의 불법적인 침략 행위를 전 세계에 알리는 계기로 삼고 한반도 중립화를 이룩하기 위한 청원(請願) 외교와 자신이 외국 공사관이나 해외 망명을 추진할 수 있는 기회를 잡을 수 있게끔 양동(陽動) 작전을 펴게 한 것이라고 보는 것이다.

정공(正攻, 전쟁)으로 일본군을 한반도에서 구축할 수 없는 만큼 기공(奇攻)으로 세계의 이목을 끌고 일본의 눈을 피하는 속임수 전략이라는 해석이다.

그 같은 해석은 의병의 양동 작전에 힘입어 아관 파천에 성공할 수 있었고, 러일 전쟁 뒤에도 고종이 러시아, 프랑스 공사관에 다시 파천하거나 외국 망명 계획을 추진했던 점, 미국 등을 상대로 계속해서 청원 외교를 펴는 한편 세계 만국 회의가 열리는 헤이그에 밀사를 파견하는 등 열강을 상대로 한 외교 활동을 추진한 점으로 미루어 보아 설득력이 있다.

그러나 위기관리 관점에서 그 전략의 허실(虛實)을 짚어 보면 현실성이 떨어진다. 고종과 그 측근 세력, 그리고 재야 세력이 항일 전선에 나서는 열의와 투지를 평가하는 데 있어서는 이론(異論)의 여지가 있을 수 없다. 하지만 전략의 장기 전망과 목표가 미흡한 것 등 종합적이고 치밀한 계획이 뒷받침되지 못했음이 드러나고 있다.

일본은 한반도 침략에 대한 장기 목표를 세우고 상황의 유·불리에 따라 목표를 수정해 가면서 집요하게 파고들었다. 그러나 이에 대응하는 데 있어 고종과 그 측근 세력은 일관성이 미흡했고 즉흥적이었다.

전기 의병의 궐기가 성과가 있었던 것은 화서 학파 중심의 유림 의병장들이 근왕 의식이 높고 반일 정서가 강했기 때문에 고종이나 동도서기파인 측근 세력과의 연대가 어렵지 않았다.

그러나 고종과 전기 의병의 밀월은 동상이몽(同床異夢)이어서 오래가지 못하고 깨졌다. 아관 파천에 성공해 왕권을 되찾고 홀로 서기에 성공하자 고종이 의병들에게 등을 돌렸기 때문이다. 성리학 체제로 복귀할 것을 강력하게 원하는 유림 의병장들이 통치 부담이 될 것을 우려해 표변한 것이다. 반일이라는 공통점에선 연대가 용이했으나 고종과 그 측근 세력은 동도서기(東道西器)의 입장이어서 반(反)개화 노선인 유림 의병장과의 갈등 국면이 불가피했다. 결국 고종은 의병 해산을 설득, 강요해야 했고 이에 불응하자 군대를 동원해 강제 해산에 나설 수밖에 없었다. 그것은 단견(短見) 때문에 생긴 후유증이었다.

몇 년 뒤 고종이 대한 제국을 출범시키면서 선보인 국가의 정체(政體)는 국제(國制)로 볼 때 근대화 국가가 아니었다. 근대화를 주창했으나 과거의 국왕 체제와 크게 다를 바 없었다. 사실상 유림이 원하는 성리학 체제와 큰 차이가 있는 게 아니었다. 말하자면 파도처럼 밀려오는 일본의 침략 저지라는 더 큰 목표를 위해서라면 유림과의 공존을 위한 접점 찾기가 어려운 일만은 아니었던 것이다.

고종의 그 같은 단견은 그 뒤 다시 등장한다.

전기 의병의 해산 전후 등장한 반일 전략 무기가 앞서 지적한 것처럼 독립 협회와 만민 공동회의 존재였다. 독립 협회는 근본적으로 성격이 다르지만 의병 조직 못지않은 막강한 잠재력을 가지고 있는 위기관리의 카드였다.

파천 운동과 청원 외교를 위한 양동 작전 방식으로 접근해 본다면 의병보다 훨씬 효과가 클 수 있었다. 독립 협회는 성리학적 사고의 틀 속에 갇혀 있는 유림 의병장들보다 대중을 동원할 수 있는 설득력, 선동력에서 더 강했고, 군민공치와 민권(民權) 신장을 주장하는 기수로서 세계 여론의 흐름을 탈 수도 있었다. 의병들은 국제 여론에서 철저히 소외된 변방이었으나 독립 협회는 세계를 향해 직접 호소할 수 있는 영자지(英字紙)라는 대외 창구까지 갖추고 있었다. 그러나 고종과 그 측근 세력은 권력에 도전하는 세력을 용납할 수 없다는 작은 목표에 매몰된 나머지 강제 해산이라는 강수를 두고 말았다.

일본의 침략 저지라는 국가적 목표를 소홀히 하는 대국(大局) 판단의 실수가 연이어 등장한 것이다.

고종은 후기 의병 때도 의병 운동의 구심점이었고 정신적 지주였다.

일본의 침략에 맞설 수 있는 민족의 잠재력을 키우고 보존하는 데 성공하지 못했던 입장치고는 행운을 맞았던 셈이다. 그렇게 된 것은 유림 의병장들의 반일 감정이 높아 전기 의병 때의 강제 해산 등 구원(舊怨)을 쉽게 잊고 나라를 위해 궐기하였기 때문이고, 평민 의병장들의 불타는 애국심 때문에 국론이 결집된 덕이라 할 수 있다.

그러나 근대식 소총과 같은 무기를 공급하는 등 의병의 전력을 보강하는 작업을 취하지 않고 있었고, 대한 제국의 출범 때 공이 컸던 유림을 황제가 되면서 외면한 후유증이 후기 의병의 폭발력을 스스로 제약하는 요인이 되었다. 특히 의병의 전력이 일본군에 비해 지나치게 열세(劣勢)라는 데 문제의 심각성이 있었다.

양동 작전은 적(敵)을 적절히 견제할 만한 전력이 있을 때 효과가 생기기 마련이다.

동학 농민 봉기 때 한국의 화승총 부대는 근대식 무기와 훈련으로 무장된 일본군의 적수가 되지 못한다는 것이 공지(公知)의 현실이었다.

그로부터 10년 뒤 일본군은 세계 최강이라는 러시아군을 상대로 싸워 이길 만큼 전력이 상승하고 있었지만 한국의 의병은 아직도 화승총이 주 무기인 토병(土兵) 수준이었고 해산 군인들이 근대 소총을 가지고 있었으나 탄환이 태부족이었다. 양자의 대결은 전투라기보다 일방적인 학살극의 진행이라 할 수 있었다.

일본은 1850~1860년대에 이미 수만 정의 근대식 소총을 수입하여, 그 총기를 들고 내란[세이난(西南) 전쟁]까지 치렀다. 1860년대 청의 태평천국군은 정부군과 싸우면서 서양의 대포까지 도입해서 사용했다. 내란이 일어나는 것을 우려해 고종이 민간인의 무기 보유를 엄격히 금지한 것은 당연한 일일지 모른다. 그러나 일본 침략에 다각도로 대응한다고 할 때 근대 무기의 은밀한 도입이 추진됐어야 했다. 고종의 측근 세력이 서양 소총을 일부 들여왔다는 기록은 있으나 대량 구입을 시도했다는 흔적은 없다.

고종은 나라의 힘을 근본부터 키워야 한다고 여겨 학교를 많이 세우는 등 교육 구국 운동과 계몽 운동에도 폭넓게 간여했다. 궁중 연회 비용, 외국인에 대한 하사금 등 씀씀이도 헤펐다. 의병 군자금으로 거액을 쓰기도 했다. 그러므로 은밀하게 무기를 도입할 재정 능력이 없었다고 볼 수는 없었다.

의병들은 빈약한 무기에도 불구하고 일본군과 용감히 싸웠다. 평민 의병장 신돌석(申乭石)은 신출귀몰한 작전으로 신화를 남기기까지 했다. 그러나 후기 의병은 어쩔 수 없는 전력 차이로 1909년 9월 일본군이 대대적으로 벌인 대토벌 작전 때 결정적인 타격을 받고 세력을 잃고, 만주 등 외국으로 나가 독립 투쟁으로 전환하게 된다.

의병이 전투에 나가면 일방적으로 일본군의 총알받이가 된다는 점을 잘 알고 있으면서도 의병 궐기를 촉구하고 지휘했으며, 그러면서도 일본군과의 전투에 대비한 투자와 준비, 계획에는 소홀했던 시행착오의 위기관리에서 우리는 어떤 교훈을 얻을 수 있을 것인가?

의병 투쟁을 중시하면서도 의병의 전력 보강에 눈을 돌리지 못한 고종이나 그 측근 세력의 기획력 부재는 뼈아픈 전술적 취약점임이 분명하다. 하지만 그것이 의병 궐기의 전략적 의의까지 부정할 수는 없을 것이다.

무능, 부패로 몰리던 고종이나 그 측근 세력이 사실은 의병 궐기에서 큰 비중을 차지하고 있었다는 것은 새로운 사실이다. 사상적 폐쇄성 때문에 개화·근대화 추진에 장애가 되었다는 유생들이 현실 참여로 돌아서서 의병장이 되었다거나, 실용주의 노선인 동도서기파들이 의병 활동을 돕고 나섰던 것은 주목할 만한 현상이다. 실정(失政) 책임론에서 벗어날 수 없는 민씨 척족 세력이 의병 활동에 헌신적인 지원을 아끼지 않았다는 사실도 무시할 수 없다.

의병에는 해산 군인, 동학군 출신 농민, 평민 등 민초들이 대거 가담했던 것이 사실이다.

위와 같은 현상들은 개화 단계에서 을사 늑약-한일 병합으로 갈 때까지 이루지 못한 국론 일치(國論一致)가 뒤늦게나마 이루어지고 있었음을 알게 해주는 것이다.

그 국론 통일이 50년을 앞당길 수는 없었을까? 그것이 가능했다면 우리는 지각 사관을 극복한 민족이 되었을 것이다.

고종의 한반도 중립안 메아리 없어

대한 제국 시기 고종의 국가 위기관리의 역점은 대(對)열강 외교였다. 자주 국방으로 나라를 지킬 자위력이 없었으므로 열강을 상대로 한 생존 전략 외교는 그만큼 집요하게 전개될 수밖에 없었다.

이 시기 외교의 특징은 파천 운동, 청원 외교였다. 민비가 일본인들에 의해 시해된 뒤 고종은 자신의 신변을 지키는 데도 불안을 느껴 구미 공사관 등으로 피신할 계획을 추진했고(파천 운동), 구미 공사나 선교사들을 통해 군주권과 국권을 보장받으려는 대외 청원 활동을 펴 나갔다.

앞서 지적한 의병 궐기는 대열강 외교 추진과 불가분리의 관계를 맺고 있었다. 1896년 2월 18일자 일본의 「호치(報知)」 신문은 〈고종이 1895년 10월 8일 파천을 시도했다가 을미사변으로 실패했고, 그 뒤 다시 궁궐을 탈출하려고 춘생문 사건을 일으켰다가 미수에 그쳤다. 세 번째로 11월 15일 다시 탈출을 시도했으나 친일 개화파가 궁궐을 삼엄하게 경비하는 바람에 실패했고, 네 번째로 성공한 것이 아관 파천이다〉라고 보도했다.

이 보도는 고종이 일본 세력의 수중에서 벗어나기 위해 파천하려는 움직임을 끈질기게 펼치고 있었음을 알게 해준다. 이 기간 중 고종은 심상훈을 통해 프랑스의 조선 교구 교구장인 뮈텔G. C. Mutel과 접촉하고 프랑스의 도움을 받아 궁궐을 탈출하려는 계획을 추진했으나 프랑스 측이 소극적인 반응을 보여 불발로 끝난 일도 있었다.

고종의 집요한 파천 시도는 군주권부터 지키고 보자는 의도에서 비롯된 것인데, 여기에는 미국·프랑스·러시아 공사관과 미국 선교사들, 국내의 정동파와 고종의 측근 세력, 그리고 의병 세력까지 연루되어 있었다.

고종이 아관 파천 뒤 러시아의 니콜라이 2세 황제의 대관식에 민영환 특사를 보내 재정과 군사 지원을 요청하는 청원 외교를 폄으로써 한반도에 러시아 세력을 끌어들여 일본 세력을 견제케 하는 데 일시적으로 성공했었음은 역사에 잘 나와 있다.

대한 제국이 선포되고 한반도를 둘러싼 러·일 간의 대결이 숨 고르기 단계에 접어든 몇 년 사이 고종의 대외 외교도 국내의 상황에 따라 변화를 겪는다.

젊은 시절 고종이 택했던 외교 방식은 줄곧 거론해 왔듯이 이이제이(以夷制夷)식 외교였다.

고종은 1896년부터 1898년까지 3년 사이에는 이권 외교 방식을 동원했다. 고종이 신임하던 러시아 공사 베베르의 충고에 따른 것이다. 이권을 지렛대 삼아 열강 간의 세력 균형을 이루어 보겠다는 구상이었다. 그리고 이권 외교의 첫 수혜국으로 미국을 택했다.

선교 의사로 내한했다가 외교관으로 전직해 친한파로 활약하던 미 공사관의 앨런을 통해 운산(雲山) 금광의 채굴권, 경인 철도 부설권, 전기 가설권 등을 미국 측 업자에게 넘겼다. 그렇게 함으로써 고종은 미국 정부의 관심을 끌고 미국 세력을 끌어들일 수 있을 것이라는 생각을 했을 것이다.

하지만 결과는 예상과는 전혀 달랐다. 운산 금광은 금 매장량이 많았기 때문에(40여 년간 9백만 톤의 금광석을 캐내, 당시로서는 천문학적인 1천5백만 달러의 순이익을 냈다) 〈한국에는 금이 많다〉는 소문에 익숙했던 다른 열강들을 자극했고, 이들이 벌 떼처럼 나선 것이다. 독일, 영국, 일본, 프랑스 등이 다투어 금광 사냥에 나섰고, 이어 철도, 전선, 삼림, 어업 등 각 분야에 걸쳐 각종 이권이 헐값으로 열강에 넘어갔다.

이권 외교가 당초 취지에 반하는 경제 침략 사태로 변질되자 이에 당황한 고종은 나름대로 대응책을 세워 이를 조정해 보려 했다. 전보총국, 광무국, 서북철도국 등 담당 기관을 설치해 전신, 광산, 철도 업무를 관장하려 했고, 이권 교섭 창구를 황제 직속의 궁내부로 단일화시켜 혼선이 생기는 여지를 막아 보려 했다.

독립 협회가 이권 양여 반대 운동을 펴면서 정부를 대신해 위기관리의 해결사 역할을 한 것이 바로 이때였다. 독립 협회의 활동으로 열강의 이권 쟁탈전은 진정 국면에 들어갔다.

이권을 둘러싼 열강 간의 경쟁은 한국의 차관 도입을 견제, 중단시키는 사태까지 빚었다. 고종은 1901년 4월 프랑스의 운남 신디케이트와 5백만 달러 차관 도입을 계약했다. 그러자 프랑스의 차관이 도입될 경우 조선의 재원인 해관의 운영권이 넘어갈 것을 우려한 영국과 일본의 공사가 총세무사를 맡고 있던 영국인 브라운과 짜고 차관 도입을 방해, 저지시켰다.

1890년대는 제국주의 열강의 세계를 무대로 한 식민지 쟁탈전이 대충 판세를 마무리할 때였다. 중국과 한국이 있는 동북아가 마지막 남은 대상이었다. 청일 전쟁에서 패한 뒤 후발 제국주의 경쟁에서 물러난 중국을 놓고 영국과 러시아가 대결하고, 만주와 한반도에서 러시아와 일본이 맞서고 있는 구도였고 영국과 미국은 일본을, 프랑스와 독일이 러시아를 편드는 대세였다.

당시 열강은 중국을 상대로 영토 분할이나 광산, 철도, 전신 등 각종 이권을 쟁탈하는 국익 우선의 무한 경쟁을 벌이는 체제이기도 했다.

그와 같은 대외 환경 속에서 고종은 이권 외교를 펴고 있었다. 하지만 그것은 성난 이리 떼들을 상대로 한 조각의 고기를 가지고 흥정에 나선 격이어서 고기를 빼앗길 뿐 아니라 당사자의 목숨까지 위기에 빠뜨릴 수 있는 도박이라고 할 수 있었다. 위기를 악화시킬 수 있는 위험한 위기관리 방식이었던 것이다.

한편으로, 고종은 중립화 외교도 폈다.

1900년 청에서 의화단(義和團) 사건이 일어나 반제(反帝) 운동으로 확산되자 열강은 군대를 파견, 진압했다. 열강이 청을 분할하려는 움직임을 보인다는 소식이 서울에까지 전해졌다.

동학 농민군 봉기를 경험한 바 있는 고종은 민란이 일어났을 때 한국에서도 같은 양상이 일어나지 않을까 우려했다. 소강 상태에 있던 러·일 간의 한반도를 둘러싼 각축도 언제 다시 표출될지 모르는 불안한 정세였다.

고종은 조병식(趙秉式)을 동북아 외교의 중심지인 도쿄에 주일 공사로 보내 열강의 공동 보증에 의한 한반도 중립화 안을 추진케 했다. 그러나 열강의 반응은 냉담했고 그 중립 안을 무시했다.

1903년 8월, 러일 전쟁의 전운(戰雲)이 짙어지자 고종은 다시 영국, 프랑스, 러시아, 일본, 네덜란드 등에 사절을 보내 한국의 중립화 안을 보증해 주도록 다시 요청했다. 그러나 받아들이는 열강이 한 나라도 없었다. 제국주의 열강의 대륙 세력(러시아, 프랑스, 독일)과 해양 세력(일본, 영국, 미국)이 한반도에서 대결 구도를 갖게 되면서 약소국인 당사자의 목소리가 끼어들 여지가 없어졌기 때문이다.

당시 양대 세력을 대표하는 러시아와 일본은 한반도 분할론, 만한(滿韓) 교환론, 한반도 중립화 안, 만한 불가분 일체론 등을 서로 내세우며 유리한 입장을 차지하기 위한 힘겨루기를 계속 벌이고 있었다.

만주를 군사 점령하고 있던 러시아는 기득권을 지키면서 일본의 한반도 진출을 견제하려 했고, 한반도 지배를 목표로 한 일본은 러시아와의 전쟁을 준비하면서 지원 세력으로 삼기 위해 영일 동맹을 추진했다.

한반도를 둘러싼 국제 환경은 일본에 유리하게 전개되고 있었다. 영국과 미국이 같은 해양 세력인 일본을 지지하고 나섰다. 숙적 러시아의 남진 정책을 견제하기 위해 일본과 동맹(영일 동맹)까지 맺은 영국은 일본의 한반도 진출을 전략상 불가피한 것으로 보았고, 러시아의 만주 점령으로 최대의 해외 시장인 만주 진출이 어렵게 되자 미국은 그때까지의 대(對)러 우호 정책을 버리고 영국과 일본의 러시아 견제 정책에 편승했다.

러·일 양국을 실질적으로 견제할 수 있는 열강인 영국과 미국의 일본 지지는 대한 제국에는 결정적인 악재가 되었다. 대륙 세력인 프랑스나 독일이 러시아의 후원 세력이었으나 그 결속도는 영국·미국의 일본 지지에 비할 바가 되지 못했다.

프랑스는 막강한 해군력을 가진 영국·일본과 대결하게 되는 사태를 원치 않았으므로 러·일 분쟁에 휘말려 들어가는 것을 피하려 했고, 독일은 오히려 러일 전쟁이 일어나 자국 안보에 부담이 되는 러시아·프랑스 동맹이 유럽 쪽에서 약화되길 바라는 등 동상이몽이었다.

결국 고종이 주장한 열강의 보증에 의한 한반도 중립 안은 메아리 없는 외침으로 끝날 수밖에 없었다. 이는 고종의 외교가 무력(無力)해서라기보다는 제국주의 열강의 자국 이기주의가 고종을 무력화시키고, 반대로 일본을 돕는 결과를 빚고 있었던 것이다.

고종, 끝까지 대미, 대러시아 외교에 최선

열강의 반응은 없었으나 대한 제국은 러일 전쟁 발발 직전 일단 전시 중립을 선포했다. 한반도가 전쟁터가 되는 것을 피해야 한다는 자구책으로 취한 외교적 조치였다. 그러나 열강의 동의나 지지가 없는 중립 선포는 전혀 효력이 없었다.

일본은 만주에서 러시아군과 싸울 육군 부대를 인천에 상륙시켜 서울을 경유해 북진케 함으로써 공공연하게 중립 선포를 무시해 버렸다. 뿐만 아니라 조선의 독립을 유지시키겠다는 사탕발림을 내세워 한일 의정서 체결을 강요, 대러시아 작전 기지로 조선 영토를 사용할 수 있는 근거를 마련했다.

고종은 1902년 1월 맺어진 영일 동맹을 원칙적으론 긍정적으로 평가하는 입장이었다. 영일 동맹이 일본이 조선에서 갖는 특별한 이익을 인정하고 있었지만 다른 한편 대한 제국의 독립과 영토적 순결도 인정하고 있었기 때문이다.

그러나 전쟁이 일본에 유리하게 진행되면서 대한 시설 강령의 실시 등 식민지화를 전제로 한 조치로 이어지자 고종은 영국이 영일 동맹에서 약속한 독립의 원칙들이 지켜질 수 없는 헛공약이라는 것을 깨닫기 시작했다.

불안을 느낀 고종은 미국 쪽에 다시 손을 내밀었다.

1904년 12월 주일 한국 공사를 통해 주미 한국 공사관 부고문인 컬럼비아 대학 총장 니덤Charles W. Needham에게 거중 조정 조항을 지켜 한국을 구제해 줄 것을 호소하는 밀서를 미 정부에 전달케 하라는 훈령을 내렸다.

니덤은 1904년 12월 22일, 국무 장관에게 밀서를 전달하고 한국의 위급한 처지를 설명했으나 긍정적인 반응은 나오지 않았다.

실망한 고종은 1905년 초, 이번에는 러시아 황제에게 구원을 요청하는 밀서를 보내려 했으나 일본 측에 발각되어 실패로 끝났고, 책임을 추궁하는 일본 정부에 대해 〈밀서가 위조된 것〉이라고 둘러대야만 했다.

10월 들어서는 프랑스어 교사인 마르텔Emil Martel을 중국에 보내 밀서를 러시아와 프랑스에 전달하려다가 실패했다.

1905년 11월 17일, 을사 늑약이 체결된 뒤에도 고종은 일본의 군사적 위협에 의해 늑결된 것이고, 자신은 늑약 체결에 동의한 일이 없었다는 점을 들어 미국 등 열강을 상대로 6차례에 걸쳐 늑약 무효화 운동을 끈질기게 전개했다.

1880~1890년대 이래 한국에 냉담했던 미국은 1900년대 들어 더 멀어져 있

었다. 대미 외교는 그야말로 대한 제국이 일방적으로 벌이는 짝사랑이었다.

루스벨트 대통령은 1905년 1월, 헤이 국무 장관에게 보낸 편지에서 〈우리는 조선인들을 위해 일본에 간섭할 수 없다. 조선인들은 자신들을 위해 주먹 한번 휘두르지 못했다〉라고 지적했고, 부통령 후보 시절에도 〈나는 일본이 한국을 손에 넣는 것을 보고 싶다. 일본은 러시아에 대한 견제가 될 것이고, 지금까지의 행동을 보아 그럴 만한 가치가 있다〉라고 말한 바 있었다. 루스벨트의 그 같은 부정적인 대한관이 당시 동북아 정세와 겹치면서 미국의 정책을 일본의 지배를 인정하는 방향으로 몰고 간 것이다.

루스벨트는 〈해양을 지배하는 자가 세계를 지배하게 된다〉는 머핸Alfred Mahan의 세계 전략에서 큰 영향을 받은 인물이다. 쇠잔해 가고 있는 대영 제국의 자리를 미국이 이어받아야 한다고 생각했다. 영국이 1898년 미국의 필리핀 점령을 지지하고 나오자 영국의 동북아 정책에 호의를 갖게 되었다. 그 시기 러시아는 만주를 군사 점령한 채 철수 약속을 어기고 있었다. 때문에 열강 중 가장 큰 규모로 만주 시장을 개척해 가고 있던 미국이 큰 지장을 받게 되었다. 루스벨트는 만주 시장 확보를 위해 러시아 견제가 절실했고 일본이 그 견제 역을 맡기를 바랐다. 일본과의 협력은 필리핀이 일본 해군의 위협에서 벗어나는 길이기도 했다. 그런 이유로 루스벨트는 러시아 견제의 대가로 일본의 한국 지배를 용인할 생각이었다.

고종의 호소가 담긴 밀서에 냉담하게 대응하고, 일본의 강요로 맺어진 한일 의정서의 문제점을 지적한 주한 미 공사 앨런의 보고가 묵살된 것은 그 같은 배경 아래 생긴 일이다.

루스벨트는 1905년 7월 27일, 필리핀으로 가던 국방 장관 태프트William Howard Taft를 도쿄에 들르게 해 가쓰라 일본 총리와 회담하고 조선에 대한 일본의 지배권을 인정하는 가쓰라-태프트 비밀 협정을 맺게 했다.

루스벨트가 영국이 대(對)러 전쟁에 들어가는 일본을 상대로 제2차 영일 동맹을 맺게 된다(8월 12일)는 사실을 사전(事前)에 알고 일본의 환심을 사기 위해 외교적 선수(先手)를 쳤던 것이다.

일본은 자국의 국제적 지위를 강화시켜 준 제2차 영일 동맹에 미국의 지지까지 추가함으로써 사실상 영·미·일 동맹 체제*Anglo-American-Japanese Alliance*를 확보할 수 있었다.

루스벨트는 1905년 늦가을 을사 늑약이 체결되자 기다리고 있었다는 듯 서울 공사관의 철수를 명했다. 일본의 한반도 지배를 선두에 나서서 공개적으로 지지한 것이다. 다른 열강들도 미국을 좇아 주한 외교 사절을 철수시켰다.

그럼에도 불구하고 고종의 메아리 없는 대미 청원 외교는 계속되었다.

1905년 11월 18일, 고종의 명을 받고 미국에 온 헐버트Homer B. Hulbert는 미 국무 장관을 만날 수도 없었고, 12월 11일 을사 늑약의 무효를 알리기 위한 고종의 서한을 루스벨트에게 전하려던 주불 공사 민영찬도 공식 채널이 아니라는 이유로 면담 거절을 당해야 했다.

헐버트는 그 뒤 미국 전역을 순회하면서 〈을사 늑약은 불법이므로 무효〉라며 일본의 한국 보호 통치의 부당성을 지적하고 미국의 개입을 촉구했으나 미국 정부의 반응은 없었다.

헐버트는 1907년 12월 15일, 한인 교포가 많은 샌프란시스코 한국인 청년회에서 연설을 통해 항일 투쟁을 전개해야 한다고 재미 교포들의 궐기를 촉구할 수 있었을 뿐이다.

그 뒤 국제 정세는 예측 불허의 요동을 치고 열강들은 새로운 합종연횡을 일으켜, 어제의 동지가 적이 되고 어제의 적이 동지가 되는 사태로 진전된다. 다만 대한 제국만이 그 변화의 소용돌이를 짐작도 못하고 있었다.

러일 전쟁에서 일단 승리했으나 국력이 소진되어 전쟁을 장기적으로 지속해 갈 수 없었던 일본은 포츠머스 강화 회담의 중재역을 맡아 줄 것을 루스벨트 대통령에게 의뢰하면서 만주에 대한 문호 개방을 약속했다.

당시 미국은 만주 시장의 태반 이상을 차지하고 있었고, 철도왕이라 불리던 해리먼Edward Henry Harriman을 앞세워 남만주 철도 매수 계획을 추진하는 등 만주 진출에 열을 올리고 있었다.

그러나 일본은 강화 회담이 끝난 뒤 미국에 약속했던 문호 개방 정책을 폐기해 버렸다. 일본 정부는 당초 미국의 만주 진출을 허용할 생각이었으나 강화 회담의 일본 측 수석 대표였던 고무라 주타로(小村壽太郞) 외상이 귀국해 〈러일 전쟁 승리의 과실이 모두 미국으로 가게 된다〉면서 반대하는 바람에 개방 정책이 취소됐던 것이다.

루스벨트는 일본의 그 같은 배신행위에 크게 분개했고, 밀월 상태로 있던 미·일 관계는 얼어붙었다. 일본인 이민 금지, 캘리포니아에서 발생한 동양 학동들에 대한 차별 행위 등이 발생해 미·일 간의 전쟁 가능성에 대한 풍설까지 나돌게 되었다.

이준 열사의 헤이그 밀사 사건이 터진 것은 그즈음이었다.

원래 밀사 사건은 러시아의 일본에 대한 복수심이 깔아 놓은 포석의 산물이었다. 러시아 황제는 러일 전쟁 패전 직후인 1905년 10월 3일, 2년 뒤 헤이그에서 열릴 예정(1907. 6. 15)인 제2회 만국 평화 회의에 사절을 보내 달라면서 고종에게 초청장을 보내왔다. 러시아의 속셈은 〈대한 제국의 주권 불가침을 인정하며, 국제회의에서 그 견해를 밝힐 수 있도록 대한 제국 대표를 만국 평화 회의에 초청한다〉는 것으로, 암암리에 일본에 일격을 가하려는 외교 책략이었다.

러시아 황제의 초청은 고종에게는 세계를 상대로 일본의 만행을 고발할 수 있는 절호의 기회여서 놓칠 수가 없었다. 공개적으로 회의 참석을 추진하면 일본의 방해가 따를 것이기 때문에 앨런 공사가 한국을 떠난 뒤 그 빈자리를 메워 고종을 도왔던 헐버트를 시켜 계획을 추진시켰고, 비용도 고종의 비자금으로 충당했다.

이상설(李相卨)과 이준(李儁)이 밀사로 임명되었다. 밀사 대표는 현직 관리인 이상설이었으나 사실상 좌장은 41세의 이준이었다. 비밀리에 출국한 두 사람은 러시아 국경에서 주러시아 공사 이범진의 아들인 25세의 이위종(李瑋鍾)을 만나 1907년 6월 24일 네덜란드 헤이그에 도착, 헐버트와 합류했다. 이위종은 어려서부터 외국 생활을 해 한국인으로는 드물게 러시아어, 프랑스어, 영어 등 외국어가 유창했기 때문에 대표의 한 사람이면서 통역이었다. 세 사람은 만국 회의에 참가해 고종이 준 임무인 한국 독립, 을사 늑약의 폐기를 주장할 예정이었다.

뒤늦게 밀사의 출현을 알게 된 일본은 결사적으로 방해 공작에 나섰고 만국 회의 의장인 러시아인 넬리도프Alexander Ivanovich Nelidoff는 〈자격이 없다〉는 이유로 세 사람의 회의장 입장을 불허했다.

회의 주관국인 네덜란드 정부도 〈회의 의원으로 통지를 받지 않은 자는 누구를 막론하고 위원이 될 수 없다〉면서 참석을 거부했다.

러시아 황제의 초청을 받고 갔는데, 러시아의 외교관이기도 한 의장이 자국 황제의 초청을 정면으로 부정하는 사태가 벌어진 것이다. 그것은 러시아 황제가 초청장을 보낸 1905년 10월 3일 이후 1906년 6월 사이에 만주를 둘러싼 열강 간의 역학 관계가 역전하게 됨에 따라 러·일 대결 구도가 갑자기 러·일 협력 구도로 곤두박질치게 되면서 생긴 반전극(反轉劇)의 부산물이었다.

러일 전쟁에서 패전한 뒤 러시아의 반일 정서는 강했다. 군부 일각에선 대일 보복전을 치러야 한다며 들먹이고 있었고, 1906년 한국에 부임한 러시아 총영사 플란슨George de Planson이 대한 제국의 외교권을 장악하고 있는 일본에 신임장을 내지 않겠다고 우겨 파란을 일으키기도 했는데, 러시아 황제는 그 같은 반일 분위기 속에 고종에게 대일 견제용 초청장을 일단 보냈던 것이다. 그러나 당시 러시아는 볼셰비키 혁명으로 내전이 진행 중인 데다 과다한 전쟁 비용 때문에 재정 파탄 상태여서 대(對)세계 전략의 차질이 우려되고 있었다. 이때 이즈볼스키Alexander P. Izvolsky가 러시아 외상으로 취임하면서 외교 노선의 전면적인 국면 전환이 시도되었다.

이즈볼스키는 유럽의 새로운 강국으로 부상한 독일을 견제하기 위해서는 영국과 프랑스 양국과 새로운 협력 관계를 맺고 만주 진출을 꾀하는 미국을 견제해야 하며, 아시아 정책을 유지시켜 나가기 위해서는 적대국인 일본과 화해하는 등의 방법으로 대외 위상을 제고해야 한다는 외교 전략을 들고 나왔다.

그 같은 러시아의 외교 노선 수정은 독일 견제에 나서고 있던 영국과 프랑스 양국에 긍정적인 영향을 끼쳐 나폴레옹 전쟁 뒤 백 년 가까이 적대 관계에 있던 영국과 러시아 간의 긴장이 완화되고 전통적인 우호국이던 프랑스와의 유대가 더욱 강화되었다. 일본과 동맹 관계에 있는 영국의 지원을 받아 러 · 일 관계도 적대 상태에서 협력 구도로 전환될 수 있게 되었다.

일본도 미국의 만주 진출을 견제해야 할 필요가 있다는 점에서 러시아와 같은 입장이 된 데다가 한국 병합을 추진해 가고 있던 시점이어서 러시아의 협조(공식적인 인정)가 필요했기 때문에 자연스럽게 어제의 적을 친구로 맞게 되었다. 따라서 앞서 지적한 것처럼 어제의 친구인 미국과의 관계가 나빠지면서 전쟁 임박설까지 나돌았다.

프랑스도 러 · 일의 데탕트를 환영했다. 영일 동맹과 러시아 · 프랑스 동맹을 연결시켜 대독 포위망을 구축할 수 있게 되었기 때문이다.

영국과 미국의 차관으로 러일 전쟁을 치른 일본은 전채(戰債) 상환과 전후 국가 경영에 필요한 외채를 프랑스에서 빌려야 했기 때문에 러시아의 동맹국인 프랑스와의 화해가 필요했다.

미국을 제외한 열강 여러 나라가 국익과 세력 판도를 위해 합종연횡 관계를 재조정하게 되었고, 러 · 일 양국 관계의 반전(反轉)은 한반도에 큰 영향을 끼치게 되었던 것이다.

결국 일본을 골탕 먹이려던 러시아는 일본 외교의 협력국이 되었고, 이즈볼스키 외상은 만국 회의 의장에게 한국 사절의 입장을 거절하라는 훈령을 내리게 되었다.

이후의 과정은 역사에 잘 알려져 있듯이 회의장에 입장할 수 없게 되자 외국어에 능통한 이위종은 유창한 프랑스어로 세계 언론을 상대로 한국의 독립을 주장하고 일본의 국권 불법 침탈을 규탄할 수밖에 없었고, 이준 열사는 한을 품은 채 병사하고 말았다.

그 같은 사실이 보도를 통해 한국에 널리 알려지면서 국민적 의분이 봇물처럼 터졌다. 당시 애국심(愛國心)이라는 단어가 없었지만 국민의 의분은 애국심의 발현이었고, 일제에 저항하는 상징으로 부각되어 가고 있던 고종에게 백만 대군의 지원이 되었다.

그 애국심은 한민족의 저항 민족주의의 근원이 될 수 있었다는 점에서 긍정적이었다. 그러나 당장은 부정적인 점이 더욱 부각되었다.

밀사 파견에 충격을 받은 일본 정부는 통감 이토 히로부미를 힐책했고, 분격한 이토는 고종을 협박한 뒤 일본의 주구(走狗)로 내세운 이완용을 앞세워 고종 퇴위-순종 즉위의 정치 공작을 연출했던 것이다.

고종의 퇴진은 항일 전선을 약화시키고 일본의 합병 흉계를 촉진시키는 결과를 빚게 했다.

고종의 외교를 대외 위기관리의 관점에서 어떻게 총평할 것인가?

무엇보다 먼저 짚고 넘어가야 할 점은, 고종의 시대가 한반도 역사상 가장 심각하고 치열했던 대외 위기의 시간대였다는 사실이다. 한반도 역사에 기록된 대외 위기는 흉노, 몽골, 거란 등 북방 유목 국가와 남쪽의 왜구에서 비롯되었다. 조선 왕조 개국 이래 치른 두 차례의 큰 전쟁도 일본(임진왜란)과 만주족의 청나라가 일으켰다. 때문에 한민족은 대륙을 평정한 중국의 통일 국가가 구축한 중화 중심 체제에 형식상 속방으로 편입해 대외 위기 문제를 해결하는 외교 노선을 펴왔다.

그러나 청일 전쟁에서 청이 패전함으로써 한반도의 지정학(地政學)적 특성의 근간인 중화 체제가 무너져 한반도는 단숨에 세계 열강이 힘을 겨루는 각축장으로 노출돼 버렸다. 그것은 고종의 외교가 한반도 역사상 가장 고달프고 어려운 고비에 부딪치게 되었음을 의미했다.

19세기 말 20세기 초 한반도의 상황은 러시아와 일본의 대결로 압축된다.

일본이 청을 패퇴시키고 한반도 주도권을 잡자 러시아가 일본을 견제하고 나선 것이다. 앞서 언급했듯이 러·일의 대결 구도는 성격상 대륙 세력과 해양 세력의 대결이라는 판세로 확대되었다. 대륙 세력인 러시아의 동맹국으로는 전통적인 유럽의 강국인 프랑스와 독일이 있었고 해양 세력인 일본의 뒤에는 세계 최대의 해군력을 자랑하는 패권 해양 국가인 영국과 새로운 강국으로 부상하는 미국이 지원 국가로 등장하고 있었다. 이들 국가들은 국익에 따라 국가별로도 대결 구도를 복선으로 깔고 있었기 때문에 앞서 설명한 대로 당시의 국제 관계는 복잡했고 예측 불허였다.

당시 제국주의 열강의 외교는 오늘의 친구가 내일의 적이 되고 어제의 적이 오늘의 동지가 되는 등 이합집산(離合集散)과 합종연횡이 판치는 살벌한 약육강식의 싸움터였다.

일본은 열강의 파워 게임에서 어부지리(漁父之利)로 후발 제국주의 열강의 대열에 끼게 된 행운을 잡았다. 일본은 영국의 외교 지원 없이는 청과의 전쟁을 시작할 수 없었고, 중국 산둥(山東) 반도에 육군의 전(全) 병력을 투입하는 대(大)도박을 감행할 수도 없었다. 열강의 어느 나라 해군이 일본 본토와 중국 파견군 사이를 차단해 버리면 군수 지원은 말할 것도 없고 파견군의 퇴로까지 끊기는 재앙이 될 수 있었고, 일본 본토가 사실상 무방비라는 허점까지 드러날 수 있는 형편이었다.

러일 전쟁을 치르면서 일본은 전비(戰費)가 태부족이었다. 영국과 미국이 차관을 주면서 전쟁 비용을 대주지 않았다면 각종 무기와 탄약, 기름이 부족해 전쟁을 지속할 수 없는 입장이었다. 일본이 청일 전쟁과 러일 전쟁에서 승리한 배경은 일본군의 선전(善戰)을 바탕으로 하고 영국 등 다른 열강의 외교·재정적 지원이 강력하게 뒷받침해 주었기 때문에 가능했던 일이었다.

위에서 설명한 상황이 고종이 맞은 대외 위기의 실체와 성격을 요약한 것이다. 이 같은 열강 간의 합종연횡 구도 속에서 어느 열강의 지원도 확보하지 못한 채 약소국인 대한 제국이 독자적인 외교를 펴갈 수 있었을까?

고종 시대의 외교를 종합해 보면 한반도의 지정학적 특성 속에 중심추 역할을 하던 중국이 배제되면서 혼란이 왔고, 대안이 될 수 있는 열강으로는 미국이 가장 유력했던 것임을 확인할 수 있다.

1880년대 들어 가장 신뢰할 수 있는 열강이 미국이라는 것을 꿰뚫어 본 최초의 지도층 중 한 사람이 고종이었고, 끈질기게 조미 수호 조약의 〈거중 조정〉 조항을 강조하면서 대미 청원 외교를 주도해 간 것도 고종이었다. 역사상 한반도의 어느 군주보다 대외 위기에서 고립무원이던 고종은 마지막 순간까지도 대미 카드를 활용해 보려고 최선을 다했다. 그러나 성공하지는 못했다.

그렇다면 대미 외교의 실패를 누가 책임져야 하는 것일까.

물론 오랫동안 대미 외교를 주창해 왔고 대외 위기관리의 총책임자였던 고종이 질 수밖에 없을 듯하다. 그러나 한국이 미국의 국익(國益) 챙기기에서 뒷전으로 밀렸고, 20세기 초 미국을 일본 쪽으로 몰고 간 국제 역학이 결정적인 변수였다는 점 등 대외 변수를 먼저 인정하지 않으면 안 될 것이다.

왜 총 한 방 쏘아 보지도 못하고 나라 빼앗겼나

러일 전쟁에서 이긴 일본은 러시아와의 강화 조약(포츠머스 조약)을 체결한 지 2개월 뒤 대한 제국을 지배하기 위한 본격적인 수순을 밟기 시작했다. 전쟁 전 이미 가쓰라-태프트 밀약과 제2차 영일 동맹으로 미국과 영국으로부터 한반도 지배를 양해받은 데다 러시아로부터도 〈일본이 한국 정부와의 협의만 거치다면〉이라는 단서는 두었지만 한국의 주권을 침해하는 데 대한 동의를 받아냄으로써 열강의 간섭 문제를 일단 해결했다고 판단했기 때문이다.

또 일본은 열강과의 외교와 병행해 이미 전쟁 전부터 대한 제국을 상대로 한일 의정서(1904. 2. 23), 대한 시설 강령(1904. 5), 제1차 한일 협약(1904. 8) 등을 단계적으로 맺는 등 본격 침략을 위한 사전 준비 작업을 마친 상태였다.

일본은 1905년 10월 27일, 한국의 외교권을 박탈하고 보호국화한다는 실행 계획을 확정하고 조약 문안까지 마련했다.

일본 정부는 이 계획을 대한 제국에 통고하고 집행하는 중차대한 임무를 일본 정계의 원로인 이토 히로부미에게 맡겼다. 총리대신을 네 차례나 역임하고 추밀원 의장으로 있던 이토의 관록과 결단력, 추진력, 그리고 고종과의 친분 등을 고려한 포석이었다. 조약 체결 담당자로는 주한 일본 공사 하야시 곤스케(林權助)가 임명되었다. 11월 9일, 이토는 대한 제국 황실 위문 특파 대사라는 직함을 가지고 서울에 도착했다.

당시 한국에는 러일 전쟁에 참전했던 일본군 1만 8천여 명이 철수하지 않고 계속 주둔하고 있어 사실상 군사 점령 상태였다.

다음 날 고종을 알현한 이토는 일본 국왕의 친서를 전하고 새로운 조약을 맺자고 제안한 뒤 〈한국의 외교권을 일본이 행사한다〉는 내용이 담긴 조약 초안을 건네며 5일간 검토하고 답변해 달라고 했다.

고종은 1898년 이토가 경부선 철도의 부설권을 얻기 위해 서울에 왔을 때와 1904년 제1차 한일 협정이 조인된 뒤 대한 제국 황실 위로차 특사 자격으로 왔을 때, 두 번이나 대면한 적이 있어 낯익은 사이였다.

11월 15일 이토는 다시 고종을 알현했고, 두 사람은 네 시간에 걸쳐 열띤 공방전을 펼쳤다. 외교권 이양이 독립국 지위를 잃는 것임을 잘 알고 있던 고종은 그동안 일본이 그럴듯하게 명분을 세워 놓고 강압적으로 일을 처리해 온 방식에 강한 불만을 털어놓으면서 일본이 강화 수교 조약에서 명문화한 이래 기회 있을 때마다 확인해 온 대한 제국의 독립 보장 약속을 지켜야 할 것이라고 주장, 조약 안에 대한 강한 반대 의사를 표했다.

고종의 계속되는 불만을 듣고 있던 이토는 비상수단을 쓰지 않고는 고종을 설득시킬 수 없다는 것을 깨닫고 협박을 가하기 시작했다.

「폐하는 불만을 말씀하시지만, 제가 한번 질문을 드려 보겠습니다. 대한 제국은 어떻게 오늘날까지 생존할 수 있었습니까? 또 대한 제국의 독립은 어떻게 보장되었습니까? 폐하는 그러한 사정을 알면서도 불만을 말씀하시는 것입니까?」라고 대한 제국의 약점을 예리하게 찔렀다.

반격에 나선 고종이 1885년 톈진 조약 이래 1896년 아관 파천에 이르기까지 일본의 정책을 비판하자 이토는 국제 정세에 관해 장광설을 늘어놓으며 일본의 한국 보호가 세계의 대세라고 강조하면서 고종을 압도하려 했다.

한발 물러선 고종이 형식만이라도 외교권이 대한 제국에 남아 있는 것으로 해달라고 요청하자 이토는 즉각 거절하면서 〈한국이 응하지 않으면 더 곤란한 경우에 빠질 것을 각오해야 할 것〉이라고 다그쳤다.

고종이 중대한 문제인 만큼 전·현직 문무백관들과 상의하고 유생 등 백성들의 의견을 들어 본 뒤 결정하겠다고 빠져나갔다. 그러자 이토는 군주 전제국인 한국의 황제가 언제 백성들의 의향을 물은 적이 있는가를 반문하고 「최근 유생을 선동하여 비밀리에 반대 운동을 하고 있다는 사실은 이미 우리 군대도 알고 있습니다. 동학란과 같은 천하 대란이 일어날 경우, 폐하는 그 책임을 한 몸에 질 각오가 되어 있습니까?」라고 협박했다.

고종과 이토의 면담은 뚜렷한 결론이 난 것은 아니었으나 대세가 기울고 있다는 인상을 이토에게 주기에 충분했다. 조약 체결을 완강하게 거부하던 고종이 다른 한편으로는 일본 정부의 선처를 요구하는 등 내용 수정에 관심 있는 태도를 보임으로써 조약 체결의 불가피성을 인정하는 듯한 인상을 주었고, 대신들에게 빨리 협의케 하겠다고 약속까지 했기 때문이다. 최악의 경우까지 각오하고 온 이토에게 그것은 조약 체결의 전망이 비관적이지 않다는 것을 의미했다.

이토는 다음 날인 11월 16일 하오 4시, 대한 제국의 대신과 전임 원로 대신들을 숙소인 손탁 호텔로 초청했다. 고종에 이어 대신들을 공략하겠다는 심산이었다. 그곳에서 이토는 고종에게 하듯 대신들을 상대로 조약 안의 내용과 배경을 설명하고 각 대신들의 의견까지 물었다.

참정대신 한규설(韓圭卨)은 일본이 그간 조선의 독립을 보증한다고 했는데 이제 와서 다른 말을 한다며 조약 안에 반대한다고 말했다. 법부대신 이하영(李夏榮), 학부대신 이완용(李完用), 농상공부 대신 권중현(權重顯) 등도 애매하거나 완곡하게 돌려서 말하긴 했으나 조약 안에 동의하지 않았다.

고종의 최측근인 전 참정대신 심상훈은 아무 말도 하지 않았고, 나중에 순국(殉國)한 시종무관 민영환은 집에 일이 있다는 이유로 불참했다.

그 시간 외부대신 박제순(朴齊純)은 하야시 공사를 만나 조약 안과 조회문을 건네받고 있었다.

이날 이토는 한국 측 대신들과 원로들을 〈제군들〉이라 부르며 건방을 떨었다. 당시 이토는 64세로 40~50대인 한국 측보다 나이가 위였으나 다른 나라의 대신들을 부하 다루듯 하는 것은 상식 밖의 결례였다.

11월 17일, 하야시 공사는 다시 정부 대신 여덟 명을 남산에 있는 일본 공사관에 초치해 예비 교섭을 가졌다. 대신들은 조약 체결에 동의할 수 없다는 태도를 견지하고 있었고 한규설은 침묵으로 일관했다. 전날 저녁 대신들은 고종을 알현하고 조약을 결사반대한다고 충성 맹세까지 한 상태였다.

하야시는 대신들만으로는 결론이 나기 어렵다고 생각해 어전 회의를 열자고 했다. 그러나 고종이 참석한 어전 회의에서도 조약 반대 의견이 강했다.

이완용이 수정안을 내보자고 제의했으나 한규설이 수정 제의는 있을 수 없다고 잘라 말했다. 한규설이 「일본이 요구하는 이 안(案)을 승인해도 우리나라는 망하고, 거부해도 망한다. ……천하에 대해 죽어서 체면을 세울 수밖에는 다른 방법이 없다」고 강경하게 말하는 분위기여서 다른 발언이 나올 여지가 없었다.

그러나 고종은 대신들의 조약 안 반대 결의를 그 자리에서 재가하지 않고 일본 측과 더 협상하라고 지시했다.

내시와 궁녀들을 매수해 밀정을 삼은 일본 측은 그들의 제보를 통해 사태가 심상치 않게 돌아가는 것을 알게 되었고, 이토는 주둔 사령관 하세가와 요시미치와 헌병대장을 대동하고 궁궐로 들이닥쳤다. 궁궐 안팎은 일본군이 에워싸고 있어 살벌한 공포 분위기였고 서울 요소요소도 대포와 기관포로 중무장한 일본군이 경비에 나서고 있었다. 여기에 일본군 2천2백 명이 동원되었다.

무장 군인들의 호위를 받으며 회의장에 들어선 이토는 퇴궐하려는 한국 대신들을 잡고 어전 회의 재개를 강요했다. 그리고 대신 한 사람 한 사람을 상대로 조약 체결에 대한 찬반 여부를 물었다.

참정대신 한규설과 탁지부 대신 민영기(閔泳綺)는 분명하게 반대 의사를 표했고, 학부대신 이완용, 군부대신 이근택, 농상공부 대신 권중현, 내부대신 이지용 등 네 명이 찬성으로 돌아섰으며, 외부대신 박제순은 애매하게 대답, 이토가 〈찬성〉이라고 자의적으로 정리했는데 박제순은 이의를 말하지 않았다.

이토는 찬성 5명, 반대 3명으로 다수결 원칙에 의해 가결되었다고 주장했다.

고종의 뜻을 헤아려 강경 반대 노선을 펴간 한규설의 기세에 눌려 반대 의견인 것처럼 기회주의적 처신을 해오던 이완용 등이 결정적 순간에 고종과 나라를 배신, 반역하고 일본 쪽에 줄을 선 것이다. 〈을사오적〉이 탄생한 순간이다.

을사오적의 찬성을 확인한 이토와 하야시는 미리 탈취해 온 외부 인(外部印)을 조약문에 날인했고, 11월 18일 새벽 2시 박제순과 하야시 공사 사이에 조약이 체결되었다. 고종 황제의 윤허도 없었거니와, 조약의 명칭도 없는 상황이었다.

을사 늑약이 체결되는 경위와 배경을 위기관리의 관점에서 접근해 보자.

이완용은 조약 체결을 찬성한다면서 〈오늘의 동아(東亞) 형세를 볼 때 대사(이토를 말함)의 제안은 어찌할 수 없는 것이다〉라며 대세론을 폈다. 그 같은 논지로 그는 조약 반대론인 내각의 노선을 뒤집고 찬성론을 지지하며 나섰고, 이근택과 이지용이 같은 의견이라면서 가세했다.

내각 수반인 한규설이 고종의 뜻을 헤아려 내각을 그럭저럭 반대 노선으로 이끌고 왔으나 이완용의 배신으로 대국(大局)의 방향이 결정적으로 일본 쪽으로 돌아가 버린 것이다. 이완용의 대세론이 고종의 위기관리 체제를 단번에 무력화시킨 것이라 할 수 있다. 이는 역(逆)으로 얘기하면, 이완용이 결사적으로 고종을 돕는 역할을 펴갈 수 있었다면 을사 늑약의 스토리는 많이 달라질 수 있었음을 의미한다.

그렇다면 을사 늑약 체결에 대한 모든 책임은 이완용 등 을사오적에게만 돌아가는가?

그들이 배신자이고 반역자이고 매국노인 것은 분명하다. 그러나 책임자라고 잘라 말할 수는 없을 듯하다.

역사학자 이성무(李成茂)가 지적했듯이, 대한 제국이 멀쩡한 나라였다면 몇 사람의 매국노 때문에 나라가 그처럼 쉽게 망할 수는 없었을 것이다. 나라가 빈사 상태에 빠지자 난파선을 떠나는 쥐새끼들 같은 매국노가 사망 선고 절차에 서둘러 이름을 올린 것뿐이고, 원천적 책임은 나라를 그런 꼴로 만든 민족 전체의 공동 책임이다. 국가 위기관리를 맡아 왔던 지도층의 책임이 더욱 크고, 그중에서도 47년간 통치를 맡아 왔던 고종의 책임이 보다 큰 것이다.

조약이 강제 체결된 뒤 고종은 강력하게 반발한다.

궁내부 대신으로부터 심야에 진행된 조약 체결 경위를 보고받은 고종은 〈이와 같은 중요한 조약이 그같이 용이하게 체결된 것은 천재(千載)의 유한(遺恨)

이다〉라면서 조약 체결을 막지 못한 대신들의 무능과 무기력을 개탄했다.

고종의 비통한 심정을 헤아릴 수 있는 대목이지만 모든 책임을 대신들에게 미루는 듯한 이기심과 발뺌 철학 역시 두드러지게 드러나고 있다.

고종은 일본을 비롯한 열강의 한반도 침략 의지를 잘 알고 있었다. 고종은 언젠가 닥칠 대외 위기를 막아 보기 위해 대한 제국을 출범시켜 광무개혁도 추진했고 군비 강화도 시도했다.

러일 전쟁 전에는 전시 중립 국가가 되기 위해 청원 외교도 펴는 등 안간힘을 썼다. 그러나 일본의 압력에 밀려 대내적으로는 일본인 고문들을 채용할 수밖에 없었기 때문에 자주성이 훼손되었고, 국제 외교에서도 지원 국가가 없는 고립무원의 처지가 되었다.

설상가상으로 러일 전쟁이 끝난 뒤 일본군 1만 8천여 명이 주차군(駐箚軍)으로 한반도에 계속 남아 있어 사실상 군사 점령 상태에 놓여 있었다.

그 같은 절박한 상황에서 일본으로부터 조약 체결을 강요받게 되었다는 것은 진퇴양난의 위기를 의미했다. 조약 체결에 응하면 외교권이 일본에 넘어가 사실상 독립국의 지위를 잃는 결과를 빚는 것이고, 불응한다면 한반도에 주둔하고 있는 일본군이 무력행사에 나서는 빌미를 줄 수 있기 때문이다.

따라서 고종이 기대할 수 있는 유일한 대안은 국민들이 궐기해 강력한 항일 투쟁을 벌일 수 있겠느냐는 것이었다. 그러나 국민을 궐기시키기 위해서는 강력한 기폭제(起爆劑)가 필요했다. 그 기폭의 역할은 고종이나 참정대신 한규설이 이끄는 내각에서 나와야 했다.

내각 대신 중 조약 체결에 반대해 자결하거나 극한 투쟁을 벌인 인물이 있었다면 그 폭발력은 조약 체결 뒤 나왔던 황성신문 주필 장지연(張志淵)의 사설 「시일야방성대곡(是日也放聲大哭)」이나 시종무관 민영환 등의 자결보다도 더 큰 파급력을 보여 줄 수 있었을 것이다.

그러나 역사에 나와 있듯이 당시 고종과 대신들은 자기 일신을 던져 나라를 구하는 멸사봉공(滅私奉公)의 모습을 제대로 보여 주지 못했다.

참정대신 한규설은 초반에는 내각을 지휘해 조약 반대 노선을 완강하게 유지했다. 그러나 내각 장악력, 기백, 역량에서 역부족이었다. 내각의 수장으로서 이완용 등 대신 다섯 명의 속셈이 다른 것을 알아채고도 대처하지 못했고, 이토와 하야시가 남의 나라 대신 회의에 참석했을 뿐 아니라 회의 진행까지 맡고 나서는 데 대한 불법성을 지적하고 일갈하는 배짱도 없었다.

이토가 조약 체결의 찬성 여부를 물으며 압박을 가했을 때 조약 반대의 뜻을 고종에게 직소하려고 어실 쪽으로 향하던 한규설은 길을 잘못 들어 황비인 엄비의 방에 들어갔다가 되돌아 나와 회의실에서 실신했다. 직소가 받아들여지지 않을 경우 사직함으로써 참정대신 공석―정족수 미달 상태를 만들려는 의도였겠지만, 황비의 방에 잘못 들어갔다는 불경죄(不敬罪)의 압박감을 극복하지 못한 것이다. 이토가 기세등등해서 「억지를 부리는 녀석들은 죽여 버려라」라며 큰 소리를 쳤고, 하야시가 기절한 한규설의 머리에 찬물을 끼었으라고 지시하고 있는 것을 보면 적장(敵將)과의 기(氣) 싸움에서도 밀린 심약(心弱)한 모습을 연출한 셈이었다.

일본 측은 내각 대신들이 반발해 자결하는 사건과 같은 비상사태를 우려했으나 그런 일은 일어나지 않았다. 당시의 지식인들이 지적했듯, 병자호란 때 목숨을 걸고 끝까지 싸울 것을 주장했던 김상헌(金尙憲) 같은 강골(强骨)이 내각에 없었던 것이다.

그렇다면 고종이 한탄했듯이 약체(弱體) 내각에 모든 책임이 있는 것인가? 그렇지는 않을 듯하다. 전제 군주국인 대한 제국에서 내각은 책임의 주체가 아니다. 절대 권력자인 황제 고종에게 무한 책임이 있다.

두 가지 점에서 특히 그러하다.

첫째, 고종은 이완용 등 다섯 명의 대신들을 기용한 인사권자였고, 익문사(益聞社)라는 정보기관을 운영하면서도 그들이 일본 공사관과 기맥을 통하면서 반심(叛心)을 키워 온 것을 감시·감독하는 데 실패했다. 고종이 익문사를 만든 것은 고위 관료들이 일본 공사관과 내통하거나 밀착하는 사태를 감시하기 위해서였다. 감시 시스템이 제대로 작동하고 있었더라면 일부 대신들의 반역을 예방할 수 있었다. 또 한규설을 통해 내각을 장악하는 데도 성공하지 못한 원천적인 감독 책임도 안고 있는 것이다.

둘째는, 군주인 고종이 최대의 국가 위기를 맞은 시점에서 진두지휘하지 않고 보좌 역인 내각 대신들에게 위기관리 역할을 미룸으로써 고양이 목에 방울을 다는 역할을 군신 간에 서로 미루는 결과를 빚게 해 사태가 꼬이게 되었다는 점이다.

고종은 대한 제국 출범을 전후해 노련하고 원숙한 위기관리자의 면모를 보여 왔다. 국내의 권력 투쟁에서는 강한 승부사의 모습도 드러냈다.

실제로 을사 늑약이 강제 체결된 뒤에도 자신의 비준을 받지 않은 조약이므로 무효라고 주장하면서 열강을 상대로 무효화를 위한 청원 외교를 끈질기게 펴는 등 강한 의지를 과시했다. 러시아, 독일, 프랑스, 오스트리아, 헝가리, 이탈리아, 벨기에 등 유럽 국가와 미국 등 16개국에 밀서를 보냈고, 1년 뒤에는 헤이그에서 열린 만국 평화 회의에 일본의 만행을 규탄하는 밀사 파견까지 강행했다.

뿐만 아니라 청원 외교와 함께 조약의 무효화를 위한 항일 의병의 궐기를 촉구하고 후원하기까지 했으며 항일 투쟁의 구심점으로 부각되었다.

그렇다면 고종은 나라가 존망(存亡)의 기로에 선 절체절명의 위기를 맞는 순간에 왜 이토와 한판의 역사적인 승부를 겨루어 보지 못했을까 하는 의문이 강하게 남는다.

고종은 이토 히로부미와의 대면에서 보다 단호하게 정면 대응했어야 했다. 고종으로서는 더 이상 물러설 길이 없었다. 대신들에게 맡겨서 해결될 성격의 위기도 아니었다.

게다가 일본이 두 차례 전쟁(청일 전쟁, 러일 전쟁)을 통해 큰 희생을 치르면서 한국의 자주독립을 도왔다는 이토의 주장도 사실 궤변이었다. 명분상 겉으로 그렇게 치장했을 뿐, 속셈은 한반도와 만주 침략을 위한 수순을 밟아 나간 것에 불과했다. 고종은 그 같은 일본의 위선(僞善)을 지적하고 결사적인 조약 체결 반대 의사를 관철함으로써 일단 이토의 초반 기세를 저지시켜 놓을 필요가 있었다.

황제가 필사적으로 저항하는 진통 기간이 길면 길수록 그 시너지 효과는 나오게 마련이다. 대신들의 배반을 억누름으로써 내각의 단결을 촉진할 것이고, 대궐의 움직임을 지켜보는 국민들에게 궐기하라는 메시지를 전달할 수 있는 것이다.

고종이 기대를 걸 수 있는 마지막 카드는 국민들이 일어나 강력한 항일 반대 투쟁을 벌일 수 있느냐에 달려 있었다. 유혈 투쟁의 새로운 국면이 전개되면 자력으로 일본군을 쫓아낼 수는 없더라도 열강이 개입하는 새로운 구실이 될 수도 있었을 것이기 때문이다.

고종은 첫 대면 이후에도 이토와 대결할 기회가 있었으나 그 기회마저 흘려보냈다. 대신들의 반대에 부딪친 이토가 고종에게 면담을 요청했으나 〈후두부의 종기가 나서 고통이 심하다〉는 이유를 들어 거부했다. 고종으로서는 대신들이 목숨을 걸고 이토와 타협안을 이루어 낼 것을 내심 기대한 것이었으나 헛다리를 짚은 것이었다.

고종은 나중 분위기가 심상치 않다는 사실을 보고받고 조약의 조인을 2~3일만 연기해 달라고 궁내부 대신 이재극을 이토에게 보냈다가 거부당했다. 그러나 고종은 이토의 거부에 대한 반격 기회도 활용하지 않았다. 결정권이 있는 황제가 내각 회의를 열고 최종 결정하겠다면서 다시 강력하게 이의를 제기했어야 했다.

그때 견제하지 않고 조약이 체결된 후 뒤늦게 반대 운동을 편다고 해서 사태를 원점으로 되돌릴 수 있다고 생각했을까?

제국주의 시대 외교에서 조약 체결은 이미 기득권*fait accompli* 획득으로 간주된다. 고종이 초반 대결에서 결사적으로 반대를 주도해 조약 체결 자체를 일단 막는 것이 그만큼 중요했던 것이다.

실제로 일본 정부는 고종이 완강하게 거부하는 최악의 경우 무리수를 둘 의도를 가지고 있지 않았다. 섣부른 강공이 전체 한국민을 결속시켜 반일 투쟁 전선에 나설 수 있게 할 뿐만 아니라 열강의 개입을 초래할 가능성이 있다고 판단했기 때문이다.

일본 정부는 그런 사태가 전개될 경우 일방적으로 보호권 설정을 통보하고 열강에 전후 사정을 통보한다는 비상조치를 마련해 놓고 있었다.

따라서 그 같은 경우가 닥쳤다면 한국은 거국적으로 무효화 반대 투쟁을 일으킬 시간을 벌 수 있었던 것이다.

이토는 고종과 대면한 자리에서 「폐하가 유생을 선동하여······ 동학란과 같은 천하 대란이 일어날 경우, 폐하는 그 책임을 한 몸에 질 각오가 되어 있습니까?」라고 위협했다. 이토는 고종을 상대로 기선을 제압하고자 그 같은 발언을 했으나 뒤집어 보면 고종이 취해야 할 길을 역설적으로 지적해 준 것이라고 할 수 있었다.

어떻게 보면 고종은 난세(亂世)에 걸맞은 위기관리 지도자형은 아니었다. 위기가 닥쳤을 때 정면 돌파를 시도하는 적극론자가 아니라 간접 해결 방식을 선호해 측면 돌파나 회피, 책임 전가, 이이제이 등의 위기 해결 방식을 택했고 특히 발뺌의 달인이라 할 수 있었다.

고종은 1873년 10월, 최익현의 상소를 이용해 대원군의 낙마(落馬)를 실현시킨 뒤 최익현을 대역죄로 처벌하라는 대원군파의 정치 공세를 교묘히 빠져나갔다. 섭정 조 대비가 가볍게 처벌하라는 지시를 내렸다는 핑계를 대고 제주도 유배로 끝냈다. 위기를 경감(輕減)시키는 방법으로 첫 번째이자 최대인 정치 위기를 벗어났다.

1881년 1월, 신사 유람단을 일본에 파견할 때는 재야 유림 척사파의 공격을 피하기 위해 눈속임 공작을 폈다. 50명의 유람단을 보내면서 암행어사로 가장시켜 개별적으로 동래에 모이게 한 뒤 부산에서 배편으로 도일하는 방법을 썼던 것이다. 양반의 나라 조선에선 찾아볼 수 없었던 기만에 의한 위기관리 방식이었다.

고종은 김옥균과 박영효의 개화 정책을 적극 지지하고 중용했으면서도 갑신정변이 실패하자 주저 없이 태도를 바꾸었다.

위안스카이를 견제하기 위해 2차에 걸쳐 한·러 밀약을 추진할 때는 밀약 건이 공개되어 외교 분쟁으로 번지자 〈아랫사람들이 한 짓이어서 아는 바 없다〉며 잡아떼었다.

독립 협회가 주도하는 만민 공동회의 헌의 6조를 받아들여 상원제를 수용하는 태도를 보였다가 하루아침에 반전극을 벌여 독립 협회를 탄압하고 해산시켰다. 독립 협회 지도자들을 대거 구속했다가 항의 집회가 거세지자 재판소장에게 책임을 지워 교체한 뒤 정책 전환을 통해 위기를 수습하려 했다.

헤이그 밀사 사건이 한일 간에 커다란 정치 문제가 되었을 때도 〈모르는 일〉이라고 소극적으로 부인하다가 폐위를 당하는 사태로 몰렸다.

고종은 줏대가 없다든가, 상황에 따라 결정한 바를 바꾼다든가 하는 애매한 처신으로 위기를 관리한다는 평을 들었다. 양쪽의 주장을 듣고 중재 안이나 수습 안을 내기보다는 양쪽의 주장에 동시에 동조하는 습관이 있다는 지적도 받았다.

〈겁쟁이〉이기 때문에 늘 꽁무니를 도사린다는 악평도 들었다.

위와 같은 나쁜 평(評)들은 일본인들이 한국 정부의 무능을 강조하기 위해 의도적으로 고종을 헐뜯었고, 한국의 비판 세력 일부가 가세한 탓에 과장된 측면도 있을 것이다. 그러나 고종이 내성적(內省的)인 성격이었고, 그 성격에 따라 소극적이고 방어적인 위기관리 방식을 택했음을 알게 해주기에 충분하다.

노련하고 유연하다고도 할 수 있으나 그 같은 고종의 성향은 강한 의지력을 가지고 위기를 정면으로 돌파하려다가 실패한 대원군이나 강한 개성을 숨기지 않고 일본과의 싸움을 펴 나가다가 희생된 민비와 좋은 대조를 이룬다. 말하자면 난세에서 살아남는 데 유리한 처세형이다.

그러나 한 나라의 국가 위기관리를 맡은 사람이 일신의 안전을 중심으로 애매한 통치 행위를 할 수는 없는 일이다. 나라가 누란의 위기에 직면했을 때는 더욱 그렇다.

물론 내성적인 성격은 우유부단하다는 소리를 듣지만 결정적일 때 강한 외유내강(外柔內剛)의 측면도 가지고 있다. 역사를 보면 외유내강형이 결정적인 위기에서 정면 돌파형보다 유리했던 경우도 적지 않을 것이다.

대한 제국은 〈을사 늑약 체결〉 이후 사실상 일본의 식민지로 전락했다. 초대 총감으로 한국에 부임한 이토 히로부미가 외교권뿐만 아니라 내정권까지 좌지우지함으로써 식민지 총독과 다름없는 존재로 등장했던 것이다. 일본이 본격적인 한일 병합을 위해 5년을 기다린 것은 국제 정세가 일본에 유리하게 형성되기를 기다리고 있었던 것에 지나지 않는다.

고종이 수많은 위기를 겪었다고 하지만 을사 늑약 체결 건은 그 어느 위기와도 비교할 수 없는 최대의 위기였다. 앞서 지적했듯이 나라가 망하느냐 아니냐가 판가름 나는 결정적인 순간이었다. 일생일대의 목숨을 건 결단력을 과감하게 발휘해야 했을 때였다.

만약 그렇게 했다면 〈총 한 방 쏘아 보지 못하고 나라를 빼앗겼다〉는 역사의 문책은 면할 수 있었을 것이다.

12 일제 강점의 빌미

이완용의 배신, 역사의 흐름을 바꾸다

매국노의 대명사처럼 된 이완용(1858~1926)은 배반자가 되기 전까지의 이력만을 따지면 19세기 말 20세기 초 한국 최고의 정치가 중 한 사람이었다. 청일 양국의 내로라하는 인재들과 겨루어도 전혀 손색없는 국제 감각까지 갖춘 명문가 출신으로 과거 급제-정통 관료의 길을 걸어온 엘리트였다.

신동(神童) 소리를 듣던 소년 이완용은 고종이 국왕이 되는 데 결정적인 다리 역할을 한 이호준의 양자가 되면서 화려한 인생의 막을 열었다. 이호준에겐 장남(李允用)이 있었으나 서자였기 때문에 친척 이완용을 양자로 받아들여 대를 잇게 한 것이다. 조 대비의 조카인 조성하의 장인이기도 했던 이호준은 대원군과 친구 사이였고, 사위를 시켜 조 대비와 대원군 사이에 다리를 놓아 고종이 즉위하는 계기를 만들어 주었다. 그 공로로 벼락출세한 이호준은 30여 년간 대신 직을 두루 걸치는 능력을 과시했다.

양부의 영향을 받으며 10대를 보낸 이완용은 24세 되던 해 과거에 합격, 청요직 자리인 규장각 대교(정1품) 자리에 올랐다.

28세 되던 해 대미 외교를 중시하는 고종의 의중을 꿰뚫고 육영 공원에 입소해 영어를 배웠고, 그 인연으로 초대 주미 공사인 박정양이 부임할 때 차석인 참찬관 자격으로 함께 도미했다. 친미파가 된 것이다.

미국 근무 2년 뒤 귀국한 그는 승정원 좌승지, 이조 참판, 한성부 좌윤 등 중견 관료로 순탄하게 승진을 거듭하다가 1893년 모친상을 당해 3년간 벼슬길에서 물러나 있었다. 재야 생활을 하는 기간 중 동학 농민 봉기, 청일 전쟁이 일어나 격동기를 무사히 넘길 수 있었다.

외부협판(차관급)으로 관직에 되돌아온 그는 손탁이 경영하는 호텔에 자주 드나들면서 구미 외교관과 어울려 정동파의 리더가 됐다.

박정양이 총리대신이 되자 이완용은 38세의 나이에 학부대신 자리에 올랐다. 그러나 4개월 만에 을미사변이 일어나는 바람에 미 공사관에 피신하는 신세가 되었다. 이완용은 이범진, 미국 공사관, 선교사 등과 함께 일본 세력에 의해 감금되다시피 된 고종을 궁궐에서 탈출시키려던 춘생문 사건에 관계했다가 다시 미 공사관으로 들어가 숨어 살았다.

1896년 7월에는 서재필이 주도한 독립 협회 발기 때는 발기인으로 참여해 초대 위원장이 되고, 나중에는 2대 회장을 역임했다. 독립문 건립, 독립신문 발행에도 관여했다.

매국노가 된 뒤의 부분은 후세 역사가들에 의해 공공연히 무시되고 있다.

1897년 10월, 대한 제국이 출범하자 고종의 비서원경에 임명되었다. 자신의 정적인 수구파와 밀착했던 베베르 공사와 결별했고, 때문에 평남 관찰사로 쫓겨 나갔다가 베베르가 스페예르로 교체된 뒤 중앙 정계에 되돌아왔다.

독립 협회 회장 시절, 만민 공동회를 열어 정부와 마찰을 일으키자 비서원경에서 전북 관찰사로 다시 좌천되어 독립 협회에서 이탈했다.

1905년 9월, 다시 학부대신 자리에 오르면서 친러파에서 친일파로 변신하여 을사 늑약 때 매국노 역할을 연출했다.

일제의 통감 통치가 시작된 뒤에 통감 이토 히로부미는 이완용의 강력한 후원자이자 직속상관이었다. 물론 고종은 이를 갈며 미워했지만 이미 인사권을 빼앗긴 뒤여서 내칠 수가 없었다. 이토는 고종의 반대를 무릅쓰고 1907년 이완용을 총리대신 자리에 올렸다.

이완용은 그 뒤 헤이그 밀사 사건에 대한 책임을 지고 고종이 퇴위하는 공작을 주도했고, 조선의 입법권과 행정권까지 일본에 내주는 정미 7조약을 맺었으며, 일진회(一進會)를 만들어 1910년 한일 병합을 주선하는 등 본격적인 매국의 길을 걸었다. 그 공로로 백작의 지위와 함께 한일 양국을 통틀어 공로자 중 가장 거액인 15만 원의 돈을 받아 조선 제2의 갑부가 되었다.

시(詩), 서(書), 화(畵) 모두에 능통했는데 특히 붓글씨는 명필이란 중평이었으며 서양 문명에 이해가 깊은 미국통이기도 했다. 신중하고 생각이 깊은 사색형에 의지가 강하며 과단성도 있다는 평을 들었다.

이완용은 변신의 달인이었다. 상황에 따라 친미파에서 친러파로, 친러파에서 친일파로 노선을 손바닥 뒤집듯 바꾸었다. 주미 공사관 시절 함께 일하기도 했고 정동 구락부에서 계속 친분을 쌓으면서 사이가 돈독했던 미 공사 앨런이 나중에 〈가장 질 나쁜 인간〉이라고 악평할 정도였다.

그러나 단순한 기회주의자는 아니었다. 나름대로 변신의 철학을 가진 실용주의자였다고나 할까. 원래 그는 〈천도(天道)에 춘하추동(春夏秋冬)이 있어 이를 변역(變易)이라 하고 인사(人事)에 동서남북이 있어 이 또한 변역이라 한다. 천도와 인사가 때에 따라 변역하지 않으면 이는 실리를 잃어 끝내 성취한 바가 없을 것〉이라는 철학을 가지고 있었다. 세상 돌아가는 데 따라 사람이 적응해야 실속이 있다는 생각인 것이다. 그 같은 처세 철학은 나중에 자신의 친일 행각을 합리화하는 〈실력 양성론〉으로 발전했다.

그는 대내외의 대세로 보아 한국의 독립은 불가능하고 일본의 지배 아래 발전하면서 민족의 실력을 양성해야 할 때이니 섣부른 독립 주장으로 탄압을 자초하지 말라고 했다. 소위 실력 양성론의 골자이다. 그 실력 양성론은 이후 친일파가 되거나 친일파로 전향한 민족주의자들의 지침이 되었다.

이완용이 이토 앞에서 연출한 〈투항 선언〉은 개인의 부귀영달을 위해서는 성공적인 위기관리일지 모르나 중요 국정 책임자의 한 사람인 공인의 입장에선 황제와 나라, 민족에 대한 배반이고 반역이었다. 그것은 위기관리에 있어 공사(公私)의 입장이 상반될 수 있고, 그 차이가 하늘과 땅처럼 클 수도 있음을 보여 주고 있다.

이토가 나중에 〈이완용이 나서서 대사의 제안을 어찌할 수 없을 것이다라고 말함으로써 협약 체결이 비롯되었다〉라고 회고하며 탁견과 용기를 갖춘 비범하고 탁월한 인물이라고 격찬한 것을 보면 일본에 얼마나 큰 도움이 되었는지를 짐작케 한다.

이완용은 생애 말년에 아들에게 〈매국노의 후손으로 보복을 당할 것이 안타깝다〉고 말했다고 한다. 그 누구보다 자신의 배반 행위가 대한 제국에 엄청난 결정타임을 알고 있었고, 그 후유증까지 내다보고 있었음을 알 수 있다.

서양을 잘 알고 있었을 뿐 아니라 뛰어난 통찰력도 가지고 있는 등 당대 제1급 지식인이던 그가 적극적으로 반일 입장을 고수하면서 고종의 위기관리를 보좌했더라면 어떠했을까?

실용주의가 왜 위기관리 방식이 되었나

이완용의 실력 양성론에 사상적 겉옷을 입히고 현실 사회에서 폭넓게 실행함으로써 본격적인 실용주의로 자리 잡게 한 인물 중 한 사람이 윤치호였다. 그 실용주의 노선은 동서양의 사상적 접합점 위에 기초를 둔 채, 일제 강점기를 거치면서 한국 사회에 정착함으로써 위기관리 방식의 하나로서의 위상을 확보했다. 무장 항일 독립 투쟁이라는 정면 대응의 전통적인 위기관리 방식에 대칭되는 비폭력적 민족 운동이라는 위기관리 우회 전략을 제시한 것이다.

그러한 실용주의는 광복을 맞으면서 한국 보수주의의 원류(原流)로 전환되었고, 21세기에 들어와 이명박(李明博) 정부의 창조적 실용주의까지로 맥을 이어 가게 되었다.

1865년 무관 출신으로 대신까지 지낸 윤웅렬(尹雄烈)의 장남으로 태어난 윤치호는 이완용보다 8년 아래였으나 중앙 정치 무대에선 선배였다. 이완용이 25세 때인 1882년 과거에 급제하면서 관계에 첫발을 디뎠을 때 윤치호는 그다음 해 18세 나이에 미국 초대 공사 푸트의 통역관이 되어 궁중을 자주 드나들면서 하루아침에 고종의 신임을 받는 비중 있는 인물로 떠올랐던 것이다.

윤치호는 갑신정변 때 참여하지 않았으나 김옥균과 친하게 지낸 것이 공지의 사실이어서 1885년 상하이로 피신하면서 영어를 익힌 뒤 1888년 미국 유학길에 올랐다. 어학에 천부적인 재질이 있다고 알려진 그는 밴더빌트와 에머리 대학에서 수학한 뒤 미국인보다 더 완벽한 영어를 구사한다는 소리를 들으며 1895년에 귀국, 학부협판이 되는 등 관직에 중용되었고, 서재필과 함께 독립협회를 주도하는 지도적 인물로 부상했다.

윤치호는 이완용이 친미, 친러, 친일로 변신에 변신을 거듭하던 것과는 달리 친미파로 일관했다. 그러나 비미(批美)의 입장이 강한 조건부 친미였다. 유학 시절엔 심한 인종 차별을 받으면서, 또 나중에는 같은 목사이면서도 미국 선교사들로부터 차별 대우를 받으면서 백인 우월주의에 대한 반발심과 적개심을 품었기 때문이다.

때문에 윤치호는 백인의 나라와 대등하게 경쟁하는 황인종의 나라 일본에 호감을 가졌다. 그러면서도 역시 비일(批日)의 태도를 견지했다.

1937년 중일 전쟁 때 일본이 종국적으로 승리하리라는 오판(誤判)을 하고 본격적인 친일파로 전락하기 전까지는 중립적인 자세를 유지하며 일본과 일정한 거리를 두고 있었다.

근·현대사의 중요 사료(史料)로 평가받는 명문의 윤치호 일기에는 그의 비일 의식을 입증하는 구절들이 폭넓게 깔려 있다.

윤치호가 유학할 당시 세계는 허버트 스펜서Hubert Spencer의 사회 진화론Social Dawinism이 풍미할 때였다. 찰스 다윈의 적자생존론과 비견되는 평가를 받았던 스펜서의 사회 진화론은 약육강식, 적자생존, 우승열패의 논리를 제시함으로써 제국주의 시대 열강의 식민지 쟁탈전을 뒷받침하는 이론이 되었다.

윤치호는 사회 진화론의 논리에 관심을 갖지 않을 수 없었고, 대한 제국이 강대국의 침략을 벗어날 수 없는 입장임을 절감했다.

일본은 인종주의와 사회 진화론을 결합한 범아시아주의를 내세워 자국의 지식인은 물론 한국과 중국의 지식인까지 포용하려는 움직임을 보였다. 그것은 범슬라브주의나 범게르만주의, 범미주의를 흉내 낸 범일본주의의 다른 이름이었다. 말하자면 황인종이 대동단결해 백인종과 결사 투쟁해야 하고 일본이 앞장서는 역할을 해야 한다는 일본 맹주론이었다. 그 내용은 열강의 침략에 허덕이고 있는 중국은 물론 한국에도 많은 영향을 끼쳤다.

윤치호는 한국이 독립을 유지하기 어려우므로 점진적으로 문명화, 개명화의 길로 들어서 자강(自强)을 이룩하는 일부터 해야 한다는 생각을 일찍부터 가지게 되었다.

겉으로는 일본 통감 통치, 총독 통치와 타협하면서 속으로는 교육, 계몽 운동을 민족 운동 차원으로 전개한다는 전략을 채택했다. 말하자면 우회 전략을 통해 위기에 대응하는 실용주의의 시작이었다.

1905년 을사 늑약이 체결되자 국망(國亡)을 기정사실로 보고 관직에서 벗어났다. 이후 애국 계몽 운동에 나서면서 대한 자강회를 만들어 그 회장이 되었다. 또 미 남감리회의 중등 교육 기관인 한양서원의 초대 원장이 되어 조선 감리교의 지도자로 떠올랐다.

1908~1909년에는 〈실력 양성이 우선이다〉라면서 망명지 미국에서 귀국한 도산(島山) 안창호(安昌浩)와 손잡고 평양 대성(大成)학교를 설립한 뒤 교장과 청년 학우회 회장 직을 맡으며 한국 기독교계의 대부(大父)로서 종교 활동과 교육·계몽을 통해 수많은 인재들을 키우는 데 공헌했다.

윤치호는 실용주의 노선에 철저했기 때문에 무장 독립 투쟁에는 반대하는 입장이었다. 일본의 막강한 군사력을 현실적으로 극복하거나 타도할 수 없는 데다 일본의 탄압을 가중시키는 부작용이나 역작용이 더 크다고 보았다. 말하자면 세계적 군사 강국으로 부상한 일본에 섣불리 정면 대응하다가 철저히 파괴당할 것이 아니라 시간을 벌면서 실력을 키워 극복하자는 우회 전략이라 할 수 있다.

일본에 탄압의 강도를 높일 수 있는 빌미를 주는 것이 작은 위기를 더 큰 위기로 만들 수 있다고 우려해 독립 운동 자금을 염출하는 데는 반대하면서도 하와이에서 비폭력 외교 투쟁 방식으로 독립 운동을 펴던 우남(雩南) 이승만(李承晩)을 지지하는 흥업 구락부를 오랫동안 이끌었다.

국내에서 미국에 있는 이승만을 적극 지원했던 이상재(李商在), 한때 독립 운동가였던 최인(崔麟), 「시일야방성대곡」의 사설을 썼던 장지연, 이광수(李光洙), 최남선(崔南善) 등 수많은 지식인들이 윤치호와 같은 발상 아래 실력 양성론, 민족 개량론 등을 내세우며 실용주의의 대열에 참여했다.

『민족 운동의 분화와 대중 운동』(〈한국사〉 49)에 의하면, 실용주의의 영향 속에서 농민 운동, 노동 운동, 여성 운동, 백정(白丁)들의 신분 해방 운동, 청년 운동, 학생 운동이 광범위하게 전개되었다. 운동 주체도 부르주아 민족주의 세력, 사회주의 세력, 무정부주의 세력 등으로 나뉘어 있었고, 민족주의 세력도 좌파와 우파로 분화되었다.

민족주의 세력은 1927년 1월 15일 독립 운동을 위한 정치 단체로 신간회를 결성, 1931년 5월 16일까지 4년 4개월간 활동하다가 일제에 의해 강제 해체되었다. 지방 조직이 150여 개, 회원 수가 4만여 명이었던 독립 운동 사상 최대 규모였고 우파와 좌파가 서로 제휴해 추진한 민족 협동 전선이었다.

부르주아 민족주의 우파는 일제에 타협하면서 물산 장려 운동과 민립 대학 설립 운동을 폈다가 일제의 탄압과 국민들의 미온적인 반응으로 실패했다. 이들은 좀 더 타협적으로 나아가 세 차례나 일제 당국의 양해 아래 자치 운동을 추진했고, 일제 말기에는 종속적 근대화의 길을 선택하기까지 했다.

실용주의 노선의 문제는 민족의 정체성(正體性)을 거역하고 일제와 타협한다는 점이었다. 겉으로는 일본과 협력하지만 내부적으로는 민족 운동을 편다는 실용주의의 이중 구조는 변명이나 자기 합리화에 불과해 보였다. 안팎이 모두 썩은 골수 친일파와 구별하기도 힘들었다. 한반도 지식인들의 협조가 필요한 일제가 명예와 부를 미끼로 썼기 때문에 실용주의자들은 잘 먹고 잘 살았다. 윤치호가 한국의 부자 서열 십 몇 째라는 것이 대표적인 예가 된다. 그것은 춥고 배고픈 고난의 역경 속에 싸우고 있는 독립 투쟁 세력은 말할 것도 없고, 민초들의 정서에 비추어 보더라도 배신자의 풍요한 삶으로 간주되었다.

뿐만 아니라 적자생존, 우승열패의 논리 위에서 잉태한 실용주의가 일본의 압도적인 우세가 지속될 경우 우열의 차이도 계속되어 한국이 실력 배양을 하더라도 영원히 식민지 상태를 벗어나기 힘든 게 아니냐는 논리상의 모순을 안고 있기 때문에 딜레마였다. 때문에 실용 노선은 친일파, 변절자, 기회주의자, 투항주의자, 패배주의자 등 온갖 이름으로 매도당할 수밖에 없었다.

그러나 장기적인 위기관리 관점에서 보면 실용주의 노선은 긍정적인 측면을 드러낸다. 일본 제국주의의 팽창 야욕이 좌절되는 역사의 전개 과정을 보면 민족의 역량을 키워 놓아야 한다는 실용 노선의 거대 담론이 친일 행위를 호도하는 구실이나 변명만은 아니었음을 알게 해준다.

좌우 대결 등 혼란을 겪었지만 대한민국을 건국하는 데 성공했고 종교, 교육, 산업 활동을 통해 양산된 인재들이 그 뒤 한국의 근대화를 이룩하는 데 있어 주도적 역할을 한 과정을 보면 실용주의가 근대화를 위한 초석 쌓기의 견인차였음을 부정하기가 어렵다.

민족의 정체성 문제에선 방관자 위치였으나 민족의 근대화 과제에는 선구자 역할을 수행한 것이라고 볼 수 있는 것이다.

실용 노선과 양 날개론

한국의 실용주의는 다른 나라의 그것과는 다른 독특한 성격을 가졌다고 할 수 있다. 중요한 위기관리 방식으로 자리매김하는 특성을 지니고 있는 것이다.

그 점은 역사의 선례(先例)에서 비롯되는데, 1636년 12월 2일에 일어난 병자호란(丙子胡亂) 때 등장했다. 청 태종이 청병(淸兵) 7만 8천 명, 한병(漢兵) 2만 명, 몽골병 3만 명 등 12만 8천 명으로 구성된 대군을 몰고 국경을 침입, 20일 만에 인조(仁祖)가 방어군을 지휘하고 있는 남한산성을 포위하고 항복을 독촉했을 때 인조의 조정은 속수무책이었다.

위기 대응 방식을 놓고 주화파(主和派)와 척화파(斥和派)가 대립했다. 최명길(崔鳴吉) 등 주화파는 압도적인 적의 대군을 맞아 승산 없는 싸움을 계속해 무고한 백성들만 어육(魚肉)을 만들 것이 아니라 강화를 맺어 전쟁의 참화에서 벗어나야 한다고 주장했다. 김상헌(金尙憲) 등 척화파는 이에 대해 오랑캐에 무릎을 꿇느니 차라리 죽기를 각오하고 싸워야 한다며 결사 항쟁을 부르짖었다.

인조는 최명길의 주장을 받아들여 항복의 길을 택했다.

성리학 일변도의 교조주의적 사고방식이 만연한 조선 조정에서 현실에 유연한 입장이던 양명학(陽明學)에 조예가 깊었던 최명길이 실리론으로 국난(國難) 타개의 문을 열었던 셈이다.

그러나 결사 항쟁을 외친 척사파의 주장이 헛구호로 끝난 것은 아니었다. 척화파의 대의(大義)와 명분(名分)이 조정과 백성들이 굴욕적인 패배감을 극복케 하는 자신감을 가져다주었고, 상처 입은 국가 위신을 되살리는 정체성(正體性)을 안겨 주었던 것이다.

주화파의 실용주의와 척화파의 명분주의는 극(極)과 극을 달리는 상반(相反)된 입장이었으나 상호 보완이라는 접점(接點)을 통해 국난 극복이라는 국가 위기관리 방식을 창출했다.

한반도의 지정학적 특성에서 비롯된 이 방식은 명분과 실리라는 양 날개를 가지고 있어야 제대로 날 수 있다는 생존 논리를 정립한 것이다.

하지만 그 후의 역사를 보면 양 날개론은 현실에 뿌리를 내리지 못했다. 대외 위기가 없는 평화 시기가 지속되면서 노론(老論) 세력의 일방적인 독주가 진행되는 가운데 명분론만 힘을 받게 되었다. 양 날개 중 하나만으로 버티는 구조로 왜곡되어 버린 것이다. 그 과정에서 김상헌의 가문이 조선 최대의 명문가(名門家)로 부상했고 조선은 대의명분만 앞세우는 사회가 되었다. 다른 날개라 할 수 있는 실리론의 남인 등은 현실 정치에서 배제된 채 재야에서 실학(實學)을 일구며 잔명(殘命)을 꾸려 갔다.

양 날개론이 다시 역사의 전면에 등장한 것은 고종 시대였다.

이항로 등 골수 노론이 위정척사론을 들고 나서면서 전통적인 명분론을 고수했고, 실학의 영향을 받고 성장한 김옥균 등 개화파가 실리론(개화론)을 펴며 갑신정변을 일으켰다. 그 뒤 명분파는 국망(國亡) 과정에서 항일 의병 운동에 참여했고 그 흐름은 무장 독립 투쟁으로 이어졌다. 개화론은 독립 협회를 거쳐 실력 양성론 등 실용주의 노선으로 맥을 이어 갔다.

일제 강점기를 맞은 한민족이 택한 위기 대응의 양 날개가 무장 독립 투쟁과 실용주의 노선으로 재편된 것은 그 원형이 병자호란 때의 명분론과 실리론이랄 수 있었다.

광복을 맞고 나서 정국을 주도한 쪽은 실용주의 노선이었다. 보수 우파가 된

이 노선은 진주한 미군에 협조하며 대한민국 건국에 참여했고 경제 개발을 주도했다. 명분파는 반독재 민주화 투쟁의 원류가 되어 한국의 민주화를 추진하는 동력을 제공했다.

김영삼(金泳三)의 문민정부는 민주화 추진 세력과 경제 발전 세력이 그간의 대결 구도에서 벗어나 상호 협조·보완을 시도한 정치 실험이었다.

그 뒤 김대중(金大中), 노무현(盧武鉉) 등 좌파 정권의 출현이 가능할 수 있었던 것은 문민정부의 정치 실험이 거둔 성과가 바탕이 되었기 때문이다.

두 좌파 정권의 실정(失政)이나 보수 우파의 부진 등 시비로 초점이 흐려져 있으나, 좌파의 등장으로 양 날개가 균형을 갖추게 된 것은 병자호란 이후 3백 수십 년 만의 일이다. (좌우 노선과 명분론—실리론 간의 상관관계는 별도로 따져 볼 과제이다.)

지금 우리에게 중요한 것은 좌우 노선의 어느 쪽이 이기고 지느냐에만 있는 것이 아니다. 좌우 이데올로기에 매달려만 있을 것이 아니라 〈양 날개〉로 국난을 극복했던 선조들의 정치적 지혜를 깊이 연구할 필요가 있다. 왜냐하면 그것이야말로 한반도에만 있었던 독특한 위기관리 방식이기 때문이다.

무엇보다 이데올로기의 양극화를 극복하고 공존공생하는 통합의 노력이 필요하다. 그것은 한반도의 통일을 준비하는 민족의 위기 대응 방식으로 통하게 될 것이다.

안중근의 승부수, 민족의식 일깨워

19세기 말에서 20세기 초에 이르기까지 외국의 눈에 비친 한국은 긍정적인 평가보다 부정적인 관점이 더 많았고, 또 더욱 뚜렷하게 부각되고 있었다.

〈게으르다, 더럽다, 활력이 없고 개혁 의지가 없다, 온순하고 겁쟁이다……〉

라고 지적한 외국인들의 인상기가 곳곳에서 발견된다.

　그 같은 선입관을 전제로 어떤 영국인은 〈일본인들의 놀라운 애국심에 비해 한국인들은 가정이나 국가에 대한 자부심이 없고…… 애초에 독립국의 자질을 가지고 있지 않다〉라고 평했고, 일본의 한 정치가는 〈용기도 없고, 애국심도 없고, 그리고 신체가 강하면서도 유순한 이러한 나라는 무엇이 적당한가 하면 속국이 되는 외에 다른 방법이 없다〉는 오만한 망언을 공공연히 내뱉었다.

　루스벨트 미 대통령이 1905년 1월에 〈우리는 조선인들을 위해 일본에 간섭할 수 없다. 조선인들은 자신들을 위해 주먹 한번 휘두르지 못했다〉라고 공언한 것이나 이토 히로부미와 함께 을사 늑약 체결을 주도한 일본 공사 하야시가 〈위험을 각오하고 있으나 서울에는 나를 공격할 배짱 있는 자가 없다〉는 안하무인의 발언을 한 것은 한민족의 무력(無力)을 비웃은 것이지만 대한 제국의 국가 위기관리 체제가 허술한 현실을 꿰뚫은 말이었다.

　을사 늑약은 그 같은 모욕적인 평가를 입증이라도 하듯 무력하게 체결되었다. 대한 제국의 정부도 그랬지만 그날 서울 시민들도 아무 일 없다는 듯 무심하게 하루를 지냈다.

　이 과정을 지켜본 청의 일본 유학생 천톈화(陳天華)가 〈조선이 멸망한 것은 멸망당한 것이 아니라 스스로 멸망한 것이다. ……이대로 가면 청나라도 조선처럼 멸망할 것이다〉라는 유언을 남기고 자살했고, 청의 저명한 개화사상가 량치차오는 대한 제국과 대한 국민이 제대로 힘 한번 써보지도 못하고 굴복한 것을 보고 개탄했다.

　한국에 동정적이던 영국 언론인 프레드릭 매켄지Frederick Mackenzie는 〈오늘날 한국이 독립을 상실한 것은 대체로 왕조의 부패와 취약성에 원인이 있다는 사실을 부인할 수 없다〉고 평했다. 대한 제국을 이해하고 있던 외국인들조차 깊이 실망하고 있었다.

　그러나 한국 국민들이 잠만 자고 있던 것은 아니었다.

조약 체결이 일반에 알려지자 다음 날부터 궁궐 앞에는 조약 파기를 요구하는 군중들이 몰려들기 시작했고 을사오적을 성토하는 소리가 전국에 일제히 퍼져 나갔다. 여기에 황성신문 주필 장지연(張志淵)이 쓴 유명한 논설 「시일야방성대곡(是日也放聲大哭)」이 발표되면서 규탄의 목소리가 더욱 커졌다.

항일 투쟁이 막을 올렸고, 민족주의가 이 땅에서 태어나고 있었다. 국민이 작동 불능된 정부의 위기관리 시스템의 대리자로 역사의 전면에 등장한 것이다.

전 참정대신이자 시종무관이던 민영환, 특진관 조병세(趙秉世), 학부 주사 이상철(李相哲), 갑신정변의 주역 홍영식의 형인 찬정 홍만식(洪萬植), 주영국 공사 이한응(李漢應) 등이 자결함으로써 조약 체결 반대의 뜻을 분명히 했고, 을사오적이 습격당하거나 그들의 집이 불탔다.

전 참판 민종식(閔宗植)과 노(老)유학자 최익현 등이 봉기하는 등 전국 곳곳에서 의병이 궐기했다.

1907년 7월의 정미 7조약 체결에 이어 8월에 진행된 대한 제국 군대의 해산은 의병 투쟁에 새로운 전기를 가져왔다. 정규 군사 훈련을 받은 군인들이 의병에 가담하면서 전투력이 강화되어 일본군 소부대를 격파하는 전과를 올렸다.

이 시기 고종은 직·간접적으로 의병 궐기에 관여했으며, 1907년부터 1910년까지 참여한 의병 수는 14만 1602명이었다. 1만 7천6백여 명의 의병이 희생되었고, 1908년에 일본군과의 교전 횟수는 1976회, 교전 의병 수는 8만 2767명이었다.

그러나 의병 항쟁은 일본 정규군의 본격적인 토벌의 벽을 넘지 못했고 이렇다 할 매체(媒體) 수단도 없어 세계 여론에 제대로 반영되지 않는 바람에 파급 효과가 극히 미미했다.

한민족의 기개가 처음으로 세계에 제대로 알려진 것은 1908년 3월 미국 교포인 장인환(張仁煥)과 전명운(田明雲)이 친일 미국인인 스티븐스D. W. Stevens를 권총으로 쏘아 중상을 입혔다가 사망케 한 사건 때문이다.

일본의 독점적인 만주 경영 정책의 등장으로 그때까지 밀월 상태였던 미·일 관계가 냉각되자 이에 당황한 일본 정부는 대한 제국의 외교 고문으로 일하던 스티븐스를 귀국시켜 반일 여론을 무마하려 했다.

스티븐스는 귀국 활동 과정에서 일본의 대한 제국 국권 침탈 행위를 합리화하는 발언을 했고, 이에 격분한 두 사람이 서로 아는 사이도 아니면서 같은 자리에서 스티븐스를 공격했던 것이다. 전명운이 먼저 쏘았으나 치명상이 아니어서 스티븐스가 반격에 나섰는데, 장인환이 다시 저격, 중상을 입혔고, 병원에 실려 간 스티븐스는 2일 뒤 사망했다.

당시 미국의 여론은 테러 행위였다는 점에서 부정적이었으나, 한국인이 무력한 민족이 아니라는 점을 보여 주기 위해서는 다른 선택의 여지가 없었다.

두 사람의 거사가 있고 나서 1년 7개월 뒤인 1909년 10월 26일, 31세의 열혈 청년인 안중근(安重根) 의사가 만주 하얼빈 역에서 을사 늑약의 원흉인 초대 조선 통감 이토 히로부미를 사살하는 대사건이 일어난다.

일본 메이지 유신의 원훈(元勳) 중 한 사람인 이토는 일본 국왕이 가장 신뢰하는 원로 정치인이고 국제적인 명성을 지닌 거물이기도 해서 세계적으로 충격이 컸고, 한국·중국·일본 등 동양 삼국에 후폭풍도 거세게 몰고 왔다.

위기관리 측면에서 안중근 의거가 삼국에 끼친 영향력을 간추려 본다.

일본이 만주 독점을 기도하는 것을 보고 러시아가 경계심을 보이기 시작하고, 미국이 그 같은 러시아에 접근하려 하자 이토 히로부미는 미국·러시아의 결합을 예방하기 위해 러시아를 달래려고 하얼빈에 왔다가 목숨을 잃었다.

당시 이토와 회담을 가지려던 러시아 재무상 코코프체프는 만주의 둥칭 철도를 미국에 팔려는 구상을 가지고 있었고, 그의 라이벌인 외상 이즈볼스키는 오히려 일본과의 협력을 바라고 있었기 때문에 일본으로서는 코코프체프와의 회담이 중요했다. 러시아가 미국과 손을 잡을 경우 목전의 한국 병합 계획에까지 큰 영향을 주게 될 것이므로 가쓰라 타로 총리가 이토에게 하얼빈행을 부탁했고, 67세 나이의 이토는 국가에 대한 마지막 봉사라면서 비장하게 응했다는 것이다.

그 같은 상황의 전개는 블라디보스토크에서 항일 투쟁의 돌파구를 찾아 부심하고 있던 안중근에게 뜻하지 않은 기회를 가져다주었다. 위기관리에서 때로는 행운이 결정적인 요인이 될 수 있음을 보여 주고 있다.

안중근은 자신의 목숨을 걸고 국가 위기의 주범이자 원흉인 이토를 제거함으로써 한민족의 기개를 과시하고, 수천 수만 명의 의병이 일본군과 싸운 것 이상의 전과(戰果)를 올릴 수 있었으며, 불법적인 일본의 침략을 전 세계를 상대로 규탄할 수 있었다.

안중근은 〈이토는 대한 제국의 자주독립을 침탈했을 뿐 아니라 동아시아 평화를 교란한 원흉이며, 나는 군인으로서 그를 처단한 것〉이라면서 저격의 정당성을 당당하게 폈고, 한 걸음 더 나아가 『동양 평화론』까지 집필했다.

그는 한국뿐 아니라 동양의 영웅이 되었다. 안 의사의 의거는 항일 민족 운동사에 거대한 족적을 남겼는데, 항일 투쟁에 있어 일본의 요인과 주요 시설을 공격하는 의열(義烈) 투쟁 방식을 제시했다.

막강한 전력을 지닌 일본군과의 정면 대결이 어렵고 게릴라전조차 힘든 상황에서 의열 투쟁은 약소국의 국민들이 취할 수 있는 위기 타개의 한 전술일 수 있음을 자기희생을 통해 알려 주었던 것이다. 그 같은 의열 투쟁 방식은 그 뒤 강우규(姜宇奎), 나석주(羅錫疇), 김원봉(金元鳳), 이봉창(李奉昌), 윤봉길(尹奉吉) 의사 등의 의거로 그 전통을 이어 갔다.

안 의사는 또 민족의 항일 투쟁 의식을 크게 고취시켰다. 그 영향은 일제 강점기는 물론 하얼빈 의거가 있은 지 백 년이 되어 가는 시점까지 민족의 가슴속에 생생히 살아남아 있다.

안 의사는 일본의 침략에 시달리던 중국과 중국인들에게도 충격과 영향을 주었다. 을사 늑약 때 한민족의 무력함을 탓하던 량치차오가 태도를 바꿔 〈이제 중국 사람들은 안중근에게서 배워야 한다〉고 찬양하는 데 앞섰고, 중국 신해혁명의 지도자이자 중국의 국부(國父)로 추앙된 쑨원(孫文)은 안 의사의 하얼빈 의거를 찬양하는 예송 시까지 지었다.

중국인들은 안 의사의 이토 저격 때문에 일본의 침략으로 만주가 없어지게 될 것을 막았다며 고마워했고, 안 의사처럼 용감하게 항일 투쟁을 해야 한다고 공감했던 것이다.

안 의사의 의거로 가장 충격이 컸던 나라는 일본이었다.

청일 전쟁, 러일 전쟁으로 승승장구하던 일본에 통한의 일격을 가한 사건이었던 것이다.

_안중근은 동양 삼국 공통의 영웅

안중근 의사는 무반(武班)을 많이 배출했고, 나중에는 한국에서 대표적인 항일 운동 가문이 된 집안에서 1879년 9월 3일 태어났다.

할아버지 안인수(安仁壽)는 미곡업으로 거만(巨萬)의 재산을 마련, 황해도 2, 3위의 재력가가 되었고 아버지 안태훈(安泰勳)은 6남 중 셋째였다.

안중근 가문은 3대에 걸쳐 수십 명의 자손들이 반외세, 반봉건 투쟁에 참여했으나, 동학 농민 봉기 때는 체제 지지의 보수파 양반이어서 수백 명의 동리 청년들을 무장시켜 농민 봉기군과 싸웠다.

공부보다는 사냥을 좋아하던 안중근은 이미 12세에 화승총의 명사수가 되어 있었고, 16세 때 농민 봉기군과 싸울 때는 선두에 서서 용맹을 떨쳤다. 이때 동학 농민 항쟁에 가담했다가 피신해 온 백범(白凡) 김구(金九)를 만나게 된다.

안중근 일가는 아버지 안태훈 등이 천주교 신부의 도움으로 옥중에서 풀려날 수 있었던 것을 계기로 천주교 신자가 되었고, 안중근은 프랑스 선교사로부터 프랑스어와 과학을 배웠다. 황성신문 등 출판물을 애독하며 민족의식을 일깨웠고, 을사 늑약이 체결된 26세 때 항일 투쟁을 결심했다.

1906년 미국에서 도산(島山) 안창호(安昌浩)가 돌아와 평양에 대성학교, 정주에 오산 (五山)학교를 세우고 계몽 운동에 나서자 안 의사는 평양에 가서 여러 차례 안창호를 만나 독립 운동에 관한 깊은 의견을 나눈다.

안 의사가 대한 제국의 국권을 회복하기 위해서는 첫째 육영 사업, 둘째 산업 진흥, 셋째 항일 투쟁이 필요하다고 주장하게 된 것은 실력 양성론이 지론인 안창호의 영향을 크게 받았기 때문인 것임을 알 수 있다.

안 의사는 1906년 3월부터 1909년 9월까지 국내와 러시아의 블라디보스토크 일대에서 교육 사업, 학회 활동, 의병 활동, 의열 활동을 폈다. 1908년 블라디보스토크에서 독립군 부대를 창설해 총독에는 김두성(金斗星)을 앉히고 자신은 참모 중장을 맡았다. 하얼빈 거사 뒤 조사를 받을 때 이토 저격이 의병 전쟁의 일환임을 주장하기에 이르렀다.

뿐만 아니라 독립군 3백여 명을 지휘해 두만강 건너 경흥(慶興)과 회령(會寧)의 일본 수비대를 습격해 전과를 올리는 등 13일간 30여 차례의 전투를 벌였다. 적에게 손실도 입혔으나 독립군 병사들도 많이 전사했다.

정규전은 물론 게릴라전을 치르기에도 여러 가지 여건으로 한계가 있음을 절감하여 소수의 인원으로 적의 요인을 저격하는 의열(義烈) 활동으로 전환하는데, 1909년 1월 11명의 동지들과 왼손 무명지를 자르는 단지(斷指) 동맹을 맺으면서 을사 늑약의 원흉 이토 히로부미, 매국노 이완용을 제거키로 결의한다.

구한말 한국 지식인과 독립 운동가들에게 큰 영향을 준 청나라의 개화 이론가 량치차오는 1904년 군사력으로 강대국과 맞설 능력이 없는 약소국이 외적(外敵)에 대한 대항 수단으로 암살(暗殺)이라는 폭력적 수단을 쓸 수밖에 없다는 점을 강조했다.

량치차오는 핀란드 민족 운동가들이 러시아 총독을 암살한 데 대해 〈러시아의 폭정 아래 신음하는 핀란드 민족의 적을 죽임으로써 러시아 조정의 간담을 서늘케 한 것은 참 잘한 일〉이라고 주장했고, 만주 침략을 주장하는 강경론의 러시아 내무 장관이 동족에게 암살당하자 〈인도(人道)의 공적(公敵)이 죽은 것은 세계의 경사〉라고 신문에 썼다.

러일 전쟁 뒤 세계적 강군으로 발돋움한 일본군과 싸워야 하는 의병 전쟁은 일방적으로 밀리는 불리한 싸움이었다. 일본군의 전면적인 토벌 작전으로 한국 내 의병 기지가 분쇄되었고, 만주 등 해외의 의병 활동도 부진했다.

안중근은 량치차오의 글을 통해 소수 정예가 펴는 의열 활동의 필요성을 확인하고 전술을 바꾸게 된 것이라고 볼 수 있다.

안 의사는 량치차오의 테러 불가피론에서 한 걸음 더 나아가 의열 활동을 독립 전쟁의 일환으로 확대하는 논리를 개발하기까지 했다. 그가 체포되었을 때 독립군 참모 중장의 자격으로 적장을 처형한 것인 만큼 일반 재판이 아닌 군사 재판을 받아야 한다고 주장한 점을 보면 그것을 확인할 수 있다.

그러나 일본 정부는 안 의사의 주장을 무시하고 군사 재판이 아닌 정치 재판으로 속결 처리해 버렸다. 외무성이 사형을 결정하고 이를 재판부에 알려 따르도록 강요하는, 선진국에서는 유례가 없는 치졸한 불법을 자행했던 것이다.

안중근 의사는 한·중·일 동양 삼국에서 공통으로 통하는 영웅이었다.

안 의사는 한국뿐 아니라 중국인들도 존경했다. 만주에서는 오랫동안 안 의사를 주인공으로 하는 연극이 상연되기도 했다. 중공(中共) 시절의 제2인자인 저우언라이(周恩來)가 젊은 시절 부인과 함께 안 의사에 관한 연극을 여러 차례 공연했다는 것도 널리 알려진 사실이다.

조사 과정과 형무소 수감 중 안 의사와 접촉했던 검사, 조사관과 간수 등 일본인들도 안 의사에게서 깊은 감명을 받고 존경했다. 안 의사의 의연한 행동거지와 태도가 자신들이 알고 있는 영웅상과 맞아떨어졌기 때문이다. 그들은 다투어 힘찬 필치의 안 의사 붓글씨를 받았고, 일본에 돌아가서는 숭모회까지 만들었다.

역사를 보면 그때까지 동양 삼국이 공통적으로 존경하는 역사의 인물이 별로 없었다. 아마 자국사(自國史) 위주로 보기 때문일 것이다. 그런 점에서 안 의사는 유일한 예외일지 모른다.

우리는 국가 위기를 돌파하는 의지와 기개, 철학이 정통성과 역사성을 부여받았을 때 여러 나라의 역사 속에서 영원할 수 있음을 확인할 수 있다.

외세에 빌미 줘서는 안 된다

일본은 1910년 8월 25일, 한일 병합을 강행했다. 안중근 의사가 이토 히로부미를 쓰러뜨린 지 10개월 만에 일어난 일이다.

가쓰라 타로 총리는 이토 피살을 계기로 한국을 빨리 완전 점령해야 한다는 물 끓는 듯한 자국 내의 여론을 등에 업고 조슈 번 후배이자 사성(四星)장군 출신이고 같은 강경파인 데라우치 마사타케(寺內正毅) 육군 대신을 내세워 합병 작업을 추진케 했고 이완용, 송병준 등이 데라우치를 도와 조선 왕조의 막을 내리게 했다.

겉으로 보면 안 의사의 의거는 본격적인 일본의 식민지 시대가 오는 것을 앞당긴 듯한 인상을 준다. 그러나 따지고 보면 그렇다고 할 수도 없다.

일본은 이미 5년 전인 1905년 을사 늑약 때 한국을 사실상 식민지화했다. 외교권만 이양하는 것처럼 늑약을 맺었으나 행정권, 인사권까지 차지해 국권을 인수한 것이나 다름없었던 것이다. 형식상의 합병이 5년 동안 늦어진 것은 일본이 러시아 등 열강의 반발을 두려워해 눈치를 보고 있었기 때문이다.

당시 일본 정부는 대한 정책을 둘러싸고 온건론과 강경론이 맞서고 있었다. 온건론자인 초대 통감 이토는 열강을 의식해 꼭두각시 정권을 앞세워 간접 통치 방식인 통감 통치를 계속 펴야 한다는 주장이었고, 가쓰라 총리 등 강경론자들은 식민지로 강제 편입시켜 총독 통치로 가야 한다고 우기고 있었다.

그러나 3년 반 동안의 통감 통치에도 불구하고 항일 의병이 전국적으로 거세게 일어나는 등 일본 지배 체제에 순응하는 흐름이 형성되지 않자 이토가 강경파에 양보, 한국 병합 계획이 확정되었다.

그러던 중 하얼빈 의거가 발생해 온건파 수장 이토가 죽었다. 말하자면 안중근 의사의 의거는 합병의 빌미를 준 것이 아니라 합병 시기를 확인시켜 주었을 뿐이었다.

그러나 하얼빈 의거-한국 합병의 수순은 〈외세에 빌미를 주는 일이 한반도의 지정학적 특성에 얼마나 예민하고 심각한 영향을 주는가〉를 다시금 새기게 되는 교훈을 주기에 충분했다.

고종 시대를 통해 그 같은 성격의 교훈을 몇 가지 찾을 수 있다.

첫 번째 사례는 1882년 임오군란이 될 것이다.

부국강병이 꿈이던 고종은 군을 근대화하기 위해 일본 교관의 훈련을 받는 별기군이라는 신식 군대를 창설했다. 그러나 구식 군인들에 대한 정리 계획이 병행되지 않아 큰 곤욕을 치렀다. 앞날이 암담한 데다 13개월이나 밀린 급료로 받은 쌀이 겨와 모래가 섞인 불량미인 것에 반발한 구식 군인들이 폭동을 일으켜 서울을 장악하고 대궐까지 침범해 왕후인 민비를 찾아 죽이려 했다. 충격을 받은 고종은 폭동 군인들을 뒤에서 조종하던 대원군에게 정권을 맡기는 한편 청에 원군을 요청한다. 한반도에서 일본에 주도권을 빼앗겼다고 믿고 있던 청은 즉각 4천5백 명의 병력을 파견했다.

임오군란은 한반도에 본격적으로 외세가 개입하는 빌미가 되었다. 결과적으로 군 개혁을 제대로 관리하지 못한 민씨 척족 정권이 외세 개입을 자초하는 첫 단추를 잘못 끼운 것이다.

두 번째는 2년 뒤인 1884년의 갑신정변이었다.

임오군란 이래 주둔하고 있던 청군은 일본 공사관 경비 일본군 병력의 뒷받침을 업고 김옥균 등이 일으킨 정변을 3일 만에 뒤엎었고, 이후 청나라는 본격적으로 종주국 행세를 하게 되었다. 갑신정변이 위안스카이가 10년간 감국(監國) 노릇을 하는 데 빌미가 되는 원인을 제공한 셈이 되었던 것이다.

그 뒤 고종이 지나친 내정 간섭을 벗어나기 위해 벌였던 두 차례의 한·러 밀약 사건도 종국적으로 위안스카이의 입지만 더욱 굳히게 되는 구실이 되었다.

보다 결정적인 빌미는 1894년 동학 농민 봉기가 일어나면서 등장했다.

동학 농민군 진압에 실패한 조선 조정은 청에 원군을 요청했고, 동시 파병 원칙을 규정한 톈진 조약에 따라 일본군까지 출동하게 했다. 청일 양국의 파병은 전쟁을 일으키려던 일본에 개전의 빌미를 주었다.

청일 전쟁 뒤 승전의 대가로 챙긴 랴오둥 반도를 삼국 간섭으로 일본이 다시 뱉어 내자 고종과 민비는 일본이 약해진 것으로 착각, 거일친아(拒日親俄) 정책을 공공연히 추진했다. 그것은 결과적으로 일본 공사가 자국의 낭인들을 데리고 민비를 시해하게 되는 빌미를 제공한 셈이었다.

1896년의 아관 파천은 민비를 시해하고도 뻔뻔스럽기가 여전한 일본의 압력을 배제하려고 시도한 것이지만 결과는 러시아 세력이 대신 등장하는 빌미가 되었다. 이후 한반도를 둘러싼 러·일 간의 대결 구도는 팽팽해졌고, 결국 러일 전쟁으로 이어졌다.

1907년 6월, 을사 늑약 무효를 세계에 알리기 위해 파견했던 헤이그 밀사 사건도 일본에 빌미를 준 대표적인 사건의 하나였다.

완강한 부인에도 불구하고 고종이 밀사 파견의 당사자임을 잘 알고 있던 통감 이토 히로부미는 이완용을 앞세워 고종 강제 폐위라는 카드로 보복했다. 헤이그 밀사 사건이 항일 투쟁의 구심점이 되어 국민의 정신적 지주로서의 입지를 강화해 가고 있던 고종의 음성적 위기관리 체제를 단번에 무력화시키는 빌미를 주었다고 할 수 있다.

이때까지의 빌미론의 특징을 보면 1) 작은 위기를 해결하려다가 더 큰 위기를 자초하거나, 2) 위기관리의 완급(緩急), 경중(輕重), 선후(先後) 관계를 따지는 데 있어 미숙하거나 시야가 넓지 못한 점 등을 보여 주고 있다. 3) 특히 대외 관계에선 위기관리 능력이 한계를 보이고 있음을 알 수 있고, 4) 위기관리 실패의 주체가 고종과 민씨 척족 정권의 지도층이라는 데 있다.

대한 제국이 국권을 상실하고 일본의 식민지가 된 뒤에도 빌미론은 여전히 등장하고 있다. 물론 상황과 여건은 엄청나게 변했다. 위기관리의 주체가 국왕과 신하에서 일반 국민으로 바뀌었고, 위기관리의 내용도 일본으로부터 국권을 되찾고 독립을 쟁취하는 민족 운동으로 압축되었다.

그럼에도 불구하고 줄곧 빌미론에 시달려야 했다.

그 딜레마의 시작은 안중근 의사의 하얼빈 의거이다. 앞서 설명했듯이 안 의사의 의거가 한일 병합의 빌미가 되었다는 식민 사관적 역사 인식이 등장했다.

하지만 본격적인 사례는 1919년의 3 · 1운동일 것이다.

미국의 윌슨 대통령이 주창한 민족 자결주의에 영향을 받아 일어난 3 · 1운동은 비폭력 무저항주의로 치른 민족 운동이었다. 박은식(朴殷植)의 『한국 독립운동지혈사(韓國獨立運動之血史)』에 의하면, 3월 1일부터 5월 말까지 3개월 동안 확인된 것만 통계를 잡아도 집회 수 1542회에 참가 인원수 202만 3천으로 꼽히는, 당시까지의 약소 민족 독립 운동 사상 가장 규모가 큰 독립 시위 운동이었다. 일본 제국주의자들은 이 평화적인 시위에 야만적이고 무자비한 폭력으로 대응해 7천5백 명이 학살당했고, 15만 1961명이 중경상을 입었으며 4만 6948명이 체포되었다. 수많은 가옥이 불태워지고 파괴되는 등 재산 피해도 극심했다.

3 · 1운동은 위와 같이 엄청난 민족적 피해에 상응하는 소득을 올리지 못했다. 겨레의 염원인 민족 해방을 이루지 못했고 미국 등 열강의 지지도 얻어 내지 못했다. 일본이 무단(武斷) 통치에서 문화 통치로 정책을 바꾸는 데 기여했을 뿐이다.

새로운 총독으로 부임한 해군 대장 출신의 사이토 마코토(齋藤實)는 악명 높던 헌병 제도를 경찰 제도로 바꾸는 등 행정 조직을 개혁하고 언론 · 문화 정책에서 억압 기조를 후퇴시켰다.

문화 통치로 숨통이 트이게 된 조선 사회에서 교육, 계몽 운동이 활발하게 전개되기 시작했고, 인재 양성이 궤도에 올랐다. 실력 양성론을 앞세운 실용주의가 비폭력 독립 투쟁의 성격을 띠기 시작했다. 그러나 긍정적인 효과는 부분적이거나 표면적인 데 불과했다. 따지고 보면 문화 통치는 보다 노회했고 부정적 측면이 더 컸다.

더 치밀하고 악랄한 수탈 정책을 폈다. 농업 생산도 쌀농사로 일원화시켜 일본 본토의 쌀 공급처로 전락시키는 등 식민 경제 구조를 심화시켰고, 조선의 민족 문화와 민족정신을 본격적으로 파괴하며 동화(同化) 정책을 폈다. 이때 많은 친일파가 양산되었다.

때문에 평화적인 시위를 벌인 3·1운동이 일제의 식민지 지배 방식을 더 지능화시키고 철저하게 하는 빌미가 되었다는 비판론이 고개를 들 수 있었다. 당초부터 폭력 혁명으로 추진했어야 한다는 주장이 나오게 된 것이다. 물론 그 같은 유형의 전국적인 봉기가 객관적인 현실 여건에서 물리적으로 가능할 수 있었겠느냐는 것은 별도의 판단 과제가 된다.

빌미론은 무장 독립 투쟁의 경우도 비켜 가지 않는다.

1920년의 청산리(靑山里) 전투와, 1922년의 이봉창(李奉昌), 윤봉길(尹奉吉) 의사의 의혈 활동을 예로 들어 보자.

청산리 전투는 홍범도(洪範圖)와 김좌진(金佐鎭) 등이 이끄는 독립군 연합 부대 2천여 명이 2만 5천여 명의 일본군을 상대로 10여 회에 걸친 각개 전투를 벌여 1천2백여 명의 일본군을 사살하는 전과를 올린 일련의 전투를 지칭하는 것으로 독립 전쟁 최대의 성과였다.

그러나 전투에서 큰 충격을 받은 일본 군부는 만주에서 대보복 토벌 작전을 벌여 독립군을 지원하는 한인 마을들을 무자비하게 초토화시켰다. 그 바람에 독립군은 거점을 잃고 러시아령으로 넘어갔으며 대부분의 군사 기반을 상실하게 되었고 만주의 한인들도 엄청난 인적·물적 피해를 당했다.

일본군의 한인 마을 초토화 작전은 세계 군 작전상 유례가 없을 정도로 잔인하고 악랄했다. 수십 년 뒤 미국이 베트남전 때 그 같은 작전 유형을 원용한 것을 보면 그 같은 작전의 야만적 실효성이 높았음을 알 수 있다.

독립군의 작전은 내외에 독립 전쟁의 의의를 널리 알리고 본국 국민에게 용기를 불어넣어 주는 상징적인 효과가 컸다. 그러나 승리의 대가로 치른 피해는 너무 가혹했다.

위기를 극복하려는 노력이 새로운 국면의 더 큰 위기를 초래한 경우라 할 수 있다.

일제가 1931년 만주를 점령하고 다음 해 상하이까지 진출하면서 중국을 본격적으로 침략하자 중국에 거점을 둔 독립 투쟁의 여건도 악화되었다. 상하이 임시 정부의 명맥을 이어 가기 힘든 국면이 계속되자 임시 정부 김구(金九) 주석은 윤봉길, 이봉창 의사 등을 동원하는 의열 활동으로 돌파구를 열었다.

소수 정예가 펼친 이 테러 방식의 의열 활동은 임시 정부의 존재를 새삼스럽게 부각시키고 항일 독립 의지를 다시금 과시하는 계기가 되었다. 특히 장제스(蔣介石)의 국민당 정부가 임시 정부를 다시 평가하는 모처럼의 기회를 가져다주었다.

그러나 반격에 나선 일제는 전면적인 보복전을 폈다. 중국으로 통하는 국경 도시, 항구를 상대로 거미줄 같은 감시망을 강화했고, 경찰력과 밀정 등을 총동원해 임시 정부에 군자금을 대는 국내 인사들을 감시, 추적하는 단속의 강도를 높였다. 독립 운동 자금을 대준 인사가 적발되었을 때는 가혹한 탄압을 가하며 패가망신케 하는 일벌백계주의로 나왔다. 한반도에서 만주, 중국으로 이어지던 군자금 지원 루트를 유지하기 어려울 정도로 위기가 심화되었다. 상하이를 점령한 일제는 프랑스 조계에 있는 임시 정부 요인들을 감시하면서 체포하거나 자객을 보내 암살하려고 광분했다. 때문에 김구 주석은 일본의 보복을 피해 몇 년 동안 중국 오지로 피신 생활을 하느라 임시 정부의 위기관리 기능이 마비될 수밖에 없었다.

의열 활동에 대한 대가가 독립 투쟁을 계속하기 어려운 더 큰 위기를 초래했던 것이다.

위기관리의 단순 셈법으로 접근한다면 위기 대응이 더 큰 위기를 불러올 것이 예상될 경우 일단 대응을 포기하는 편이 상식일 것이다.

독립 투쟁의 경우에도 그 같은 상식이 통할 것인가?

그렇지 않다는 데 딜레마가 있다.

독립 투쟁을 계속하면 반격과 보복이 뒤따르기 마련이다. 상대가 강대국이고 군사 강국인 만큼 대응의 강도와 빈도가 높을 수밖에 없다. 제국주의 열강 가운데 가장 잔혹하고 야수적이었던 일본이 그 상대였던 만큼 한국의 독립 투쟁은 그 어느 약소 민족의 것보다 더 큰 희생을 강요당하는 어려운 싸움이었다.

많은 사람들이 일제의 탄압과 회유라는 채찍과 당근 정책에 넘어가 투항하거나 변절했다. 사회 진화론의 약육강식, 우승열패 사상, 대아시아주의, 일본 맹주론 등에 물들어 일제와 타협한 지식인들도 많았고, 그중에는 독립 운동가들도 있었다.

그러나 무장 항일 투쟁 세력과 외교 투쟁론(이승만), 실력 양성론(안창호) 등 비폭력 투쟁 세력은 끝까지 싸우는 길을 택했다. 이들은 3·1운동을 계기로 본격적인 활동을 펴기 시작했다. 3·1운동에서 보여 준 민족의 자각에서 희망과 용기, 그리고 동기 부여의 계기를 찾았다.

이렇듯 3·1운동은 민족주의의 본격적인 시동(始動)이었다는 점에서 역사적 의의를 가지고 있다. 이들 항일 민족 운동 세력은 죽는 길을 택하는 것이 민족을 영원히 살리고, 빼앗긴 나라를 되찾는 길이라는 신념으로 고되고 험하고 긴 싸움의 길에 들어선 것이다.

그러한 신념은 한민족에게 좌절하거나 체념하지 않는 용기를 심어 주었고, 애국심과 민족의식을 심어 주며 일제와 맞서 싸우는 강력한 저항 민족주의를 형성시킨 원동력이 되었다.

그 같은 위기 대응은 힘의 대결로 진행될 경우 단기적으로는 큰 희생이나 손실이 불가피하지만 장기적인 관점에서 볼 때 궁극적인 승리의 길로 통할 수 있음을 가르쳐 주었다. 말하자면 필사즉생(必死則生)의 위기관리가 민족의 정체성과 역사(시간)의 뒷받침을 받을 때 영원할 수 있음을 말하는 것이다.

훗날 군사 독재 정권의 철권통치 아래 한국 국민이 보여 준 끈질긴 민주화 투쟁도 독립 투쟁의 맥을 이어받은 것이고, 탄압을 자초해 막대한 희생을 당할 것이 아니라 타협해야 한다는 빌미론을 극복한 위기 대응의 산 사례가 된 것이다.

빌미론을 극복한 항일 민족 투쟁은 병자호란 때 김상헌의 척화 사상과 기개와 궤를 같이한다. 대의(大義)를 위한 희생이 나라의 정체성을 구할 수 있었다는 점에서 그러하다. 김상헌이 있었기 때문에 최명길의 주화론이 살 수 있었듯이 항일 민족 투쟁이 있었기 때문에 타협론의 실용주의자들에게도 입지(立地)가 생길 수 있었다. 명분론과 실리론의 대결에서 명분론의 비중이 높았던 이유가 거기에 있다. 대한민국 건국과 경제 개발을 주도했다는 점에서 실리론(실용주의)이 힘을 얻은 경우는 별도의 얘기가 된다.

동서양을 꿰는 통찰력과 경륜 때문에 세계적인 정치 지도자의 반열에 드는 싱가포르의 전 총리 리콴유(李光耀)는 자서전 『싱가포르 이야기 *The Singapore Story*』에서 〈……한국인은 일본이 한국을 통치하기 시작했을 때부터 저항을 멈추지 않았다. 일본인은 한국인의 풍습, 문화, 언어를 말살하려 했지만, 민족적 자부심을 갖고 있던 한국인은 굳은 결의로 야만적인 압제자에게 항거했다. 일본은 수많은 한국인을 죽였지만 그들의 혼은 결코 꺾지 못했다〉. 반면에 〈……중국, 포르투갈, 네덜란드, 일본에 차례대로 지배당한 바 있는 타이완은 이민족(異民族) 상전들에게 별달리 저항하지 않았다. 또한 일본이 싱가포르와 말라야를 계속 지배했다면 아마 50년 안에 그들은 타이완에서 했던 것처럼 식민화에 성공했을 것이다〉라고 썼다.

리콴유는 한민족이 빌미론을 극복하고 위기관리의 역사성을 실증한 당당한 민족이라는 점을 찬양하며, 이민족과의 대결에서 가장 중요한 것은 죽기를 무릅쓰고 끝까지 싸우는 정신과 기개라는 점을 강조하고 있다.

백 년이 지난 지금도 한반도의 지정학적 구도는 큰 틀에서 변화가 없다. 한반도를 둘러싼 미국과 중국, 일본, 러시아 사이에서 다소 형태만 달라졌을 뿐 합종연횡의 힘겨루기가 계속되고 있다.

2008년, 서울에 왔던 89세의 헨리 키신저가 〈미국과 중국 사이에 큰 갈등이 생기면 한국은 매우 어려워질 것이다〉라고 예언한 것이 그 같은 현실을 웅변적으로 대변해 주고 있다.

키신저는 초강대국인 미국과 그 미국에 맞서고자 하는 신흥 강대국인 중국 사이에서 한국이 균형을 잡기가 매우 어려울 수 있고, 그 어느 한쪽에 빌미라도 주게 되면 곤란한 처지에 빠질 수 있음을 암시한 것이라 할 수 있다.

한국이 지금 세계 13위의 경제 강국으로 성장했다고 하나 빌미의 덫을 경계해야 할 처지라는 점에서는 은둔국 때의 고종 시대와 크게 다르지 않다는 점을 직시(直視)해야 하는 것이다.

찾아보기

442

지은이 **오인환** 경기고등학교와 한국외국어대학교를 졸업했고, 프랑스 파리시 대학에서 연수했다. 한국일보 외신부 차장, 사회부장, 정치부장, 편집 부국장, 편집국 차장, 편집국장을 역임했고, 이사 겸 주필을 끝으로 하는 28년간의 언론계 생활을 했다. 1992년 김영삼 민자당 대통령 후보의 특보로 정계에 들어가, 문민정부 출범과 함께 5년간 공보처 장관으로 재직했다. 퇴임 후에는 저작 활동을 펴고 있다. 지은 책으로는 『파리의 지붕밑』(1980), 『조선왕조에서 배우는 위기관리의 리더십』(2003), 옮긴 책으로는 『권력의 종말』(1981)이 있으며, 그 외 다수의 칼럼이 있다.

위기관리의 관점에서 본
고종 시대의 리더십

발행일   2008년 6월 20일 초판 1쇄
          2008년 7월 10일 초판 2쇄

지은이   오인환
발행인   홍지웅
발행처   주식회사 열린책들

경기도 파주시 교하읍 문발리 521-2 파주출판도시
전화 031-955-4000 팩스 031-955-4004
www.openbooks.co.kr

Copyright (C) 오인환, 2008, *Printed in Korea.*
ISBN 978-89-329-0834-2 03300

이 도서의 국립중앙도서관 출판시도서목록(CIP)은 e-CIP 홈페이지(http://www.nl.go.kr/cip.php)에서 이용하실 수 있습니다. (CIP제어번호 : CIP2008001706)